普通高等教育“十二五”规划教材

建筑经济学

主　编　刘　颖

副主编　赵　亮　黄昌铁　何　敏

编　写　宋洁然

主　审　刘亚臣

中国电力出版社

CHINA ELECTRIC POWER PRESS

内 容 提 要

本书为普通高等教育“十二五”规划教材。全书分为十二章，主要内容为建筑业、建筑商品、建筑市场、工程项目可行性研究、工程项目建设程序、建筑业生产要素、工程造价、建设项目经济评价、建筑生产经营相关的组织、建筑产业组织基础、建筑工业化、建筑业技术创新。本书按照从中观到微观的认识程序，从建筑业、建筑商品到建筑市场三个方面，全视角地向读者介绍建筑业生产经营的基本领域；以建筑业生产经营活动基本过程为线索，介绍建筑业的生产经营要素、相关的经济组织、主要的技术经济评价方法。在系统介绍建筑产业基础理论、产业发展理论的基础上，结合我国建筑产业发展的具体情况介绍建筑工业化以及建筑业技术创新的内容及趋势；依据国家注册建造师的考试大纲有关建筑经济的相关要求，介绍建设工程造价相关知识，以及建设工程项目技术经济评价方法。

本书可作为高等院校建筑学、土木工程、工程管理各专业的教材及研究生参考书，也可作为建筑学、房地产研究人员、建筑业各类管理人员参加建造师执业资格考试的参考书，还可作为建筑业各类管理人员的培训用书。

图书在版编目（CIP）数据

建筑经济学/刘颖主编．—北京：中国电力出版社，2014.8
普通高等教育“十二五”规划教材
ISBN 978-7-5123-5278-0

Ⅰ.①建…　Ⅱ.①刘…　Ⅲ.①建筑经济学－高等学校－教材　Ⅳ.①F407.9

中国版本图书馆 CIP 数据核字（2013）第 285755 号

中国电力出版社出版、发行
（北京市东城区北京站西街 19 号　100005　http：//www.cepp.sgcc.com.cn）
航远印刷有限公司印刷
各地新华书店经售
*
2014 年 8 月第一版　　2014 年 8 月北京第一次印刷
787 毫米×1092 毫米　16 开本　18.25 印张　446 千字
定价 **36.00** 元

前　言

建筑经济学是以产业的角度来研究国民经济中建筑业内的各类经济问题和经济活动规律的科学。它属于中观经济范畴，与工业经济学、交通运输经济学、商业经济学等相似，属于产业经济范畴。

作为一门新兴的学科，建筑经济学是由自然科学和社会科学组成的交叉学科，主要研究建筑中的经济问题和经济活动规律。其研究的主要内容包括建筑业生产经营活动中的勘察、设计；建筑材料的采购与供应；工程项目的施工与安装以及各种生产要素之间的比例关系等，建筑经济学的研究成果对建筑业活动有重要指导意义。

本书运用建筑经济分析的原理和方法，分析建筑业内部及其相关领域的生产经营过程特点，研究市场经济条件下建筑产业组织、产业发展以及建筑市场经济活动的客观规律。具体内容主要包括三大部分。

第一部分，导论，首先阐述建筑经济学的研究内容、对象以及研究方法，介绍了建筑经济学的学科特点、发展情况及与相关学科的关系，然后是建筑业、建筑商品、建筑市场三个层面的基本内容。

(1) 建筑业。建筑业的范围，建筑业在国民经济中的地位、作用，建筑业的技术经济特点以及与建筑业生产经营活动相关的产业的技术经济活动特点；

(2) 建筑商品。建筑商品的基本含义、特点，建筑商品的价值与价格的关系，建筑商品的流通与消费；

(3) 建筑市场。建筑市场的基本概念，建筑市场的供给与需求的基本规律，建筑市场的运行与管理等。

第二部分，建筑业的生产经营活动，主要介绍建筑业生产经营活动基本过程、生产要素、相关的经济组织、主要的技术经济评价方法。

(1) 工程项目的可行性研究，包括工程项目的可行性研究的内容、程序。

建筑业的生产经营活动的基本程序，包括工程项目勘察与设计，工程项目施工生产与验收。

(2) 建筑企业施工生产要素，包括建筑企业人力资源的获取与管理，建筑材料与设备的采购与供应，建筑企业生产经营所需资金的筹措与使用，建筑工程信息与技术的管理。

(3) 建设工程造价相关知识，包括建设工程价格、成本以及利润的计算、分析方法。

(4) 建设工程项目技术经济评价方法，包括建设工程项目经济评价的涵义，建设工程项目的国民经济评价、财务评价以及资金的时间价值的计算方法与应用等。

(5) 建筑业生产经营活动涉及的相关的组织，包括建筑企业、建设单位或业主以及建筑生产经营活动涉及的其他机构与组织。

第三部分，建筑产业组织相关内容，主要介绍建筑产业组织管理与建筑产业发展相关内容，包括：

(1) 建筑产业组织相关内容包括建筑产业组织、建筑产业聚集、建筑产业结构等；

（2）建筑工业化包括建筑工业化的含义、内容；建筑工业化发展、建筑工业化体系等内容。

（3）建筑业技术创新包括建筑业技术创新的含义、建筑产品及其生产经营的技术经济特点、建筑业技术创新战略模式选择。

本书的特色：第一，按照从中观到微观的认识程序，从建筑业、建筑商品到建筑市场三个方面，全视角地向读者介绍建筑业生产经营的基本领域；第二，以建筑业生产经营活动基本过程为线索，介绍建筑业的生产经营要素、相关的经济组织、主要的技术经济评价方法；第三，在系统介绍建筑产业基础理论、产业发展理论的基础上，结合我国建筑产业发展的具体情况介绍建筑工业化，以及建筑业技术创新的内容及趋势；第四，依据国家注册建造师的考试大纲有关建筑经济的相关要求，介绍建设工程造价相关知识以及建设工程项目技术经济评价方法。

本书可作为高等院校建筑学、土木工程、工程管理各专业的教材及研究生参考书，也可作为建筑学、房地产研究人员、建筑业各类管理人员参加建造师执业资格考试使用参考书，还可作为建筑业各类管理人员的培训用书。

本书由刘颖拟订编写提纲，各章编写人员分别为：第四、五章由赵亮编写；第七章由黄昌铁编写；第八章由何敏编写；导论、第一、二、三、六、九、十、十二章由刘颖编写；第十一章由刘颖、宋洁然编写。全书由刘颖任主编，赵亮、黄昌铁、何敏任副主编，刘亚臣任主审。

在本书的编写过程中，参阅了国内外许多专家的著作，除了所列参考文献之外还有很多，在这里一并表示感谢！

由于我国建筑业发展较快，建筑经济学科也处在不断完善过程中，加之作者水平有限，书中的缺点与错误在所难免，敬请各位读者批评指正。

作　者

2014年5月于沈阳建筑大学

目　录

导　　论

本章重点

1. 建筑经济学的概念
2. 建筑经济学的研究内容
3. 建筑经济学的研究方法

本章难点

1. 建筑经济学的学科发展
2. 建筑经济学的研究方法的选择

关 键 词

建筑经济学　基本建设经济学　建筑工程项目管理学　系统论　静态分析

第一节　建筑经济学基本概念的界定

一、建筑经济学的含义

建筑经济学是从产业的角度研究建筑业领域内的经济问题和经济活动规律的科学。在经济科学体系中，它与工业经济学、交通运输经济学、商业经济学等学科一样，属于产业经济范畴。

建筑经济学是一门新兴学科，是由自然科学和社会科学组成的交叉学科，主要研究建筑业中的经济问题和经济活动规律。包括建筑业内部设计与施工、建设与安装、供应与需求以及各种生产要素之间的比例关系，其研究成果对建筑业活动有指导意义。

建筑经济学研究的主要内容包括：

（1）建筑业的技术经济特点及其对建筑事业发展的影响。

（2）建筑业生产力的组织，内部结构与各种施工比例关系。

（3）建筑业的投入与产出。

（4）建筑业在组织生产的过程中同各方面的相互关系。

（5）建筑业的经济效果及其评价方法。

（6）国家有关建筑业的法律法规及相关方针政策等。

二、建筑经济学的学科特点

建筑经济学研究既涉及建筑业中宏观与微观的经济问题，也涉及近期与远期的经济效果问题，又关系到资源利用、环境保护、社会效益等，是一门综合性的学科。建筑经济学的学科特点表现在以下几个方面。

1. 综合性

建筑经济学是在自然科学与社会科学基础上逐步发展形成的交叉科学，它既属于自然科学范畴，也属于社会科学范畴，这体现了这门学科的综合性。另一方面，在建筑经济学研究中既涉及建筑业中宏观与微观的经济问题，又涉及近期与远期的经济效果问题，还涉及资源利用、环境保护、社会经济效益等因素。因此，建筑经济学属于综合性的学科。

2. 应用性

建筑经济学作为依据建筑产业的经济活动的一门学科，其研究要密切结合国情和每个地区的特点，并考虑到建筑业在整个国家经济中的地位、与宏观经济的联系等方面。建筑经济学研究的任务是要揭示建筑产业经济活动的内在联系及其运行规律，考虑到建筑业在整个国家经济中的作用，为建筑业的发展和制订技术政策提出理论依据。因此，它属于实用经济学的范畴。

3. 预测性

在研究建筑经济问题时，必须着眼于未来，因为对建筑生产活动进行分析研究的目的在于提出正确的发展方针和技术政策，选用正确的技术方案，这一切都必须以建筑业未来的发展趋势为出发点。由于建筑经济学具有预测性这一特点，因此，可以尽量减免、减少决策失误所造成的损失。

4. 定量性

用于研究建筑经济的问题，并进行分析论证的大量数据、信息和各种资料来源于生产实践，是科学的、结合实际的。而所作出的理论判断，也都要通过实践的检验。当代建筑经济学已经由以论述说理的定性分析逐步进入以定量分析为主。在研究建筑经济活动时，除了要有足够的理论分析之外，还常常要进行定量计算，以减少人们主观因素的影响。因此，建筑经济学与统计学、概率论、运筹学等有着密切联系。

三、建筑经济学的理论基础

建筑业是国民经济的重要组成部分，作为研究建筑业经济运行理论和运行中的经济关系的学科，要研究国家、市场、企业、个人的相互关系，研究建筑领域各行业分工协作及其经济活动变化规律的学科，要以市场经济理论作为学科的理论基础，建立学科体系。

建筑经济学是与工业经济学、农业经济学、运输经济学同属生产部门的经济学。它与土木工程各分支学科，如房屋工程、铁路工程、地基基础、工程结构、土木建筑材料、工程机械等，都存在着紧密的关系。解决这些领域的问题，需要以经济原理为基础，以相关技术为为依据，达到技术和经济的最佳结合。

建筑经济学还与国民经济计划学、基本建设经济学、劳动经济学等也有密切关系，其中与基本建设经济学的关系尤为密切，其研究的基本建设投资的方向、规模和效益的研究，都属于建筑经济学研究的内容。随着建筑经济活动的发展，建筑经济学科的分支学科，如建筑技术经济、建筑企业管理、建筑统计、建筑会计等不断地分化和衍生出来。它们以建筑经济学为理论基础，不断地充实和发展建筑经济学的理论体系。

第二节 建筑经济学的研究对象与内容

一、建筑经济学的研究对象

任何一门学科，都有不同于其他学科的研究对象，否则就没有独立存在的必要。建筑业作为国民经济中的一个独立的物质生产部门，有其自身的特殊性和客观的发展规律。认识和研究建筑业的特殊性和规律性，就是建筑经济学的任务。因此，建筑经济学属于部门经济学，正如工业部门有工业经济学、农业部门有农业经济学、商业部门有商业经济学、交通运输部门有交通运输经济学等一样。

建筑经济学的研究对象是研究建筑业经济运行理论和运行中必然发生的各种经济关系，揭示建筑业经济活动的内在联系及其发展规律，以及建筑业和其他国民经济部门的相互关系，为制定和完善建筑业产业政策提供理论依据。

建筑经济学的研究不仅要了解建筑产品生产、分配和消费的整个过程，还要了解建筑生产活动的各有关机构及其相互之间的关系。另外，建筑经济学既然是研究建筑经济运动规律的科学，在研究建筑领域的生产力的同时，还要研究建筑领域的生产关系。生产关系与生产力是生产方式的两个方面，两者紧密联系，互相依存，互相影响，并且在对立的统一中发生变化。生产关系要适合生产力的客观规律决定了研究生产关系一定要联系生产力，同时经济基础与上层建筑要相适应，因此研究建筑经济关系还要联系上层建筑。在改革中转换企业经营机制必须要转换政府职能也就是这个道理。建筑业的经济关系较其他国民经济部门如工农业部门更为复杂与特殊，如建筑业与基本建设活动的关系。

作为经济学的一个分支，建筑经济学注重对建筑经济运行和发展客观经济规律进行概括和总结，揭示其固有的经济规律。建筑经济学要具有一定的理论性，还要有一定的实践性，它应当能起到源于实践、高于实践、指导实践的作用，为国家制订与建筑业有关的管理体制和经济政策提供正确的理论依据。建筑经济学还应当具有系统性，这体现在其指导思想、研究内容、研究方法等方面。

二、建筑经济学的研究内容

建筑经济学的研究内容是由其研究对象所决定的。归纳起来，建筑经济学的基本内容应包括建筑经济的宏观分析与行业环境分析——建筑业；建筑微观经济运行中枢与基础——建筑市场；建筑微观经济运行供给主体——建筑企业几大部分。

1. 建筑业

由于建筑经济学以建筑业的经济活动为研究对象，建筑业作为国民经济的一个物质生产部门，这里主要把建筑业放在国民经济宏观环境进行论证，分析其供需关系，供求规律。这部分内容主要涉及建筑业的产生、发展，建筑业在国民经济中的地位，建筑业行业生产的技术经济特点，建筑工业化、现代化，建筑业的发展前景及如何振兴建筑业等。

2. 建筑市场

市场是经济运行的基础，基础好经济运行才能顺利，因此建筑经济学需要研究建筑市场。要研究建筑市场体系、市场组织、市场机制、市场行为等内容。

建筑市场运行反映建筑经济运动规律，是建筑经济活动和建筑生产关系的集中体现。建筑市场是以建筑商品为交换对象的市场，也可以看作是由建筑商品、建筑生产活动及其相关机构组成的三维空间。这里除了要从一般市场的角度明确建筑市场的概念以外，还需要分析和研究建筑市场的特殊性。与一般市场不同，建筑市场内商品交易的重要方式——招标投标是一般经济规律在建筑市场的特殊表现形式。

3. 建筑商品

建筑商品是建筑生产活动和经济活动的客体，它具有与一般工业商品不同的许多特征。

因此，对商品进行深入的剖析就成为建筑经济学必须首先完成的任务。为了进一步明确建筑经济学的研究范围，本书要从建筑商品和建筑工程项目概念开始，研究建筑商品的经济属性。建筑商品的价值，不同于一般经济学中的价值概念，而与建筑商品经济属性、技术寿命和经济寿命有密切联系。建筑商品价格是建筑经济学研究的重要的内容，本书要从建筑商品的价格特点、价格形式、价格构成的方面进行研究。

建筑商品生产的研究是工程项目的建设程序和从建筑商品生产要素入手，从经济观点出发，强调建筑生产要素的合理配置，强调对建筑生产过程的基本技术经济规律的遵循。

4. 建筑企业

既然建筑经济学以建筑业的经济活动为研究对象，研究建筑产品生产、分配和消费的过程，研究建筑市场的运行规律，就离不开对建筑企业的研究。建筑企业生产经营都是在建筑经济领域内进行的。随着建筑业与建筑经济学科的发展，建立建筑企业管理这一学科领域也在不断发展。它研究建筑企业的性质、技术经济特点、经营战略等。它不仅遵循建筑领域的技术规律，作为企业经营中应遵循的基本原则，政府与企业的关系、技术进步原则、提高企业经济效益的途径等也是其研究的重要内容。

5. 建筑经济活动涉及的其他相关组织与机构

建筑经济活动是一项综合性很强的活动，涉及的经济部门和组织较多，其业务与许多机构和组织的业务活动存在错综复杂的关系。这些机构和组织的结构特点、管理方式和业务运行规律对于研究建筑经济活动有重要意义。

（1）不同类型业主或建设单位。建设单位是指建筑工程的投资方，对该工程拥有产权。例如，房地产开发公司从事房地产商品的开发经营，这些企业建设商品房，在这些商品房未出售之前，房地产公司是业主，而当它们被出售以后，获得商品房的住户是业主。

其他建筑商品的建设单位也可称为业主单位或项目业主，指建设工程项目的投资主体或投资者，它也是建设项目管理的主体。主要履行：提出建设规划和提供建设用地和建设资金的责任。这些机构与个人是建筑产品的需求方。建设单位对工程项目的使用要求不同，其所属行业、组织行为特点各异。

建设单位管理费是建设项目从立项、筹建、建设、联合试运转、竣工验收、交付使用及后评估等全过程管理所需的费用，包括建设单位开办费和建设单位经费。

1）建设单位开办费指新建项目为保证筹建和建设工作正常进行所需办公设备、生活家具、用具、交通工具等购置费用。

2）建设单位经费主要包括工作人员的基本工资、工资性补贴、职工福利费、劳动保护费、劳动保险费、办公费、差旅交通费、工会经费、职工教育经费、固定资产使用费、工具用具使用费、技术图书资料费、生产人员招募费、工程招标费、合同契约公证费、工程质量监督检测费、工程咨询费、法律顾问费、审计费、业务招待费、排污费、竣工交付使用清理及竣工验收费、后评估等费用。不包括应计入设备、材料预算价格的建设单位采购及保管设备所需的费用。

（2）为建设项目服务的勘察设计机构与组织。建筑设计机构及其设计人员专门从事创造性的建筑生产活动，其虽不直接生产实物产品，但与建筑产品生产活动有直接关联，对建筑产品的技术经济性能有重要影响，因此有必要对其业务特点和管理方式等进行仔细研究。

（3）相关咨询机构。这些行业特点鲜明、技术经济特点突出是建筑生产专业化发展的产物，是建筑生产社会化的重要标志。因而咨询行业的特点、咨询服务的费用、咨询人员的素质、职业道德和责任是建筑经济学研究人员需要关注和研究的。最后是政府主管部门和相关职能管理部门。现代建筑生产必须置于政府的有效控制之下，政府主管机构不直接从事建筑生产活动，但对建筑生产过程和建筑业的发展有着十分重要的作用。

第三节　建筑经济学的学科发展

一、建筑经济学科的产生

建筑活动作为一种物质生产活动，随着社会生产力的发展而不断发展。随着社会需求的发展，建筑业逐渐成为国民经济中的一个独立的物质生产部门，这使建筑生产力得以迅速发展，也促进了建筑经济思想的发展。建筑经济学作为一门学科，其形成是滞后于建筑业的。这不仅取决于建筑领域生产力和生产关系的发展，也取决于经济理论和管理理论的发展。由于世界各国经济发展水平不同，建筑经济学学科形成的时间和发展过程也不同。

在 20 世纪 20 年代末至 30 年代初，在一些西方国家首先形成了独立的建筑经济学学科。第二次世界大战后，随着世界各国经济恢复和建设规模扩大，建设领域的技术、管理人才缺乏，在各国高校陆续开设了建筑经济方面的课程，并陆续出现了建筑经济专业。我国于 20 世纪 50 年代中期开始建立建筑经济学学科，其学科的理论和体系直接受苏联经济理论的影响。当时，在同济大学、西安冶金建筑学院、重庆建筑工程学院、哈尔滨建筑工程学院等高等院校先后设置了建筑经济相关专业。

在我国，建筑经济学科的真正形成始于 20 世纪 50 年代，1958 年第一本《建筑工业经济学》专著问世。当时为了适应社会主义建设的需要，国家大力发展建筑业。但由于当时是计划经济时代，否认建筑产品是商品，否认建筑业是国民经济的一个物质生产部门。

1956 年以后，在我国的一些高校开始设立建筑经济专业（系、科），开设建筑经济学以及其他有关的建筑经济课程，随后又陆续成立了专门的建筑经济研究机构，逐渐形成了专业的教学与研究人员队伍。

二、建筑经济学科的发展

1979 年，中国建筑学会成立建筑经济学术委员会，从此我国建筑经济学学科进入了较快发展时期。自此，建筑经济学的研究人员对该学科的基本理论问题，如学科性质、研究对象、研究内容、学科体系等进行深入探索，结合我国经济建设的实践和建筑业发展出现的新问题，进行多种形式的学术研究，取得了很多理论成果。中国建筑学会建筑经济学术委员会 1988 年在珠海召开专题会议，研讨建筑经济学科发展，许多学者提出了对发展建筑经济学基本理论体系的观点和建议，对明确学科发展方向进行了有益的探索。

近 20 年来，随着我国房地产市场的迅速发展，社会对建筑经济管理人才需求量大增，全国高校各类土建类、建筑类专业对建筑经济学科教学体系的不断完善，建筑经济学科发展较快。

近代科学技术发展的特点主要表现为两个方面：一方面是科学技术的分工越来越细；另一方面是综合性的边缘学科日益发展。建筑经济学作为一个新兴学科，它是根据现代科学技术的进步和国民经济发展的需要，逐渐在自然科学技术和社会经济科学的发展过程中，相互渗透和交叉而形成并发展起来的一门综合性的边缘学科。同时，建筑经济学需要依据建筑业市场的技术经济规律，结合经济建设实践的发展，不断发展和完善。另一方面，还要加强国际建筑经济学科的信息交流，研究、吸收和应用国内外建筑生产经营的先进理论、技术和方法；加强建筑经济学科的人才培养；以促进学科水平和建筑经济效益的不断提高。

三、建筑经济学科的相关学科

每门学科都有区别于其他学科的明确的研究范围，即使与其他学科交叉、渗透，也有自己独特的研究角度和研究方法。现代科学技术发展的一个重要特点是科学技术的分工越来越细，自然科学与社会科学之间相互交叉和渗透，从而形成许多交叉学科和边缘学科。

与建筑经济学有密切关系的学科主要有固定资产投资学（或简称投资学、基本建设经济学）、建筑工程经济学、建筑企业管理学、建筑施工组织学、建筑工程项目管理学等。其中基本建设经济学和建筑企业管理学与建筑经济学的联系较为密切。

基本建设经济学以国民经济和社会各部门固定资产投资活动及其规律性为研究对象，其研究范围主要包括如何合理确定固定资产投资的规模、方向、结构、效果、基本建设的程序以及实现投资的管理和监督等的一门科学。基本建设经济学之所以与建筑经济学的密切联系表现在固定资产投资的规模和方向对建筑生产的发展速度和发展方向有直接影响。另一方面，建筑生产力的水平也间接影响固定资产投资的效果。从研究内容上看，基本建设经济学与建筑经济学在研究的角度和侧重点方面存在不同：基本建设经济学侧重于研究建筑产品的决策阶段，而建筑经济学只研究建筑产品的生产和使用阶段。

建筑企业管理以建筑企业生产和经营活动全过程及其发展变化规律为研究对象，其研究领域属微观经济范畴。从研究内容上看，建筑企业管理学主要研究建筑企业的生产过程管理，如计划管理、施工现场管理、人力资源管理、材料管理、技术管理、质量管理、机械设备管理等；企业的经验管理，如经营预测、经营决策和经营计划制定、实施与控制，建筑工程的招投标，企业的成本管理、财务管理、经济核算和经济活动分析等。

建筑企业管理与建筑经济学的密切联系表现在建筑企业是建筑业的有机组成部分。建筑企业管理是从独立的建筑生产单位的角度出发，研究建筑经济运动规律在建筑企业的具体表现和应用，建筑企业经营管理学研究内容的拓宽和深化以及研究方法的发展，为丰富和完善建筑经济学的学科体系和研究方法创造条件。从研究内容来看，这两门学科之间存在相互联系的内容，但二者研究的角度和侧重点有所不同。建筑经济学是从建筑生产的全过程和建筑业总体的角度阐述与建筑施工有关的经济问题，而建筑企业经营管理学则只研究与建筑企业有关的经济问题，只研究施工阶段的经济问题。

建筑工程项目管理是以建筑工程项目实施阶段的管理问题为研究对象，主要研究在工程项目实施过程中如何有效地进行投资控制、进度控制和质量控制的一门科学。建筑领域的业主、设计单位、施工单位都有项目管理的任务，但由于各自出发点不同，项目目标的确定和具体的目标控制方法有所不同，但基本原理和方法是一致的。

第四节　建筑经济学的研究方法

一、建筑经济学的研究任务

建筑经济学的研究是从劳动消耗和提供经济效益的观点来评价技术活动，从这点来看，建筑经济学具有经济科学的属性。但建筑经济学还要研究建筑产品技术的开发、试验、完善和推广应用，为此就需要对建筑产品生产技术的先进性、可靠性、适用性进行综合评价，这些属于技术科学的范畴。所以说，建筑经济学也具有技术科学的属性。根据这一分析，我们得出的结论是建筑经济学的研究方法应包括经济学研究方法和建筑技术分析方法。

建筑经济学的理论基础是经济学和建设工程相关技术理论。首先，要提高社会生产和建设的经济效益，需要从生产力和生产关系两方面进行研究。经济学以生产关系为主要研究对象；而生产力经济学则以生产力为主要研究对象。生产力经济学主要研究社会生产力本身发展、生产力的组织和管理、生产过程中各方面因素的合理配合、生产力的布局以及生产力配置的最佳经济规模等。

随着我国经济的快速发展，社会生产与人们生活对建筑的数量和质量的要求日益提高。为了满足社会对建筑的需求，需要在保证建筑产品质量、不断降低劳动消耗的基础上增加经济效益。但在建筑产品的生产过程中，各种技术和经济因素相互影响，错综复杂，难以直观地、简单地做出决断。因此，为了获得最好的经济效益，就需要对建筑技术和经济之间的关系及其协调发展的规律进行研究。

由于科学技术的发展，人们掌握的技术越来越多。为了满足生产、生活对建筑的需要，可以采用若干种不同的建筑技术方案。这些不同的技术方案随着时间、地点等客观条件的变化，会产生不同的经济效益和社会效果，这就需要对各种可行的技术方案进行经济效益的分析和比较，从中选择最佳的方案。例如，为了满足居住的需要，就可以提出许多种住宅设计方案，在建筑面积、设备标准统一规定的情况下，由于采用的材料不同、结构体系不同、平面设计和立体设计的各种参数不同，都会使住宅建筑的设计方案产生不同的经济效益；再加上建设地点的条件变化和施工方法的不同，又会改变该方案的经济效益。

建筑经济学是对建筑产品的技术方案，包括建筑项目的投资方案、工程设计、施工方案、技术措施和技术政策等进行分析、比较和评价，从中选出技术上先进、经济上合理的方案，为决策提供科学的依据。

二、建筑经济学的研究方法

如前所述，建筑经济学的研究对象涉及建筑业、建筑产品、建筑市场及建筑经济活动涉及的相关组织与机构，涉及建筑产业发展、建筑商品生产与市场交易、产业政策等内容，所以整个建筑经济学所研究的对象是一个开放的、非线性的社会经济复杂系统。因此，建筑经济学研究的方法不可能是某一种或某一类单独的方法，而是多种方法综合使用的一套系统的研究方法。这些研究方法既要考虑它作为经济学的一个分支——建筑经济学的经济学研究方法，还要考虑到建筑经济学的研究对象——建筑业、建筑产品生产的技术经济特点。

1. 建筑经济学研究的理论方法

（1）系统论研究方法。系统论是研究系统的一般模式，结构和规律的学问，它研究各种系统的共同特征，用数学方法定量地描述其功能，寻求并确立适用于一切系统的原理、原则和数学模型，是具有逻辑和数学性质的一门科学。系统论的基本思想方法，就是把所研究和处理的对象，当作一个系统，分析系统的结构和功能，研究系统、要素、环境三者的相互关系和变动的规律性，并优化系统观点看问题。

系统论的研究方法是建筑经济学研究方法论的基本方法。首先，它强调整体的观点，因此研究建筑经济要注重以建筑产业整体最优为导向，不是以组成整个产业中的某个行业、某个企业目标实现为唯一目的；其次，系统论强平衡的观点，因而建筑经济要强调组成产业的行业与企业发展的平衡；再次，系统论还强调动态的观点，研究建筑经济要着眼于整个建筑产业系统的动态过程，不是仅局限于某时某刻的整体产业结构最优，而是着眼于整个产业变动过程中的最优；最后，系统论还强调整个系统与周围环境的和谐适应，所以研究建筑经济不能局限于产业内部或某一区域本身，而应使产业发展与整个经济环境相协调。

建筑经济学属于产业经济学范畴，具有建立在特定技术经济方法之上的部门经济特点。在传统的经济学理论中，产业主要指国民经济的物质生产部门，一般而言，每个部门都有专业的生产技术和产品，从某种意义上来说，每个部门为一个相对独立的产业，如工业、农业、建筑业、交通运输业等。

建筑经济学既不同于微观经济学的研究对象——某个单独的经济主体（如建筑企业），只需着眼于个量分析即可；又不同于宏观经济学的研究对象——社会经济总体。建筑经济的研究对象是一个系统，如建筑经济学研究的是建筑经济活动涉及的整个系统。因而建筑经济的研究方法论首先必须着眼于系统分析的角度，既要研究组成系统的各个单元即各个单个经济主体间的相互作用关系，又要研究这些相互作用的关系是怎样整合最后实现总体的目标。

(2) 唯物辩证研究方法。唯物辩证的方法论是我们研究世界任何事物、任何系统的基本方法论，建筑经济学的研究当然也不例外。唯物辩证法告诉我们：事物是运动的、普遍联系的以及发展的。所以研究建筑经济要从发展的角度来分析问题，我们既要根据唯物辩证法的观点认识建筑产业分工、产业结构在某个特定的区域、时间确实是有差异，又要以发展的观点来看待这些差异，以探求实现建筑产业结构优化，促进经济增长的方法。其次，要辩证地、联系地分析建筑经济学概念之间、原理之间及它们与整个学科体系之间的联系，防止片面地理解某个概念、原理甚至片面地应用于实践而造成损失。

唯物辩证法还告诉我们事物的运动发展是由事物的内部矛盾所推动的，事物的矛盾有主要矛盾也有次要矛盾；矛盾本身有矛盾的主要方面和矛盾的次要方面。同样，一个产业的发展也是由组成该系统的内部各个产业的矛盾作用所推动的。所以我们在研究整个产业系统的运动规律的同时，重点抓住主要产业或产业的主要部门的问题正确对待其发展的优势和劣势，善于抓住主要矛盾，确保整个产业的优化发展。

(3) 实证分析与规范分析相结合的方法。实证分析是经济学研究的基本方法，当然也是建筑经济学的基本方法。实证分析主要研究经济现象“是什么”，即考察经济活动的实际运行情况。实证研究又分为理论研究和经验研究两部分。理论研究是通过考察实际经济运行情况，以此归纳出经济运行的规律性，然后从一定的假设出发，以严密的逻辑推理演绎证明这些经济规律可能性；经验分析则往往是用理论分析得到的经济规律考察经济运行中的实际例证，来进一步分析得到的经济规律并指导实践。如建筑经济研究中往往要调查统计各种经济变量的实际数值与理论规律比较，用理论规律加以解释以加深对实际建筑产业运行规律的认识。

2. *建筑经济学研究的方法选择*

建筑经济学的研究，除了要对学科的特点要有一个基本的把握外，还要根据这些特点选择和采用适用的、有针对性的研究方法，这样才能取得良好效果。

概括地说，建筑经济学有如下特点：第一，建筑经济学是一门发展很快、动态性很强的学科；第二，建筑经济学是大量从其他学科汲取养分的学科；第三，建筑经济学是一门应用性学科。所以，建筑经济学的具体研究方法的选择要注意以下问题。

（1）定性分析与定量分析相结合。建筑产业是一个系统，其经济活动涉及众多的因素，影响国民经济多个变量。要想从总体上获得最优化结果，只有将系统各方面的关系数量化，用抽象的数学关系表述真实的系统关系，探讨系统的规律性。所以定量分析方法是研究建筑经济要尽量采用的方法。

当然，虽然定量分析是必须尽量采用的，但也离不开定性分析。这是因为：第一，定性分析是定量分析的前提；第二，许多定量分析就是定性分析所得到的对于某个产业的认识的定量化；第三，定性分析往往能减少定量分析的复杂性；第四，越是复杂的系统，定量的研究就越有困难。尤其是建筑经济中的许多经济因素或指标还不能定量或精确定量化，这时，定性分析往往能更有效地简化分析和得到有益的思想。

（2）静态分析与动态分析相结合。静态分析是指考察研究对象在某一时间点上的现象和规律。在计量分析中，常常将这种用于分析比较处于不同发展阶段的研究对象在同一时间点上，或研究某一对象在同一时刻内部结构的数量指标的方法称为横截面分析法。虽然在许多场合静态分析是动态分析的起点和基础，但是我们知道产业经济学研究更要着眼于动态的、发展的观点，所以动态分析更是产业经济研究的主要方法。动态分析是指研究产业随着时间的推移所显示出的各种发展、演化规律，特别是产业间的关系在经济发展中此长彼消的规律。在计量分析中，称为时间序列分析。产业经济学中的经验性规律，大多都是综合运用动态分析与静态分析相结合的研究方法研究得到的。

（3）统计分析与比较分析相结合。建筑经济学研究的是建筑产业与其他相关产业之间的关系结构以及建筑产业内企业之间相互作用的发展规律。而这些关系除遵循普遍的经济规律外，其表现形式都是寓于特定国家或地区的特定的发展阶段之中的，必然包含着自身特有的特征，我们不能将某一国家、某一时期的产业及产业间联系的发展演化过程，当作一切国家产业及产业间联系的必然过程。从统计学角度来看，这仅仅是某一个体系的特殊特征，所以必须选取较多地区、较多时间点上的多样本，即分析较多国家或地区的同一过程。在此基础上利用统计方法消除掉单个样本的特殊特征，总结出具有代表性的一般产业及产业间联系的发展规律，从而使结论建立在科学的基础之上。

（4）调查研究方法与案例分析研究方法相结合。调查研究是对实际中所发生的问题而进行的调查的方法，是在现实的建筑经济环境中对实际发生的情况进行的研究，它具有真实性。例如，对某些行业或企业进行调查，收集所需要的各种资料和数据。研究调查可分为普查、抽样调查研究方法。

案例分析研究方法用实际发生的经济案例，定性定量相结合地分析说明某一无法精确定量分析的实际的复杂经济事例。案例分析还揭示出普遍经济规律在不同的实际环境中所表现出的不同形式，能培养研究人员对经济实践中所蕴含的经济观体的敏感性，提高其实际分析、判断的能力。

三、建筑经济学的研究技术与工具

在综合运用上述研究方法时，建筑经济学研究常用的研究技术包括以下几个方面。

1. 博弈论

博弈论是研究经济主体的决策行为及其相互作用所能达到的均衡的技术理论。在产业组织领域中当研究寡头企业的决策行为及其相互作用规律时，往往由于企业的行为是互为因果而强相关的，故必须使用博弈论来加以研究。所以产业经济组织就成了应用博弈论来研究的最早领域，现在博弈论已成了产业经济研究中重要的研究工具，常用于研究寡头垄断、不完全竞争市场的定价、企业兼并、反垄断规制等问题。

2. 投入产出分析法

投入产出分析法又称“部门平衡分析方法”或“产业联系分析方法”是由美国经济学家瓦·列昂捷夫提出的。这种方法是运用投入产出表和投入产出数学模型，把一国家在一定时间内所从事的社会再生产过程中，各个产业部门间通过一定的经济技术联系所发生的投入产出关系加以量化，以此分析该国在这一时期内社会再生产过程中的各种比例关系及其特性。投入产出分析法常用于研究产业与产业之间量化的质的联系和量的关系，即产业关联。

3. 计量经济方法

计量经济方法是利用统计学原理分析从实际经济领域获得的各种经济变量数据，归纳出各种经济变量之间可能的数学关系。计量经济分析方法广泛用于实证分析的各个领域，既可应用于理论研究中利用实际数据来归纳可能有的经济规律，也可应用于经济研究中用实际经济数据来验证经济理论规律。

复习思考题

1. 试描述建筑经济学的含义及学科特点。
2. 建筑经济学的研究对象是什么？
3. 简述建筑经济学的研究内容。
4. 简述建筑经济学科的形成过程及发展。
5. 建筑经济学的相关学科有哪些？
6. 阐述建筑经济学研究的方法论。
7. 什么是静态分析与动态分析？为什么要做到静态分析与动态分析相结合？
8. 为什么说系统论的研究方法是建筑经济学研究方法中的基本方法？
9. 建筑经济学研究方法选择要注意什么？
10. 叙述建筑经济学的研究工具。

第一章 建 筑 业

本章重点

1. 建筑业的含义与发展
2. 建筑业在国民经济中的作用
3. 建筑业相关产业及其发展

本章难点

1. 建筑业的行业环境分析
2. 房地产业发展

关 键 词

建筑业　行业　行业生命周期　建筑商品　房地产业　工程勘察　工程设计

第一节 建筑业的产生和发展

一、建筑业的含义

居住需要的满足是人类存在和发展的必要条件，因而建筑产品的生产活动历史几乎与人类文明一样久远。人类社会早期的建筑产品的生产活动存在于农业和手工业生产活动中，随着社会分工的不断深化，建筑业逐渐形成一个独立的产业。

在国民经济体系中，建筑业是从事各类建筑产品生产经营的物质生产部门。具体来说，建筑业是由从事房屋、构筑物的建造、改造和各种设备、装置的安装以及从事各类建筑产品的勘察设计工作的企业及单位组成的一个物质生产部门。

建筑业的社会经济职能是将各种不同类型的资源通过建造活动转变成经济与社会基础设施和其他设施，这一转换过程包括很多内容，如建筑产品的规划、设计、资金筹措、材料设备的采购、工程项目施工和维护等。建筑活动中使用的木材、水泥和钢材等材料的再加工、砂石料等各种材料的采集、加工、运输，同时各种预制构件和配件的生产、运输、储备及使用也都是建筑活动的重要组成部分。另外，建筑活动中的机械化作业、机械维修、机械出租，甚至建立机械化施工站、预拌混凝土输送车及移动泵车、部分起重装卸机械等运输车辆与机具等需要使用的专用构件与材料的运输作业，也在建筑业产值中占了很大的比重而成为建筑业不可或缺的组成部分。

1997 年 11 月 1 日通过并于 1998 年 3 月 1 日起施行的《中华人民共和国建筑法》将建筑活动分为四大类别：

（1）各类房屋建筑及其附属设施的建筑与其配套的线路、管道、设备的安装活动。

（2）抢险救灾及其他临时性房屋建筑和农民自建低层住宅的建筑活动。

（3）军用房屋建筑工程的建筑活动。

（4）其他专业建筑工程的建筑活动（包括铁路、水利水电设施、公路、港口、码头、机场等）。

建筑业的从业人员和单位也有很多分类：建筑业的人员有建筑设计人员、规划人员、施工管理人员、作业人员等；相关企事业单位有工程施工公司、专业工程公司、劳务承包公司、材料设备供应公司、工程咨询公司；相关机构有业主、投资者、银行、保险公司和建成工程设施的使用者等。

建筑业包括的范围广，相关行业的企业数量众多，企业集中度不高。在我国众多的建筑业企业中，仅上市公司就达三四十家，小型企业则数量巨大，产业内现有企业之间的竞争激烈。由于规模的不同，企业之间竞争的项目或者环节也不同。大型上市公司主要竞争于房地产建设、基础设施建设等大型项目的承包，小型企业主要竞争于建筑装饰装潢等子行业或者大型项目的分包项目等。

二、建筑业的产生

建筑生产活动几乎与人类文明一样古老，恩格斯在其著述《家庭·私有制的起源》一书中指出：在蒙昧时代的早期，建筑活动就已经产生了。“火和石斧通常已经使人能够制造独木舟，有的地方已经使人能够用木材和木板来建筑房屋了”（《马恩选集》第四卷第 19 页）。

建筑活动的内容是随着人类社会经济、技术文化的发展而不断变化扩展的。在我国的西周时期就出现了瓦这种建筑材料，它较好地解决了建筑物的防水问题。隋唐时期的建筑吸收外来文化的精华，建筑风格更加多样化和成熟。北宋崇宁二年（公元 1103 年）颁布的《营造法式》对建筑结构、用料、施工等方面都做了明确规定。明清时期我国古代建筑生产活动水平达到顶峰，各种各样的建筑丰富多彩，傣族的佛塔群、回族的大跨度的礼拜寺、闽南土楼等都极具特色。

建筑业作为一个产业要成为一个独立的物质生产部门，需要具备一定的条件和基础：首先要一定的生产规模、生产技术基础和一定规模的产业工人队伍；其次，要有区别于国民经济其他部门的技术经济特点；第三，要有专门的生产工艺和产品。我国的建筑业成为国民经济的一个独立的物质生产部门，是社会生产力不断提高和社会分工发展的结果。在资本主义社会以前，建筑生产活动基本上仍属于农民家庭经济范围，人类进入了资本主义社会之后，建筑业才和农业完全分离，形成独立的行业。

我国封建社会的建筑活动属于农业、手工业范畴，建筑生产主要由手工匠人和农民承担，生产规模小，技术水平较低。随着欧美列强的入侵，上海、青岛、大连、哈尔滨等地出现了一些外来建筑，“五四运动”时期在我国的东南沿海地区出现了一定规模的建筑产业工人，建筑技术教育开始发展，一批如詹天佑、梁思成等有建树的建筑工程师为建筑业的发展做出了卓越的贡献。新中国成立后，随着社会主义建设的发展，我国的建筑业得到了长足发展并成为国民经济的支柱产业。

三、建筑业发展

在我国古代，建筑经济活动的发展经历了原始社会、奴隶社会和封建社会三个历史阶段，在这些时期，我国建筑技术发展有着丰富辉煌的成就，形成独特的风格，在世界建筑史上有极其重要的地位。在园林、民居、建筑艺术与建筑材料结构、施工技术等方面都有杰出的创造和贡献。在奴隶社会的商朝，就有了城市并出现了宫殿、陵墓、防御工程等类建筑；

战国时代开始修筑的万里长城闻名世界，隋朝时期开凿的大运河及河北赵县的赵州桥等，无论在设计方面还是在施工组织和管理方面，都达到了很高的水平。

1. 奴隶社会时期

在我国进入奴隶社会的西周时期之后，建筑材料中出现了瓦这种新的建筑材料，由于它较好地解决了屋顶防水问题，大大提高了建筑物的使用功能和舒适性。瓦的出现是建筑史上的重大成就，自此我国建筑产品的施工技术达到了当时世界建筑生产领域的最高水平。

2. 封建社会时期

进入封建社会以后，我国的建筑经济活动进一步发展，成为古典建筑发展的主要阶段，在这期间主要经历了三个高峰期。

(1) 春秋末期。大规模宫式和高台建筑开始兴建，铁制建筑工具——斧、锯、锥、凿等的应用，提高了木结构建筑的艺术水平和加工质量，同时加快了施工的进度。秦灭六国后在全国修筑驰道、凿灵渠、修建万里长城，使当时各地各种不同的建筑技术得到融合和发展，建筑祖师鲁班就是这一时期的代表人物。这一时期建筑活动的特点如下：

1) 木架建筑渐趋成熟。这一时期建筑的木结构体系已有了很好的适应性，叠梁式、穿斗式、井干式三种木结构已经形成。

2) 制砖技术和拱券结构方面有大的进步。陆续出现了方形和长形砖，制砖的技术和生产规模、质量和花式品种都有显著发展，后人称为“秦砖汉瓦”；拱券作为一种新兴的建筑结构，除了具有良好的承重特性外，还起到了装饰美化的作用。

3) 石建筑较快发展。石质建筑坚固不易损坏，石建筑用于筑城，易于防守而且比木质建筑防火、防水。在许多地方，人们至今仍然可以看到形式各异的石墓、墓表石碑等石建筑产品。

(2) 隋唐时期。这一时期是中国建筑发展和成熟时期，它继承了古文化技术并吸收融化了外来建筑的精华，形成自己的建筑体系和特点。

1) 规模宏大，规划严整。如唐朝首都长安是隋代规划兴建，唐朝扩建加工，其规划是我国古代都城中最严整的。

2) 建筑群处理趋于成熟。如加强城市总体规划，宫殿、陵墓等，建筑群中突出主体建筑的空间组合，强调从轴线方向的陪衬手法等。

3) 设计与施工水平提高。这一时期出现了掌握设计与施工的专门技术人员——都料，专门从事公私房屋的设计与现场施工指挥。

4) 木建筑解决了大面积、大体量的技术问题，并且定型规范化。

5) 砖石结构进一步发展。表现在木结构楼阁式塔向砖石楼阁式、密檐式和单后塔发展。

6) 建筑艺术加工成熟——实用而美观，严整而又开朗，不呆板。

(3) 明清时期。随着中国古代建筑在传统道路上继续发展，形成中国古代建筑史上最后一个高峰。其特点如下：

1) 大城市及新城镇增多，出现了许多三至四层的公共建筑。

2) 工业建筑规模扩大，在纺织业、冶金业等的发展对建设需求有较大增加。

3) 民族建筑与民用建筑各具特色。各地民居如安徽徽州住宅、北京四合院、苏州住宅、闽南土楼住宅、四川山地住宅、陕西的窑洞住宅等别具特色。少数民族地区建筑风格多样，如西藏布达拉宫、回族的大跨度的礼拜寺、维吾尔族的穹隆顶建筑、傣族的佛塔群等的风格也很多样化。

4）园林建筑达到鼎盛时期。如北京的圆明园、颐和园、承德避暑山庄，苏州的留园、拙政园等都达到了很高的水平。

5）建筑技术水平有了提高。明代已开始使用千斤顶、多刀的刨子、手摇卷扬机等简单的建筑机械和工具。清朝政府统一了建筑的构件模数和用料标准，由宫廷设主持设计和编制预算的地方分别称为“样房”和“算房”，并对估算工料和验收都做了具体的规定。

四、近代中国建筑业的发展

近代中国建筑业的发展，大致可划分为四个阶段。

1. 鸦片战争到甲午战争（1840—1895 年）

外国资本主义的侵入和中国资本主义的发展，中国社会生产生活很多方面发生了变化。在建筑方面，表现为由于受到了西方建筑设计思想、施工方式等的影响，在一些东部沿海城市，早期出现的领事馆、洋行、商店、工厂、车库、教堂、饭店、俱乐部和独院式住宅，许多是欧洲古典式建筑。

2. 甲午战争到“五四”运动（1895—1919 年）

各主要资本主义国家进行资本输出，中国也被纳入其输出范围。表现在对中国建筑业发展影响方面，为西方国家对中国的建筑市场的瓜分，西方建筑对中国建筑的影响加大。如工厂、银行、洋行、火车站、旅馆、文化娱乐设施、花园住宅等国外建筑兴起，出现了五层以上的西洋式建筑。同时，建筑材料如水泥、玻璃、机制砖瓦的生产有了发展。近代建筑产业工人队伍开始形成，施工技术有较大提高，土木工程教育开始兴办。

3. “五四”运动到抗日战争爆发（1919—1937 年）

这是近代建筑活动的重要时期，广州、天津、汉口和东北的一些城市出现了 8～9 层高的建筑，上海出现了 28 座 10 层以上的高层建筑，最高的 24 层（国际饭店）。随着国内建筑水平提高，建筑队伍扩大，从外国留学回国的中国建筑师、工程师人数增多，近代民族建筑业得到发展。仅上海一地 1922 年登记的营造业企业就有 200 家，1923 年达 822 家。1933 年上海市市政报告中已近 2000 家，再加上华人经营的水电设备安装业，竹篱业（搭建筑脚手架）、石料工程业、油漆业、设计事务所、土木工程事务所等，形成了许多具有相当规模的建筑队伍。1927 年，中国建筑师学会、上海营造业同业公会成立。1928 年，中国营造学社成立，全国各地也先后成立了营造业同业公会，并创立了《建筑月刊》。

4. 抗日战争爆发到新中国成立（1937—1949 年）

这一时期由于国民党统治中心转移到西南，一部分沿海城市的工业随之内迁，边远省份的工业有了发展，近代建筑逐步扩展到内地县镇。抗战胜利后，营造商登记数剧增，某些厂主欲重振雄风，但不到一年，幻想破灭，建筑业陷入泥潭，在国民党统治区，修碉堡，建军火库工程成为建筑业的主要任务，建筑业走向衰落。在 1949 年新中国成立前夕，建筑业约有从业人员 20 万人，其创造的净产值占国民收入的 1%左右。

五、新中国建筑业的发展

新中国建筑业的发展，大致可以分以下几个阶段。

1. 建筑业的行业组建（1949—1952 年）

新中国成立后，国家通过接收国民党官僚资本改造上海、北京等大中城市的旧营造业，组建了一批国有建筑公司，同时将中国人民解放军工程部队的 8 个师约 8 万人，集体转入建筑业，成为发展建筑业的一支重要力量。中央政府于1952年8月成立建筑工程部，主管全国建筑业，各省、市自治区也先后成立建筑工程局，建筑产业从业人员由1949年的约20万人，达到1952年的近100万人。1952年建筑业完成的净产值为21亿，约占当年国民收入的3.6%。

随着大规模经济建设的开展，建筑业蓬勃发展起来。国营建筑施工企业开始组建，并很快成为我国建筑业的主要力量。为了迎接大规模的建设，我国从1951年开始，组建了一批国营建筑公司和设计公司。1952年国家成立了建筑工程部，同时在各大区建立了建筑工程管理局，管理直属企业和地方企业。

2. "一五"时期（1953—1957年）

1953年至1957年是我国实行国民经济第一个五年计划时期，其基本任务是集中力量进行以苏联帮助设计的"156"项工程为中心的，由694个大中型建设项目组成的工业建设热潮，建立了中国社会主义工业化的初步基础。这就既赋予中国建筑业以艰巨的历史任务，同时也为建筑业自身的发展提供了难得的机遇。

在完成大规模建设任务的同时，建筑业的面貌发生了根本的变化，第一汽车制造厂。玉门油矿、兰州石油化工基地、吉林化工基地、武钢、包钢、鞍钢及大批电厂开工建设或部分投产。在教育和科技方面，1954年建立了重庆建筑工程学院和哈尔滨建筑工程学院，1956年建筑工程部建筑科学研究院成立，1953年中国土木工程学会和中国建筑学会相继成立，积极开展了国内外学术交流活动。

"一五"期间是中国建筑业走向兴旺发达的时期，1957年建筑业净产值为45亿，占国民收入的5%。这一时期国家队建筑业实行的是高度统一的管理，大部分工程项目都由国家安排投资和建设。虽然在"二五"时期曾按"统一计划，分级管理"的原则，对管理体制实行变革，扩大了各省、自治区、直辖市经济管理权限，但管理体制和方式没有根本上的改变。

3. "大跃进"时期（1958—1965年）

这一时期，由于经济工作指导思想的改变，对建筑业产生严重影响。从1958年的"大跃进"至1960年，建筑产业工人由1957年的200多万人，到1960年发展到722.8万人。在此之后，国家开始对国民经济进行调整。基本建设投资由1960年的388.7亿元，缩减到了1962年的71.3亿元，整个建筑业的发展规模大大降低，全民所有制的建筑企业职工总数由577.3万人减到193.3万人。一些省市甚至撤销了建筑工程局。同时，有关建筑设计院所，建筑相关领域的科研、教育等机构也被精简了，相关建筑类学校陆续缩减了招生名额，一些中专类学校在校生甚至停课回家。

4. "文革"时期（1966—1977年）

"文革"期间，建筑业受到更为严重的破坏，施工企业不讲管理、不讲核算、工程不计成本、工程质量差、造价不断上升。施工工程中不讲经济核算，实行实报实销，许多施工企业管理混乱，甚至处于无政府状态。在行业管理方面，没有把建筑业作为国民经济的独立物资生产部门来对待，而是把建筑业看作是固定资产投资的消费部门。

5. 改革开放以后（1978—现在）

党的十一届三中全会以后，我国的建筑业进入了快速发展阶段。初步形成工程总承包、施工承包、专业分包和劳务三个层次相互结合、协调发展的局面，建筑业在国民经济中的作用不断提高，建筑业增加值逐年平稳上升。建筑业从业人口和建筑企业用工类型日益丰富，与建筑业相关的工程勘察设计、咨询监理等的业务范围和技术管理水平不断提高。许多国有建筑企业经过改制，建立起适应市场经济特点的现代企业制度，成为自主经营、自负盈亏、自我约束、自我发展的商品生产者和经营者，统一、开放、竞争、有序的建筑市场体系初步形成。

第二节 建筑业在国民经济中的地位和作用

一、建筑业在国民经济中的地位

国民经济就是社会生产部门、流通部门和其他非生产部门的总和。它包括工业、农业、建筑业、交通运输业、商业、对外贸易业、科学技术事业、城市公用事业、文化教育事业、卫生事业、体育事业等部门。一个产业要成为一个独立的物质生产部门，首先要有一定的生产规模、生产技术基础和一定规模的产业工人队伍；其次，要有区别于国民经济其他部门的技术经济特点；再次，要有专门的生产工艺和产品。

建筑业是国民经济的一个独立的、重要的物质生产部门，它围绕建筑生产活动的全过程来开展自己的生产经营活动，如各类生产和生活用房等的建造、各种构筑物，如铁路、公路桥梁、水塔、影剧院、公共设施、运动场等的建造以及各种机器设备的安装、各种房屋、构筑物的维修更新和与建筑对象有关的工程地质勘察及设计等。

在国民经济体系中，以物质生产部门为基础，它决定流通、消费和分配各部门。建筑业作为一个物质生产部门，是社会生产力不断提高和社会分工发展的结果。为了满足国家和人民不断增长的物质文化需要，要求建筑业按照国民经济发展和市场经济的客观规律的要求，持续、稳定协调地发展。

二、建筑业在国民经济中的作用

建筑业作为独立的物质生产部门，具有区别于国民经济其他部门的技术经济特点，在国民经济中起重要作用。

1. 为社会创造财富，为国家提供巨额国民收入

国民收入是一个国家的物质生产部门的劳动者在一年内新创造的价值的总和。它是一个国家在一年内所生产的社会总产品中，扣除补偿已消耗的生产资料所剩余部分。

新中国成立以来，我国的建筑业提供的收入占国民收入的3%～6%，从部门来看，仅次于工业、农业、商业，排在第四位。随着各国经济交往的增加和科技发展的不平衡性因素增加，国际间建筑工程承包正在迅猛发展。世界上许多国家都很重视国际承包工程的市场竞争，因为这种承包活动，既促进建筑业自身的发展，又带动资本、技术、劳务、设备、商品的输出；既赚取大量的外汇收入，又扩大政治经济影响。建筑业的产值受投资规模的影响，在经济发展的较快时期，其增长一般可持续高于国民经济的增长。建筑业提供的收入在国民收入中的比重在不同的国家、地区和不同的时期有所不同。

2. 为发展生产、改善人民生活提供物质基础

建筑业提供生产性固定资产，对扩大生产能力、提高生产技术水平有重要的促进作用。同时，建筑业提供的城市基础设施、文化教育、卫生体育及居民住宅等非生产性固定资产，为改善人民生活提供物质基础。

建筑业为社会和国民经济各部门提供建筑产品，满足生产的发展和人民物质文化生活的需要。建筑业的发展能扩大生产能力，发展新型工业，在提高生产力的基础上逐步改善人民的物质文化生活，如文化、教育、卫生、城市公用设施以及住宅的建设，都是直接为满足人民的物质文化生活需要服务的。

3. 吸纳大量就业人口

对于我国来说，建筑业属于劳动密集型产业，作业劳动强度大，机械化程度较低，许多岗位的作业者稍加培训即可上岗，因而吸纳了大量农村转移剩余劳动力和城市再就业人口，对于解决城市就业压力起了很大作用。按照发达国家指标，建筑业的就业人口占全部就业人口的6%～8%。据统计，美国每10个就业人口中就有1个与建筑业有直接或间接的关系。

应当指出的是，由于同建筑业前后关联在其他部门创造的直接和间接就业人数更是远远超过了建筑业就业人数，比如与建筑业密切相关的建筑材料和建筑机械设备和器具等相关产业可容纳大量的劳动力就业。但评价建筑业创造的就业机会究竟有多少是很困难的，建筑业从业人员不断地流动，相当一些人甚至在建筑业和农业等产业之间不断变换从业身份，因此很难准确地计算建筑业发展带来的就业人口变化。

4. 建筑业的发展促进其他产业的发展

建筑业同国民经济其他部门有很强的前后产业关联。建筑业向国民经济其他部门提供各种生活、生产、交换和其他经济和社会活动所需要的设施。同建筑业向前关联最强的就是制造业。因为制造业进行生产的前提是需要大量的厂房和库房等。向后关联，或者称为“派生需求”的价值在大多数情况下远远超过了建筑业本身的增加值。

建筑业一方面以自己的产品为社会和国民经济各部门服务，另一方面，建筑业还在生产过程中大量消耗其他产业部门的产品。建筑业产品成本中，物质消耗占60%～70%，它与近50个工业部门发生联系，特别与建材工业、冶金工业、木材及木材加工业、金属结构及制品生产工业、化学工业之间的关系特别密切。建筑业的发展要依赖于建材、冶金、化工、林业、仪表、机械制造和轻工业部门的发展，在建筑生产过程中，要大量消耗其他国民经济部门的产品。如建材、机械制造、冶金、化工、仪器仪表、轻纺等工业为建筑业提供原材料和设备。同时建筑业也因此成为其他产业部门的重要产品市场，能带动许多关联产业的发展。

一般来说，建筑业可以消耗全国钢材产量的50%，木材产量的90%，水泥产量的90%。建筑业的发展可带动国民经济其他部门的发展，因而建筑业的发展状况是国民经济发展的晴雨表，当国民经济处于高速发展时期，固定资产的需求大量增加，建筑业发展进入繁荣时期；当国民经济处于调整时期，固定资产投资减少影响了建筑业的工程总量；当国民经济发展处于需求不足时期时，国家可通过公共事业投资的方法扩大内部需求，使建筑业首先发展，从而刺激其他产业部门的发展，起到调节国民经济各部门的作用。

建筑业还要占用大量的运输工具，因此，建筑业的发展和交通运输业的发展也有着密切的关系，消耗运力和运输工具约占社会运输总量的8%。

5. 建筑承包是我国最早进入国际市场，赚取外汇的领域

国际建筑工程承包是一项综合性输出，可以带动资本、技术、劳务、设备及商品输出，而且还可以扩大本国企业的影响，赚取外汇。因此世界各国都非常重视建筑业走向国际承包市场，发展外向创汇型建筑业。国际承包市场总规模为每年2.6万亿美元左右，其中海外承

包工程约2000亿美元，世界225家国际大承包公司海外成交额约1600亿美元。欧美20世纪50～60年代即打入国际承包市场，日本20世纪60～70年代，韩国20世纪70～80年代都加大力度发展国际承包事业，占领国际市场。

我国建筑企业自1979年开始实施国际建筑承包活动，进入国际市场，涉及领域包括房屋建筑、铁路、公路、桥梁、水利水电工程承包等。现在已有30余家承包公司位于世界225家大承包商行列。如中国建筑总公司、中国冶金建设公司、中国公路桥梁建设总公司等，但是我国目前在国际承包市场占有率只有3%左右，而美国国际承包市场占有率约为36%，西欧（法、美、意、德、荷）为40%左右。随着我国经济发展与国际间经济交往的增加，我国企业参与国际建筑承包的竞争力也在迅速增强。这些国际承包活动不仅推动我国建筑业的发展，而且也带动了资本、技术、劳务、设备和商品的输出，为我国国内经济的发展做出了贡献。

第三节　建筑业的行业环境特点

行业由一些企业构成，其产品有相同或类似的属性。行业是影响企业生产经营活动最直接的外部因素，也是企业赖以生存和发展的空间。行业环境属于国民经济宏观环境和企业微观环境之间的中观环境，它反映了本行业中的生产经营特点及与其他行业的关系。

任何一个产业的生产经营活动是在特定的环境中进行的，这些环境要素包括自然环境、经济环境、政治法律环境、技术因素、社会文化、居民生活方式、政府的政策及管制等，它们对产业发展及其战略决策均有较大影响。

不同行业之间在经济特点、竞争环境、未来的利润前景等方面存在着巨大差异。建筑业和零售行业相比，两者的经济及竞争特性方面的相似性少；快餐业与网络服务供应商所处的行业相比，其经济及竞争特性方面的共同点少。影响建筑业的行业因素及竞争环境与其他行业的行业因素及竞争环境也不相同。

一、行业生命周期

行业的生命周期是指从行业出现直到行业完全退出社会经济活动所经历的时间。行业生命周期主要包括四个发展阶段：形成期、成长期、成熟期、衰退期。行业是随着社会某种需求的产生而产生，又随着社会的这种需求的发展而发展，当这种需求消失时，整个行业也就随之消失，行业的寿命即告终止。

如同自然界的生物，一个产业的发展也要经历形成、发展和衰退等几个周期，如图1-1所示，开始于形成阶段，然后是成长、成熟，最后是衰退期。如果所有的事物都保持不变，管理无疑会从采用具体计划中获益，这不仅是因为具体计划指出了一个明确的方向，而且是由于它建立了非常详细的基准，可用以衡量实际的绩效。但问题是，事情并非总是一样的。行业是随着社会某种需求的产生而产生，又随着社会的这种需求的发展而发展。当这种需求消失时，整个行业也就随之消失，行业生命即告终止。在行业生命

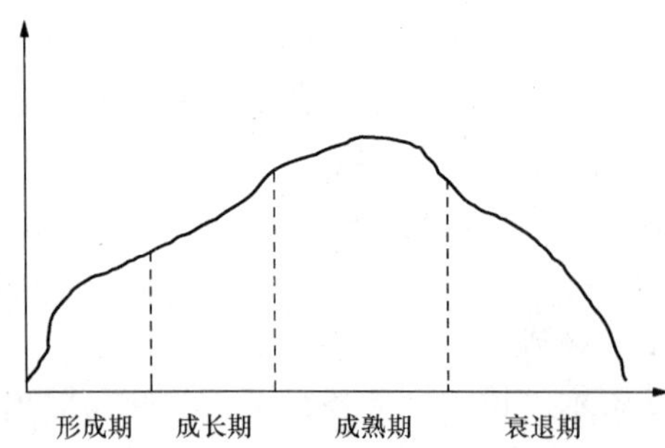

图1-1　建筑业行业生命周期曲线示意图

周期的各个阶段，要根据行业发展情况在其不同的发展阶段作出相应的战略调整。

影响建筑行业生命周期的因素主要有：

(1) 技术因素。产品技术的稳定性对于行业发展的影响是较大的。分析产品的性质及技术复杂性有助于判断产品的未来需求变化，如果出现大幅度变化，行业生命周期也将受到影响。目前建筑工程的大部分施工是在现场完成，这种作业方式的结果是受人的因素影响较大的，因此不断提高人的素质和提高机械化程度是现在建筑行业发展的当务之急，技术进步对行业的影响很大。

(2) 政府的影响。企业战略制定者需要评估政府政策对特定行业的影响，因为政府可以通过多种途径来广泛影响一个行业。国家持续大规模的固定资产投资必将持续拉动公共基础设施建设和房地产业的发展，目前我国各地政府大力发展城市建设，不断进行城区改造，这为建筑业发展提供了一个很好的机遇。当然政府也强化了对建筑市场违法违规行为的惩罚力度，违法违规者将受到停业整顿、取消相应营业资格、资质等处理，如果以不正当手段承揽工程的企业将被追究刑事责任。

(3) 社会习惯的变化。消费者和政府越来越重视企业应负的社会责任，越来越重视企业给社会带来的影响。这种日益增强的社会意识或社会倾向对行业已经产生了明显的作用。

二、行业竞争环境

行业竞争环境受行业总容量、市场成长率、行业内技术变革的速度、市场的地理边界、消费者与供给者的数量及规模等因素影响。在某些行业中，各种竞争力量可能比较温和；而在另外一些行业中，竞争却可能是激烈的。

1. 进入壁垒较低

由于建筑生产通常在现场进行，所以建筑公司就不需要自己拥有和管理很大的固定场所。目前我国许多建筑企业的资本有机构成低，即使用的固定资产少，企业平均规模较小。建筑业的进入壁垒相对较低，而在发达国家和地区，施工机具租赁经营业非常发达，完全可以临时租用。此外，建筑业历史悠久的分包和个体经营传统，使建筑公司较少雇用固定员工。

2. 建筑业基本投入受国民经济影响较大

建筑业生产的基本投入是建筑材料、施工机具、劳动力、资金和管理人员。建筑业生产的特点是生产某种具体的建成空间，生产要素投入可以有多种截然不同的组合。各种不同类型的组合需要的劳动力和机械设备一般彼此之间相差悬殊。大多数国家的建筑业受国民经济需求影响较大。经济发展的水平及周期波动情况对建筑产品的需求产生很多的影响，导致建筑产品需求的增加或缩减。

3. 建筑业内行业分工细致，企业规模差异较大

制造业的生产在空间上是集中的，在时间上速度是均匀的。建筑业生产比较分散，生产在空间上是分散的，在时间上由于工艺要求和施工程序的不同不一定是匀速的。另一方面，由于建筑业各行业企业的专业分工较细，无论是土木工程、安装工程以及装饰工程施工，专业分工使各公司各有特点，需要对于某具体类型建筑物需求的变化进行生产。企业的规模因生产任务、专业分工、项目所在区域的不同存在较大差异。建筑业存在一些技术、管理和财务实力很大的建筑公司的同时，还有大量的、难以统计的小公司。它们通常雇员不多，多从事专业化的施工，属于专业分包商。

第四节 建筑业相关产业

一、房地产业

1. 房地产业的含义

房地产业指从事房地产综合开发、经营、管理和服务的产业，包括房地产生产、流通和消费过程的各项经营和管理业务。通常房地产是指房产和地产的合称，其中房产是指建筑在土地上的各种房屋，地产则包括土地和地下各种基础设施，二者是密切相关的统一体。房屋是建造在各类土地上，并且各类地下、地上设施也都是为各类房屋建筑服务的。

房地产业是为居住者提供住房销售及售后服务的行业，其性质偏向于销售及服务业，房地产业总体上属于服务行业，因此属于第三产业。由于房地产业中的房产建设是由建筑业来完成的，所以，房地产业和建筑业是相互依存的关系，是相互邻近的行业。实际上许多房地产企业发展到一定规模以后，就成立了自己的建筑公司。同样，许多建筑公司达到一定规模以后，也纷纷成立自己的房地产公司。

2. 房地产业的经营内容

(1) 土地的开发和再开发包括国有土地使用权的出让。

(2) 房屋的开发和建设包括开发所需土地征用，原有建筑拆迁安置，开发项目的规划设计等。

(3) 地产的经营包括土地使用权的转让、出租、抵押以及房屋的买卖、转让、租赁、抵押等经济活动等。

(4) 房地产中介服务包括房地产咨询中介、房地产评估中介、房地产代理中介等，服务内容包括信息、测量、律师、经纪、公证等。

(5) 房地产物业管理包括房屋公用设备实施的养护维修，为使用者提供安全、卫生、优美的环境。

(6) 房地产金融包括房地产融资、信用担保、保险等金融服务。

(7) 房地产市场管理包括房地产市场经营相关市场，如资金市场、技术市场、劳务市场、信息市场等，制定合理的房地产价格体系，建立健全房地产市场政策法规，实现对房地产市场的宏观调控等。

3. 我国房地产业的发展

1978年以后，随着改革开放的不断深入，我国房地产业发展迅速，取得了举世瞩目的成就。首先，住房制度改革使得房地产市场经济发展获得强大推动力，房地产业因此得到了巨大发展。

概括我国房地产业的发展历程，可以划分为以下几个阶段：

(1) 起步时期（1978—1988年）。1987年12月，深圳市在我国首次以拍卖方式转让土地使用权，开始了土地供应市场化改革。在这一时期，我国住房制度改革进入试点阶段，主要实行三大改革：出售新、旧公房；住房商品化，实行房地产综合开发，房屋有偿转让和出售；房屋租金改革。

房地产业的发展进了住宅业的发展。1988年全国住宅建设投资从1978年的70.01亿元提高到1136亿元，住宅产业占国民生产总值的比重也从1978年的2.06%提高到7.61%。

(2) 发展初期（1988—1992 年）。1988 年 2 月，国务院颁发《在全国城镇分期分批推行住房制度改革实施方案的通知》，决定用 3～5 年时间全面推开住房制度改革。1991 年 11 月 23 日国务院办公厅转发国务院住房制度改革领导小组《关于全国推进城镇住房制度改革意见的通知》（国办发［1991］73 号），住房制度改革在全国推行，给房地产业发展带来良好机遇。

这一时期，住房制度改革把由国家、企业统包的住房投资体制，转换成国家、集体、个人三方面共同负担的住房投资体制，并正确引导和改革房产开发的建设体制。

1988 年 8 月，国家建设部在广州召开“沿海城市房地产工作座谈会”，推广广州等城市房地产开发、经营、管理方面的经验。这一年，全国的房地产开发公司已由 1986 年的 420 个增加到 3124 个。

(3) 迅速发展时期（1992—1998 年）。1992 年 11 月，国务院发布《关于发展房地产业若干问题的通知》，指出“房地产业是第三产业的重要组成部分，随着城镇国有土地有偿使用和房屋商品化的推进，将成为国民经济发展的支柱产业之一。”

为建立和培育完善的房地产市场体系，从 20 世纪 80 年代中期开始，国家逐步规范房地产交易中介服务，房地产经纪机构开始大量涌现。随着房地产开发的逐步升温，越来越多的社会资金流向房地产业，房地产开发投资增长速度大大高于国民经济的增长，出现了“房地产过热”现象。1992 年，国民经济增长 14.2%，而同期房地产开发投资增长高达 117.6%；1993 年，国民经济增长 13.5%，同期房地产开发投资增长为 165%，是经济增长速度的 12.2 倍。当时的房地产开发规模已超出了经济发展可容许的范围。

从 1995 年开始，国家各级政府着手控制投资规模，控制高档房地产开发项目。同时努力扩大商品房销售，解决由于房地产开发过热造成的空置房严重的问题。1994 年 7 月，国务院颁发《关于深化城镇住房制度改革的决定》，推行向高收入职工家庭出售公有住房实行市场价，向中低收入职工家庭出售公有住房实行成本价的政策。1995 年国家开始实施安居工程，以成本价向中低收入家庭出售。

1994 年 7 月 5 日，我国第一部房地产法律《中华人民共和国城市房地产管理法》获得八届人大常委会第八次会议通过，并于 1995 年 1 月 1 日实施，奠定了房地产业的法律地位和依法管理的基础。同年，国家建设部发布《城市新建住宅小区管理办法》，物业管理开始在全国推广，并得到很大发展。

1997 年，受到东南亚的金融危机的影响，房地产业发展减速。香港楼市大幅降温，海口等不少沿海城市也受到波及，一些“烂尾楼”频现，我国房地产业经受了金融风暴的考验。

(4) 调整时期（1998—2003 年）。1998 年 7 月，国务院颁发文件，规定从 1998 年下半年开始停止住房实物分配，逐步实行住房分配货币化，对房地产业的发展起到很大促进作用：加快了建立和完善以经济适用住房为主的多层次城镇住房供应体系的步伐；对不同收入家庭实行不同的住房供应政策；实行最低收入家庭租赁由政府或单位提供的廉租住房，中低收入家庭购买经济适用住房，其他收入高的家庭购买、租赁市场价商品住房的政策。

为调整住房投资结构，国家开始重点发展经济适用住房（安居工程），加快解决城镇住房困难居民的住房问题。在住房金融方面，1998 年 4 月中国人民银行出台《关于加大住房信贷投入，支持住房建设与消费的通知》、《个人住房贷款管理办法》。

1998年至2002年，全国国民经济增长分别为8.8%、9.2%、7.1%、8%、7.3%、8%，而同期房地产开发投资则分别增长6.1%、11%、19.5%、25.3%、21.9%，与国民经济增长速度之比平均为2倍。房地产业内部的增长指标是：1998年至2001年，我国商品房完成投资平均每年增长20.6%、竣工面积平均每年增长19.35%、销售面积平均每年增长22.5%，三个指标基本上是同步增长。而且销售面积的增长高于完成投资和竣工面积的增长。

(5) 持续快速发展时期（2003年至今）。2003年8月，国务院发布了《关于促进房地产市场持续健康发展的通知》（俗称"国六条"），首次明确房地产业为国民经济的支柱产业，要求保持住房价格特别是普通商品住房和经济适用住房价格的相对稳定，同时加快建立和完善适合我国国情的住房保障制度。之后国家有关部门相继发出"前国八条"、"后国八条"等一系列文件，加强对房地产市场进行调控。此后，我国房地产业发展有了新的变化。

住房供应结构开始得到调整。各地制定和实施了"十一五"住房建设规划，重点发展满足当地居民自住需求的中低价位、中小套型普通商品住房。

住房需求得到有效控制。政府综合运用金融、税收政策等经济杠杆，实施"重点满足当地居民的自住需求、抑制投机和投资性购房需求、严格控制拆迁等被动性住房需求"的政策导向。从2006年6月1日起，个人住房按揭贷款首付款比例不得低于30%，但购买自住住房且套型建筑面积90平方米以下的仍执行首付款比例20%的规定。对购买住房不足5年转手交易的，销售时对售房收入全额征收营业税等，这些措施使投机和投资性购房需求得到抑制。

保障性住房建设步伐加快。各级政府加快城镇廉租住房制度建设，以解决低收入家庭的住房困难。为了解决建房资金，国家要求各级政府将土地出让净收益的一定比例用于廉租住房建设。同时，规范发展经济适用住房。明确经济适用住房是具有保障性质的政策性商品住房。保障性住房建设严格控制户型、审定销售价格，实行保障性住房建设申请、审批和公示制度。

房地产业的发展带动了其他行业的发展，支持了我国经济的持续高速发展。从全国房地产业对其相关产业的贡献度来看，1998年以后每年约可拉动国民经济增长1.5～2个百分点；住宅建设每增加10个百分点，可带动国民生产总值增长1个百分点；房地产业每投入100元可创造相关产业170～220元的消费需求；商品房市场每实现100元销售可带动130～150元的其他商品销售；住宅行业每吸纳100人就业，可带动相关行业200人就业。

二、工程勘察、设计、咨询业

(1) 工程勘察业。工程勘察是根据工程项目的建设要求，查明、分析、评价建设场地的地质、地理环境特征和岩土工程条件，编制建设工程勘察文件的活动。在建设工程施工前，都需要对地形、地质构造、地下资源蕴藏情况等进行实地勘察。

建设工程勘察一般包括以下四点：

1) 可行性研究勘察：应符合选择场址方案的要求；

2) 初步勘察：应符合初步设计的要求；

3) 详细勘察：应符合施工图设计的要求；

4) 施工勘察：场地条件复杂或有特殊要求的工程，宜进行施工勘察。

如果建设项目施工场地较小，无特殊要求可合并勘察阶段。当建筑物平面布置已经确定，且场地或其附近已有岩土工程资料时，可根据实际情况，直接进行详细勘察。

建设工程勘察设计是指根据建设工程项目的要求，对建设工程项目所需的技术、经济、资源、环境等条件进行综合分析、论证，编制建设工程设计文件的活动。

建设工程勘察是技术性、专业性强的工作，要求从业人员及相关企业具备与工程项目相应的资质，才能从事这类工作。

按照国家有关资质管理规定，工程勘察资质分为工程勘察综合资质、工程勘察专业资质、工程勘察劳务资质。其中工程勘察综合资质只设甲级；工程勘察专业资质设甲级、乙级，根据工程性质和技术特点，部分专业可以设丙级；工程勘察劳务资质不分等级。

取得工程勘察综合资质的企业，可以承接各专业（海洋工程勘察除外）、各等级工程勘察业务；取得工程勘察专业资质的企业，可以承接相应等级相应专业的工程勘察业务；取得工程勘察劳务资质的企业，可以承接岩土工程治理、工程钻探、凿井等工程勘察劳务业务。

(2) 工程设计业。工程设计是指对工程项目的建设提供有技术依据的设计文件和图纸的整个活动过程。具体说是根据工程项目建设要求和有关法律、法规的相关规定，对建设工程项目所需的技术、经济、资源、环境等条件进行综合分析、论证，编制建设工程设计文件，提供相关服务的工程。设计工作包括总图、工艺设备，建筑、结构、动力、储运、自动控制、技术经济等的设计。

工程设计是工程项目建设的重要环节，是建设项目进行整体规划及体现工程项目具体实施意图的重要过程，是处理技术与经济关系的关键性环节，对确定与控制工程造价的有重要影响。

与工程勘察一样，工程设计业是技术性、专业性强的工作，要求从业人员及相关企业具备与工程项目相应的资质，方能从事这类工作。

按照国家有关工程设计资质管理规定，建设工程设计资质分为工程设计综合资质、工程设计行业资质、工程设计专业资质和工程设计专项资质。其中工程设计综合资质只设甲级；工程设计行业资质、工程设计专业资质、工程设计专项资质设甲级、乙级。根据工程性质和技术特点，个别行业、专业、专项资质可以设丙级，建筑工程专业资质可以设丁级。

取得工程设计综合资质的企业，方可承接各行业、各等级的建设工程设计业务；取得工程设计行业资质的企业，可以承接相应行业相应等级的工程设计业务及本行业范围内同级别的相应专业、专项（设计施工一体化资质除外）工程设计业务；取得工程设计专业资质的企业，可以承接本专业相应等级的专业工程设计业务及同级别的相应专项工程设计业务（设计施工一体化资质除外）；取得工程设计专项资质的企业，可以承接本专项相应等级的专项工程设计业务。

我国勘察设计行业随着社会经济发展和经济体制改革的不断深入，以及市场经济体系的建立而不断调整、壮大，形成了多元化发展的格局。为推进建设工程领域的技术进步，提高勘察设计质量和水平起到良好作用。多年来整个行业保持了持续，健康、快速发展的状态。但也应当指出，目前在勘察设计行业，由于基础相对较低，管理方面也存在较多问题。

按照有关管理部门规定，建筑设计施工图必须经具有审图资格的审图公司审查，经审查合格才能取得施工许可证。建筑智能化系统工程施工图经审图公司审查的极少，属于被遗忘的角落。部分工程项目在土建施工开始后才进行智能化系统工程设计，由系统集成商设计的工程项目施工图更不会送审；部分建筑设计院设计的智能化系统工程施工图，如果送审也由于审图公司未配备相应智能化设计审图人员以致走过场。施工图设计质量未得到有效监督。

建设工程设计一般有三个阶段：方案设计、初步和施工图设计。前两个阶段一般要经规划部门、建设部门组织的评审。由于建筑智能化系统工程设计未与建筑设计一道委托，导致滞后未参加评审。

部分工程项目智能化设计与建筑设计同步进行，但由于参加评审者为有关主管部门，如规划、建设、环保、消防、交通、市政、电力等，连电信、广电部门也未参与，以致智能化部分无人评审，造成建筑智能化工程设计、施工、验收监管不力的问题。

(3) 工程咨询业。工程咨询是遵循独立、科学、公正的原则，运用工程技术、科学技术、经济管理和法律法规等多学科方面的知识和经验，为政府、工程项目业主及其他各类客户的工程建设项目决策和管理提供咨询活动的智力服务。工程咨询包括工程项目立项咨询、工程勘察设计咨询、施工咨询、项目投产或交付使用后的评价等类别。

近年来，我国工程咨询业发展迅速，从业人员和业务范围不断扩大。其发展过程主要经历了以下几个阶段：

新中国成立以后到改革开放之前的30年。计划经济时期建设管理体制的原因，我国一直没有独立的工程咨询业。所有建设项目的前期工作都是由不同形式的项目筹建机构自行承担，少数特殊项目的部分前期工作主要是工艺技术方案编制和经济技术分析由建设单位请专业对口的勘察设计单位完成，而项目建设的管理，则主要是采取派驻施工现场甲方代表的方式来实施。

起步阶段。1982年，原国家计委规定把可行性研究纳入基本建设程序，开始在我国建设领域中推行工程咨询服务。为了适应经济体制改革的要求，有关部门开始组建自己的工程咨询机构，担负国家重点工程项目前期可行性研究、建设方案论证、技术经济评估和其他前期工作。在这一时期，一些利用世界银行、亚洲开发银行和其他国际金融组织贷款的项目，按照国际金融机构的要求和国际惯例，必须经过有资格的工程咨询机构评审、认可，才能签订贷款协议；一些外资投资项目也只有经过严格的投资可行性研究和论证，经过专业工程咨询机构的评审，国外的投资者才愿意进行投资，因此专业咨询机构得到发展，同时也使得一些国际工程咨询机构进入中国市场。1992年成立的中国工程咨询协会，标志着我国工程咨询行业正式形成，1994年原国家计委先后颁发第2号令和第3号令，对工程咨询单位性质定位和实行资格认定，使工程咨询单位的发展及其管理更为规范、科学，从而逐步建立起适应我国社会主义市场经济和投融资体制改革要求的工程咨询机构。

迅速发展时期。1992年以后，随着我国基本建设体制改革的深入进行，工程招投标制度和建设监理制度的逐步推行和完善，中国的工程咨询市场日益扩大并渐趋规范；可行性研究、工程监理、造价咨询、工程预决算等成了工程建设的必备程序；工程监理、造价咨询、技术顾问等各种不同专业的中介服务组织应运而生，中国工程咨询业得到迅速的发展。但这个时期的工程咨询业务由于推广普及不足，还没有得到社会各投资主体的普遍认可，其业务主要是针对国家重点项目，政府投资项目和外资投资项目，承接一些政策强制性的业务，我国的工程咨询市场还没有实现真正意义上的市场化运作。

复 习 思 考 题

1. 描述建筑业的含义，建筑业的社会经济职能是什么?
2. 按照《中华人民共和国建筑法》规定，建筑活动主要分哪些类别?
3. 建筑业作为国民经济中一个独立的物质生产部门，需要具备什么样的基础和条件?
4. 描述我国古代建筑经济活动发展不同时期取得的成就。
5. 比较新中国建筑业发展几个阶段的不同特点。
6. 简述建筑业在国民经济中的地位和作用。
7. 结合实际，阐述当前我国建筑业发展面临的行业环境特点。
8. 建筑业生产具有哪些技术经济特点?
9. 试述建筑产品生产的技术经济特点。
10. 探索性训练：搜集资料，阐述目前本地区建筑业的发展状况。
11. 简述房地产业的含义与经营内容。
12. 简述我国房地产业近 30 年的发展历程。
13. 什么是工程勘察? 建设工程勘察一般包括哪些内容?
14. 按照国家有关管理规定，建设工程设计资质有哪些分类?
15. 什么是工程咨询? 与工程设计有什么不同?

【资料】

建筑业发展“十二五”规划（节选）

一、目标

1. 产业规模

全国建筑业总产值、建筑业增加值年均增长 15%以上；全国工程勘察设计企业营业收入年均增长 15%以上；全国工程监理、造价咨询、招标代理等工程咨询服务企业营业收入年均增长 20%以上；全国建筑企业对外承包工程营业额年均增长 20%以上。巩固建筑业支柱产业地位。

2. 人才队伍建设

基本实施勘察设计注册工程师执业资格管理制度，健全注册建造师、注册监理工程师、注册造价工程师执业制度。加强劳务人员培训考核，提高劳务人员技能和标准化意识，施工现场建筑工人持证上岗率达到 90%以上。调整优化队伍结构，建成一批具有较强国际竞争力的国际型工程公司和工程咨询设计公司。

3. 技术进步

在高层建筑、地下工程、高速铁路、公路、水电、核电等重要工程建设领域的勘察设计、施工技术、标准规范达到国际先进水平。加大科技投入，大型骨干工程勘察设计单位的年度科技经费支出占企业年度勘察设计营业收入的比例不低于 3%，其他工程勘察设计单位年度科技经费支出占企业年度营业收入的比例不低于 1.5%；施工总承包特级企业年度科技经费支出占企业年度营业收入的比例不低于 0.5%。特级及一级建筑施工企业，甲级勘察、设计、监理、造价咨询、招标代理等工程咨询服务企业建立和运行内部局域网及管理信息平台。施工总承包特级企业实现施工项目网络实时监控的比例达到60%以上。大型骨干工程设计企业基本建立协同设计、三维设计的设计集成系统，大型骨干勘察企业建立三维地层信息系统。

4. 建筑节能

绿色建筑、绿色施工评价体系基本确立；建筑产品施工过程的单位增加值能耗下降10%，C60以上的混凝土用量达到总用量10%，HRB400以上钢筋用量达到总用量45%，钢结构工程比例增加。新建工程的工程设计符合国家建筑节能标准要达到100%，新建工程的建筑施工符合国家建筑节能标准要求；全行业对资源节约型社会的贡献率明显提高。

5. 建筑市场监管

建筑市场监管法规进一步完善；市场准入清出、工程招标投标、工程监理、合同管理和工程造价管理等制度基本健全；工程担保、保险制度逐步推行；个人注册执业制度进一步推进；全国建筑市场监管信息系统基本完善；有效的行政执法联动、行业自律、社会监督相结合的建筑市场监管体系基本形成；市场各方主体行为基本规范，建筑市场秩序明显好转。

6. 质量安全监管

质量安全法规制度体系进一步完善，工程建设标准体系进一步健全；国家重点工程质量达到国际先进水平，工程质量通病治理取得显著进步，建筑工程安全性、耐久性普遍增强；住宅工程质量投诉率逐年下降，住宅品质的满意度大幅度提高；安全生产形势保持稳定好转，有效遏制房屋建筑和市政工程安全较大事故，坚决遏制重大及以上生产安全事故，到2015年，房屋建筑和市政工程生产安全事故死亡人数比2010年下降11%以上。

二、任务及措施

（一）调整优化产业结构

1. 支持大型企业提高核心竞争力

通过推进政府投资工程组织实施方式的改革，出台有关政策，引导推动有条件的大型设计、施工企业向开发与建造、资本运作与生产经营、设计与施工相结合方向转变；鼓励有条件的大型企业从单一业务领域向多业务领域发展，增强综合竞争实力。

2. 促进中小建筑企业向专、特、精方向发展

通过完善市场准入制度，规范各方主体市场行为，拓宽中小建筑企业发展的市场空间。通过给予中小建筑企业相应扶持政策，提供融资、信息、政府采购优惠、培训等公共服务，促进中小型建筑企业向专、特、精方向发展，大力发展建筑劳务企业，积极引导建筑周转材料、设备、机具等向租赁市场发展。

3. 大力发展专业工程咨询服务

营造有利于工程咨询服务业发展的政策和体制环境，推进工程勘察、设计、监理、造价、招标代理等工程咨询服务企业规模化、品牌化、网络化经营，创新服务产品，提高服务品质，为业主或委托方提供专业化增值服务。

（二）加强技术进步和创新

1. 健全建筑业技术政策体系

建立工程关键技术目录，完善技术成果评价奖励制度，总结、推广先进技术成果，继续加大“建筑业10项新技术”等先进适用技术的推广力度。加快制定推进和鼓励企业技术创

新相关政策，完善相关激励机制。

2. 建立完善建筑业技术创新体系

加快建立以企业为主体、市场为导向、产学研相结合的行业技术创新体系。引导企业通过开展战略联盟、战略合作、校企合作、技术转让、技术参股等方式，加大技术研发投入，加快技术改造，形成专利、专有技术、标准规范、工法的技术储备，在工程建设中积极应用先进技术，提高工程科技含量，推进建筑业技术更新与创新。

3. 积极推动建筑工业化

研究和推动结构件、部品、部件、门窗的标准化，丰富标准件的种类、通用性、可置换性，以标准化推动建筑工业化；提高建筑构配件的工业化制造水平，促进结构构件集成化、模块化生产；鼓励建设工程制造、装配技术发展，鼓励有能力的企业在一些适用工程上采用制造、装配方式，进一步提高施工机械化水平；鼓励和推动新建保障性住房和商品住宅菜单式全装修交房。

4. 全面提高行业信息化水平

加强引导，统筹规划，分类指导，重点推进建筑企业管理与核心业务信息化建设和专项信息技术的应用。建立涵盖设计、施工全过程的信息化标准体系，加快关键信息化标准的编制，促进行业信息共享。运用信息技术强化项目过程管理、企业集约化管理、协同工作，提高项目管理、设计、建造、工程咨询服务等方面的信息化技术应用水平，促进行业管理的技术进步。

5. 组织重点领域和关键技术的研究

重点加强对建筑节能、环保、抗震、安全监控、既有建筑改造和智能化等关键技术的研究。推动重大工程、地下工程、超高层钢结构工程和住宅工程关键技术的基础研究。鼓励行业骨干企业建立技术研究机构和试验室，成为国家或地方某工程领域专项技术研发基地。

（三）推进建筑节能减排

1. 严格履行节能减排责任

政府部门要认真履行建筑执行节能标准的监管责任，着力抓好设计、施工阶段执行节能标准的监管和稽查。各类企业应当自觉履行节能减排社会责任，严格执行国家、地方的各项节能减排标准，确保节能减排标准落实到位。

2. 鼓励采用先进的节能减排技术和材料

建立有利于建筑业低碳发展的激励机制，鼓励先进成熟的节能减排技术、工艺、工法、产品向工程建设标准、应用转化，降低碳排放量大的建材产品使用，逐步提高高强度、高性能建材使用比例。推动建筑垃圾有效处理和再利用，控制建筑过程噪声、水污染，降低建筑物建造过程对环境的不良影响。开展绿色施工示范工程等节能减排技术集成项目试点，全面建立房屋建筑的绿色标识制度。

（四）强化质量安全监管

1. 完善法规制度和标准规范

建立健全施工图审查、质量监督、质量检测、竣工验收备案、质量保修、质量保险、质量评价等工程质量法规制度。研究建立建筑施工企业和项目部负责人带班、隐患排查治理和挂牌督查等安全监管法规制度。加快技术创新成果向技术标准转化，不断完善建设工程安全性、耐久性以及抗震设防、节能环保的工程建设标准。

2. 严格落实质量安全责任

严格落实工程建设各方主体及质量检测、施工图审查等有关机构的质量责任，落实注册执业人员的质量责任，健全责任追究制度，强化工程质量终身责任制。强化政府部门安全生产的监管责任，严格落实安全生产的企业主体责任，加强层级的监督检查，确保建筑施工安全。

3. 提高质量安全监管效能

全面推行质量安全巡查制度，逐步建立以质量安全巡查为主要手段、以行政执法为基本特征的工程质量安全监管模式。建立市场与现场联动的监管机制，实行市场监管和质量安全监管部门的联合执法机制。积极推行分类监管和差别化监管，突出对质量安全管理较薄弱项目的监管，突出对重点工程和民生工程的监管，推进工程质量安全监督管理信息系统建设，研究建立工程质量评价指标体系，科学评价工程质量现状及存在问题，增强质量安全监管工作的针对性。

（五）规范建筑市场秩序

1. 加快法规建设步伐

出台《建筑市场管理条例》等法规，明确建筑市场各方主体的责任，遏制建设单位违反法定建设程序、任意压缩工期、压低造价等违法违规行为，依法严厉打击承包单位转包、违法分包行为。推进勘察设计注册工程师、注册建造师、注册监理工程师、注册造价工程师等执业制度建设，落实执业责任，确保工程质量安全。

2. 进一步健全市场监管制度

完善工程招投标制度，制定招标代理机构及从业人员考核管理办法，推行电子化招投标。加强合同管理，修订出台工程勘察、设计、施工、监理、工程总承包、项目管理服务等标准合同范本，出台施工承包合同监管指导意见。完善企业市场准入标准，强化企业的现场管理能力、质量安全和技术水平等指标考核，修订出台建筑业企业、工程勘察资质标准。进一步完善工程监理制度，修订工程监理规范，开展工程监理项目标准化试点。加强施工许可管理，修订《建筑工程施工许可管理办法》。加强信用体系建设，完善全国统一的企业和注册人员诚信行为标准，健全诚信信息采集、报送、发布、使用制度。积极稳妥推进建设工程担保、保险制度。

3. 加大市场动态监管力度

制定全国统一的数据标准，健全企业、注册人员、工程项目数据库，实现互联互通，建立建筑市场综合监管信息系统。对不满足资质标准、存在违法违规行为、发生重大质量安全事故的企业和个人，依法及时实施处罚，直至清出建筑市场。加强建筑市场监管队伍建设，提高监管效能。督促地方有关部门加强对建筑市场的动态监管，定期汇总通报各地监管情况，加强对地方检查执法情况的监督。

（六）提升从业人员素质

1. 优化行业人才发展环境

积极引导企业制订人才发展规划，重视对建筑业人才的培养和引进，建立健全人才培养、引进、使用的激励机制，鼓励各类专业技术人才以专利技术和发明或其他科技成果等要素参与分配。组织开展从业人员岗位培训。加强企业与高等学校、职业院校的合作，引导和支持后备人才的培养，鼓励和支持专业培训机构为企业培养经营管理和专业技术人才。

2. 加强注册执业人员队伍建设

严格落实注册执业人员的法律责任，增强其执行法律法规、工程建设标准的自觉性，发挥其在控制质量安全、规范市场行为中的独立性及中坚作用。加强注册执业人员法律法规、业务知识、职业操守等方面的继续教育，不断提升执业人员素质和执业水平。

3. 加强施工现场专业人员队伍建设

制定发布建筑工程、市政工程等专业工程施工现场专业人员职业标准，明确施工现场专业人员职位要求，加大培训力度，先培训后上岗，提升专业人员职业素质和业务能力。

4. 建设稳定的建筑产业工人队伍

建立健全建筑业农民工培训工作长效机制，加强建筑农民工培训工作，构建适应建筑业行业特点和要求的农民工培训体系。充分发挥企业主体作用，组织开展建筑业从业人员岗位培训；重点依托建设类中等职业学校、技工学校、建筑劳务基地，开展职业技能培训；依托建筑工地农民工业余学校，开展安全生产、职业道德、标准规范培训；推进建筑行业职业技能证书、培训证书的持证上岗制度。推行建筑劳务人员实名管理制度，完善农民工工资支付保障制度，落实农民工的工伤保险、医疗保险、意外伤害保险等政策，探索解决农民工养老保险问题，形成稳定的新型建筑产业骨干工人队伍。

【资料来源】中华人民共和国住房和城乡建设部网站

第二章　建　筑　商　品

本章重点

1. 建筑商品的特点
2. 建筑商品的价值和使用价值

本章难点

1. 建筑商品价格的确定
2. 建筑商品成本

关 键 词

建筑商品　建筑商品价值　建筑商品收益价值　建筑商品价格　建筑商品成本
直接费　间接费

第一节　建筑商品概述

一、建筑商品的概念

建筑产品是否是商品，是建筑经济学讨论的基本理论问题之一。

商品是用来交换而进行生产的劳动产品，其基本属性是价值和使用价值。定义商品的理论依据就是要看它是否具有使用价值和价值两种属性，商品的价值是指凝结在商品中无差别的人类劳动，它要通过社会必要劳动时间来衡量；商品的使用价值是商品能够满足人们需要的物品的有用性，不同的商品具有不同的使用价值，不同的使用价值是由物品本身的自然属性决定的。建筑商品的使用价值的内涵是种类繁多的建筑商品可以满足人们不同的需要，建筑商品具有价值是因为其生产经营过程消耗了人类的一般劳动。

在我国，过去较长时期人们对建筑商品概念的理解多属于建筑产品的含义，这是由于计划经济条件下，虽然建筑产品具备商品的使用价值的属性——可以满足社会和居民对建筑产品不同的需要，但是由于这些产品不能到市场上进行交易，其生产多是在政府指令计划下完成的，城市中绝大多数居民的住房是通过无偿分配的形式得到的。由于建筑商品价值无法得到准确的体现，人们对建筑产品认识只是产品而不是商品。实际上，建筑产品商品化是社会再生产客观经济规律的要求。建筑产品只有作为商品进行等价交换，才能建立起合理的分工合作关系，才能与社会结成整体，保证再生产的顺利进行。所以建筑产品只有在市场上进行交换，才能称为真正意义上的商品。

二、建筑商品的分类

建筑商品是建筑业向社会提供的具有一定功能、可供人类使用的最终产品，是经过设计、建筑施工、构配件制作和设备安装等一系列劳动而最终形成的。

在我国，通常把建筑商品分为房屋建筑、构筑物以及线路、管道和设备的安装工程等其他建筑产品。房屋建筑是指由梁柱、墙壁、基础而形成内部空间，具有满足人类生产或生活活动各种需要的功能的产品，如厂房、住宅、办公楼、医院、学校、影剧院、商场等；构筑物是不具备、不包含或不提供人类居住功能的人工建造物，如水塔、游泳池、沼气池等；其他建筑产品包括桥梁、铁路、公路、隧道、涵洞、烟囱、机坪等。

建筑商品按其完成程度，可分为竣工工程、已完工程和未完工程。竣工工程是指已经完成设计的全部要求、实现预期的使用功能、整个工程全部竣工可以交付使用的建筑产品；已完工程是指已经完成设计要求、不需要再进行加工的分部分项工程；未完工程是指已经投入人工、材料、机械设备等但尚未完成设计要求的分部分项工程。实践中，只有竣工工程才是可称为真正意义的建筑产品。将建筑产品按其完成程度做这样的划分，是因为建筑产品的生产环节多、生产周期长、占用资金多，建筑企业一般采用按月结算的方式，以利于控制生产进度和加速流动资金周转。从这个意义上说，已完工程已经完成了生产和交换过程的建筑商品仅可以说是“假定产品”。

三、建筑商品的特点

建筑商品的生产同其他工业产品的生产相比较，其共同性是将生产要素投入生产过程，此后在生产上的阶段性和连续性，组织上的专业化、协作化和联合化都是基本一致的。但是，建筑商品的生产同一般工业生产相比，又具有独特的技术经济特点。建筑商品的特点是产品的固定性、多样性、体积庞大，由此形成建筑商品生产的流动性、单件性、生产过程的综合性等特点。

1. 建筑商品本身的特点

(1) 建筑商品的固定性。一般情况下，工业商品出品后能在工厂、商店、用户间流动，而建筑商品在某个地方建造后却不能移动，只能在建造的地方供用户长期使用，因为它直接与作为基础的土地联系在一起，建筑商品本身甚至就是土地不可分割的一部分，这种固定性是建筑产品与其他生产部门的物质产品最重要的区别之一。

建筑商品在建造过程中直接与地基基础连接，只能在建造地点固定地使用，而无法转移。这种一经造就就在空间固定的属性，即为建筑商品的固定性。例如，油气田、地下铁道和水库等。此外还有那些非生产性的固定资产如住宅、托儿所、医院、学校、剧场等，虽不是劳动资料，但是它作为建筑产品，也同样具有这种固定性。这种固定性是建筑商品与国民经济其他物质生产部门提供的产品最重要的区别之一。

(2) 建筑商品体积的庞大性。建筑商品与一般工业产品相比，其体积远比工业产品庞大。不论建筑商品是由许多个单项工程组成的建设项目，还是由单一单项工程组成的建设项目，其占据的空间都很大。从体积上看，一般只有船舶制造业制造的船舶的体积可与建筑产品相比拟。另外，建筑商品在生产过程中要消耗大量的人力、财力和物力，所需建筑材料数量巨大，构配件及半成品品种复杂，规格繁多，与其他工业产品相比体积庞大，其占用空间也比较大。

(3) 建筑商品的多样性。建筑物的使用要求、规模、建筑设计、结构类型等各不相同，即使是同一类型的建筑物，也因所在地点、环境条件不同而彼此有所不同。因此，建筑商品一般不能像工业产品那样批量生产。生产性建筑产品的有关生产工艺的要求，生活性建筑产品的不同用途要求使得建筑产品类型多样。即使对建筑产品的社会要求相同，由于建筑产品所在地的地质条件和气候条件等的不同，也使得建筑产品在规模、结构、形式和基础的处理等方面各有差异。建筑商品所处不同的地区，不同的营造方式，采用不同的建筑材料、施工方法、施工组织等，使得建筑产品表现出多样性。另外，即使采用同一种设计，由于交通、建筑材料、资源等社会条件的不同，在建造时也往往需要对设计文件做相应的改变。建筑产品的这一特点，使得每个建筑商品的生产具有多样性。

社会对建筑产品的需求是多种多样的，这些多样性要求，使得建筑产品类型多样。即使对建筑产品的社会要求相同，由于建筑产品所在地区客观条件的不同，也使得建筑产品在规模、结构、形式和基础的处理等方面各有差异。根据不同的用途，所处不同的地区，不同的营造方式，采用不同的建筑材料、施工方法、施工组织等，使建筑产品满足不同的社会需求。

建筑商品除了满足其正常使用功能的要求以外，还要体现出不同地区的文化特色和民族特色，使建筑物在外形构造、表面装饰等方面都具有多样化的特点，形成建筑物自己独有的特色。另外，随着建筑业的快速发展带动了建筑施工技术的不断发展，许多新科技、新技术已经被建筑企业所使用，使得建筑商品的种类、风格各具特色。

(4) 建筑产品一般体积庞大，使用时间较长。建筑商品不论是由许多个单项工程组成的建设项目，还是由单一单项工程组成的建设项目，占据的空间都较大，具有体积庞大的特点。一般来讲，从体积角度看，只有船舶制造业制造的船舶的体积可与建筑产品相比拟。建筑产品在生产过程中要消耗大量的人力、财力和物力，所需建筑材料数量巨大，构配件及半成品品种复杂，规格繁多，与其他工业产品相比体积庞大，占用空间大。有关统计资料表明：建造 1000 平方米工业厂房需要 1400 吨以上的材料，建造 1000 平方米，重型工业建筑，则需要建筑材料 5000 吨，而且需用材料的品种、规格更多。

2. 建筑商品生产的特点

由于建筑商品地点的固定性、类型的多样性和体积庞大等特点，使得建筑商品生产与一般工业产品生产相比较具有特殊性。其具体特点如下：

(1) 生产的流动性。一般的工业产品都是在固定的工厂车间内进行生产，而建筑商品的生产是在不同的地区，或同一地区的不同现场，或同一现场的不同单位工程，或同一单位工程的不同部位组织工人、机械围绕着同一建筑商品进行生产。因此，使建筑商品的生产在地区与地区之间、现场之间和单位工程不同部位之间流动，其生产要素也要随之流动。

建筑产品的固定性和严格的施工顺序，决定了建筑产品生产的流动性，使得建筑产品的生产者和生产设备、工具经常流动转移。在上一道工序完成之后，要从一个施工地点转到另一个施工地点，从产品的这个部位转到另外部位。在全部建筑产品完工后，还要从一个地区转移到另一个地区。

建筑施工企业为了完成某一地区的建筑施工任务，就需要合理调动企业的人力资源和设备材料资源，同时要根据不同位置建筑物的特点，进行合理的安排，以减少各工种在同一建筑工地的交叉重复使用情况。建筑施工企业的管理人员在组织施工工作中，需要将建筑工程中存在的问题科学地进行安排，充分发挥建筑施工设备的作用力，充分利用不同工种的人力资源，在保证工作效率的基础上完成建筑施工任务。

(2) 生产的单件性。建筑商品地点的固定性和类型的多样性决定了其生产的单件性。一般的工业商品是在一定的时期里，统一的工艺流程中进行批量生产；而具体的一个建筑商品应在国家或地区的统一规划内，根据其使用功能，在选定的地点上单独设计和单独施工。每个建筑商品都有专门的用途，都需采用不同的造型。不同的结构、不同的施工方案需要使用不同的材料、设备和建筑艺术形式。即使是选用标准设计、通用构件或配件，由于建筑商品所在地区的自然、技术、经济条件的不同，也使建筑商品的结构或构造、建筑材料、施工组织和施工方法等也要因地制宜加以修改，从而使各建筑商品生产具有单件性。

建筑产品生产的单件性是由建筑产品的地点固定性和类型多样性决定的。一般工业产品的生产在一定时间内，有着统一的工艺流程和规程，进行批量生产。即使采用标准设计，由于建设地点的地质条件、气候条件和资源条件的不同，使得对材料的选用、地基基础的处理和施工方法等都各具特色。这些都使得建筑产品的生产呈现单件性的特点。

而建筑产品的生产则不然，它要针对具体的建筑工程，进行单独设计并单独施工。每件建筑产品都有专门的用途，都需采用不同的造型、不同的结构、不同的施工方式，使用不同的材料、设备和建筑艺术形式。

随着建筑新技术、新材料、新结构的不断涌现，建筑艺术形式经常推陈出新，即使用功能相同的建筑产品，由于兴建时期的不同，采用的材料、结构和艺术形式也会不同。

(3) 生产周期长且不可间断。建筑产品的生产周期长是由建筑产品的地点固定性和体积庞大性决定的。建筑产品固定在一个地点，使得工作面有限，再加上必需的生产顺序的约束，工作面上能容纳的劳动力有个最大限度，这使得建筑产品生产的速度较慢。其次，建筑产品体积庞大的特点决定了它的生产过程要消耗大量的人力、物力和财力，只有等到建筑产品的最终完成，才能为社会提供有用的生产或生活资料。

建筑商品是持续不断的劳动过程的成果，只有到生产过程终了才能完成，才能发挥作用。当然，在这种过程中也可以生产出一些中间产品或局部产品。例如，建设一幢高层建筑，先将已建成的若干层交付使用。这些中间产品或局部产品，虽然在提高投资效果中具有一定的作用，但这是不完整的产品，不能长期独立存在，不能形成综合的生产能力。建筑商品的固定性和体形庞大的特点决定了建筑商品生产周期长。因为建筑商品体形庞大，使得最终建筑商品的建成必然耗费大量的人力、物力和财力。同时，建筑商品的生产全过程还要受到工艺流程和生产程序的制约，使各专业、工种间必须按照合理的施工顺序进行配合和衔接。又由于建筑商品地点的固定性，使施工活动的空间具有局限性，从而使建筑商品生产具有生产周期长、占用流动资金大的特点。另外，建筑商品生产过程的不可间断性要求其在生产过程中各阶段、各环节、各项工作必须有条不紊地组织起来，在时间上连续，在空间上均衡，要求生产过程的各项工作必须合理安排，遵守施工程序，按照合理的施工程序科学地组织施工。

建筑商品的生产需在合理的施工组织条件下，严格遵照基本建设程序和相关规律办事才能顺利完成。建筑商品生产过程主要包括：确定工程项目、选择地点、勘察设计、征地拆迁、购置设备和材料、建筑施工和安装、试车、验收、直到竣工投产使用，这是一个不可间断的、完整的、周期性的生产过程。从建筑施工和安装来看，要形成建筑产品。需要经过场地平整、基础工程、主体工程、装饰工程，最后竣工验收形成建筑产品。

(4) 建筑商品生产的露天作业多，受气候条件影响大。建筑商品地点的固定性和体形庞大的特点，决定了建筑商品生产露天作业多。一般工业产品的生产都是在室内进行的，形体庞大的建筑商品不可能在工厂、车间内直接进行施工，即使建筑商品生产达到了高度的工业化水平的时候，也只能在工厂内生产其备部分的构件或配件，仍然需要在施工现场内进行总装配后才能形成最终建筑商品。因此建筑商品的生产具有露天作业多的特点。由于建筑商品具有固定性，露天作业多，受气候条件影响很大，生产作业的劳动条件较差。另一方面，由于建筑商品体形庞大，决定了建筑商品生产具有高空作业多的特点。特别是随着城市现代化的发展，高层建筑物的施工任务日益增多，使得建筑商品生产中高空作业日益增多，施工安全管理难度加大。因此，建筑商品的生产必须根据工程施工的具体情况采用相应的防寒、防热、冬季、雨季、防风、防洪、地下、水下、高空等作业防护措施。

(5) 建筑商品生产组织协作的综合复杂性。建筑商品生产过程涉及领域范围较广，包括工程力学、建筑结构、建筑构造、地基基础、水暖电、机械设备、建筑材料和施工技术等学科，需要在不同时期、不同地点和不同产品上组织多专业、多工种进行综合作业。在建筑企业的外部，涉及各不同种类的专业施工企业，以及城市规划、征用土地、勘察设计、消防、公用事业、环境保护、质量监督、科研试验、交通运输、银行、财政、机具设备、物质材料、电、水、热、气的供应、劳务等社会各部门和各领域的复杂协作配合。由于生产过程复杂，协作单位多，使建筑商品生产的组织协作关系综合复杂，是一个综合性的生产过程。

建筑产品整个施工过程涉及多个相关行业部门的活动，首先由勘察单位进行勘测，设计单位进行设计，建设单位进行施工准备，建筑安装单位进行施工，最后经过竣工验收交付使用。在施工作业过程中需要多个工种交叉或平行作业，生产过程具有综合性。主要表现在以下三个方面：

1）建筑施工过程由多个环节同时进行，多个工种进行综合施工作业。

2）建筑单位需要合理的组织现场施工，对于建筑材料的准备、机械设备的供应也要合理的配备。

3）建筑施工需要与政府及相关部门配合，保证施工顺利进行。

第二节　建筑商品的价值与价格

一、建筑商品的价值

商品价值一般由三部分构成：一是商品生产中消耗的生产资料价值 C，表现为价格中的物质资料耗费的货币支出；二是生产过程中劳动力消耗的价值，表现为价格中的劳动报酬的货币支出 V；三是劳动者创造的剩余价值，在价格中表现为盈利 M。

建筑商品的价值同样也由三部分组成：一部分是已消耗的生产资料价值 C，包括建筑施工生产过程中所耗费的建筑材料、辅助材料与燃料等的价值，在生产中消耗的劳动手段建筑机械设备、各种生产工具等的价值；另一部分是劳动者在施工生产中消耗的劳动力的价值 V，即以工资形式支付给劳动者的劳动报酬；最后一部分是劳动者提供的剩余劳动所创造的价值 M，它表现为企业的利润和税金。

二、建筑商品的使用价值和价值

1. 建筑商品的使用价值

同其他商品一样，建筑商品也是使用价值与价值的统一体。建筑商品的使用价值是建筑商品直接用于满足某种需求所表现出来的价值，对这一含义的理解，不能局限于物质生产和日常生活需要的范围来理解，而要从建筑商品具有的功能来分析。

建筑商品的使用价值是通过它所具备的功能体现出来的。不同的建筑商品有不同的功能，这些功能都可以归纳为使用功能和形象功能两大类。首先，使用功能为满足技术或经济目的的所有功能，形象功能则是指那些非技术、非经济的功能，例如舒适性、代表性——显示拥有者或使用者的地位、身份、权力等。其次，建筑商品的使用功能又可以按照功能级别划分为必要功能、应有功能、可能功能、不应功能和不许功能。必要功能又称主要功能，如建筑物的坚固性、内部技术设施的可靠性等；应有功能又称次要功能，如卫生设备和采暖设备要易于维修等；可能功能是指一些可有可无的功能，如某些已经过时的功能；不应功能是指应力求避免的功能，如耗能较高、隔声不佳等；不许功能则是指不允许出现的功能，如耗能指标超过规定标准、防火不符合要求等。

各类建筑商品满足以上功能的程度各不相同。正是由于这种差异性，才形成出建筑商品使用价值的差异。一般来说，同类建筑商品的使用价值较易比较，而不同类建筑商品之间则较难于比较它们的使用价值。

2. 建筑商品价值

(1) 建筑商品价值量。商品的价值是凝结在商品中的一般人类劳动，这种劳动是以量的形式表现出来的，它是由生产这种商品所耗费的社会必要劳动时间所决定的。社会必要劳动时间是指在现有的社会正常的生产条件下，在社会平均的劳动熟练程度和劳动强度下制造某种使用价值所需要的劳动时间。商品生产中社会必要劳动时间消耗得越多，商品中所含的价值量就越大；反之，商品生产中社会必要劳动时间消耗得越少，商品的价值量就越低。建筑商品价值由在社会正常的生产条件下，完成某项建筑物或构筑物所需要的劳动时间决定。

商品价格是商品价值的货币表现，由于受价值规律支配和其他因素影响，从某一次具体交换看，商品价格和它的价值往往是相脱离的；但从较长时间和整个社会的趋势上看，商品价格仍然符合其价值。价格和价值是既相联系又有区别的两个概念。二者的关系可概括为：价值是价格的基础，价格是价值的表现形式。从总体上看，价格总是围绕价值上下波动。

(2) 建筑商品的交换价值。由于商品的价值不能自我表现，需要在商品的交换中与另一个商品的交换价值来表现，即通过建筑商品的交换价值来体现。建筑商品的交换价值，是建筑商品用于交换其他产品所表现出来的价值。

建筑商品的交换价值不仅取决于它所包含的价值量，还取决于它的效用。建筑商品的效用表示人们对建筑产需要的满足程度。建筑商品的效用是客观和主观的统一。说其是客观的，是因为建筑商品的自然属性本身是客观的，即能提供效用的建筑商品必然具有一定用价值；其次，能满足人们需要的建筑商品又客观存在；第三，建筑商品所能提供的效用，因人们的经济条件、文化素养、民族传统、习惯爱好等不同而有所不同，因而较难对其进行定量描述。

(3) 建筑商品的收益价值。建筑商品的收益价值是指建筑商品通过一系列价值转换过程所得到的收益的价值。建筑商品具有增值功能，这一功能是通过在使用过程中产生的收益表现出来的。人们在取得建筑商品之前，除了考虑它的使用功能之外，很重要的一个出发点是考虑能否收回用于该建筑商品投资并从中得到所期望的收益。

建筑商品在使用过程中的收益一般是按年计算。由于这些收益发生在不同年份，因而要采用现值法统一折算到取得建筑商品时的年份。这样建筑商品的收益价值就可以表示为建筑商品各年度收益的现值之和。

三、建筑商品价值的影响因素

1. 政治经济环境

建筑商品所处的国家的政治制度、经济制度、所有制形式以及相关规范或条例、社会经济发展的状况和水平等，都会对建筑商品价值有直接的影响。在公有制为主的经济体系中，尤其是当土地和建筑商品无偿使用时，它的收益价值却显得很低；当房产税、土地使用税（费）提高价值，事实很可能恰恰相反。

2. 地理位置

建筑商品所处的地理位置不同而对评价其价值所产生的影响也不同。地理位置可指世界各国、各地区，也可指某确定的建筑区域内的建筑商品价值的地区影响因素，这里主要是从国家和城市两个方面，都存在经济发达地区和经济不发达地区，都存在城市和农村之别。同一地区所表现出的交换价值和收益价值就有很大差异。例如，在偏僻的农村，建造价值较高的建筑商品所产生的交换价值和收益价值很低；类似的建筑商品在城市，尤其是大城市，其交换价值成倍乃至成十倍百倍地提高。建筑商品价值的影响是显而易见的。尽可能将建筑商品建造在能产生价值的地区，符合一般的经济要求，是无可指责的，但要注意避免急功近利。就国家范围而言，片面追求建筑商品短期的交换价值和收益价值，有可不平衡的状况日益加剧。因此，不但要充分考虑建筑商品在不同地区所，还要从长远的观点考虑和利用地区因素对建筑商品价值的影响。

3. 市场因素

这里所说的市场因素，主要是指资金市场和土地市场。

在不完全以自有资金建造建筑商品时，资金市场首先影响到建筑商品的创造价值。即使完全用自有资金，也要参照资金市场的利率来计算制造价值；其次，在计算建筑商品收益价值时，资金市场的利率是起决定作用的参数之一。资金市场本身就受很多因素影响。例如，就资金市场而言，利率的高低往往是多种因素的综合体现。

我国已废除了土地私有制，城市土地归国家所有，农村土地归集体所有，因而土地市场具有相应的特点。在土地公有制的条件下，在土地市场中实现的不是土地所有权的转移，而是土地使用权的转移。土地的使用权可以转让、继承、抵押，这样，就出现了“地尽其用”的利用土地资源的问题。土地市场开放程度越高，对建筑商品价值影响越大、越深、越久。在经济快速发展时期，城市土地价值增长速度一般都高于建筑商品本身价值增长速度。所以在评价建筑商品时，应尽可能合理地将土地增值而产生的影响予以扣除。不同地区、城市、同一城市的不同区域，土地市场对建筑商品价值的影响甚为悬殊。只要认真研究、客观分析，是可以加以区分的。

4. 科学技术因素

在建筑业的各科学技术领域的任何发展都会对建筑商品的价值产生影响。不同的技术进步成果，对建筑商品价值的影响作用也不同。有的可以改善建筑商品的使用，如保暖、隔热、隔声、采光、通风、内部空间的利用和灵活安排等，使建筑商品更适；有的可以提高其使用价值；有的可以降低建造费用，或者加快施工进度；有的还可以提高结构耐久性，或者减缓建筑商品及其组成部分的老化过调从而延长技术寿命和经济寿命，也就相应地提高了收益。

四、建筑商品价格

1. 建筑商品价格的形成

建筑商品价格是建筑商品价值的货币表现，其价值构成与价格形成有着内在的联系，同时也存在直接的对应关系。引起建筑商品价格变化的原因很多，但决定价格变化的根本因素是建筑商品的价值。广义的建筑商品价格涉及生产价格和流通价格两个范畴：生产价格是指新建建筑商品的价格；流通价格是指建成后乃至使用过的建筑商品在流通时所表现出来的价格。

由于建筑商品价值由两部分构成，一部分是建筑商品生产中消耗掉的生产资料价值，第二部分是生产过程中补偿劳动力的价值，第二部分是剩余价值。所以，建筑商品的价值可以用下列公式表示

$$S = C + V + M$$

式中，S 代表建筑商品的价值；C 代表生产资料价值；V 代表劳动力的价值；M 代表剩余价值。

2. 建筑商品价格的构成

商品的价格构成是指形成价格的各个要素，即生产成本、销售费用、利润和税金在价格中的组成情况。对于建筑商品来讲，通常其销售费用不单独列出，而将其并入生产成本，统称成本。从建筑商品价格的基本构成来看，与一般商品并无差别，由成本、利润和税金三大部分构成。但从建筑商品价格构成的具体要素来看，有其自身的特点。

建筑商品价格一般由以下几个方面构成：

（1）建筑工程直接费指与建筑工程施工直接有关，且为构成建筑工程或其部分实体所需的费用。包括每个分部分项工程的人工费、材料费和机械使用费等。

（2）建筑工程间接费指不能归属于建筑工程某一构件或某一分项工程实体，而是服务于整个工程的费用。包括行政管理费和其他间接费两部分。其他间接费只指临时设施费、劳动支出费和施工队伍调迁费等项。

（3）计划利润取直接与间接费之和，或以人工费为基础计取。

（4）税金以上述三项的合计额为基础计取。

3. 建筑商品价格形成中的成本因素

成本是商品在生产和流通中所消耗的各项费用的总和，是商品价值中 C 和 V 的货币表现。通常，发生在商品生产领域的成本称为生产成本，发生在流通领域的成本称为流通成本。商品的成本取决于企业的技术装备和经营管理水平，也取决于劳动者的素质和其他因素。各个企业由于各自拥有的生产经营条件不同，成本支出自然也不相同。因此，个别成本不能成为价格形成中的成本标准。

成本是价格形成中的最重要因素，在价格构成中占有很大比例。成本是维持商品简单再生产的最起码条件，只有以成本作为价格的最低界限，才能满足企业补偿物质资料支出和劳动报酬支出的最低要求。

价格形成中的成本是指社会平均成本，社会平均成本反映了企业必要的物质消耗支出和工资报酬支出，是各个企业成本开支的加权平均数。企业需要以社会平均成本作为商品定价的基本依据，以社会平均成本作为衡量经营管理水平的指标。所以，建筑商品价格应根据社会平均成本和社会平均利润来确定。

4. 建筑商品价格确定方式与工业产品存在的差异

(1) 建筑商品需要分别计价。建筑商品和一般工业产品不同，它不能批量生产，因而不能像工业产品那样，同一种商品价格都是相同的。因为建筑商品千差万别，在建筑结构、功能、标准等方面有所不同，必须根据每个建筑商品的具体情况分别进行计价。

此外，对于可能采用标准随同一设计图纸的建筑来说，由于气候与地质条件、区域位置、交通状况等方面的差异，使得施工方案、施工组织设计以及组织管理方面也会存在许多不同，使建筑商品的价格存在差异，因而也需要分别进行计价。

(2) 建筑商品的定价在先，生产在后。工业产品的价格通常是在综合考虑多种因素，如产量、成本、利润水平、销售情况等之后，待产品生产出来以后才确定。对于建筑商品来说，在没有开始生产之前就要先确定价格，即确定价格在先、生产在后。这一定价特点使得所确定的建筑商品价格带有很强的不可靠性和不确定性。这是由于建筑商品具有多样性。在生产开始之前确定其价格难以充分考虑各种成本因素，也难以充分考虑由于拟建建筑商品所具有的特点而对其价格所产生的影响。

其次，由于确定建筑商品价格先于其生产，因而需要面临诸多不确定因素。对于买卖双方都存在风险，在生产之前所确定的价格只是对建筑商品价格的一种事先的估计或期望，它在很大程度上取决于定价人员的判断，带有一定的主观性，可能出现同一建筑商品由于定价人员不同而价格不同的情况。因此，建筑企业需要分考虑生产过程中出现的各种与成本有关的因素，使定价尽可能准确、客观和科学。

建筑商品在生产之前所确定的建筑商品价格实际上只是一种暂定价格，而实际价格要等其建成交付使用之后才能最终确定。在大多数情况下，建筑商品的实际价格与其暂定价格有所不同，一般总是实际价格高于暂定价格。但是并不能因此而否定建筑商品定价先于生产的必要性，也不能因此而导致建筑商品定价的随意性。相反，这对建筑商品生产之前的定价的科学性提出了更高的要求。

(3) 往往通过公开招投标方式定价。建筑商品的定价与工业产品相比有较大不同。工业产品一般是由供给者决定产品的价格，需求者只能根据价格进行选择，而对产品价格没有决定权。产品的价格与成本之差决定了产品利润的大小，而需求者对其所购买产品的利润额究竟多高是根本不知道的。也就是说，一般工业产品的价格和成本是相互分离的，独立地发挥着作用。对需求者来说，起作用的只是产品的价格；对供给者来说，在价格一定的前提下，起作用的是产品的成本。需要说明的是，需求者对产品价格并非没有作用，需求者对某一产品的需求程度往往影响到该产品供求关系的平衡，也就会对该产品的价格产生影响。但这是从需求者总体的角度分析的结果。就个别需求者而言，对产品价格没有影响，更没有决定权。

建筑商品在生产之前定价，并不是由供给者单独定价，而是通过招投标方式确定的价格。通常，建筑商品的供给者根据建筑商品的需求者——招标单位的要求、施工的难易程度、拟采用的施工方案等条件，对拟建建筑商品的生产成本进行估计，在此基础上向招标单位提交一份含有该建筑商品价格的投标书，招标单位通过对若干份投标书的分析、比较并作出选择，从而确定拟建建筑商品的暂定价格。因此，建筑商品的价格往往是通过招投标双方共同决定的，其中招标单位确定建筑商品的价格起着主导作用。

五、建筑商品价格确定方法

1. 建筑商品价格的定额计价方法

建筑商品的定额计价方法是我国长期以来在工程价格确定中普遍采用的一种计价方法，它是按照预算定额规定的分部分项工程，逐项计算工程量，合理套用定额单价或根据市场价格确定直接费，然后按规定的取费标准确定其他直接费、现场经费、间接费、计划利润和税金，加上材料调差系数和适当的不可预见费，经汇总后即为工程预算价格，即建筑商品价格。

2. 工程量清单计价方法

工程量清单计价是指投标人按照招标人提供的工程量清单所需的全部费用，进行计价的方法。具体说来，这种办法是在建设工程招标投标中，招标人按照统一的工程量计算规则提供工程数量，由投标人依据工程量清单自主报价，并按照经评审低价中标的工程造价计价方式。招标人提供的工程量清单，是表现拟建工程的分部分项工程项目、措施项目、其他项目名称和相应数量的明细清单，它是由招标人按照《建设工程工程量清单计价规范》（GB 50500—2013）中统一规定的项目编码、项目名称、计量单位和工程量计算规则进行编制的，包括分部分项工程量清单、措施项目工程量清单、其他项目清单三部分内容，是投标人确定各分部分项工程、措施项目、其他项目综合单价及工程投标总价的计价基础。

3. 工程量清单计价方法的特点

（1）统一计价规则。通过制定统一的建设工程工程量清单计价方法、统一的工程量计量规则、统一的工程量清单项目设置规则，达到规范计价行为的目的。这些规则带有强制性，参与工程建设的有关各方都应该遵守。

（2）有效地控制消耗量。通过由政府发布统一的社会平均消耗量指导标准，为建筑企业提供一个社会平均尺度，避免企业盲目或随意大幅度减少或扩大消耗量，从而达到保证工程质量的目的。

（3）全面放开价格。工程计量过程中将工程消耗量定额中的人工、材料、机械设备的价格和企业利润、管理费的控制权全面放开，由企业根据市场的供求关系自行确定建筑商品价格，实现建筑企业自主报价——投标企业根据自身的技术专长、材料采购和管理水平等条件，确定企业的报价定额，即实现自主报价。

（4）实现建筑市场有序竞争。与国际惯例接轨的工程量清单计价模式，有助于实现建筑市场的有序竞争，以市场竞争机制作为制定衡量投标报价合理性的基础。工程量清单计价对构成建筑市场的各组成要素产生重大的影响，它对建筑企业、招标机构、造价管理等部门都提出了更高的要求。工程量清单计价方法的实施对于建筑企业提高管理水平，降低工程成本，提高竞争能力是有力的推动。另外，工程量清单计价方法的实施对造价管理机构来说，有利于科学、完善的工程造价管理体系的建立，对于建立完善的建筑市场是十分必要的。

当然，工程造价管理是一个复合型的管理领域，其从业人员的素质首先应具备工程技术、工程经济和工程管理等方面的知识及较为丰富的实践经验，同时应了解相关法律法规，只有这样才能熟练地应用专业知识和专业技能服务于不断发展的建筑市场。

第三节 建筑商品成本

一、建筑商品成本的概念

商品成本是指商品在生产和流通中所消耗的各项费用的总和，它属补偿性质，是商品价值中 C 和 V 的货币表现。成本是商品生产者要求从商品价值中补偿其生产中消耗的那一部分，是为维持原有生产规模的简单再生产所必需的。

建筑商品成本是建筑施工企业的各项生产经营费用的总和，从不同角度对其进行分类，可以较全面地理解其含义。

二、建筑商品成本的分类

1. 按建筑商品成本对象的范围分类

按建筑商品成本对象的范围分类可分为建设项目成本、单项工程成本、单位工程成本、分部工程成本和分项工程成本。

建设项目成本是指在一个总体设计方案或初步设计范围下，由一个或几个单项工程组成，经济上独立核实、行政上实现统一管理的建设单位，建设后可以独立发挥生产能力或经济效益的各项工程所发生的全部施工生产费用的总和。如某个机械制造厂的工程成本。

单项工程成本是指具有独立的设计文件，在建成后可以独立发挥生产能力或经济效益的各项工程所发生的全部施工生产费用的总和。如某个机械制造厂内的某一个生产车间、某幢办公楼的工程成本。

单位工程成本是指单项工程内具有独立的施工图和独立施工条件的工程项目所发生的全部施工生产费用。如某机械制造厂的某车间的厂房建设工程的建筑工程成本、设备安装成本等。

分部工程成本是指单项工程内按工程结构部位或主要工种部分进行施工所发生的全部施工生产费用。如某个机械制造厂的某车间工程的基础工程成本、钢筋混凝土框架主体工程成本、屋面工程成本等。

分项工程成本是指分部工程中划分最小施工过程施工时所发生的全部施工生产费用，如基础开挖、砌砖、绑扎钢筋等的工程成本，是组成建设项目成本的最小成本单元。

2. 按成本费用与工程量的关系分类

按成本费用与工程量的关系分类可分为固定成本、变动成本和混合成本。

固定成本是指在一定期间和一定工程量范围内，发生的成本费用总额不受工程量的增减变动而变动那一类成本。如固定资产折旧、固定资产大修理、管理人员工资、行政办公费等。固定成本还可以分为选择性固定成本和经营能力成本。选择性固定成本是指成本费用是否发生以及成本费用数额的大小取决于经营决策，即是可以由经营决策的不同决定是否发生以及发生多少。如广告费、职工培训费、产品研发费等；经营能力成本是通过经营决策也无法改变其是否发生以及发生多少的固定成本。如折旧费、管理人员工资等。

变动成本是指成本费用总额随着工程量的增减变动而成正比例变动的成本费用，如直接用于工程项目的主要材料、实际计时工资制的施工作业人员人工工资等。但其单位成本费用却随着工程量的变化保持不变。

3. 按成本计价的定额标准分类

按成本计价的定额标准分类可分为预算成本、计划成本和实际成本。

预算成本是按建筑安装工程实物量以及国家或地区或企业制订的预算定额及取费标准计算的社会评价成本或企业评价成本，是根据施工图预算分析、归集和计算的。预算成本包括直接成本和间接成本，是控制成本支出、衡量和考核施工项目实际成本节约或超支的重要尺度。

计划成本以预算成本为基础，根据企业自身的要求，结合施工项目的技术特征、地理特征、设备配置情况等确定的标准成本，亦称目标成本。计划成本既是控制项目成本支出的标准，也是成本管理的目标。

实际成本是根据工程项目在施工工程中实际发生的可以列入工程成本支出确定的，是为工程项目实际支出的各项费用的总和，是工程项目施工活动工程中劳动耗费的综合反映。

预算成本、计划成本、实际成本之间存在较多关联：第一，预算成本反映了工程项目的预计支出，实际成本则是工程项目的实际支出，反映了社会平均成本或企业平均成本的超支或节约，体现了施工项目的经济效益；第二，实际成本与计划成本的差额即是施工项目成本降低额，实际成本降低额与计划成本的比值为实际成本降低率；第三，预算成本与计划成本的差额是项目的计划成本降低额，计划成本降低额与预算成本的比值是计划成本降低率。

三、建筑商品成本的构成

1. 直接费用

直接费是指直接发生在建安工程上的各项费用之和，由直接工程费和措施费组成。

（1）直接工程费。直接工程费是指施工过程中耗费的构成工程实体或有助于工程形成的各项支出，包括人工费、材料费、机械费和其他直接费。

1）人工费。人工费是指直接从事建筑商品施工的生产工人开支的各项费用，内容包括：

基本工资是指发放给生产工人的基本工资。

工资性补贴是指按规定标准发放的物价补贴，交通费补贴，流动施工津贴，地区生活津贴等。

生产工人辅助工资是指生产工人年有效施工天数以外非作业天数的工资，包括职工学习、培训期间的工资，调动工作、探亲、休假期间的工资，因气候影响的停工工资，女工哺乳期间的工资，员工在病假在 3 个月以内的工资及生产、结婚、丧假期的工资等。

职工福利费是指按规定标准计提的职工福利费。

生产工人劳动保护费是指按规定标准发放的劳动保护用品的购置费及修理费、作业服装补贴、防暑降温费、在有碍身体健康环境中施工的保健费用等。

人工费的计算公式

$$人工费=\sum（人工概预算定额或企业定额工日消耗量\times相应工资单价）$$

人工工日用量既可参照地方（或企业）工料消耗定额子目的工日消耗量确定，也可由企业根据实际情况予以确定。工资单价应根据施工招标的要求和竞争的需要由投标时采用的策略来决定。

工资单价因地区、时间、劳动力市场供求、技术等级不同而有所不同。一般以工程所在地的人工费构成中的各项组成内容作为参考标准来确定其单价。

例如，某地区某一时期的平均工资单价组成如见表 2-1 所示。

表 2-1 **某地某时期工资单价构成**

工资构成项目	单价（元/工日）	工资构成项目	单价（元/工日）
1. 基本工资	30	4. 职工福利费	5
2. 工资性补贴	20	5. 生产工人劳动保护费	5
3. 生产工人辅助工资	10	合计	70

2）建筑材料费。建筑材料费是指施工过程中耗用的构成工程实体的材料费用和周转使用材料的摊销（或者租赁）费用。材料的构成包括：

主要材料。建筑产品的特点之一是需要耗用大量的材料，包括建筑用钢材、水泥、木材、玻璃、砖石、砂瓦、石灰等等，范围很广。它们是建筑产品最常用且用量最大的材料，也是材料费的主要部分。

构配件。构配件是指构成建筑产品的结构件、配件，主要是混凝土结构件、钢结构件、木制品构件和配件等。

半成品。半成品是指预拌混凝土（商品混凝土）、预拌砂浆等。半成品在建筑产品的生产过程中已被越来越多地采用。

辅助材料。辅助材料是指虽不构成主要工程实体但施工中不可缺少、使用面很广的材料，如润滑油、油漆、胶粘剂、沥青等。

周转材料。除了实体消耗外，在建筑工程施工过程中，有些材料虽不构成实体，但是在建筑产品生产过程中必须消耗，且用量非常大，费用支出多。它包括钢或木模板、支撑、脚手架等。

3）施工机械使用费。施工机械使用费是指在建筑安装工程中使用机械作业时发生的机械使用费以及机械安、拆和进出场费用。施工机械使用费是通过台班单价的形式反映出来的，台班单价的费用构成包括：

折旧费。折旧费指机械设备在规定的使用期限（即耐用总台班）内，陆续收回其原值及支付贷款利息的费用。

大修理费。大修理费指机械设备按规定的大修间隔，台班进行必要的大修理，以恢复机械的正常功能所需的费用。

经常修理费。经常修理费指机械设备除大修理以外的各级保养及临时故障排除所需费用；为保障机械正常运转所需替换设备、随机配备的工具、附具的摊销及维护费用；机械运转及日常保养所需润滑、擦拭材料费用和机械停置期间的维护保养费用等。

安拆费及场外运输费。安拆费指机械在施工现场进行安装、拆卸所需人工、材料、机械和试运转费用，以及机械辅助设施（包括基础底座、固定锚桩、行走轨道、枕木等）的折旧、搭设、拆除等费用。

场外运输费。场外运输费指机械整体或分体自停置地点运至施工现场或由一工地运至另一工地的运输、装卸、辅助材料以及架线费用。

燃料动力费。燃料动力费指机械在运转施工作业中所耗用的固体燃料（煤炭、木材）、液体燃料（汽油、柴油）、电力、水和风力等费用。

4）其他直接费。其他直接费包括施工过程中发生的材料二次搬运费、临时设施摊销费、生产工具使用费、检验试验费，工程定位复测费、工程点交费、场地清理费等。

(2) 措施费。措施费是指为完成工程项目施工，发生于该工程施工前和施工过程中非工程实体项目的费用，一般包括以下项目：

环境保护费、安全施工费、夜间施工增加费、大型机械设备进出场及安拆费、脚手架费、施工排水、降水费。

2. 间接费用

建筑商品成本中的间接费是指建筑安装企业为组织施工和进行管理，以及间接为建筑商品生产服务的各项费用。间接费用发生后，不能直接计入某个建筑产品，而只有通过分摊的办法间接计入建筑产品成本。

间接费用的组成部分包括：

(1) 企业管理费。企业管理费是指建筑企业为组织施工生产经营所发生的管理费用，包括：企业管理人员的基本工资、工资性津贴、职工福利费等；企业办公费；差旅交通费；固定资产使用费；工具用具使用费；工会经费；职工教育经费；劳动保险费；养老保险费及待业保险费；保险费及税金以及其他费用。

(2) 财务费。财务费是指企业为筹集资金而发生的各项费用，包括企业经营期间发生的短期贷款利息净支出；汇兑净损失；金融机构手续费；以及企业筹集资金发生的其他财务费用。

(3) 其他费用。其他费用包括按规定支付工程造价（定额）管理部门的定额编制管理费和劳动定额管理部门的定额测定费，以及按规定支付的管理费。如技术转让费、技术开发费、业务招待费、绿化费、广告费、公证费、法律顾问费、审计费、咨询费等。

应当指出的是，间接费由于无法直接计入具体的建筑商品，因而通常是按直接费的一定比例分别计入各个建筑商品。间接费与直接费的比值实际上是因建筑商品而异的，例如，技术复杂程度、施工进度快慢等都对间接费比例的高低有很大影响，统一按固定的费率计算间接费不一定能合理地确定建筑商品价格。另外，不同建筑商品直接费的构成往往有很大差异，如机械使用费增加可使人工费相应降低，材料费中构配件费用增加可使一般材料费降低等。

第四节 建筑商品的流通与消费

一、建筑商品流通

流通是社会再生产的一个重要环节，对保证社会再生产顺利进行有重要意义。生产是流通的基础，没有生产，就没有流通；反之，流通过程所反映出的社会消费要求和趋势又影响着生产。流通作为生产和消费的中间环节，既为生产部门提供物质条件，满足生产需要，又为社会提供消费品，满足个人和群体消费需要。在流通过程中，一方面，实现了生产部门和流通部门所创造的全部价值；另一方面，又将消费基金转化为生产基金，从而促进社会扩大再生产不断发展。

建筑商品同其他商品一样，在流通中不断变换其形态，既实现其使用价值，也实现其交换价值和收益价值。当然，建筑商品的技术经济特点决定其流通方式、渠道与其他商品流通相比，有许多不同之处。

1. 建筑商品流通的特点

建筑商品生产经营具有不同于其他工业产品的技术经济特点，其流通与其他产业生产的消费资料、生产资料类商品有着显著的区别，主要表现在以下几个方面。

（1）区域性。一般商品的流通过程是商品从生产领域向消费领域转移，生产与消费地点的差异通过物流系统解决商品运输问题。但是，建筑商品的固定性使之与土地相联系在一起，不能移动和运输，它建造在哪里，就只能在哪里发挥效益和实现功能，不能像其他商品那样在市场上自由流通。也就是说，建筑商品生产和消费地域是一致的，具有显著的地域性特点。

（2）分解性。建筑商品往往由许多功能相同、相似或不同的部分组成，这些组成部分可以独立发挥作用。作为建筑商品的消费者，常常不是以整个建筑商品为消费对象，因而建筑商品流通不一定以整个产品形态来实现，往往是以其具有独立使用功能的组成部分为单元来实现。

一个完整的建筑商品可以分解后进行流通，就使同一建筑商品各部分所有权或使用权转移的时间、条件和具体内容可能有所不同，建筑商品的流通因而比其他商品显得更为灵活。

（3）反复性。许多商品由于使用期较短，流通往往是一次性的。耐用消费品与生产资料虽然使用期较长，增加了重复流通的可能性。而建筑商品则不同，在使用寿命期内消费者的需求变化、消费地点改变都会引起建筑商品所有权或使用权的再转移，其中使用权转移可能性更大。可将建筑商品使用寿命分割成若干区段进行流通，至于如何分割建筑商品的使用寿命，取决于是转移所有权还是只转移使用权。如果转移所有权，则由建筑商品一打者和消费者共同决定；如果只转移使用权，则主要由建筑商品的消费者决定。由于建筑商品可以反复流通，一方面，增加了建筑商品流通的复杂性；另一方面，也为消费者在不同时期选择与消费提供了可能。

（4）流通费用的不明确性。一般商品，商业部门和运输部门执行着商品流通环节的流通任务，产值为流通费用利润、税金之和。这里所说的流通费用是指商品从生产领域向消费领域转移过程、运输、分类、包装、整理、保管以及销售支付的全部费用。这些费用都是一定量物活劳动消耗的货币表现，要追加到产品的价值上去。建筑商品种类繁多。

2. 建筑商品的流通形式

商品流通是商品或服务从生产领域向消费领域的转移过程。通常在这一过程中，需要不断地完成由商品到货币和货币到商品的变化，这种变化既涉及商品价值形态的转换、商品所有权的转移，又涉及商品实体的位置移动。

由于建筑产品具有生产周期长、价值大，生产过程中不同阶段对承包单位的能力和特点要求不同，决定了建设商品交易贯穿于建筑产品生产的整个过程，即从工程建设的咨询、设计、施工任务的发包开始，到工程竣工、保修期结束为止。所以，建筑商品流通过程——商品从生产领域向消费领域的转移过程是贯穿于建筑产品生产过程的始终。

在建筑商品的流通过程中，建筑商品的所有权的转移是通过商品的交易来实现的。这里的买方——业主指既具有购买某项建筑产品的意愿并具备相应支付能力的，在建筑市场中通常为发包工程建设的勘察、设计、施工任务，并最终得到建筑产品的政府部门、企事业单位或个人；卖方为拥有一定数量的建设装备、流动资金、工程技术经济管理人员。取得建筑资质证书和营业执照的、能够按照业主的要求提供不同形态的建筑产品并最终得到相应工程价款的建筑施工企业。

建筑商品的流通方式为建筑企业向业主或服务对象提供产品或服务的方式，即买卖双方交易建筑商品的方式。具体包括以下几种方式。

（1）招标投标方式。建设工程项目招标、投标是建筑市场的主要交易方式，是在双方商定同意的基础上进行的建筑商品买卖行为。

工程项目招标是指建设单位对拟建的工程发布公告，通过法定的程序和方式吸引建设工程项目的承包企业参与竞争，并从中选择条件优越者来完成工程建设任务的法律行为。建设工程投标是指有意愿且符合条件的建筑企业对招标做出响应，并按照招标规定提交投标文件的行为。

（2）发包方式。发包方式是指建设单位将建筑商品的设计、施工任务委托给专门的设计、施工单位完成的一种建筑商品交易方式。发包人则应按合同的规定提供设计或施工必需的资料，申请施工许可证，拆除现场障碍物，进行工程验收和办理工程结算；承包人承担工程的设计或施工任务，并按发包人的意图设计、依据图纸进行施工的。在这种交易方式下，发包单位必须与中标企业——承包人签订工程合同，以明确双方的权利义务关系。同时，发包单位要组建完善的管理机构，或者委托有关咨询机构代其进行全过程的管理。

3. 建筑商品的流通渠道

商品流通渠道是商品从生产领域向消费领域转移过程中所经过的流转线路和经过的经济组织。商品流通渠道包括参加商品交易过程的各种类型的机构、组织和个人，其起点是生产者，终点是用户或个人消费者。在商品从生产领域向消费领域转移过程中，至少要转移商品所有权一次。经过这种转移，经营者的目标才能实现。

建筑市场并不以具有实物形态的建筑产品作为交换对象，而是就拟建建筑产品的质量、标准、功能、价格、交货时间，付款方式和时间等内容，由需求者和生产者达成交易条件，从而确立双方之间的交换关系。经双方达成一致的这些交易条件，不仅规定了生产者今后的生产活动，同时也明确了需求者的权利和义务，对供求双方都是约束条件。

建筑商品的流通渠道通常为产销合一的渠道，即商品直接从生产者手中流通到消费者手中的形式。建筑商品是在交易在需求者和生产者之间直接进行的，这一特征是由其需求者决定，而不是由其生产者决定的。在一般商品的市场流通中，用于交换的商品具有同质性或可替代性，同一产品的不同生产者向市场提供的商品对消费者来说是基本相同的。而建筑产品则不具有同质性，它表现出多样性特征。

二、建筑商品的消费

商品生产的目的是为了满足社会需要。其中社会需要有生产方面的需求，也有生活方面的需求。就生产与消费的关系而言，生产决定消费，消费也反作用于生产。因为只有生产出了产品，才使消费成为可能。另外，只有产品被消费了，再生产循环的过程才真正完成。从这个意义上说，没有消费就没生产。

一幢住宅如果没有人居住，就不成其为真正意义上的房屋；一条铁路没通车，没有为消费者服务，就不是现实的铁路，没有实现它社会价值。总之，如果建设需求缩减，社会对建筑材料、能源动力、化工、人力资源等方面的需要都会受到影响。因此，建筑商品的消费对于建筑业发展甚至是社会经济的发展都具有十分重要的意义。

建筑商品消费的特点如下：

（1）长期性。建筑商品的消费长期性可以从这两个方面理解：第一，建筑商品属于耐用消费品，其技术寿命和经济寿命都较长，可以被长期消费，因而具有长期性。所以，要从近期消费和长期消费相结合的角度来安排建筑商品的生产。例如，一条高速公路近期只要双向四车道能满足现有通车流量的需要，那中远发展则可能需要六车道通车流量才能满足需要。所以修建公路时，可以首先按四车道考虑，并为拓宽成六车道留有余地。第二，建筑商品是人们消费时间最长的产品。人们在工作、学习、休息、娱乐的同时都伴随着对建筑商品的消费过程，而且对建筑商品的消费需求会不断变化，这对建筑品的生产和流通都提出了更多、更长远的要求。

（2）普遍性。建筑商品消费的普遍性表现为它是每个人都需要的产品。衣、食、住、行是人类的基本消费需要，尤其是“住”、“行”两个方面消费是离不开建筑商品的。此外，工作、娱乐、旅游等亦都要在一定的建筑商品里进行。可以说，社会上任何个人、组织和机构，不论其经济支付能力、社会职能、所处区域等有何不同，都要建筑商品的消费。因此，社会对建筑商品的需要具有普遍性。

（3）层次性。社会商品中的消费品可以分为生存资料、享受资料和发展资料三类。对于大多数消费资料，只具备其中一种或两种功用就可以了，而建筑商品则需要具备三种功用。因为其一，在同一时间，社会存在具有三种功用程度不同的建筑商品，适应人们不同层次的消费需要；其二，对于同一消费主体来说，既可以在不同时期改变对建筑商品的消费需要，又可以在同一时期消费具有不同功用的建筑商品。对于一般商品来说，也有不同的消费层次，但这种层次性主要是由消费主体的消费能力所决定。而建筑商品消费的多层次性，除了在一定程度上受消费能力影响外，同一建筑商品可以同时具有不同程度的不同功用。另外，建筑商品消费的多层次性本身也在不断变化，不仅各消费层次之间的比例在变化，而且各消费层次的基本要求和内涵也在变化。这样，客观上就要求建筑商品的生产尽可能适应消费层次的需要。

（4）在消费支出中比例逐步增大。建筑商品消费的另一重要特征是在消费结构中的比例逐步增大。消费结构是指各类消费支出在总消费支出中所占的比重。消费结构受多种因素制约并且在经常变化之中，这种变化的总趋势是：随着收入的增加，人们用于购买食物的支出占全部消费支出的比例会越来越小，用于购买住房以及用于居住性消费的比例越来越大。

复习思考题

1. 描述一下你对建筑商品的概念的理解。
2. 简述建筑商品本身与生产的特点及二者的关系。
3. 什么是建筑商品的收益价值？是怎样计算的？
4. 建筑商品价值的影响因素主要有哪些方面？
5. 建筑商品价格通常由几方面构成？
6. 建筑商品价格确定方式与工业产品存在哪些差异？
7. 试述建筑商品价格确定方法。
8. 建筑商品成本都有哪些分类？
9. 简述建筑商品成本的构成。

10. 建筑商品中的直接费、间接费都由哪几部分组成?
11. 描述建筑商品流通的特点。
12. 建筑商品的流通形式有几种?
13. 建筑商品消费与一般工业品相比有哪些不同的特点?
14. 简述建筑商品的流通渠道。
15. 产销合一的流通渠道对建筑商品流通有哪些影响?

【案例】

建筑商品交付时与合同约定差异大导致纠纷

一、案情

2006 年 11 月 23 日，购买人姚某与某房地产开发商签订一份《商品房买卖合同》，合同约定姚某（买受人）向某房地产开发商（出卖人）购买其开发的商铺一套，该商品房屋为框架结构，层高：首层 3.6 米；二层 3.0 米，建筑面积 85.09 平方米。房屋按建筑面积计算每平方米售价为 3038 元，房屋总价款为 258 503 元。合同第八条“交付期限”约定，出卖人应在 2007 年 12 月 31 日前将经验收合格的房屋交付给买受人使用。

在该买卖合同第十条“规划、设计变更”中双方约定，经规划部门批准的规划变更、设计单位同意的设计变更导致在结构形式、户型、空间尺寸、朝向等方面影响商品房质量或使用功能的，房地产开发商应当在有关部门批准同意之日起 10 日内书面通知姚某，姚某有权在通知到达之日起 15 日内选择退房，某开发商则应在姚某提出退房要求之日起 30 日内退还已付款，并按银行同期存款利率支付利息给姚某。合同附件一为一、二层的房屋平面图。

合同签订后，姚某于 2006 年 11 月、12 月分别交纳了购房款 103 503 元、26 000 元，其余购房款 129 000 元于 2007 年 9 月 30 日以按揭贷款方式支付给某开发商。2007 年 12 月 30 日，房地产开发商通知姚某接收房屋，姚某前往实地查看房屋后，于 2008 年 1 月 17 日向某开发商提交了一份《退房申请报告》，以房屋结构形式、空间尺寸与合同约定不符为由，要求依据《商品房买卖合同》第十条的规定解除合同、退还房款及利息。

姚某以某开发商房屋的层高、梁柱、排水管布局和设计不符合合同约定并违反国家设计规范、影响商铺的正常使用为由，诉至法院，要求撤销合同、退还房款及利息。

房地产开发商复函，称房屋严格按照原规划设计图纸施工，从未做过任何规划设计变更，故不同意解除合同。

二、法院审理

组织有关人员现场勘验测量，结果如下：

(1) 房屋内一层东、西两侧墙中部各有一条从天面到地板的垂直梁柱（长宽分别为：0.37 米×0.54 米、0.135 米×0.72 米）。

(2) 二层天面有两处沉箱（长宽分别为 2.32 米×1.46 米、2.60 米×1.50 米，其底部距离二层地面高度分别为 2.345 米、2.40 米）；从二层窗户上方到楼梯上方天面依次有四条相互平行的横梁，其间距不等（第一条横梁位于窗户正上方，其底部宽 0.314 米、距地面高 2.13 米；第二条横梁底部宽 0.32 米、距地面高 2.25 米；第三条横梁底部宽 0.44 米、距地面高 1.935 米；第四条横梁底部宽 0.375 米、距地面高 2.23 米）。

(3) 二层东侧墙面与天面交接处还有一条承重梁（底部距二层地面 2.04 米，宽 0.328 米，长 5.48 米)。

(4) 一、二层西侧墙面上均有一条直径约 0.15 米的排污管靠墙铺设，从二层天面直通一层地面。

(5) 一层室内地面到天面的距离为 2.94 米（最矮处）～3.45 米（最高处)，二层室内地面到天面的距离为 2.83 米（最高处）～1.935 米（最矮处即横梁下方)。此外，位于 S11 号房旁的 S12 号房屋户型与 S11 号房屋相似，但没有白色排污管，二层也没有沉箱，二层有三条横梁，但其底部与地面之间的目测距离大于 S11 号房二层的最低处。对于同一栋楼的其余房屋与 S11 号房屋内情况是否一致，因无法进入其余房屋内而未能勘验，对其余房屋的结构情况，姚某表示不清楚详情，某开发商则主张其余部分房屋中也有类似情况存在。

(6)《商品房买卖合同》附件一房屋一、二层平面图中，只对梁柱的位置做了标注，对房屋内的排污管、横梁等都未作标注。而姚某在购买房屋时，房地产开发商也未将房屋内存在排污管和几条横梁等情况告知姚某。

三、案情分析

姚某与某开发商的争议焦点：签订《商品房买卖合同》时是否存在重大误解的情形。

姚某与某开发商签订《商品房买卖合同》时，涉诉的房屋尚未建成，姚某作为消费者，对其所购房屋的具体情况只能通过某开发商的口头和书面描述得到认知。但某开发商并未将房屋的详细结构情况通过样板房、平面图或其他书面及口头方式告知姚某以便姚某能正确认知房屋的基本结构。而从房屋建成后现场勘验的情况看，确实存在空间狭小以致严重影响使用的问题，尤其以第二层的情况更为严重。

通常情况下常人根据开发商提供的信息对房屋空间结构的想象，与房屋实际情况确有较大差距，并且，也没有证据证明这样的空间结构是同一楼层所有房屋的通用设计，故姚某在购买房屋时对房屋空间结构的确存在重大误解，姚某据此请求撤销双方之间的《商品房买卖合同》符合法律规定。《商品房买卖合同》被撤销后，某开发商应当向姚某返还已付购房款 258 503 元，并应承担已付购房款的利息损失。

四、法院判决

法院判决撤销姚某与某开发商所签订的《商品房买卖合同》，并由某开发商向姚某返还购房款 258 503 元并支付该款利息。

五、相关法律依据

《中华人民共和国合同法》相关内容介绍见下文。

1. 第五十四条

下列合同，当事人一方有权请求人民法院或者仲裁机构变更或者撤销：

(1) 因重大误解订立的；

(2) 在订立合同时显失公平的。

一方以欺诈、胁迫的手段或者乘人之危，使对方在违背真实意思的情况下订立的合同，受损害方有权请求人民法院或者仲裁机构变更或者撤销。

当事人请求变更的，人民法院或者仲裁机构不得撤销。

2. 第五十八条

合同无效或者被撤销后，因该合同取得的财产，应当予以返还；不能返还或者没有必要返还的，应当折价补偿。有过错的一方应当赔偿对方因此所受到的损失，双方都有过错的，应当各自承担相应的责任。

【资料来源】袁华之，张云洁主编《身边的法律顾问：房产实务与风险防范》，北京：中国人民大学出版社，2009.

第三章 建筑市场

本章重点

1. 建筑市场的含义、特点
2. 建筑市场管理

本章难点

1. 建筑供给与需求的平衡
2. 建筑市场管理

关键词

建筑市场　建筑市场体系　建筑商品生产者　建筑商品交易中介　业主　建筑市场客体　建筑市场主体资质管理

第一节 建筑市场概述

一、市场的涵义

有关市场的含义，有各种各样的解释和定义。有人说市场是商品交换的场所；有人说市场是指某种商品的用户。菲力普·科特勒在《Marketing Management》中把市场定义为"对某一特定产品或一类产品进行交易的买方与卖方的集合"。

在市场经济条件下，市场是商品经济运行的载体和基础，其包含的意义主要有以下四个方面。

（1）商品交换场所和领域。

（2）商品生产者和商品消费者之间各种经济关系的汇合和总和。

（3）有购买力的需求。

（4）现实顾客和潜在顾客。

市场是社会生产力发展到一定阶段的产物，属于商品经济的范畴。在很长的时期内，市场的概念就是货物聚散、进行交易买卖活动的场所。《易经》关于市场的描述是："日中为市，致天下之民，聚天下之货"。

随着商品经济的发展，商品交换已不再局限于某一时期、某一地点，而是贯穿于整个交换过程的始终。社会分工的发展使人们对于商品交换的需求越来越大；社会分工越细，商品经济越发达，市场的范围和容量就越扩大。因此，市场即为商品交换的场所这一说法所涉及的范围和内容显然不能适应社会经济发展的需求，因为它只表达了狭义的市场范畴。此时，市场的含义已扩展为商品交换的各个领域。

概括地说，市场的含义主要包括广义和狭义两个方面：狭义上的市场指买卖双方进行商品交易的场所；广义的市场是指商品交换关系的总和，具体包括商品的需求者、用户、商品交换的相关机构、组织等。

二、建筑市场

1. 建筑市场的含义

建筑市场不仅指建筑商品交换的场所，也是建筑商品交换关系的总和。如同市场的概念一样，建筑市场也有广义和狭义之分。

狭义的建筑市场是建筑商品交易的场所。由于建筑商品体形庞大、无法移动，不可能集中在一定的地方交易，所以一般意义上的建筑市场为无形市场，没有固定交易场所。它主要通过招标投标等手段，完成建筑商品交易。当然，交易场所随建筑工程的建设地点和成交方式不同而变化。

广义的建筑市场是指建筑商品供求关系的总和，建筑是整个国民经济市场系统中的一个子系统，它包括狭义的建筑市场、建筑商品的需求程度、建筑商品交易过程中形成的各种经济关系。

2. 建筑市场的分类

建筑市场的分类按其不同划分标准有很多，具体如下：

(1) 按建筑商品交换范围或领域划分：国际市场和国内市场。

国际建筑市场可分为亚洲市场、北美市场、欧洲市场、非洲市场等；国内市场可分为城市市场、农村市场、特定的国民经济部门市场、不同地区市场等。

(2) 按购买者的购买目的和身份划分：消费者市场、生产者市场、中间商市场和政府市场。

消费者市场是指购买者以消费作为目的购买建筑产品的市场，如住宅市场；生产者市场是建筑商品生产厂商为生产购买某类建筑领域相关产品如建筑材料等的市场；中间商市场是从事和进行建筑商品交易的市场，如房屋中介市场等；政府市场是以政府相关部门作为建筑商品购买者的市场。

(3) 按建筑商品特性和形态划分：实物形态建筑产品市场和非实物形态建筑产品市场。

实物形态建筑产品市场是指交易的商品是实物形态建筑产品，如房屋建筑物、道路桥梁等；非实物形态建筑产品市场是指交易的商品是非实物形态的、与建筑商品生产经营相关的咨询、服务等。

三、建筑产品市场的特点

建筑市场是市场体系总体的有机组成部分。作为一般意义的市场，它具有市场体系中每一个别市场都具有的普遍属性——共性；作为专业市场，它有自己的特点。

1. 需求者和生产者之间的直接交易

由于建筑商品具有单件性和生产过程必须在其消费地点最终完成的特点，使得其制造商就不可能像制造飞机、机床、汽车、家电等一样，预先将产品生产出来，再通过批发、零售环节进入市场后由用户来购买。建筑企业只能按照具体用户的要求，在指定的地点为用户建造某种特定的建筑物或构筑物。因此，建筑市场的交易，是需求者和生产者之间的直接交易，即生产者和用户直接就建筑商品生产的相关问题达成协议，然后组织生产。

2. 市场竞争以企业投标的形式为主

任何市场，只要不是仅有一个卖主和一个买主，就必然存在竞争。竞争是市场经济的基本特征。在市场经济条件下，企业从各自的利益出发，为取得较好的产销条件、获得更多的市场资源而竞争。通过竞争，实现企业的优胜劣汰，进而实现生产要素的优化配置。

建筑市场竞争的基本方式是建筑企业投标。即建筑商品需求者通过招标的方式提出具体的购买要求，向潜在投标者说明招标的基本要求以及投标者应该具备什么条件等等。对此有兴趣的投标者以投标的方式对需求者的购买意图和具体要求作出响应，表明他愿意以什么代价、用多长时间和什么方法满足需求者的要求，以此和同行开展竞争。建筑商品需求者可以从众多的投标者中选择满意的供给者，双方达成订货交易，签订承包合同，建筑企业才开始组织生产，直到工程按合同要求竣工，经需求者验收，结清工程价款，交易全过程最终完成。

招标投标并不是建筑市场唯一的竞争方式。在某些特殊情况下，有些工程项目不适于采用招标投标的方式选择建筑生产厂商，还可以采用邀请招标和议标的方式选择建筑商品的供应者。

3. 竞争性质多属特定约束条件下的不完全竞争

在市场经济条件下，虽然完全竞争被古典经济学派视为最理想的市场模式，但现实生活中几乎不可能具备完全竞争的必要条件，因此也很难有完全竞争的市场，而只能是不完全竞争的市场。由于建筑产品的单件性、地域性以及用途和规模的多样性，需求者往往对生产（供给）者的适应能力提出若干具体要求，通常会对建筑产品及其生产条件和生产者的资质作出某些规定，这都为竞争设定了约束条件，使建筑市场的不完全竞争更具有局限性。随着约束条件的不同，竞争程度也有所差别。

例如某些技术要求复杂的工程，如水利工程、石油化工工程、高等级公路铁路工程、航空港建设、超高层建筑以及城市基础设施等建设项目，需求者往往对建筑施工企业提出相当严格的要求，中小型建筑业企业一般不具备参与此类工程项目竞争的条件，竞争的范围往往限于为数不多的建设单位和具有实力的大型建筑业企业，双方的选择余地都是有限的，有时甚至会形成或接近形成独占市场的局面。

另外，一些专业性特别强的大型工程项目，例如核电站、隧道、航天工程等，只有极少数技术和管理力量雄厚的专业建筑业企业才有能力承担，需求者几乎没有选择余地，在此情况下的建筑市场将成为独占或垄断市场。

4. 独特的定价方式

市场的竞争在商品的功能、质量相同的前提下，通常表现为价格竞争，竞争过程就是确定成交价格的过程。建筑市场也不例外。但建筑商品有一套独特的定价方式，它是根据需求者对特定产品的具体要求和生产条件，供给者在规定的时限内以书面投标的形式报价，需求者在约定的时间和地点公布所收到的报价，经过反复筛选、比较，从中选择满意的，但不一定是报价最低的生产者，双方签订协议并完成交易。

第二节 建筑市场体系

市场体系体现了商品的买卖双方以及中间人之间的关系，以及在商品流通过程中发挥着促进或辅助作用的各种服务机构、部门与买卖双方之间的关系，这就是整个市场体系。从系统论的观点看，整个市场体系是一个复杂的大系统，每个机构或组织都是这个大系统的组成部分，即子系统；市场中交易的买方或卖方之间的关系会受到大系统的其他部分的影响，反过来市场供给或需求也对商品交易的买方或卖方的行为产生影响。

建筑市场体系包括建筑生产密切相关的勘察设计市场、建筑生产资料市场、劳务市场、技术市场、资金市场以及咨询服务市场等等。没有这些市场的存在和正常运行，建筑产品就不可能正常生产，市场也不能正常运行，因而导致市场秩序紊乱，甚至出现供需失调、价格反常波动的状况。当然，建筑产品市场的繁荣与否，也直接影响着相关市场的兴衰。构成建筑市场体系的诸多相关市场之间，是紧密依存、相互制约的。

建筑市场体系还包括为买卖双方提供自由活动的条件，这些为双方能够满意地进行交易提供方便，是建筑市场运行和发展的基本条件。

一、建筑市场主体

建筑市场交易包括的内容复杂，建筑商品交易要通过双方当事人的交易活动实现，其交易贯穿于建筑产品生产的全过程。一般意义来观察，建设工程市场交易是业主给付建设费、承包商交付工程的过程。参与建筑市场商品交易的当事人即是建筑市场活动的主体。归纳起来建筑市场活动的主体主要包括建筑商品生产者、消费者和中介人。他们在市场所处的地位和所起的作用不同，参加市场商品交换活动的目的和要求不同，且有着各自不同的经济利益。实际上，建筑商品交易不仅包括生产者和消费者——业主和承包商间的交易，还包括承包商与分包商、材料供应商之间的交易，还包括业主与设计单位、设备供应单位、咨询单位之间交易。这些交易以及与工程建设相关的商品混凝土供应、构配件生产、建筑机械租赁等市场经营活动。

1. 建筑商品生产者

商品生产者是一个相对抽象的概括。他们处于市场活动的起点，是商品的出卖者，属于供给商品的一方。没有生产者提供商品，市场交易便不能实现。从生产和流通的关系来看，生产决定流通，生产是本源，没有产出产品，便没有流通的对象，也就没有消费的对象。建筑商品生产者参与市场经营活动的目的是能够成功地将商品售出，获得价值补偿，从而实现企业经营目标。为了实现这一目的，建筑企业要在补偿生产经营中的成本——物化劳动和活劳动消耗的基础上获得一定的利润，以维持生产经营活动的持续并进行扩大再生产。

建筑商品生产者——承包商是拥有一定数量的建设装备、流动资金、工程技术经济管理人员，取得建筑资质证书和营业执照的、能够按照业主的要求提供不同形态的建筑产品并最终得到相应工程价款的建筑施工企业。依照建筑企业能提供的建筑产品的类别不同，建筑承包商可有不同的分类，即铁路、公路、房建、水电、市政工程等专业公司；按照承包方式不同，可分为建筑工程总承包商和分包商。

市场经济的基本特征是通过市场竞争实现资源的优化配置。建筑企业（承包商）通过市场竞争，即工程项目投标过的取得建筑商品的生产任务。建筑承包商的市场竞争能力主要包括技术能力、经济能力、管理能力以及市场开拓能力。

2. 建筑商品消费者

建筑商品消费者包含领域广泛，分类也较复杂，既有生产资料的消费者，又有生活资料的消费者；既包括企业、社会团体等集体消费者，也包括个人消费者。但不论消费者的类型如何，作为消费者的共性来说，他们处于市场活动的终点，是商品的购买者，属于商品需求一方。市场如果没有消费者，就没有需求，商品不符合消费者的需要，市场活动便不能完成，再生产也就无法进行。所以，消费者是决定市场活动能否持续的关键。

另一方面，消费者参加市场活动的目的是希望能够按照自己的意愿买到所需要的商品。不同的消费者购买商品的目的和动机又是不同的。生产资料的消费者到市场购买原料和生产设备，是为了满足生产和经营的需要，为了生产他能够提供给市场的商品，是“为了卖而买”；生活资料的消费者向市场购买商品，则是为了满足家庭和个人的生活需要。因此，生活资料的消费是最终消费。按照这个分类，建筑商品的消费者可分为作为满足生产经营或社会职能需要的生产资料需要者——业主和为了满足家庭和个人的生活需要的商品住宅消费者，这里主要介绍一下前者。

业主是指既具有购买某项建筑产品的意愿并具备相应支付能力的，在建设工程市场中发包工程建设的勘察、设计、施工任务，并最终得到建筑产品的政府部门、企事业单位或个人。

一个健康有序的建筑市场需要这样的业主：

(1) 对建设需求有真实、清晰、准确和完整的了解。

(2) 对建设项目进行过充分论证和必要的可行性研究，建设项目符合国家、地方的法律、法规要求并按照基本建设程序开展。

(3) 按照政府有关部门要求通过招标方式进行工程项目的发包，公平、公正、公开地选择中标企业。

(4) 保障建设资金落实并按施工合同及时支付建设项目资金。

(5) 对工程项目施工进行有效监督。

建筑商品生产前（建设项目开工前），业主应按照国家有关规定向工程所在地县级以上人民政府建设行政主管部门申请领取施工许可证。此前，工程项目应具备以下条件。

(1) 已经办理该建筑工程用地批准手续（如建设用地规划许可证、土地出让或转让合同等）。

(2) 在城市规划区的建筑工程，已经取得规划许可（如取得规划设计许可证等）。

(3) 需要拆迁的，其拆迁进度符合施工要求。

(4) 已经确定建筑施工企业。

(5) 有满足施工需要的施工图样及技术资料。

(6) 有保证工程质量和安全的具体措施。

(7) 建设资金已经落实。

(8) 符合相关法律、法规规定的其他条件。

由于业主只有在发包工程或组织工程建设时才成为市场主体。因此，其作为市场主体具有不确定性。因此，需要加强管理，以规范业主行为。

3. 建筑商品交易中介

在市场经济体系中，商品交易中介的种类很多。从其业务经营的性质来看，包括居间中介、代理中介、批发中介等。商品交易中介在市场交易中具有双重身份，既不属于生产者，也不属于消费者。但事实上，他们既是商品的供给者，又是商品的购买者。他们一方面向生产者买进商品，另一方面又向消费者出售商品。

商品交易中介主要从事转手买卖，其在市场经营活动中的职能是生产者和消费者之间的桥梁，在商品交换中起着媒介作用。没有商品流通，就不可能有商品交易的中介人；反之，没有商品交易中介，生产者与消费者之间的流通就会存在许多障碍。即使能进行也要面临许多困难，交易双方也要花费更多的时间和费用才能完成商品交换活动。这对生产者和消费者来说都是不划算的。

所以，商品交易中介的存在，对于加速商品流通、及时反馈商品消费信息，使商品生产更适合消费者的需要，以及促进消费、引导消费等，都起着积极作用。

建筑商品交易中介是在建筑商品交换中起着媒介作用的组织与个人。目前，我国建筑市场存在的建筑商品交易中介主要包括建设工程市场交易中心、各类房地产中介咨询服务机构、工程咨询服务机构等。

(1) 建设工程市场交易中心。建设工程交易中心是我国改革开放后出现的，我国特有的有形建筑商品交易市场，是由政府建立的专门从事建筑商品交易的场所。通过这个有形市场。可以较好地规范建筑商品的交易和建设工程项目的承发包行为。同时，这个交易中心还具有行业管理的功能。从长远看，随着我国市场经济体制的不断完善，政府或者其授权机构在交易中心的管理职能将逐步弱化，并最终退出市场，转由具有行业协会性质的事业法人对市场进行组织和运作，政府只在市场外依法对市场主体进行监督和约束。

从本质上说，建设工程交易中心是为市场服务的机构，不是政府管理部门，也不是政府授权的监督机构，它并不具备监督管理职能。但建设工程交易中心又不是一般意义上的服务机构，其设立需得到政府或政府授权主管部门的批准，并非任何单位和个人可随意成立的：它不以营利为目的，旨在为建立公开、公正、平等竞争的招投标制度服务，只可经批准收取一定的服务费，工程交易行为在场内进行。

按照国家有关规定，建设单位要进行建设工程项目的施工，都需要完成在建设工程交易中心发布招标信息，与中标企业签订施工合同，申领施工许可证等活动。招投标活动都需在建设工程交易中心这一有形建筑市场内进行，并接受政府有关管理部门的监督。建设工程交易中心的设立，对我国国有投资的监督制约机制的建立，规范建设工程承发包行为，和将建设工程市场纳入法制管理轨道有重要作用，是符合我国国情和经济管理体制特点的一种有效形式。

我国的建设工程交易中心的基本功能主要包括以下几点：

1) 信息服务功能。建设工程交易中心的信息服务功能主要包括收集、存储和发布各类工程信息、法律法规、造价信息、建材价格、承包商信息、咨询单位和专业咨询人信息等。在设施上配备有大型电子墙、计算机网络工作站，为承发包交易提供广泛的信息服务。工程建设交易中心一般要定期公布工程造价指数和建筑材料价格、人工费、机械租赁费、工程咨询费以及各类工程指导价等，指导业主和承包商、咨询单位进行投资控制和投标报价。但在市场经济条件下，工程建设交易中，已公布的价格指数仅是一种参考，投标最终报价还是需要依靠承包商根据本企业的经验或企业定额、企业机械设备和生产效率、管理能力和市场竞争的需要来决定。

2) 场所服务功能。对于政府部门、国有企事业单位的投资项目，我国明确规定，一般情况下都必须进行公开招标，只有特殊情况下才允许采用邀请招标。所有建设项目进行的招投标必须在有形建筑市场内进行，必须由有关管理部门进行监督。按照这个要求，工程建设交易中心必须为工程承发包交易双方进行的建设工程招标、评标、定标、合同谈判等提供设施和场所服务。2008 年，由建设部等 5 部委联合起草的《建设工程交易中心管理办法》规定，建设工程交易中心应具备信息发布大厅、洽谈室、开标室、会议室及相关设施以满足业主和承包商、分包商、设备材料供应商之间的交易需要。同时，要为政府有关管理部门进驻集中办公，办理有关手续和依法监督招标投标活动提供场所服务。

3）集中办公功能。由于众多建设项目要进入有形建筑市场进行报建、投标交易和办理有关批准手续，这样就要求政府有关建设管理部门进驻工程交易中心集中办理有关审批手续和进行管理，要求建设行政主管部门的各职能部门进驻建设工程交易中心。受理审批的内容一般包括工程报建、招标登记、承包商资质审查、合同登记、质量报监、施工许可证发放等。进驻建设工程交易中心的相关管理部门集中办公，发布各自的办事制度和程序，既能按照各自的职责依法对建设工程交易活动实施有力监督，也方便当事人办事，有利于提高办公效率。一般要求实行“窗口化”的服务，这种集中办公方式决定了建设工程交易中心只能集中设立，而不可能像拟建工程得到计划管理部门立项（或计划）批准后，到中心办理报建备案其他手续。

工程建设项目报建的主要内容：

①工程名称、建设地点、投资规模、资金来源，当年投资额、工程规模、工程筹建情况、计划开工和竣工日期等。

②报建工程由招标监督部门依据《招标投标法》和有关规定确认招标方式。

③招标人依据《招标投标法》和有关规定，履行建设项目包括项目的勘察、设计、施工监理以及与工程建设有关的重要设备、材料采购的招标投标程序。

④自中标之日起30日内，发包单位与中标单位签订合同。

⑤按规定进行质量、安全监督登记。

⑥统一交纳有关工程前期费用。

⑦领取建设工程施工许可证。

（2）工程咨询服务机构。工程咨询服务机构是指具有一定注册资金、工程技术、经济管理人员，取得建筑咨询证书和营业执照，能对工程建设提供估算测量、管理咨询、建设监理等智力型服务并获取相应费用的企业。

工程咨询服务企业从事勘察设计、工程造价、工程管理、招标代理、工程监理等多种业务。这类企业主要是向业主提供工程咨询和管理服务，解决业主对工程建设过程不熟悉的问题，在国际上一般称为咨询公司。在我国，目前数量最多并有明确资质标准的是工程设计院、工程监理公司和工程造价（工程测量）事务所及招标代理、工程管理等咨询类企业。

咨询服务机构不是工程承发包的当事人，但其受业主聘用，作为项目技术经济咨询主体，对项目的实施负有重要责任。按照国际惯例，工程咨询服务机构只对其工程咨询所造成的直接后果负责，专业人员对民事责任的承担方式是购买专项责任保险。咨询服务机构与业主之间是契约关系，业主聘用工程师作为其技术经济咨询人，为项目进行咨询、设计、监理、招标代理、管理和测量。一般情况下，咨询的任务贯穿于项目建设的全部过程。

二、建筑市场客体

建筑市场客体主要指建筑市场的交易对象，一般称作建筑产品。建筑产品既包括有形建筑产品，又包括无形产品——为建筑产品生产提供的各类智力型服务。

由于建筑产品本身及其生产过程具有不同于其他工业产品的特点，在不同的生产交易阶段，建筑产品生产过程表现为不同的形态：可以是咨询公司提供的咨询报告、咨询意见或其他服务；可以是勘察设计单位提供的设计方案、施工图样、勘察报告；可以是生产厂家提供的混凝土构件，也可以是承包商生产的房屋和各类构筑物。按照不同建筑商品形态，建筑市场可分为：

1. 勘察设计市场

勘察和设计是建筑产品生产全过程的重要环节，是施工生产不可或缺的两个生产准备阶段。其中，工程勘察包括工程测量、水文地质勘察、工程地质勘察等主要工作内容。建筑工程勘察的必要性是由建筑产品是建立在土地上这一特点决定的，因为建筑产品——房屋建筑和工程构筑物总是要建在选定的地址，建成之后长期使用并不能移动，所以在工程建设之前就必须查明建设地点的地形地貌、地层土壤、岩性、地质构造、水文条件以及其他自然地质条件，并作出综合评价，为工程建设项目选址（线）、工程设计和施工提供科学可靠的依据。

工程建设项目选址确定之后，勘察设计就成为组织项目实施的首要环节。勘察设计工作包括勘察报告、测绘图纸、设计文件等。由于勘察设计在建筑产品生产中的重要作用，在现代建筑市场体系中，勘察设计市场成为重要的专业市场之一。这个市场的需求者包括城乡居民、工商企业、文教卫生科研机构、社会群众团体和各级政府；供给者是各种专业的或综合性的勘察设计机构以及个人开业的专业设计人员。

在市场经济条件下，勘察设计成果属于知识产品，受知识产权法保护，和有形的物质产品一样具有商品性质。对于勘察设计商品而言，一般民用建筑的需求面广，相对而言专业性不是很强，技术要求也不十分复杂，一般综合性的民用建筑设计机构都能胜任这一类勘察设计任务，所以竞争的范围较广，当供需不平衡时，竞争也会比较激烈。而对于技术要求复杂，专业性强的大型建设项目，例如铁路、桥梁、高速公路、港口、核电站、油气田以及城市基础设施等，需求者为数有限，能够胜任的供给者一般也仅限于少数专业勘察设计机构，他们往往按专业部门或地域划分活动范围，形成寡头甚至独占市场。

2. 生产资料市场

为建筑商品生产提供的生产资料的市场包括建造建筑物和构筑物所需的原材料、构配件、建筑设备以及生产过程中使用的机械设备和工具等的市场，这些市场交易包括建材、冶金、林业、化工、轻工及机械制造等工业部门制造的种类繁多的产品。在建筑市场上，除了少数特殊品种，一般生产资料的需求者和供应者都较新的供应者进入市场也几乎没有什么限制，因此竞争的范围相当广阔，接近于完全竞争市场。

3. 劳务市场

劳动力市场分割理论代表人物之一的美国学者迈克尔·J·庇奥尔在 1970 年提出的“二元劳动力市场”理论指出：劳动力市场可分为一级市场和二级市场，一级市场的特征是劳动者工资较高，工作条件优越，岗位较有保障，职业前景较好，工作安全性好，作业的管理过程规范多，求职者往往受过良好教育；二级市场的特点是工资较低，工作条件较差，工作具有不稳定和暂时性，很少有个人升迁机会等。我国建筑劳务市场也具有二元性，其中就业于国有或民营大型企业的劳动力市场属于一级劳动力市场，而就业于中小型企业或项目的劳动力市场属于二级劳动力市场。

在建筑市场体系中，有专为建筑业服务的劳务市场，这个市场上劳务的需求者是各种建筑产品的生产者，即建筑企业。供给者有不同情况。经济发达国家通常由行业工会和承包商联合会之类的行业组织，通过集体谈判达到协议，向建筑业企业提供劳动力；也有少数不参加工会的建筑工人直接受雇于小型企业。在一些发展中国家，由于建筑行业工会尚不健全，建筑产业从业人员常处于无组织状态，建筑企业所需劳动力往往由承包商临时就地招募，或者由国际承包市场上经营劳务输出的机构有组织地提供。上述情况中，前一种情况下人员不易管理，也不容易保证工程质量，只能适用于小规模的工程项目；而对于那些大型工程项目来说，往往采取后一种方式满足其对劳动力的需求。

由于建筑劳务市场的需求不稳定，具有明显的阶段性，即同一施工项目，在不同的施工阶段、不同的施工季节，以及建筑市场在经济发展的不同时期，对建筑劳动力的需求数量均有明显的变化，高峰期和低谷期的建筑用工量存在相当大的差距。因此建筑市场所需的劳动力虽然总量很大，但劳动力的需求具有很大的不稳定性。

第三节 建筑市场行为管理

一、建筑市场主体资质管理

在建筑市场中，工程建设活动的主体主要有三方，即业主方、承包方（包建筑企业）和工程咨询方（勘察设计等）。按照我国相关法律规定，要对从事建筑市场经营活动的施工企业、勘察单位、设计单位和工程监理单位实行资质管理。

1. 建筑企业资质管理

建筑企业要向企业注册所在地县级以上地方人民政府建设行政主管部门申请资质。中央管理的企业，直接向国务院建设行政主管部门申请资质；其所属企业申请施工总承包特级、一级和专业承包一级资质的，由中央管理的企业向国务院建设行政主管部门申请，同时，向企业注册所在地省级建设行政主管部门备案。新设立的建筑企业，要到工商行政管理部门办理资质申请手续。

建筑企业在申请资质时，应向建设行政主管部门提供下列资料：

(1) 建筑业企业资质申请表。

(2) 企业法人营业执照。

(3) 企业章程。

(4) 企业法定代表人和企业技术、财务、经营负责人的任职文件、职称证书、身份证。

(5) 企业项目经理资格证书、身份证。

(6) 企业工程技术和经济管理人员的职称证书。

(7) 需要出具的其他有关证件、资料。

建筑企业申请资质除向建设行政主管部门提供上述资料外，还应当提供下列资料：

(1) 企业原资质证书正、副本。

(2) 企业的财务决算年报表。

(3) 企业完成的具有代表性工程的合同及质量验收、安全评估资料。

建设行政主管部门对建筑企业的资质审批，要在自受理企业的申请之日起60日内完成。由有关部门负责初审的，初审部门应当从收到建筑企业的申请之日起20日内完成初审；建设行政主管部门应当在收到初审材料之日起30日内完成审批，并将审批结果通知初审部门。对于审批通过的，建设行政主管部门将审批结果在公众媒体上公告。

对于新设立的建筑企业，其资质等级按照最低等级审核，并设一年的暂定期。由于企业改制，或者企业分立、合并后组建设立的建筑企业，其资质等级根据实际达到的资质条件按照规定的审批程序核定。

建筑企业资质条件符合资质等级标准的，建设行政主管部门颁发相应资质等级的《建筑业企业资质证书》。

建设主管部门及其他国家有关管理部门要依照有关法律、法规，对建筑业企业履行资质管理，及时纠正建筑企业在市场经营中的违法行为。

如果建筑业企业未按相关资质管理规定从事建筑活动的，县级以上地方人民政府建设主管部门或者其他有关部门可将其违规事实、处理结果或处理建议及时告知该建筑业企业的资质许可机关。如果企业取得资质后不再符合相应资质条件的，建设主管部门、其他有关部门可根据利害关系人的请求或者依据职权，责令其限期改正；逾期不改的，资质许可机关可以撤回其资质。被撤回建筑业企业资质的企业，可以申请资质许可机关按照其实际达到的资质标准，重新核定资质。

以欺骗、贿赂等不正当手段取得建筑业企业资质证书的，应当予以撤销。

有下列情形之一的，资质许可机关应当依法注销建筑业企业资质，并公告其资质证书作废，建筑业企业应当及时将资质证书交回资质许可机关：

（1）资质证书有效期届满，未依法申请延续的。

（2）建筑业企业依法终止的。

（3）建筑业企业资质依法被撤销、撤回或吊销的。

（4）法律、法规规定的应当注销资质的其他情形。

有关部门应当将监督检查情况和处理意见及时告知资质许可机关。资质许可机关应当将涉及有关铁路、交通、水利、信息产业、民航等方面的建筑业企业资质被撤回、撤销和注销的情况告知同级有关部门。

企业应当按照有关规定，向资质许可机关提供真实、准确、完整的企业信用档案信息。企业的信用档案应当包括企业基本情况、业绩、工程质量和安全、合同履约等情况。被投诉举报和处理、行政处罚等情况应当作为不良行为记入其信用档案。

企业的信用档案信息按照有关规定向社会公示。

2. 工程咨询单位资质管理

工程咨询单位的资质评定条件包括注册资金、专业技术人员和业绩三方面的内容，不同资质等级的标准均有具体规定。我国对工程咨询单位也实行资质管理，目前已有明确资质等级评定条件的有：勘察设计、工程监理、工程造价、招标代理等咨询专业。例如监理单位可划分为三个等级：丙级监理单位可承担本地区、本部门的三类工程：乙级监理单位可承担本地区、本部门的二、三类工程：甲级监理单位可承担跨地区、跨部门的一、二、三类工程。

二、建筑市场从业人员资质管理

在建筑市场中，把具有从事工程咨询资格的专业工程师称为专业人士。专业人士在建筑市场管理中起着非常重要的作用。由于他们的技术水平和业务素质对工程项目建设具有重要的影响，对专业人士的资格条件要求很高。从某种意义上说，对建筑市场的管理，一方面要完善建筑市场经营的法律法规和市场设施、环境的管理，另一方面要重视建筑市场从业人员管理，尤其是专业技术人员的资质管理。

在我国的香港特别行政区将经过注册的专业人士称作“注册授权人”。在英国、德国、日本、新加坡等国家的相关法律法规中规定，业主和承包商向政府申报建筑许可、施工许可、使用许可等手续，必须由专业人士提出。申报手续除应符合有关法律规定，还要有相应资格的专业人士签章。可见专业技术人员在市场中的重要作用。

1. 专业人员的责任

专业人员属于高智能工作者。专业人员的工作是利用他们的知识和技能为项目业主提供咨询服务。专业人员只对他提供的咨询活动所直接造成的后果负责。如工程设计虽然实行建筑师负责制，但为建筑师服务的结构工程师，机电工程师和其他专业工程师要对他们自己的工作成果负责，并影响其资格的升迁。

专业人员对民事责任的承担方式，国际上通行的做法是让其购买专业责任保险，因为专业人员即使是属于咨询单位从事工程咨询工作，由于咨询单位一般规模较小，资金有限，很难承担因其工作失误造成的经济风险。

2. 专业人员组织

在发达国家和地区，政府对建筑市场的许多微观管理职能是由各种形式的专业协会组织实施的，这些专业协会在整个建筑管理体制中起着举足轻重的作用。随着经济全球化趋势的加强，许多国际著名的建筑专业人员组织与机构也开始重视谋求国际化的发展，以协助其专业人员和本国政府开拓国际市场。其中，国际互联网络已成为各专业学会向世界展示自己，进行交流的重要平台和手段。

3. 专业人员资质管理

我国专业人员资质管理制度是参照国际惯例，根据我国实际逐步建立起来的。目前，已经初步成熟的专业人员资质管理类别有：建筑师、结构工程师、监理工程师、造价工程师、建造工程师、咨询工程师、房地产估价师、房地产经纪人和物业管理师等。这些人员的从业资格和注册条件为具备大专以上的专业学历，参加全国统一考试，成绩合格并具备相关专业的实践经验。

应当承认，我国专业人员资质管理制度尚处在初级阶段，其对建设市场的管理作用还有待于进一步规范和完善。

三、建筑市场经营行为管理

建筑企业的市场经营行为是否规范，对于建筑市场的健康发展，社会经济秩序的维护和人民生活质量和水平的提高都具有重要意义。建筑企业经营行为主要包括：

1. 市场营销行为

营销是企业根据市场需要生产产品，并通过销售手段把产品提供给需要的客户。市场营销过程是企业发现、创造和交付价值以满足一定目标市场的需求，同时获取利润的过程。如何辨识未被满足的需要，确定目标市场的规模和利润潜力，找到最适合自己企业进入的市场细分和适合该细分的市场供给品是企业经营者要考虑的重要问题。

在建筑市场中，建筑企业是要通过销售商品补偿生产经营中的耗费并获得预期的收益。企业要采取各种营销手段，把自己的产品卖出去。在建筑业，企业生产经营者的促销行为主要包括人员促销、广告促销和商标促销等行为。如通过组织楼盘开盘发布会、到装饰公司宣传自己企业的建材产品等，这些促销行为主要的出发点都是向用户和广大的消费者宣传自己的商品，增强商品的知名度，扩大企业产品的销售量。

在建筑市场营销行为中，有符合市场经济秩序规范的积极正当的行为，也有违背市场经济秩序的不正当竞争行为。有关管理部门要支持市场主体正当的市场行为，打击利用虚假广告蒙骗消费者，利用假商标、商业贿赂的方式促销的行为，为建筑商品的流通提供公平、有序的市场环境。

2. 建筑市场定价行为

商品价格变化是市场中一个十分敏感而又难以控制的因素，它直接关系着市场对企业产品的接受程度，影响着市场需求和企业利润的多少，涉及生产者、中间商、消费者等各方面的利益。因此，定价行为是建筑企业市场行为中一个极其重要的组成部分。同时，建筑市场商品投资大、建设周期长，建筑价格对于建设单位和居民消费影响很大，是关系民生的重要问题。

影响建筑企业定价行为的因素主要有：

（1）建筑定价目标。在市场竞争条件下，建筑企业不能孤立地确定其产品的价格，而应按照企业的目标市场和战略定位的要求来进行。通常情况下，企业定价目标主要包括：

1）生存目标。如果市场上同类产品的产量过剩，或面临激烈竞争以及试图改变消费者需求，这时企业需要把维持生存作为主要目标。如为了确保企业继续施工和存货出手，企业必须以相对较低的价格将产品出售，并希望市场是价格敏感型的。只要其价格能弥补可变成本和一些固定成本，企业的生存便可得以维持，这种情况在房地产市场不景气的时候常常会发生。

2）利润最大化目标。一些企业希望确定一个能使当期利润最大化的价格。它们通过预测需求和成本并据此选择产品价格，期望使之能产生最大的当期利润、现金流量或投资报酬率。假如企业对其产品的需求函数和成本函数有充分的了解，则借助需求函数和成本函数可制定确保当期利润最大化的价格。

3）市场占有率目标。一些企业想通过定价来取得控制市场的地位，即获得较大的市场占有率。因为企业确信赢得较高的市场占有率将使自己享有最低的成本和最高的长期利润。因此，在一定条件下企业往往以尽可能低的价格来追求市场占有率领先地位。

4）优质优价目标。企业也可以考虑产品质量领先这样的目标，并在生产和营销过程中贯彻质量优化的指导思想。当然，这需要用高价格来弥补高质量和研究开发的高成本，并且产品优质优价的同时还应辅以相应的优质服务。

（2）建筑商品成本。建筑商品的最高价格取决于市场需求，最低价格取决于这种产品的成本费用。从长远看，任何产品的销售价格都必须高于成本费用，因为只有这样才能以销售收入来抵偿生产成本和经营费用，否则企业的经营无法持续下去。因此，企业确定价格时必须估算成本。

在建筑业，同国民经济的其他领域一样，企业的产品成本是在企业施工过程中所耗费的生产资料转移价值和劳动者必要劳动所创造价值的货币表现，不同的是，它往往以项目作为成本核算对象。具体地说，施工过程中耗费的主要材料、辅助材料以及其他材料等劳动对象的价值，是以耗费材料的价格计入施工项目成本；施工过程中所耗费的施工机械、运输设备等劳动资料的价值，是以折旧费的形式计入施工成本；施工生产人员必要劳动所创造的价值，是以工资及福利费的形式支付并计入施工项目成本。建筑企业一般以项目的单位工程作为成本核算对象，通过综合各单位工程成本来反映施工项目成本。

建筑企业要在对基期成本计划完成情况进行分析的基础上，根据有关的设计、施工等计划，按照工程项目应投入的物资、材料、劳动力、机械、能源及各种设施等等，结合计划期内各种因素的变化和准备采取的各种增产节约措施，进行反复测算、修订、平衡后，估算生产费用支出的总水平，进而提出全项目的成本计划控制指标，最终确定目标成本。

(3) 建筑市场需求。供求规律是市场经济的基本规律，即产品价格与市场需求为反方向变动，与市场供给成正方向变动。供求关系决定着价格背离或趋向价值的方向和程度，决定价格的运动状况。反之，价格运动同时也影响供求关系的变化。当产品供过于求时价格下降，供不应求时价格上涨。建筑企业应根据市场供求变化，灵活定价。

社会经济周期性的变化直接影响建筑市场的繁荣和疲软，并决定价格总水平的变化。一般来说，经济高速发展，人们收入增长较快，对建筑产品的需求大幅上升；而经济调整时期，经济发展速度放慢，固定资产投资减少，社会对建筑产品的有效需求不足。另外，价格的高低直接反映买者与卖者的利益关系，建筑商品（如房屋）的购买者对价格的承受能力取决于两个方面：其一，购买者的货币支付能力，反映出购买者对价格的接受程度，而货币支付能力又取决于购买者的收入状况；其二，购买者对价格的心理承受能力，在有些情况下，即使购买者具有了货币支付能力，由于价格太高，也会极大地限制购买者的购买。

(4) 建筑业竞争者行为。在建筑市场竞争中，产品价格是竞争者关注的焦点和竞争的主要手段。定价作为一种重要的竞争行为，任何一次价格制定与调整都会引起竞争者的关注，并可能使竞争者采取相应对策。在这种对抗中，实力强的企业有较大的定价自由，竞争力量弱的企业定价自由较弱，通常是追随市场领先者进行定价。另外，竞争者定价影响企业产品的定价，迫使企业做出相应的反应。

3. 建筑市场交易中的合同管理

建筑业市场行为中，合同管理是一项重要内容。在建筑业，企业经营管理的全过程实际上就是合同管理的过程，即建设工程合同的签订与履行的过程。对于建筑业内部的企业来说，合同行为直接关系到其经济利益的得失和市场竞争目标能否实现。

合同是签约双方为了各自目的而明确相互间权利义务关系的协议。在市场经济条件下，商品生产者和经营者之间的商品交易，常以经济合同形式来实现，企业的生产和经营的目标常以经济合同确定，这是市场经济与计划经济的区别之一。所以在一定意义上说，市场经济是一种契约经济。通过合同约束，规范合同双方当事人的行为，使其履行合同，使产销得到衔接，避免盲目的产销活动。在合同的签订和履行过程中，如果违反合同就会出现某一方受损的结果，如果普遍存在这一现象就会使整个国民经济运行受到干扰和阻碍，实际上也就是影响市场经济秩序的正常运行。这就是说，在合同的订立与履行过程中同样存在损害市场功能和秩序的行为。工商行政管理部门必须对利用合同进行的违法、违章活动进行管理，以维护正常的市场经济秩序。

建筑企业的合同管理按工程项目进展的不同阶段可分为工程项目前期阶段的合同行为、工程项目施工阶段的合同行为和工程项目竣工阶段的合同行为。

(1) 工程项目前期阶段的合同管理。工程项目前期阶段的合同管理是指在工程项目开始阶段，承包商与业主对将来所要签订的合同预先进行的准备工作。这一阶段的工作非常重要。对业主来说，这关系到将来能否选择一个好的承包商并与之签订一份满意的合同，实现以较低的费用取得高质量的建筑产品的目的。对承包商来说，关系到将来能否中标，并签订一份理想的合同，降低成本、增加收益的目的。

(2) 工程项目施工阶段的合同行为。在工程项目施工阶段，发包方（业主）通过招投标的形式确定承包方，由承包方进行工程施工，发包人支付价款的合同。工程施工合同主要包括建筑与安装两方面的内容。工程项目施工合同属于建设工程合同中一种最主要的合同。因为在整个建筑活动中，工程建设施工是最主要的阶段，通过工程施工，建筑成品最终要在此阶段完成。又由于工程施工中工期长，合同也较复杂，其涉及的关系也较多。因此，从工程合同管理角度讲，签订一份好的工程施工合同显得尤为重要。

(3) 工程项目竣工阶段的合同行为。施工企业要完成工程设计和合同约定的各项内容，确认工程质量符合有关工程建设强制性标准，符合设计文件及合同要求，并提出工程竣工报告，工程竣工报告应经项目经理和施工单位有关负责人审核签字。

对于委托监理的工程项目，监理公司对工程进行了质量评价，具有完整的监理资料，并提出工程质量评价报告。工程质量评价报告应经过总监理工程师和监理单位有关负责人审核签字。

在建筑市场运行过程中，除上述市场行为以外，还有市场经营主体的投资行为、技术开发行为、信用行为等。对建筑市场行为的管理必须重视上述市场行为的规范，建立健全相关法律法规，加强有关政府行政管理部门的管理，使其按照市场的运行规律和市场经济秩序规范进行活动，才能维护良好的市场经济秩序。

复 习 思 考 题

1. 什么是市场？其涵义主要包含哪几个方面的内容？
2. 简述建筑市场的含义及分类。
3. 作为专业市场，建筑市场特点体现在哪些方面？
4. 建筑市场主体主要有哪些？
5. 一个健康有序的建筑市场需要什么样的业主？
6. 建筑企业申请资质时应向建设行政主管部门提供哪些资料？
7. 申请领取施工许可证的工程项目应具备什么条件？
8. 我国现有的建设工程交易中心一般具有哪些基本功能？
9. 描述勘察设计市场的特点。
10. 建筑市场主体资质管理主要针对哪几个方面？
11. 试述建筑市场从业人员资质管理的内容。
12. 建筑企业经营行为主要包括哪些内容？
13. 阐述影响建筑企业定价行为的因素。
14. 结合实际，阐述做好建筑市场交易中的合同管理的意义。
15. 建筑企业的合同管理按工程项目进展分几个阶段？

【案例分析】

案例分析建设工程施工合同纠纷案例

一、起诉

原告A建筑安装工程有限公司（以下简称A公司）诉被告B房地产开发有限公司（以下简称B公司）建设工程承包合同纠纷案，原告A公司于2008年2月21日起诉法院依法组成合议庭，于2008年3月24日、7月4日两次公开开庭进行了审理。原告A公司的委托代理人刘伟、宋叶峰，被告B公司的委托代理人田杰均到庭参加诉讼。

二、案情陈述

1. *原告A公司诉称*

2005年3月4日B公司发布了施工招标文件一套，对其开发的“新天地、B绿城”项目Ⅲ期工程进行招标。A公司按照要求，参与了公开招标，并提交了投标文件一套。经B公司和评标委员会评标后，于2005年4月22日向A公司发出中标通知书，确认A公司为“新天地、B绿城”项目Ⅲ期Ⅲ标段中标人，承包范围为“新天地、B绿城”项目Ⅲ期Ⅲ标段施工图范围内的土建、水电安装等内容，中标工期为394日历天，承包方式为中标费率加变更签证，中标造价为土建中标费率28.59%、安装中标费率160.37%。

A公司中标后，B公司以在招标以前已经签订合同为由没有与A公司按照中标通知书、投标文件、施工招标文件确定的内容签订书面合同。此后，A公司按照B公司的要求按期完成了工程施工内容，并经B公司验收后交付使用。工程验收后，A公司即以中标通知书、投标文件和施工招标文件确定的合同内容以及施工签证等工程资料要求B公司进行决算，B公司提出应当按照2005年3月1日和2005年4月5日签订的建设工程承包合同书进行决算。A公司认为，建设工程承包合同书是不符合法律规定的无效合同，不能作为确定工程价款的依据。同时A公司按照中标通知书、投标文件和施工招标文件确定的内容以及施工变更、签证和工程资料进行了工程价款决算，并向B公司提交了决算书，但B公司置之不理，一直不按要求支付剩余工程款。截止2006年6月5日，B公司仅支付部分工程款，另以两辆汽车抵工程款8万元，剩余工程款至今分文未付。为此诉至法院，要求：1. 依法确认原、被告双方2005年3月1日签订的“新天地、B绿城”39号、42号、47号《建设工程承包合同书》无效；2. 依法确认原、被告双方2005年3月1日签订的“新天地、B绿城”52号、53号楼《建设工程承包合同书》无效；3. 依法确认原、被告双方2005年4月5日签订的“新天地、B绿城”66号楼《建设工程承包合同书》无效；4. 依法判令被告按照《中标通知书》、《投标文件》和《施工招标文件》确定的合同内容及施工变更、签证和工程资料进行工程价款决算；5. 依法判令被告支付剩余工程款296万元（暂估价，最终以鉴定结论为准）；6. 本案诉讼费、鉴定费等全部费用由被告承担。

2. *被告B公司辩称*

A公司诉状中所称三份施工合同，是在双方没有进行招投标以前所签订的，在施工过程中，双方办理了招投标手续，双方没有根据中标通知书签订备案合同，所签这份合同是双方唯一的工程施工合同，双方的决算应当以这三份合同为依据。

按照合同，B公司已经和A公司进行了结算、决算，并支付了全部的工程款。

66号楼双方没有进行结算，按照B公司的结算，A公司欠B公司部分工程款。

工程款中有一部分是A公司已签字认可付给其他单位的材料款和分包款等。综上，A公司的诉求缺乏事实依据和法律根据，应予驳回。

三、双方举证

1. 为支持诉讼主张，原告A公司向法庭出示的五组证据

第一组：

(1) B公司“新天地、B绿城”项目Ⅲ期工程施工招标文件，证明“新天地、B绿城”项目Ⅲ期是通过公开招标方式进行发包的，Ⅲ期Ⅲ标段由39号、42号、47号、52号、53号、66号楼组成，承包方式为中标费率加变更签证。

(2) A公司“新天地、B绿城”项目Ⅲ期工程投标文件，证明“新天地、B绿城”项目Ⅲ期Ⅲ标段工程结构为砖混七层，A公司投标的承包方式为中标费率加变更签证，综合费率最终报价为土建28.57%、安装160.37%，A公司投标的工期为394日历天。

(3) 中标通知书内页“建设工程中标内容及条件”，证明A公司为“新天地、B绿城”项目Ⅲ期Ⅲ标段工程的中标人，中标内容为土建、水电安装。承包方式为中标费率加变更签证，中标造价为土建28.57%，安装160.37%，工期为394日历天。

第二组：

(1) 2005年3月1日签订的“新天地、B绿城”39号、42号、47号楼建设工程承包合同书。

(2) 2005年3月1日签订的“新天地、B绿城”52号、53号楼建设工程承包合同书。

(3) 2005年4月5日的“新天地、B绿城”66号楼建设工程承包合同书。以上证据证明上述合同书在承包方式、工程价款和工期等实质性内容上与中标通知书和招标投标文件相违背。

补充说明：三份建设工程承包合同是在招投标以前签订的。

第三组：

(1)“新天地、B绿城”39号、42号、47号楼施工图纸一套。

(2)“新天地、B绿城”52号、53号楼施工图纸一套。证据3、“新天地、B绿城”66号楼施工图纸一套。

以上证据证明“新天地、B绿城”项目Ⅲ期Ⅲ标段工程的施工依据和施工内容。

第四组：

(1)“新天地、B绿城”39号楼竣工验收资料一套。

(2)“新天地、B绿城”42号竣工验收资料一套。

(3)“新天地、B绿城”47号楼竣工验收资料一套。

(4)“新天地、B绿城”52号楼竣工验收资料一套。

(5)“新天地、B绿城”53号楼竣工验收资料一套。

(6)“新天地、B绿城”66号楼竣工验收资料一套。

以上证据证明：“新天地、B绿城”项目Ⅲ期Ⅲ标段39号、42号、47号、52号、53号、66号楼的实际施工情况，Ⅲ期Ⅲ标段工程均已通过竣工验收。

第五组：

(1) 2006年7月6日“新天地、B绿城”项目Ⅲ期Ⅲ标段工程决算书一份，证明A公司按照《中标通知书》、《投标文件》、《施工招标文件》确定的合同内容及施工图纸、施工变更、签证和工程资料进行决算，该工程总造价为9 575 829.33元。

（2）2007年1月24日中国建设银行进账单一份，证明B公司最后一次支付工程款的时间为2007年1月24日。

2. 针对A公司证据，B公司的回应

对第一、二组证据，其中招投标的文件、材料及计算方式没有异议，对原告的证明问题和方向有异议，原告与被告在招投标以前只签订了一份工程承包合同，原、被告双方对招投标以前签订合同是认可的，招投标以后没有在签订中标备案合同。双方应当以招投标以前签订的合同作为结算、决算的依据。

对第三组、第四组证据没有异议。

对第五组证据，这是A公司单方出具的，没有B公司的签字，B公司不认可。

3. 为支持其辩解意见，被告B公司当庭出示的证据

第一组：双方签订三份建设工程施工合同，双方的结算、决算应当以这三份合同为依据。

第二组：双方对39号、42号、47号、52号、53号楼的结算和决算表，说明双方最后按照约定进行了结算、决算。

第三组：66号楼的付款情况，证明我们按时、按结点支付原告工程款。第四组：财务付款明细账11页，附付款凭证。

四、对被告B公司出示的证据，原告A公司的质证

对第一组证据，这三份合同的内容与中标通知书所确定的工程承包方式、工程造价、期限等实质性内容是相违背的，不能作为双方决算的依据，三份合同是无效的。

对第二组证据，对39、42、47号楼的工程决算编制本身有异议，工程决算编制的建设单位没有公章，施工单位没有项目负责人的签名。建筑工程决算书是一整套的，而这只是一个封面。39、42、47号决算依据的建设工程承包合同是无效的，因此该决算也是无效的。对52号、53号楼的编制的真实性有异议，该份证据当中存在修改和涂改情况，修改和涂改的部分并没有原告的签章予以确认。在该决算付款审批表中，签字人于云超的身份无法证明，于云超不是52、53号楼的项目负责人，也不是原告的法定代表人。该份付款审批表中合同造价一栏空白没有内容，数额的依据也没有。结算审批表中的总造价是依据无效的合同做出的，被告没有提交39、42、47、52、53号楼的详细决算资料，不能说明决算内容的真实性。

对第三组证据，对2005年11月15日、2005年10月19日、2005年9月1日、2005年8月4日4份付款审批表的真实性有异议，这4份审批表所加盖不是原告的公章，而是工程科的印章，该印章没有法律效力。对这一组的付款审批表证明的对象有异议，工程付款审批表不等同于工程造价决算书，不能证明双方对66号楼已经进行了工程价款决算。工程付款审批表也不能证明被告实际支付的工程款。该组审批表中的工程结算款是依据无效的承包合同计算的，由于其依据无效，其本身也是没有约束力的。对第四组证据，对代付招标费、工程扬尘费、代办施工许可证费用、代付维修费等分摊费用提出异议，对没有转账凭证的付款部分不予认可。

五、根据双方当事人举证、质证，法院确认该案事实

2005年3月1日A公司与B公司签订建设工程承包合同书二份：一份为“新天地、B绿城”项目39、42、47号楼的承包合同，双方约定，承包价为305万元，按建筑面积443

元/平方米，有暖气房增加 20 元/平方米，社保基金由 B 公司代缴，从 A 公司工程款中扣除；付款方式为二层封顶后，B 公司付给 A 公司合同价款的 10%，四层封顶后，付合同价款的 5%，主体封顶后，付合同价款的 25%，内部装修四层完工后付合同价款的 10%，达到初验合格后付总合同价款的 25%，经正式验收后，进行竣工决算，B 公司应扣除总合同价款 3%的保修金后付清总合同价款余额，保修金按国家有关规定退还，47 号楼改为混凝土桩增加 1.5 万元，在主体封顶后支付。

另一份合同为“新天地、B 绿城”项目 52、53 号楼的承包合同，双方约定，承包价为 263 万元，按建筑面积 443 元/平方米，有暖气房增加 20 元/平方米，社保基金由 B 公司代缴，从 A 公司工程款中扣除；付款方式为 A 公司垫资四层封顶，B 公司付给 A 公司总工程款的 15%，主体封顶后，付总工程款的 25%，内部装修四层完工后付总工程款的 10%，达到初验付总工程款的 25%，交工后双方进行结算，B 公司应扣留 3%的工程保修金后付清全部工程余款，保修金按国家有关规定退还。

2005 年 4 月 5 日 A 公司与 B 公司又签订建设工程承包合同书一份，承包内容为“新天地、B 绿城”项目 66 号楼施工图中的土建、水、电、暖及说明和图纸会审纪要、设计变更、技术核定单所规定的建筑安装工程及室外一层后围栏。双方约定，承包价为 202.9 万元，按建筑面积 443 元/平方米，有暖气房增加 20 元/平方米，社保基金由 B 公司代缴，从 A 公司工程款中扣除；付款方式为桩基完工后，B 公司付给 A 公司合同价款的 10%，一层封顶后，付合同价款的 7%，四层封顶后，付合同价款的 8%，主体封顶后，付合同价款的 20%，内部装修四层完工后付合同价款的 5%，达到初验合格后付总合同价款的 25%，经正式验收后，双方进行竣工决算，B 公司应扣除总合同价的 3%保修金后付清总合同价款余额，保修金按国家有关规定退还。

2005 年 3 月 4 日 B 公司对“新天地、B 绿城”项目Ⅲ期公开招标，发布了施工招标文件，载明本次招标采用费率招标，具体填报详见投标书，本工程施工合同造价暂定为 500 元/平方米。A 公司参与了投标工作，并于 2005 年 3 月 27 日出具了投标文件，施工范围为“新天地、B 绿城”项目Ⅲ期Ⅲ标段（包括 39、42、47、52、53、66 号楼），综合费率最终报价为：土建 28.59%、安装 160.37%。2005 年 4 月 22 日 B 公司向 A 公司发出中标通知书，载明：工程名称为 39、42、47、52、53、66 号楼，承包方式为中标费率加变更签证，招标方式为邀请，中标造价为土建 28.59%、安装 160.37%。招标后，双方未再签订建设工程承包合同。

工程完工后，双方已于 2006 年 12 月分别对 52、53 号楼及 39、42、47 号楼合同内容进行决算。对 52、53 号楼双方确认工程总造价为 263.324 万元，A 公司在决算付款审批表中盖章确认，其工作人员于云超在备注中写明，52、53 号楼 97%以内工程款已付清，2007 年 1 月 24 日。对 39、42、47 号楼双方确认工程总造价为 3 067 407.3 元，A 公司亦在决算付款审批表中盖章确认，其工作人员秦江锋在备注中写明，39、42、47 号楼 97%工程款已结清，2007 年 1 月 24 日。

对于 66 楼，双方未进行决算。在工程初验后的工程付款审批表中显示：工程总造价为 202.9 万元，已付工程款为 136 万元，应付款为 152 万元，本次付款为 16 万元，于 2006 年 4 月 28 日由杨留欣签名，A 公司盖章，4 月 29 日监理公司盖章签名，总工程师于 2006 年 5 月 22 日签名，注明已初验，同步资料齐全。自 2006 年 4 月 29 日起，B 公司共支付 66 楼工程款及分摊费用 495 559.76 元，扣除保修金后尚欠工程款 112 570.24 元未付。

本院认为，2005 年 3 月 1 日、4 月 5 日 A 公司与 B 公司签订三份建设工程承包合同书后，B 公司又进行了邀请招标，并最终确定 A 公司中标，但双方并未按照中标内容签订新合同备案，双方仍按原合同履行，现合同已履行完毕，其中 3 月 1 日签订的两份合同双方已决算完毕，双方的决算意见是双方当事人对合同履行的最终意思表示，应以此确认双方的权利、义务。本案中原告 A 公司要求确认该三份合同无效，因合同已履行完毕，确认合同效力已无实际意义。对于原告 A 公司要求依据招、投标文件进行决算的意见，因招、投标后双方未按规定签订备案的中标合同，不符合相关法律规定，且与双方在施工过程中确定的权利、义务关系不符，对该项主张依法不予支持。

对于 39、42、47 号楼的承包合同及 52、53 号楼的承包合同，双方已进行决算，A 公司工作人员已在结算单中签署意见，证明 97%以内工程款已付清，应为双方当事人的真实意思表示，除保修费外工程款已付清，保修费应待保修期满后退还，因此原告 A 公司要求被告 B 公司支付该五栋楼工程款的请求缺乏事实依据，依法不予支持。对于 66 楼的承包合同，2006 年 4 月 28 日的付款审批表中显示，该工程总价款为 202.9 万元，B 公司已付工程款为 136 万元，该表由双方当事人签名盖章，应予采信。自 2006 年 4 月 28 日起 B 公司又支付 66 号楼工程款（包含代付材料款等）共计 495 559.76 元，尚未付到合同约定的总价款的 97%，未付部分被告 B 公司应予支付。

六、法院判决

依照《中华人民共和国合同法》第一百零七条、第二百七十五条，最高人民法院《关于审理建设工程施工合同纠纷案件适用法律问题的解释》第十七条、第十八条及相关法律规定，判决如下：

（1）被告 B 房地产开发有限公司给付原告 A 建筑安装工程有限公司工程款 112 570.24 元整。

（2）被告 B 房地产开发有限公司自 2006 年 5 月 26 日起至判决书指定的给付之日止，按同期银行贷款利率向原告 A 建筑安装工程有限公司支付逾期付款违约金。

（3）驳回原告 A 建筑安装工程有限公司的其他诉讼请求。

以上款项于判决生效后十日内付清，逾期给付按照《中华人民共和国民事诉讼法》第二百二十九条的规定办理，即若逾期履行则加倍执行迟延履行期间的债务利息。

本案诉讼费 30 480 元，由原告洛阳 A 建筑安装工程有限公司承担 2 7432 元，由被告洛阳市 B 房地产开发有限公司承担 3048 元。

如不服本判决，可在判决书送达之日起十五日内，向本院递交上诉状，并按对方当事人的人数提出副本，上诉于市中级人民法院。

【律师点评】

《合同法》第十三条规定，“当事人订立合同，采取要约、承诺方式。”第十四条规定，“要约是希望和他人订立合同的意思表示，该意思表示应当符合下列规定：（一）内容具体确定；（二）表明经受要约人承诺，要约人即受该意思表示约束。”第十五条规定，“要约邀请是希望他人向自己发出要约的意思表示。寄送的价目表、拍卖公告、招标公告、招股说明书、商业广告等为要约邀请。”第二十一条规定，“承诺是受要约人同意要约的意思表示。”根据对招投标活动整个过程和内容进行分析，我们可以知道，发布招标公告或者发出招标邀请以及相关的发出招标文件给有意向的投标人，属于邀约邀请，投标人根据招标人的要求编制投标文件对招标文件的实质性要求和条件作出响应，即为合同法规定的邀约，也就是投标人，对工程项目的造价施工措施等实质性内容提出自己的条件，希望招标人能够予以接受作出承诺使合同成立。招标单位通过对所有投标单位所提交的标书，按照既定的评标规则进行评审后，选出最能符合要求的投标单位作为合同的相对人及工程项目非承包人向其发出中标通知书，中标通知书即为合同法规定的承诺。中标通知书到达相应的投标人后及发生订立合同的效力。

实践中，工程招投标完成后，一般施工（承包）单位和建设单位一般会依据招投标文件签订一份《建设工程施工合同》（一般为政府主管部门制定的示范文本）。在这些施工合同的“协议书中”会有一条列举组成合同的文件，包括以下几点：

（1）本合同协议书。

（2）中标通知书（或定标书）。

（3）投标书及其附件。

（4）招标书。

（5）本合同条款。

（6）标准规范及其有关技术文件。

（7）图纸。

（8）工程量和设备材料清单。

（9）工程报价单或预算书。

（10）双方有关工程的洽商、变更等书面协议或文件。

（11）现场工程师有关通知及工程会议纪要。

（12）工程进行过程中的有关信件、数据电文（电报、电传、传真、电子数据交换和电子邮件）。

招投标的过程其实就是一个合同的谈判过程，在双方对提出条件进行修正后达成一致，招标人向投标人发出中标通知书，当中标通知书到达投标人时，双方的合同即行成立。如果双方没有对生效的时间作出明确的约定，这时合同也已经生效，对双方具有约束力。之所以现实操作过程中发承包双方在完成招投标后还根据《招投标法》的规定再行签订一份承包合同书的行为，是与我国的建设工程市场管理现状有关的。

通过上述分析，可以看出：原被告双方之间存在两份合同。在没有相应证据证明存在无效的情况下（有关法律法规仅规定，给予行政处罚的情形，并不能因此否定合同的效力，除非相关条款明确规定合同无效），这两份合同都是有效的合同。

本案的焦点：具体应按照哪一份合同结算并支付工程款？按照合同法原理，后签订的合同对先签订的合同有不同约定的一般以后签订的合同为准，除非双方在合同中对合同效力的先后有明确约定。正常情况下，双方应该按照招投标过程中形成的合同条款履行合同进行结算。从案件证据证明的事实来看，双方已经对其中的五栋楼按照签订的“建设工程施工合同”进行了结算并支付完毕工程款（保修金还没有到支付时间），说明双方在实际履行时，又以实际的履行合同的行为改变的合同适用效力的先后顺序，也就是说双方实际的意思表示是按照“建设工程施工合同”来进行结算。

【资料来源】找法网　作者：刘义

第四章 工程项目可行性研究

本章重点

1. 工程项目可行性研究的内容
2. 工程项目可行性研究程序

本章难点

1. 市场研究与建设规模的确定
2. 工程项目的场区及场址的选择

关 键 词

可行性研究　投资机会研究　初步可行性研究　投资估算

第一节 可行性研究概述

一、可行性研究的概念

可行性研究是计算、分析、评价各种项目、技术方案和生产经营决策的经济效果的一种科学方法，是技术经济分析论证的一种重要手段。这种方法是在运用多种学科成果的基础上形成的，通过对技术方案或建设项目各方面关系的研究分析，从而预测方案或项目所能获取的经济效果。对建设项目进行可行性研究，就是对固定资产投资的各种形式以及对设备更新的一些主要问题，从技术和经济两个方面进行调查研究，分析论证，进行方案比较，预测项目建成后可能取得的技术经济效果，并最终提出对该工程建设项目是否值得投资的意见，为投资决策者提供科学的依据。

可行性研究大体包括三个方面的研究内容，即工艺技术方面的研究；市场需求和资源条件的研究；经济财务状况的分析研究。在这三个方面的研究内容之间，有着密切的联系。其中，市场和资源是前提，技术是手段，而获得好的财务和经济效果，则是整个活动的中心和目的，全部可行性研究就是围绕这个中心进行的。

可行性研究一般都是针对一个特定的工程建设项目或技术方案而进行的，最广泛的用途是对工程建设项目进行技术经济论证。所谓工程建设项目，一般是指技术上、经济上相对独立的生产经营企业、交通运输与建筑工程以及其他服务性企业或生活用固定资产的新建、扩建、改建和修复工程。一个工程建设项目可视为一个投资单位，从技术、财务和经济上，它将区别于其他各项投资，以便于对它进行技术经济论证。

二、可行性研究的目的

可行性研究的目的，是为了避免投资盲目性，降低投资风险，以求项目在投产或使用后在其产品竞争中获得社会上、经济上的最佳效果。可行性研究一般要回答以下几个方面的问题，即回答五个“W”和一个“h”：

What——说明投资意向并提出其基本情况。如项目的名称、生产什么产品、使用什么工艺和技术、需要哪些原材料和燃料、动力等。

Why——说明投资行为的基本原因及拟采用的工艺在技术上的先进性、可行性；说明项目规模，原材料采购，产品市场条件及经济上的合理性、盈利性。如国家支持项目建设的经济政策和技术政策等。

Where——说明投资姓名的发生地，项目拟建区域比较及当地的自然条件、社会条件。如拟建地点是否有原料、是否能够消化大部分产品、交通是否便利、各方的协作条件是否具备等。

When——说明投资行为的实践指标，即投资的初始时间、投产时间、投资回收期等。如项目的总体开工时间、竣工时间，以及各个单位工程的开、竣工时间等。

Who——说明投资行为的主体情况、投资行为人及其代表和所负责的事务。如建设单位、经营单位等。

How——说明投资行为的主体怎样去实施。

三、可行性研究的作用

一个建设项目一般要经历投资前期、建设期及生产经营期三个时期，其全过程如图4-1所示。

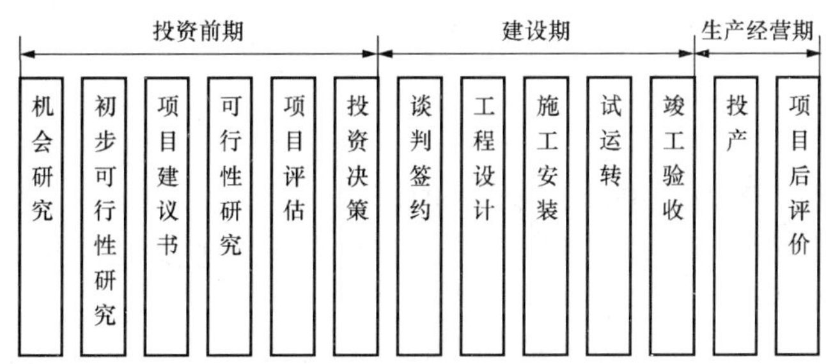

图4-1　建设项目投资决策和建设全过程

投资前期是决定工程项目经济效果的关键时期，是研究和控制的重点。如果在项目实施中才发现工程费用过高，投资不足，或原材料不能保证等问题，将会给投资者造成巨大的损失。因此，无论是工业发达国家还是发展中国家，都把可行性研究视为工程建设的首要环节。投资者为了排除盲目性，减少风险，在竞争中取得最大利润，宁肯在投资前花费一定的代价，也要进行投资项目的可行性研究，以提高投资获利的可靠程度。

总的来说，可行性研究的作用归纳起来有以下几点：

(1) 可作为是否进行工程项目建设的依据，也是编制设计文件和进行项目建设准备工作的重要依据。主管部门在审查项目是否建设时，在很大程度上取决于可行性研究报告的论证结果。总之，可行性研究是投资者对项目进行决策的重要依据。

(2) 可作为向银行申请贷款筹集资金的依据。银行对建设项目实行贷款，首先要严格审查项目的可行性研究报告。各大银行都设有专门的审查部门负责这项工作。银行对工程项目的经济效益、盈利状况需要进行分析，并由此判断资金借出后，在项目建成后有无偿还能力。只有在确认有能力按时归还贷款，不至承担大风险时，才会给予贷款。

(3) 作为建设项目与有关部门签订各种协议和合同的依据。根据可行性研究报告内容的要求，可与有关部门签订为完成项目建设所需要的各种原材料、燃料、水电、运输以及其他各方面相互间的协议和合同，以保证项目的顺利进行。

(4) 可作为向当地政府及规划部门申请建设执照的依据。

(5) 可作为工程项目建设基础资料的依据。在可行性研究报告中，对工厂场址、工艺技术方案、生产规模、交通运输、设备选型等诸多方面的问题都进行了方案比较，并经反复分析论证，寻找出最佳的解决办法，提出推荐方案。所以，可行性研究中的内容、数据可以作为项目基础资料的依据，并据此进行项目工程设计、设备加工订货以及建设前期的其他各项准备。

(6) 作为科研试验、制作项目拟采用的新技术、新工艺、新设备的依据。

(7) 可作为企业机构设置、招收人员、职工培训等方面工作的依据。

(8) 在可行性研究中，对于合理的生产组织、工程进度都做了论证，因此，可行性研究还可作为组织施工、安排项目建设进度以及对工程质量提出要求，并进行工程质量检验的重要依据。

(9) 项目建设与环境和生态有着密切的联系，因此项目建设也必须得到当地环保部门的认可，可行性研究可作为审查项目是否符合环保要求的依据。

第二节　可行性研究的阶段和程序

一、可行性研究的阶段

对于投资额较大、建设周期较长、内外协作配套关系较多的建设工程，可行性研究的工作期限较长。为了节省投资，减少资源浪费，避免对早期就应该淘汰的项目做无效研究，一般将可行性研究分为投资机会研究、初步可行性研究和可行性研究三个阶段。但有时将投资评价报告从可行性研究中独立出来，或者必要时增加辅助研究，这时，可行性研究就成为四种类型，或者说，可行性研究工作就可分为四个阶段。现分别介绍这几个阶段的任务和工作内容。

1. 投资机会研究

投资机会研究的主要任务是提出工程项目投资去向的建议，即在一个确定的地区和部门内，根据自然资源、市场需求、国家产业政策及国际贸易情况，通过调查、预测和分析研究，选择建设项目，识别最有利的投资机会。

投资机会研究又可分为一般机会研究和特定项目机会研究两种。究竟进行一般机会研究，还是进行特定项目机会研究，或者是两种机会研究同时开展，这要根据建设项目的特点和具体情况而定。

2. 初步可行性研究

初步可行性研究是在投资机会研究完成并被肯定之后才得以进行。由于进行详细可行性研究要耗费大量的费用和很长的时间，特别是对于一些较为复杂的工程项目，更是如此。所以，为了节省时间和费用，在可行性研究之前先进行初步可行性研究，以便进一步落实投资机会的可能性。如果在初步可行性研究阶段发现投资机会不可行，则可及早放弃，以免耗费更多的时间和费用。通过初步可行性研究需确定以下一些问题：

（1）投资机会是否确实可行？是否像在机会研究中提出的确有前景？在初步可行性研究阶段所详尽阐述的资料基础上，能否直接做出投资决定？

（2）在详细可行性研究阶段，重点应研究哪些问题？有无必要对某些问题进行专门研究或辅助研究？

（3）项目范围和未来效益是否值得通过可行性研究进行详尽分析？

（4）已掌握的资料是否足以证明这个项目不可行，或者对某个投资者或投资集团缺乏足够的吸引力。

机会研究是要确定投资的可能性，而初步可行性研究则是要将一些效益不高的项目筛选掉，剩下更有把握的方案继续进行下一步的研究。当部门或资源机会研究具有足够的项目数据，可以决定直接进入可行性研究阶段或者中止研究时，初步可行性研究也可省略。但对于一些大型项目或者比较复杂的工程项目，技术经济方面的结论不可能轻易得出，一般都需要经过初步可行性研究阶段。

3. 可行性研究

可行性研究也称为详细可行性研究或者最终可行性研究。只有在项目通过初步可行性研究并有足够根据可获得成功时，才能转入项目的详细可行性研究阶段，以便在初步可行性研究的基础上，进一步开展工作。详细可行性研究是一个关键步骤，在这一研究阶段，要求对工程项目进行深入的技术经济论证。论证项目的生产规划、建厂地区、场址选择、生产工艺、设备、电气、厂房、机械、车间划分、土建工程、投资总额、建设时间，进行多方案的分析比较，以使生产组织合理，投资费用和生产成本降到最低程度。如果所取得的最终数据表明项目不可行，则应考虑调整生产规划和生产工艺，修改参数，重新考虑原材料等投入量，力求提出安排合理的可行项目，并将逐步改进过程，在可行性研究中加以描述。总之，这是一个互相关联、互为因果、反复研究的过程。如果全部技术方案在审查之后项目仍不可行，则应在文件中加以陈述并论证。

对于投资费用和生产成本的估计，以及项目的财务状况和盈利情况的计算，必须在明确规定项目的范围之后进行，以便使与项目有关的全部重要部分及其有关费用得以计入而不被遗漏，保证计算的准确性。

以上各类可行性研究工作都是相互关联、相互交叉的，每一步骤都起着承上启下的作用。后一个阶段的研究工作都是在前一个阶段的研究工作基础上进行的，并且前一个阶段的研究工作为后一个研究阶段提出了需要进一步深入研究的问题和方向。实际上，各阶段的工作是一个整体，但研究的过程由粗到细、由浅到深，对于方案和目标不断筛选。因此，可供选择的方案其范围越来越小，目标逐渐明确，并最终形成最佳方案，提供给投资决策作为依据。可行性研究各阶段的深度要求可参照表 4-1。

表 4-1　　可行性研究各阶段的深度要求

可行性研究阶段	工　作　深　度	基础数据估算精度	研究费占投资总额的百分比（%）	所需时间（月）
机会研究	在若干个可能的投资机会中进行鉴别和筛选	±30%	0.1～1.0	1～2
初步可行性研究	对选定的投资项目进行市场分析，进行初步技术经济评价，确定是否需要进行更深入的研究	±20%	0.25～1.25	4个月左右

续表

可行性研究阶段	工　作　深　度	基础数据估算精度	研究费占投资总额的百分比（%）	所需时间（月）
可行性研究	对需要进行更深入可行性研究的项目进行更细致的分析，减少项目的不确定性，对可能出现的风险制定防范措施	±10%	大项目 0.2～1.0 小项目 1.0～3.0	6个月以上

初步可行性研究完成后，一般要向主管部门提交项目建议书；可行性研究完成后，合作方、和资方、主管部门或银行要组织专家对可行性研究报告进行评估，据此对可行性研究报告进行审批，以进一步提高决策的科学性。

二、可行性研究的工作程序

可行性研究是一次系统工程，其内容涉及学科较多，工作任务很重，其中既有工程技术问题，又涉及经济、财务、评价系统分析等各方面的问题。要选择技术力量强、实践经验丰富的咨询公司、设计单位、监理单位承担。参加编制的专业一般有工业经济、市场分析、企业管理、营销、规划、财会、经济、法律、工艺、机械、土建、文秘等，另可根据具体情况诸如地质勘探、地球物理、实验研究、通信等专业人员协助工作。

国家有关部门发布的文件、条例中明确指出可行性研究的程序如图 4-2 所示。

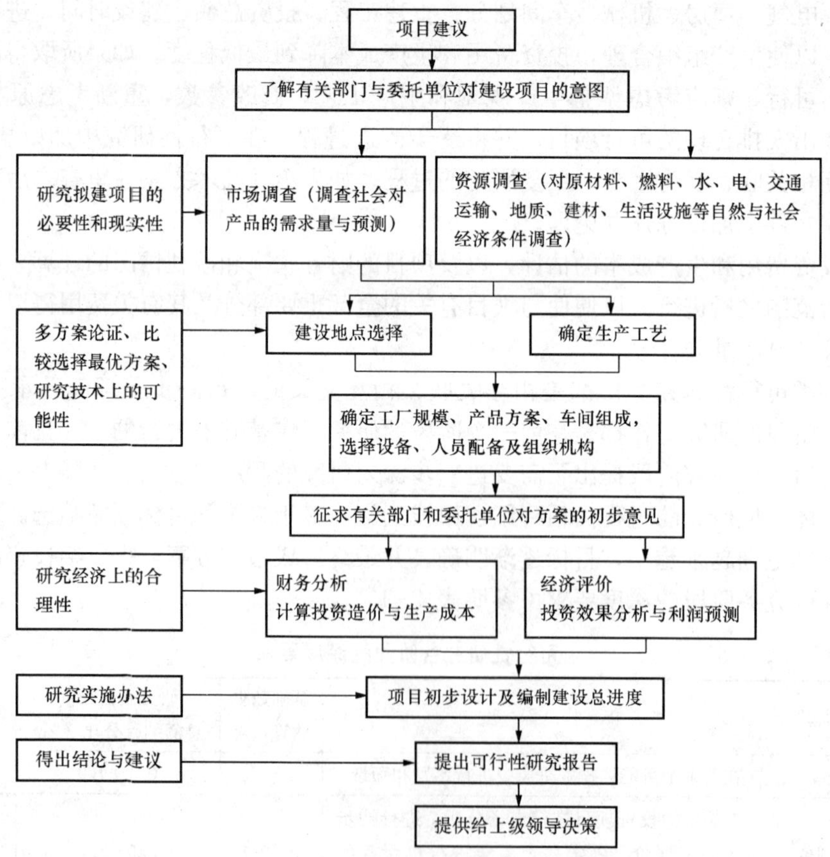

图 4-2　可行性研究的工作程序框图

1. 提出项目建议书

各省、部、市或企业、事业单位根据国民经济发展的长远规划、行业和地区规划、经济建设方针和产业政策，结合资源情况、建设条件，在广泛调查研究、初步分析投资效果的基础上，提出需要进行可行性研究的“项目建议书”。

2. 委托与签订合同

各级政府主审部门汇总和平衡各投资主体所提出的“项目建议书”，经筛选审定后下达，投资主体单位向设计或监理、咨询单位委托进行可行性研究工作，签订合同，规定研究的范围、进度和费用支付办法并提交可行性研究报告。

3. 项目可行性研究报告审批

大中型的可行性研究报告，由各主管部门负责预审，报国家发展与改革委员会审批；重大项目和特殊项目的可行性研究报告由国家发展与改革委员会会同有关部门预审报国务院审批；小型项目的可行性研究报告按隶属关系由各主管部门审批。

项目建议书和可行性研究报告经审定，都有三种可能，即批准、否决和修改补充。经批准的可行性研究报告形成设计任务书的主要内容。凡经过可行性研究论证，认定其项目不可行的，即取消该项目。

第三节　可行性研究的内容

一、项目背景和历史

在这一项目里，主要介绍该项目与其他经济部门的关系，对经济发展的影响，说明项目成立的必要性，具体有以下几点。

1. 项目背景

介绍该项目的设想打算；列出与项目有关的各项主要参数，作为编制可行性研究报告时的指导原则，例如，产品和产品组合，工厂生产能力和场区，产品的市场情况和原料来源，建设进度等；概述经济、工业、财政、社会以及其他有关政策；说明该项目的地位，如国际的、区域的、国家的、地区的，或者地方等的各种级别；说明本项目对国民经济部门及有关经济方面的影响等。

2. 项目历史

对这一项目，需要列出在本项目历史中发生过的重大事件、发生日期及当时情况；叙述已经进行过哪些调查研究，写明调查题目、作者和完成日期，以及从调查研究中得出的，并拟在可行性研究中采用的某些结论和决定。

3. 项目主办人或发起人

说明项目主办人或发起人的姓名、住址，是否有可能为项目提供资金以及他们在项目中所起的作用等。

二、市场研究与建设规模的确定

市场分析在可行性研究中的重要地位在于，任何一个项目，其生产规模的确定、技术的选择、投资估算甚至场址的选择，都必须在市场需求情况有了充分了解之后才能解决，而且市场分析的结果，还可以决定产品的价格、销售收入，最终影响的项目的盈利性和可行性。

在可行性研究报告中，要详细阐述市场需求预测、价格分析，并确定建设规模。这一阶段的主要内容有以下几方面。

1. 市场需求

这里的主要任务是了解产品在当前和今后市场上的需求情况，为确定拟建项目的生产规模提供依据。通过调查，应该提出当前市场对该种产品的需求情况和结构；在该项目经济寿命期内市场需求变化的预测；并说明该种产品在市场上的竞争能力。因为项目的生存力在很大程度上取决于市场需求和该产品对市场的渗透能力。

在大多数情况下，项目分析的第一步就是详细估算拟建项目的产品产量、结构特征、质量和对产品的有效需求。有效需求表示在一定时期内、在一个特定市场上、以一定价格购买的某种产品的总量。市场可以有两种理解，即狭义的市场和广义的市场。从狭义上可以把市场看成是现有的和潜在的一组消费者；而广义的市场，则为消费者加上政府有关政策的影响。在社会主义市场经济体制的我国，市场和需求这两个概念有着极其密切的关系，在一定意义上它们是可以互换的。

2. 市场预测

在对市场需求分析的基础上，进行销售和销售收入的预测，是可行性研究的又一个重要内容。因为判断工程项目是否可行，在很大程度上取决于产品的销售情况及其收入。对于销售额和销售收入的估算，仅仅对市场和需求的数据进行详细分析是不够的，除此以外，还需要考虑工厂生产规模、生产工艺、技术水平、生产计划和销售策略等一系列因素，因此，这是一个反复计算的过程。销售收入的最终确定，只有在确定了生产工艺和工厂生产规模之后才有可能。

对于一些短线产品的建设项目，其产品实际需求超过了生产能力，这时，虽然也要进行某些推销活动，但毕竟阻力很小，其销售量常常可以与工厂的产品产量基本相等。这时，对于生产企业来说，产品定价也处于有利的地位。相反，对于某些长线产品或有代用品的产品，市场竞争激烈，需求弹性较大，情况就比较复杂，这时，就必须很好地研究市场，制订适当的销售策略。其主要内容包括：产品定价；推销策略和措施；销售组织和必须的销售费用等。

确定和预测产品的销售价格，对产品的销售量和销售收入有极大影响。特别是在市场经济的条件下，市场价格处于经常变化状态，因此，正确确定和预测价格的变化，对于企业建成后的经营状况至关重要。对于那些由企业自行定价的产品，任何价格政策都应以该产品的生产成本和市场结构为基础。从企业角度看，一种产品的适当价格就是按照一定水平能带来最大收入的那种价格。在这里，对于处于不同状态下的企业，其产品价格的制定不会完全相同。例如，对于产品垄断的企业来说，它将以能够售出的最高价作为其产品价格；而对于处于激烈竞争状态的企业来说，就必须在可能达到的最高价与产品成本之间不断调整其价格，使之既能将产品销售出去又能获得相当的利润。对于实行计划价格的产品，则需要对未来价格的调整及时做出预测。

有了合理的产品价格之后，产品要进入市场，还必须注意产品的推销工作。推销措施包括各种形式的广告、用户咨询服务等，还有许多工业产品需要销售后的服务和设施，根据用户需要及时提供简单的易耗品，以及进行保养修理等广泛的服务工作。还应在不同地区储备一定数量的备件，以供使用需要。此外，在产品推销工作中，设计和成立推销、分销系统，并考虑与此有关的必要费用，对于有效地进行产品推销工作十分重要，它将使推销工作得到保证，应该给予足够的重视。

3. 确定生产规模和制定生产规划

在对不同阶段的销售情况进行预测之后，就应着手制定详细的生产计划，也就是对在一定时期内所要达到的产量水平加以确定。这一生产水平的高低，主要取决于生产规模的大小。在一般情况下，生产初期，大多数项目都不可能达到设计能力，而是在项目投产后逐年增加，这与多方面的因素有关系，一般在 3～5 年后才能达到规定的设计能力。

三、场区及场址的选择

在对市场需求、项目的生产规模、生产规划和投入需要等做出估算以后，必须确定适于该项目建设的场址。也就是通过对该项目建设经营与场址周围环境的相互影响的研究，进行场址选择。场址选择包括选择项目的坐落地点和确定具体场址两项内容。选择地点是指在相当广阔的范围内，在一个地区、或省、或某段河岸等范围内选择适宜的区域；然后在已选择的区域内考虑几个可供选择的场址。

场址选择应主要研究场址的位置、占地面积、地形地貌、气象条件、地震情况、工程地质与水文地质条件、征地拆迁及移民安置条件、交通运输条件、水电供应条件、环境保护条件、法律支持条件、生活设施依托条件、施工条件等内容。

在确定工业项目地点时，应该考虑以下几个方面的因素。

1. 国家的方针政策

在选择建厂地区时，应考虑到力求合理地配置工业，减少在工业城市建设大型工业企业的必要性；考虑到国防要求；考虑到禁止在风景区建设工厂的政策要求；还应考虑到鼓励和帮助兄弟民族地区和边远落后地区发展工业等政策。

2. 与产、供、销的关系

在生产规模、生产工艺流程和产品方案选定之后，应该选择产、供、销最佳结合的地区作为建设地点。或者说，建厂地区应选择在那些靠近原料、燃料产地；靠近产品消费地区；又有水源、电源方便条件，并便于运输的地区。当然，对于不同产品、不同自然经济特点的原料以及不同的生产方法，对场区的选择标准也不完全相同。总之，在选择建厂地区时，应结合项目的具体情况进行。

3. 当地的社会、经济条件

建厂地区必须考虑到地区的基础结构和社会经济环境。基础结构主要是指该地区的能源、运输、水源、通讯、工业结构的状况，因为它们对项目选址的关系很大。如果某一地区供电不足或单位电费很高，那么，对那些在生产过程中需要大量耗电的建设项目，就无法将该地区作为建厂地区来加以考虑。

四、技术方案、设备方案和工程方案

项目的建设规模与产品方案确定以后，应进行技术方案、设备方案和工程方案的具体研究论证工作。

1. 技术方案的选择

技术方案主要指生产方法、工艺流程等。技术方案的选择要体现先进性、适用性、可靠性、安全性和经济合理性的要求。技术方案选择的内容分为两个方面，一是生产方法选择，在研究、分析与项目产品相关的国内外各种生产方法的基础上，选择先进适用的生产方法，并进一步研究拟采用生产方法的原材料适应性、技术可得性等；二是工艺流程方案选择，研究工艺流程方案对产品质量的保证程度、各工序之间的合理衔接，研究选择先进合理的物料消耗定额、主要工艺参数等。

2. 主要设备方案选择

设备方案选择是研究和初步确定技术方案的基础上，对所需主要设备的规格、型号、数量、来源、价格等进行研究比选。

设备方案的选择，首先要根据建设规模、产品方案和技术方案，研究提出所需主要设备的规格、型号和数量，然后通过调查和询价，研究提出项目所需主要设备的来源、投资方案和供应方式。对于超大、超重、超高设备，还应提出相应的运输和安装的技术措施方案。

设备方案主要是比选各设备方案对建设规模的满足程度，对产品质量和生产工艺要求的保证程度，设备的使用寿命和物料消耗指标，备品备件保证程度，安装试车技术服务以及所需设备投资等。

3. 工程方案选择

工程方案选择是在已选定项目建设规模、技术方案和设备方案的基础上，研究论证主要建筑物、构筑物的建造方案。包括主要建筑物、构筑物的建筑特征、建筑结构及建筑面积；建筑安装工程量及“三材”用量估算；技术改造项目原有建筑物、构筑物的利用情况以及主要建筑物、构筑物工程一览表等。

工程方案的选择，要满足生产使用功能要求，适应已选定的场址，符合工程标准规范要求，并且经济合理。

五、原材料供应

原材料是项目运营中的投入品，是保证项目正常运营的重要因素。在项目可行性研究中，对项目的主要原材料情况要进行详细的研究和调查。尤其是项目的原料，一定要有可靠的原料基地和稳定的原料供应。对可供原料的数量、质量、距离及其可用的运输工具都要调查清楚和表明，对不清楚或拿不准的疑点问题，应采用专题研究或委托权威部门研究。对于需要大量原料的项目，原料价格及运输费用是项目经济型的决定因素，原材料可能供应的数量也是确定合理规模的重要因素。对需要进口原料的项目，对进口地、进口数量、进口质量、运输费用等要进行研究和经济比较。在进行项目原材料的路线选择时应遵循以下原则：

第一，可用性。即用所选原材料生产的产品符合项目的预定要求。

第二，可供性。即项目原材料有稳定可靠的供应来源。

第三，经济性。即用所选原材料制成的产品所需投资与成本在经济上应该合算。

第四，合理性。即从国民经济角度对资源的利用是充分的，配置是合理的。

六、投资估算

投资估算是在对项目的建设规模、技术方案、设备方案、工程方案及项目实施进度等进行研究并基本确定的基础上，估算项目投入总资金，并测算建设期内分年资金需要量，作为制定融资方案、进行经济评价以及编制初步涉及概算的依据。对于建设项目而言，投资估算包括建设投资估算和流动资金估算两部分，其中建设投资估算包括：建筑工程费、设备及工器具购置费、安装工程费、工程建设其他费、基本预备费、涨价预备费和建设期利息等七项。

在此阶段，需要编制投资估算表，包括项目投入总资金估算汇总表、单项工程投资估算表、分年投资计划表和流动资金估算表等。

七、融资方案

一个建设项目所需要的投资资金，可以从多个来源渠道获得，项目可行性研究阶段，资金筹措工作是根据对建设项目固定资产投资估算和流动资金估算的结果，研究落实资金的来源渠道和筹措方式，从中选择条件优惠的资金。可行性研究报告中，应对每一种来源渠道的资金及其筹措方式逐一论述。并附有必要的计算表格和附件。可行性研究中，应对下列内容加以说明。

1. 资金来源

筹措资金首先必须了解各种可能的资金来源，如果筹集不到资金，投资方案再合理，也不能付诸实施，可能的资金渠道有：

(1) 国家预算内拨款。

(2) 国内银行贷款（包括拨改贷、固定资产贷款、专项贷款等）。

(3) 国外资金（包括国际金融组织贷款、国外政府贷款、赠款、商业贷款、出口借贷、补偿贸易等）。

(4) 自筹资金（包括部门、地方、企业自筹资金）。

(5) 其他资金来源。

可行性研究中，要分别说明各种可能的资金来源、资金使用条件，利用贷款的，要说明贷款条件、贷款利率、偿还方式、最大偿还时间等。

2. 项目融资方案

融资方案要在对项目资金来源、建设进度进行综合研究后提出。为保证项目有适宜的融资资方案，要对可能的融资方式进行比选。

可行性研究中，要对各种可能的融资方式的融资成本、资金使用条件、利率和汇率风险等进行比较，寻求财务费用最经济的融资方案。

八、项目的财务评价

在建设项目的技术路线确定以后，必须对不同的方案进行财务、经济效益评价，判断项目在经济上是否可行，并比选推荐出优秀的建设方案。

财务评价主要考察项目建成后的获利能力、债务偿还能力及外汇平衡能力等财务状况，以判断建设项目在财务上的可行性，即从企业角度分析项目的盈利能力。财务评价采用动态分析与静态分析相结合，以动态分析为主的办法进行。评价的主要指标有财务内部收益率、投资回收期、贷款偿还期等。根据项目特点和实际需要，有些项目还可以计算财务净现值、投资利润率指标，以满足项目决策部门的需要。

财务评价指标根据财务评价报表的数据得出，主要财务评价报表有：项目投资现金流量表（全部投资、自有资金）、利润与利润分配表、资产负债表、财务外汇平衡表等。

用财务评价指标分别和相应的基准参数——财务基准收益率、行业平均投资回收期、平均投资利润率、投资利税率相比较，以判别项目在财务上是否可行。

九、项目的国民经济评价

项目建设的最终目的是实现国民经济的真正增长，因此，在对建设项目进行经济评价时，除了要从投资者的角度考察项目的盈利状况及借款偿还能力外，还应从国家整体的角度考察项目对国民经济的贡献和需要国民经济付出的代价，后者称为国民经济评价。它是项目经济评价的核心部门，是决策部门考虑项目取舍的重要依据。

在项目的国民经济评价中，常用影子价格代替财务价格，以反映资源对国民经济的真实价值。主要指标是经济内部收益率和经济净现值，它们是在编制经济现金流量表的基础上计算得出的。

以上介绍了可行性研究的基本内容，但对每一个具体项目，其内容则不同，根据项目的性质而有所增减和侧重。例如，对于轻纺工业项目，首先应考虑产品的销售条件；对于宾馆饭店的建设，重点应考虑客源，分析其数量和特点，以确定建设项目的规模等级等等。总之，在进行可行性研究论证工作时，必须采取认真客观的态度，还要根据建设项目的特点，实事求是地进行分析。

复习思考题

1. 什么是工程项目的可行性研究？其研究内容大体包括几个方面？
2. 工程项目可行性研究一般要回答的5W和1h问题都包括什么？
3. 简述工程项目可行性研究的作用。
4. 可行性研究中市场分析的主要内容是什么？
5. 在确定工业项目地点时，应该考虑哪几个方面的因素？
6. 在进行项目原材料的路线选择时应遵循什么原则？
7. 建设项目的融资方案中，要对哪些内容加以说明？
8. 试述财务评价的内容及主要指标。

第五章 工程项目建设程序

本章重点

1. 工程项目设计
2. 施工组织设计的编制

本章难点

1. 施工组织设计的编制
2. 施工方案设计

关键词

工程项目设计 施工组织设计 工程项目进度控制 工程项目成本控制
工程项目质量控制 工程项目验收

第一节 工程项目勘察与设计

一、工程项目勘察

1. 工程项目勘察的涵义

工程项目勘察是研究和查明工程项目建设场地区域内的地质地理环境特征，及其与工程建设相关的综合性应用科学。在建设工程的实施过程中，工业和民用建筑、道路桥梁、港口与管线工程、水利工程、采矿与地下等工程的规划、设计、施工、运营及综合治理，都需要通过工程勘察对地形、地质及水文等要素的测绘、勘探、测试及综合评定，以为建设项目提供可行性评价与建设所需的基础资料。

工程勘察是建设工程活动的首要环节，它对于保证工程建设的科学性、合理性，使项目取得良好的经济、社会、环境效益起重要作用。

2. 工程项目勘察的分类

(1) 工程勘察设计。工程勘察设计又分可行性研究、初勘、定测和补充定测几个阶段。首先要确定工程项目的可行性，然后对地质水文情况做初步的勘察，然后详勘地层岩土情况以确定地基承载力，进而选择合适的基础形式和施工方法。

在工程项目建设中，工程勘察设计作为提高工程项目投资效益、社会效益、环境效益的最重要因素起重要作用。同时工程项目勘察设计的成果又是为项目所属地域经济、社会发展提供支撑的具有地缘特征的、开放性的动态系统，它可以作为城乡建设活动的重要信息，为国民经济中的建设活动和社会的发展做出贡献。

(2) 工程地质勘察。研究各种对工程建设的经济合理性有直接影响的岩土工程地质问题，如岩土滑移、活动断裂、地震液化、地面侵蚀、岩溶塌陷及各种复杂地基土等，以及由于人类活动所造成的环境地质问题提出工程建设的方案和设计、施工所需的地质技术参数并对有关技术经济指标作出评价。

(3) 工程测量。研究工程项目建设区域内的地形地貌特征、施工与安全使用的监测技术等内容，为工程项目的规划设计、施工及运营管理提供所需的基本图件、测绘资料与测绘保障。

工程项目测量的内容包括城市建设测量、建筑工程测量、铁路和道路测量、隧道与地下工程测量，以及精密工程测量等。目前，工程想你控制测量技术发展很快，已向优化设计、光机电相结合和数据处理、摄影测量数字化、自动化方向发展；非地形摄影已广泛应用于古建筑文物测绘、模型试验、变形观测及微观测量等方面，这些都扩大了工程测量技术的应用范围。

(4) 水文地质勘察。随着水资源的日益匮乏，地下水作为水资源的重要组成部分，已经成为经济建设不可缺少的天然资源之一。在一些大型工程建设工程和城市建设中，经常会遇到一些与地下水有关的工程问题，如防止水库渗漏，保持边坡稳定，防止地下水污染，预防由于对地下水的不合理开采造成的地面沉降和地面坍陷问题等。因此，水文地质的研究和水文地质勘察水平的提高与发展，是工程项目建设水平提高的重要保证。

(5) 工程水文。工程水文主要研究河流或其他水体的水文要素变化和分布规律，预估未来径流的情势，为工程项目的规划设计及施工管理提供依据。工程水文对于水利工程、铁路与公路工程、隧道与桥梁等工程建设，以及研究地下水资源的补给、排泄规律及其管理等尤为重要，是工程勘察的重要组成部分。随着自动化测验设备、遥感航测技术及电子计算机技术的发展，工程水文的研究从观测技术到理论分析、计算方法都有了很大的发展，这对于提高水文分析计算、水文预报、水文测验及水文调查的精度，保证工程项目设计的合理与运营的安全，都具有重要意义。

二、工程项目设计的阶段及程序

1. 工程项目设计的含义

工程项目设计是指在工程开始施工之前，设计者根据已批准的设计任务书，为具体实现拟建项目的技术、经济要求，拟定建筑、安装及设备制造等所需的规划、图纸、数据等技术文件的工作。设计是建设项目由计划变为现实具有决定意义的工作阶段。设计文件是建筑安装施工的依据。拟建工程在建设过程中能否保证进度、保证质量和节约投资，在很大程度上取决于设计质量的优劣。工程建成后，能否获得满意的经济效果，除了项目决策之外，设计工作起着决定性的作用。设计工作的重要原则之一是保证设计的整体性。为此设计工作必须按一定的程序分阶段进行。

2. 工程设计的阶段划分

(1) 工业项目设计。根据国家有关文件的规定：一般工业项目设计可按初步设计和施工图设计两个阶段进行，称为“两阶段设计”；对于技术上复杂、在设计时有一定难度的工程，根据项目主管部门的意见和要求，可以按初步设计、技术设计和施工图设计三个阶段进行，称之为“三阶段设计”。小型工程建设项目，技术上较简单的，经项目主管部门同意可以简化为施工图设计一阶段进行。

对于有些牵涉面较广的大型建设项目，如大型矿区、油田、大型联合企业的工程除按上述规定分阶段进行设计外，还应进行总体规划设计或总体设计。总体设计是对一个大型项目中的每个单项工程根据生产运行上的内在联系，在相互配合、衔接等方面进行统一规划、部署和安排，使整个工程在布置上紧凑、流程上顺畅、技术上先进可靠、生产上方便、经济上合理。但是，总体设计本身并不代表一个单独的设计阶段。

(2) 民用项目设计。根据《建筑工程设计文件编制深度规定》(2008 年版) 的有关要求，民用建筑工程一般应分为方案设计，初步设计和施工图设计三个阶段；对于技术要求简单的民用建筑工程，经有关主管部门同意，并且合同中有不做初步设计的约定，可在方案设计审批后直接进入施工图设计。

3. 工程设计的程序划分

(1) 工业项目设计程序。

1) 设计准备。设计者在动手设计之前，首先要了解并掌握各种有关的外部条件和客观情况：包括地形、气候、地质、自然环境等自然条件；城市规划对建筑物的要求；交通、水、电、气、通讯等基础设施状况；业主对工程的要求，特别是工程应具备的各项使用功能要求；对工程经济估算的依据和所能提供的资金、材料、施工技术和装备等以及可能影响工程的其他客观因素。

2) 总体设计。在第一阶段搜集资料的基础上，设计者对工程主要内容（包括功能与形式）的安排有个大概的布局设想，然后要考虑工程与周围环境之间的关系。在这一阶段设计者可以同使用者和规划部门充分交换意见，最后使自己的设计符合规划的要求和取得规划部门的同意，与周围环境有机融为一体。对于不太复杂的工程，这一阶段可以省略，把有关的工作并入初步设计阶段。

3) 初步设计。这是设计过程中的一个关键性阶段，也是整个设计构思基本形成的阶段。通过初步设计可以进一步明确拟建工程在指定地点和规定期限内进行建设的技术可行性和经济合理性；并规定主要技术方案、工程总造价和主要技术经济指标，以利于在项目建设和使用过程中最有效地利用人力、物力和财力。工业项目初步设计包括总平面设计、工艺设计和建筑设计三部分。在初步设计阶段应编制设计总概算。

4) 技术设计。技术设计是初步设计的具体化，也是各种技术问题的定案阶段。技术设计所应研究和决定的问题，与初步设计大致相同，但需要根据更详细的勘察资料和技术经济计算加以补充修正。技术设计的详细程度应能满足确定设计方案中重大技术问题和有关实验、设备选制等方面的要求。应能保证根据它编制施工图和提出设备订货明细表。技术设计的着眼点，除体现初步设计的整体意图外，还要考虑施工的方便易行，如果对初步设计中所确定的方案有所更改，应对更改部分编制修正概算书。对于不太复杂的工程，技术设计阶段可以省略，把这个阶段的一部分工作纳入初步设计（承担技术设计部分任务的初步设计称为扩大初步设计），另一部分留待施工图设计阶段进行。

5) 施工图设计。这一阶段主要是通过图纸，把设计者的意图和全部设计结果表达出来，作为施工制作的依据。它是设计工作和施工工作的桥梁。具体包括建设项目各分部工程的详图和零部件、结构件明细表，以及验收标准、方法等。施工图设计的深度应能满足设备、材料的选择与确定、非标准设备的设计与加工制作、施工图预算的编制、建筑工程施工和安装的要求。

6) 设计交底和配合施工。施工图发出后，设计单位应派人与建设、施工或其他有关单位共同汇审施工图，进行技术交底，介绍设计意图和技术要求，修改不符合实际和有错误的图纸，参加试运转和竣工验收，解决试运转过程中的各种技术问题，并检验设计的正确和完善程度。

(2) 民用项目设计程序。在民用项目设计各阶段工作内容的描述中，设计准备工作和设计交底与配合施工工作与工业项目设计大致相同。其他阶段，民用项目设计内容较为简单。

1) 方案设计。在《建筑工程设计文件编制深度规定》中，增加了方案设计的深度要求。方案设计的内容包括：

①设计说明书，包括各专业设计说明以及投资估算等内容。

②总平面图以及建筑设计图纸。

③设计委托或设计合同中规定的透视图、鸟瞰图、模型等。

方案设计文件，应满足编制初步设计文件的需要。

2) 初步设计。初步设计的内容与工业项目设计大致相同，包括各专业设计文件、专业设计图纸和工程概算，同时，初步设计文件应包括主要设备或材料表。初步设计文件，应满足编制施工图设计文件的需要。对于技术要求简单的民用建筑工程该阶段可以省略。

3) 施工图设计。该阶段应形成所有专业的设计图纸（含图纸目录、说明和必要的设备、材料表），并按照要求编制工程预算书。对于方案设计后直接进入施工图设计的项目，施工图设计文件还应包括工程概算书。施工图设计文件，应满足设备材料采购、非标准设备制作和施工的需要。

三、设计方案评价原则

建筑工程设计方案评价就是对设计方案进行技术与经济的分析、计算、比较和评价。从而选出技术上先进、结构上坚固耐用、功能上适用、造型上美观、环境上自然协调和经济合理的最优设计方案，为决策提供科学的依据。

为了提高工程建设投资效果，从选择建设场地和工程总平面布置开始，直至建筑节点的设计，都应进行多方案比选，从中选取技术先进、经济合理的最佳设计方案。设计方案优选应遵循以下原则：

(1) 设计方案必须要处理好经济合理性与技术先进性之间的关系。技术先进性与经济合理性有时是一对矛盾，设计者应妥善处理好二者的关系，一般情况下，要在满足使用者要求的前提下，尽可能降低工程造价，或在资金限制范围内，尽可能提高项目功能水平。

(2) 设计方案必须兼顾建设与使用，考虑项目全寿命费用。造价水平的变化，会影响到项目将来的使用成本。如果单纯降低造价，建造质量得不到保障，就会导致使用过程中的维修费用很高，甚至有可能发生重大事故，给社会财产和人民安全带来严重损害。一般情况下，项目技术水平与工程造价及使用成本之间的关系见图 5-1。在设计过程中应兼顾建设过程和使用过程，力求项目寿命周期费用最低。

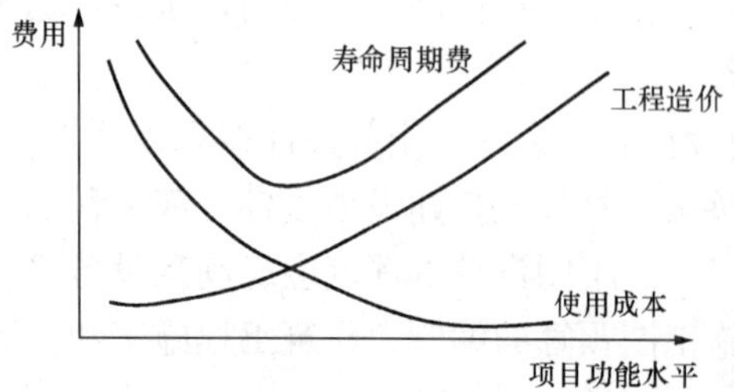

图 5-1 工程造价、使用成本与项目功能水平之间的关系

(3) 设计必须兼顾近期与远期的要求。一项工程建成后，往往会在很长的时间内发挥作用。如果仅按照目前的要求设计工程，将来可能会出现由于项目功能水平无法满足需要而重新建造的情况。但是如果按照未来的需要设计工程，又会出现由于功能水平过高而资源闲置浪费的现象。

所以设计者要兼顾近期和远期的要求，选择项目合理的功能水平。同时也要根据远景发展需要，适当留有发展余地。

由于工程项目的使用领域不同，功能水平的要求也不同。因此对工程设计方案进行评价所考虑的因素也不一样。下面分别介绍工业建设项目设计评价和民用建筑设计评价。

四、工业项目设计评价

工业项目设计是由总平面设计、工艺设计及建筑设计三部分组成，它们之间是相互关联和制约的。各部分设计方案侧重点不同，评价内容也略有差异。因此分别对各部分设计方案进行技术经济分析与评价，是保证总设计方案经济合理的前提。

1. 总平面设计评价

总平面设计是指总图运输设计和总平面布置。主要包括的内容有：厂址方案、占地面积和土地利用情况；总图运输、主要建筑物和构筑物及公用设施的配置；外部运输、水、电、气及其他外部协作条件等。

（1）总平面设计中，影响工程造价的因素。总平面设计是在按照批准的设计任务书选定厂址后进行的，它是对厂区内的建筑物、构筑物、露天堆场、运输线路、管线、绿化及美化设施等作全面合理的配置，以便使整个项目形成布置紧凑、流程顺畅、经济合理、方便使用的格局。总平面设计是工业项目设计的一个重要组成部分，它的经济合理性将对整个工业企业设计方案的合理性有极大的影响。在总平面设计中影响工程造价的因素有：

1）占地面积。占地面积的大小一方面影响征地费用的高低，另一方面也会影响管线布置成本及项目建成运营的运输成本。

2）功能分区。合理的功能分区既可以使建筑物的各项功能充分发挥，又可以使总平面布置紧凑、安全，避免深挖深填，减少土石方量和节约用地，降低工程造价。同时，合理的功能分区还可以使生产工艺流程顺畅，运输简便，降低项目建成后的运营成本。

3）运输方式的选择。不同的运输方式运输效率及成本不同。有轨运输运量大，运输安全，但需要一次性投入大量资金；无轨运输无需一次性大规模投资，但是运量小，运输安全性较差。从降低工程造价的角度来看，应尽可能选择无轨运输，可以减少占地，节约投资。但是运输方式的选择不能仅仅考虑工程造价，还应考虑项目运营的需要，如果运输量较大，则有轨运输往往比无轨运输成本低。

（2）总平面设计的基本要求。针对以上总平面设计中影响造价的因素，总平面设计应满足以下基本要求：

1）总平面设计要注意节约用地，不占或少占农田。要合理确定拟建项目的生产规模，妥善处理建设项目长远规划与近期建设的关系，近期建设项目的布置应集中紧凑，并适当留有发展余地。在符合防火、卫生和安全距离并满足使用功能的条件下，应尽量减少建筑物、生产区之间的距离，尽量考虑多层厂房或联合厂房等合并建筑，尽可能设计外形规整的建筑，以增加场地的有效使用面积。

2）总平面设计必须满足生产工艺过程的要求。生产总工艺流程走向是企业生产的主动脉。因此生产工艺过程也是工业项目总平面设计中一个最根本的设计依据。总平面设计首先应进行功能分区。根据生产性质、工艺流程、生产管理的要求，将一个项目内所包含的各类车间和设备，按照生产上、卫生上和使用上的特征分组合并于一个特定区域内，使各区功能明确、运输管理方便、生产协调、互不干扰；同时又可节约用地，缩短设备管线和运输线路长度。然后，在每个生产区内，依据生产使用要求布置建筑物和构筑物，保证生产过程的连续性，主要生产作业无交叉、无逆流现象，使生产线最短、最直接。

3）总平面设计要合理组织厂内外运输，选择方便经济的运输设施和合理的运输线路。运输设计应根据生产工艺和各功能区的要求以及建设地点的具体自然条件，合理布置运输线路，力求运距短、无交叉、无反复运输现象，并尽可能避免人流与物流交叉。厂区内道路布置应满足人流、物流和消防的要求，使建筑物、构筑物之间的联系最便捷。运输工具的选择上，尽可能不选择有轨运输，以减少占地，节约投资。

4）总平面布置应适应建设地点的气候、地形、工程水文地质等自然条件。总平面布置应该按照地形、地质条件，因地制宜地进行布置，为生产和运输创造有利条件。力求减少土方工程量，避免深开深挖，填方与挖土应尽可能平衡。建筑物布置应避开滑坡、断层、危岩等不良地段，以及采空区、软土层区等，力求以最少的建筑费用而获得良好的生产条件。

5）总平面设计必须符合城市规划的要求。工业建筑总平面布置的空间处理，应在满足生产功能的前提下，力求使厂区建筑物、构筑物组合设计整齐、简洁、美观，并与同一工业区内相邻厂房在造型、色彩等方面相互协调。在城镇的厂房应与城镇建设规划统一协调，使厂区建筑成为城镇总体建设面貌的一个良好组成部分。

（3）工业项目总平面设计的评价指标。

1）有关面积的指标包括厂区占地面积、建筑物和构筑物占地面积、永久性堆场占地面积、建筑占地面积（建筑物和构筑物占地面积＋永久性堆场占地面积）、厂区道路占地面积、工程管网占地面积、绿化面积；

2）比率指标。包括反映土地利用率和绿化率的指标。

①建筑系数（建筑密度）是指厂区内（一般指厂区围墙内）建筑物、构筑物和各种露天仓库及堆场、操作场地等的占地面积与整个厂区建设用地面积之比。它是反映总平面设计用地是否经济合理的指标，建筑系数大，表明布置紧凑，节约用地，又可缩短管线距离，降低工程造价。建筑系数的计算可用下式计算

$$建筑系数=\frac{建筑占地面积}{厂区占地面积}$$

②土地利用系数是指厂区内建筑物、构筑物、露天仓库及堆场、操作场地、铁路、道路、广场、排水设施及地上地下管线等所占面积与整个厂区建设用地面积之比，它综合反映出总平面布置的经济合理性和土地利用效率。土地利用系数可用下式计算。

$$土地利用系数=\frac{建筑占地面积+厂区道路占地面积+工程管网占地面积}{厂区占地面积}$$

③绿化系数是指厂区内绿化面积与厂区占地面积之比。它综合反映了厂区的环境质量水平。

3）工程量指标包括场地平整土石方量、地上及地下管线工程量、防洪设施工程量等。这些指标综合反映了总平面设计中功能分区的合理性及设计方案对地势地形的适应性。

4）功能指标包括生产流程短捷、流畅、连续程度；场内运输便捷程度；安全生产满足程度等。

5）经济指标包括每吨货物运输费用、经营费用等。

（4）总平面设计评价方法。总平面设计方案的评价方法很多，有价值工程理论、模糊数

学理论、层次分析理论等不同的方法，操作比较复杂。常用的方法是多指标对比法。该方法我们将在后文详细介绍。

2. 工艺设计评价

工艺设计部分要确定企业的技术水平。主要包括建设规模、标准和产品方案；工艺流程和主要设备的选型；主要原材料、燃料供应；“三废”治理及环保措施，此外还包括生产组织及生产过程中的劳动定员情况等。

(1) 工艺设计过程中影响工程造价的因素。工艺设计是工程设计的核心，它是根据工业企业生产的特点、生产性质和功能来确定的。工艺设计一般包括生产设备的选择、工艺流程设计、工艺定额的制定和生产方法的确定。工艺设计标准高低，不仅直接影响工程建设投资的大小和建设进度，而且还决定着未来企业的产品质量、数量和经营费用。在工艺设计过程中影响工程造价的因素主要包括以下几点：

1) 选择合适的生产方法。

①生产方法是否合适首先表现在是否先进适用。落后的生产方法不但会影响产品生产质量，而且在生产过程中也会造成生产维持费用较高，同时还需要追加投资改进生产方法；但是非常先进的生产方法往往需要较高的技术获取费，如果不能与企业的生产要求及生产环境相配套，将会带来不必要的浪费。

②生产方法的合理性还表现在是否符合所采用的原料路线。不同的工艺路线往往要求不同的原料路线。选择生产方法时，要考虑工艺路线对原料规格、型号、品质的要求。原料供应是否稳定可靠。

③所选择的生产方法应该符合清洁生产的要求。近年来，随着人们环保意识的增强，国家也加大了环境保护执法监督力度，如果所选生产方法不符合清洁生产要求，项目主管部门往往要求投资者追加环保设施，带来工程造价的提高。

2) 合理布置工艺流程。工艺流程设计是工艺设计的核心。合理的工艺流程应既能保证主要工序生产的稳定性，又能根据市场需要的变化，在产品生产的品种规格上保持一定的灵活性。工艺流程设计与厂内运输、工程管线布置联系密切。

①工艺流程的合理布置首先在于保证主要生产工艺流程无交叉和逆行现象，并使生产线路尽可能短。从而节约占地，减少技术管线的工程量，节约造价。

②工艺流程是否合理。

3) 合理的设备选型。在工业建筑中，设备及安装工程投资占有很大的比例，设备的选型不仅影响着工程造价，而且对生产方法及产品质量也有着决定作用。

(2) 工艺技术选择的原则。针对工艺设计过程中影响工程造价的因素，工艺技术选择应遵循以下原则：

1) 先进性。项目应尽可能采用先进技术和高新技术。衡量技术先进性的指标有：产品质量性能、产品使用寿命、单位产品物耗能耗、劳动生产率、装备现代化水平等。

2) 适用性。项目所采用的工艺技术应该与国内的资源条件、经济发展水平和管理水平相适应。具体体现在以下几点：

①采用的工艺路线要与可能得到的原材料、燃料、主要辅助材料或半成品相适应。

②采用的技术与可能得到的设备相适应，包括国内和国外设备、主机和辅机。

③采用的技术、设备与当地劳动力素质和管理水平相适应。

④采用的技术与环境保护要求相适应，应尽可能采用环保型生产技术。

3）可靠性。项目所采用的技术和设备质量应该可靠，并且经过生产实践检验，证明是成熟的技术。在引进国外先进技术时，要特别注意技术的可靠性、成熟性和相关条件的配合。

4）安全性。项目所采用的技术在正常使用过程中应能保证生产安全运行。

5）经济合理性。在注重所采用的技术设备先进适用、安全可靠的同时，应着重分析所采用的技术是否经济合理，是否有利于降低投资和产品成本，提高综合经济效益。技术的采用不应为追求先进而先进，要综合考虑技术系统的整体效益，对于影响产品性能质量的关键部分，工艺过程必须严格要求。关键工艺部分，如果专业设备和控制系统国内不能保证供应，则成套引进先进技术和关键设备就是必要的。

(3）设备选型与设计。在工艺设计中确定了生产工艺流程后，就要根据工厂生产规模和工艺过程的要求，选择设备型号和数量，并对一些标准和非标准设备进行设计。设备和工艺的选择是相互依存、紧密相连的。设备选择的重点因设计形式的不同而不同，应该选择能满足生产工艺要求、能达到生产能力的最适用的设备。

1）设备选型的基本要求。对主要设备方案选择时应满足以下基本要求。

①主要设备方案应与拟选的建设规模和生产工艺相适应，满足投产后生产（或使用）的要求。

②主要设备之间、主要设备与辅助设备之间的能力相互配套。

③设备质量、性能成熟，以保证生产的稳定和产品质量。

④设备选择应在保证质量性能的前提下，力求经济合理。

⑤选用设备时，应符合国家和有关部门颁布的相关技术标准要求。

2）设备选型时应考虑的主要因素。设备选型的依据是企业为生产产品的工艺要求。设备选型重点要考虑设备的使用性能、经济性、可靠性和可维修性等。

①设备的使用性能包括设备要满足产品生产工艺的技术要求，设备的生产率，与其他系统的配套性、灵活性，及其对环境的污染情况等。

②经济性。选择设备时，既要使设备的购置费用不高，又要使设备的维修费较为节省。任何设备都要消耗能量，但应使能源消耗较少，并能节省劳动力消耗。设备要有一定的自然寿命，即耐用性。

③设备的维修性。设备维修的难易程度用维修性表示。一般说来，设计合理，结构比较简单，零部件组装合理，维修时零部件易拆易装，检查容易，零件的通用性、标准性及互换性好，那么维修性就好。

④设备的可靠性是指机器设备的精度、准确度的保持性，机器零件的耐用性、执行功能的可靠程度，操作是否安全等。

3）设备选型方案评价。合理地选择设备，可以使有限的投资发挥最大的技术经济效益。设备选型应该遵循生产上适用、技术上先进、经济上合理的原则，考虑生产率、工艺性、可靠性、维修性、经济性、安全性、环境保护性等因素进行设备选型。设备选择方案评价的方法有工程经济相关理论、寿命周期成本评价法（LCC）、本量利分析法等。

(4）工艺技术方案的评价。对工艺技术方案进行比选的内容主要有：技术的先进程度、可靠程度，技术对产品质量性能的保证程度，技术对原料的适应程度，工艺流程的合理性，技术获得的难易程度，对环境的影响程度，技术转让费或专利费等技术经济指标。

对工艺技术方案进行比选的方法很多，主要有多指标评价法和投资效益评价法。

3. 建筑设计评价

建筑设计部分，要在考虑施工过程的合理组织和施工条件的基础上，决定工程的立体平面设计和结构方案的工艺要求的因素。

（1）平面形状。一般地说，建筑物平面形状越简单，它的单位面积造价就越低。当一座建筑物的平面又长又窄，或它的外形做得复杂而不规则时，其周长与建筑面积的比率必将增加，伴随而来的是较高的单位造价。因为不规则的建筑物将导致室外工程、排水工程、砌砖工程及屋面工程等复杂化，从而增加工程费用。平面形状的选择除考虑造价因素外，还应注意到美观、采光和使用要求方面的影响。

（2）流通空间。建筑物平面布置的主要目标之一是，在满足建筑物使用要求的前提下，将流通空间减少到最小。这样可以相应地降低造价，但是造价不是检验设计是否合理的唯一标准，其他如美观和功能质量的要求也是非常重要的。

（3）层高。在建筑面积不变的情况下，建筑层高增加会引起各项费用的增加：墙与隔墙及其有关粉刷、装饰费用的提高；供暖空间体积增加，导致热源及管道费增加；卫生设备、上下水管道长度增加；楼梯间造价和电梯设备费用的增加；施工垂直运输量增加；如果由于层高增加而导致建筑物总高度增加很多，则还可能需要增加结构和基础造价。

据有关资料分析，单层厂房层高每增加1米，单位面积造价增加1.8%～3.6%，年度采暖费用增加约3%；多层厂房的层高每增加0.6米，单位面积造价提高8.3%左右。由此可见，随着层高的增加，单位建筑面积造价也在不断增加。

单层厂房的高度主要取决于车间内的运输方式。选择正确的车间内部运输方式，对于降低厂房高度，降低造价具有重要意义。在可能的条件下，特别是当起重量较小时，应考虑采用悬挂式运输设备来代替桥式吊车；多层厂房的层高应综合考虑生产工艺、采光、通风及建筑经济的因素来进行选择，多层厂房的建筑层高还取决于能否容纳车间内的最大生产设备和满足运输的要求。

（4）建筑物层数。毫无疑问，建筑工程总造价是随着建筑物的层数增加而提高的。但是当建筑层数增加时，单位建筑面积所分摊的土地费用及外部流通空间费用将有所降低，从而使建筑物单位面积造价发生变化。建筑物层数对造价的影响，因建筑类型、形式和结构不同而不同。如果增加一个楼层不影响建筑物的结构形式，单位建筑面积的造价可能会降低。但是当建筑物超过一定层数时，结构形式就要改变，单位造价通常会增加。建筑物越高，电梯及楼梯的造价将有提高趋势，建筑物的维修费用也将增加，但是采暖费用有可能下降。

工业厂房层数的选择就应该重点考虑生产性质和生产工艺的要求。对于需要跨度大和层度高，拥有重型生产设备和起重设备，生产时有较大振动及大量热和气散发的重型工业设备，采用单层厂房是经济合理的；而对于工艺过程紧凑，设备和产品重量不大，并要求恒温条件的各种轻型车间，可采用多层厂房，以充分利用土地，节约基础工程量，缩短交通线路、工程管线和围墙的长度，降低单方造价。同时还可以减少传热面，节约热能。

确定多层厂房的经济层数主要有两个因素：一是厂房展开面积的大小。展开面积越大，层数越可提高；二是厂房宽度和长度。宽度和长度越大，则经济层数越能增高，造价也随之相应降低。

(5) 柱网布置。柱网布置是确定柱子的行距（跨度）和间距（每行柱子中相邻两个柱子间的距离）的依据。柱网布置是否合理，对工程造价和厂房面积的利用效率都有较大的影响。由于科学技术的飞跃发展，生产设备和生产工艺都在不断地变化。为适应这种变化，厂房柱距和跨度应当适当地扩大，以保证厂房有更大的灵活性，避免生产设备和工艺的改变受到柱网布置的限制。

柱网的选择与厂房中有无吊车、吊车的类型及吨位、屋顶的承重结构以及厂房的高度等因素有关。对于单跨厂房，当柱间距不变时，跨度越大单位面积造价越低。因为除屋架外，其他结构架分摊在单位面积上的平均造价随跨度的增大而减小；对于多跨厂房，当跨度不变时，中跨数目越多越经济。这是因为柱子和基础分摊在单位面积上的造价减少。

(6) 建筑物的体积与面积。通常情况下，随着建筑物体积和面积的增加，工程总造价会提高。因此应尽量减少建筑物的体积与总面积。为此，对于工业建筑，在不影响生产能力的条件下，厂房、设备布置力求紧凑合理；要采用先进工艺和高效能的设备，节省厂房面积；要采用大跨度、大柱距的大厂房平面设计形式，提高平面利用系数。

(7) 建筑结构。建筑结构是指建筑工程中由基础、梁、板、柱、墙、屋架等构件所组成的起骨架作用的、能承受直接和间接“作用”的体系。建筑结构按所用材料可分为：砌体结构、钢筋混凝土结构、钢结构和木结构等。

建筑材料和建筑结构选择得是否合理，不仅直接影响到工程质量、使用寿命、耐火抗震性能，而且对施工费用、工程造价有很大的影响。尤其是建筑材料，一般占直接工程费的70%，降低材料费用，不仅可以降低直接工程费，而且也会导致措施费和间接费的降低。采用各种先进的结构形式和轻质高强度建筑材料，能减轻建筑物自重，简化基础工程，减少建筑材料和构配件的费用及运费，并能提高劳动生产率和缩短建设工期，经济效果十分明显。

4. 建筑设计的要求

针对上述在建筑设计中影响工程造价的因素，在建筑设计中应遵循以下原则。

(1) 在建筑平面布置和立面形式选择上，应该满足生产工艺要求。在进行建筑设计时，应该熟悉生产工艺资料，掌握生产工艺特性及其对建筑的影响。根据生产工艺资料确定车间的高度、跨度及面积；根据不同的生产工艺过程决定车间平面组合方式；

(2) 根据设备种类、规格、数量、重量和震动情况，以及设备的外形及基础尺寸，决定建筑物的大小、布置和基础类型，以及建筑结构的选择；

(3) 根据生产组织管理，生产工艺技术，生产状况提出劳动卫生和建筑结构的要求。

因此，建筑设计必须采用各种切合实际的先进技术，从建筑形式、材料和结构的选择、结构布置和环境保护等方面采取措施以满足生产工艺对建筑设计的要求。

5. 建筑设计评价指标

(1) 厂房空间平面设计方案评价的技术经济指标包括以下几点。

1) 单位面积造价。建筑物平面形状、层数、层高、柱网布置、建筑结构及建筑材料等因素都会影响单位面积造价。因此单位面积造价是一个综合性很强的指标。

2) 建筑物周长与建筑面积比。建筑物周长与建筑面积比主要使用单位建筑面积所占的外墙长度指标 $K_{周}$，$K_{周}$ 越低，设计越经济，$K_{周}$ 按圆形、正方形、矩形、T 形、L 形的次序依次增大。该指标主要用于评价建筑物平面形状是否合理。该指标越低，平面形状越合理。

3）厂房展开面积。厂房展开面积主要用于确定多层厂房的经济层数，展开面积越大，经济层数越可提高。

4）厂房有效面积与建筑面积比。该指标主要用于评价柱网布置是否合理。合理的柱网布置可以提高厂房有效使用面积。

5）工程全寿命成本。工程全寿命成本包括工程造价及工程建成后的使用成本，这是一个评价建筑物功能水平是否合理的综合性指标。一般来讲，功能水平低，工程造价低，但是使用成本高；功能水平高，工程造价高，但是使用成本低。工程全寿命成本最低时，功能水平最合理。

（2）工业厂房建筑结构体系方案评价指标包括建设工期、劳动消耗、材料消耗、混凝土折算厚度、建筑物自重及建筑造价等。

五、民用项目设计评价

民用建筑项目设计是根据建筑物的使用功能要求，确定建筑标准、结构形式、建筑物空间与平面布置以及建筑群体的配置等。民用建筑设计包括住宅设计、公共建筑设计以及住宅小区设计。住宅建筑是民用建筑中最大量、最主要的建筑形式。因此，这里主要介绍住宅建筑设计方案评价。

1. 住宅小区建设规划

我国城市居民点的总体规划一般分为居住区、小区和住宅组三级布置，即由几个住宅组组成小区，又由几个小区组成居住区。住宅小区是人们日常生活相对完整、独立的居住单元，是城市建设的组成部分，所以小区布置是否合理，直接关系到居民生活质量和城市建设发展等重大问题。在进行住宅小区建设规划时，要根据小区的基本功能和要求，确定各构成部分的合理层次与关系，据此安排住宅建筑、公共建筑、管网、道路及绿地的布局，确定合理人口与建筑密度、房屋间距和建筑层数，布置公共设施项目、规模及服务半径，以及水、电、热、煤气的供应等，并划分包括土地开发在内的上述各部分的投资比例。小区规划设计的核心问题是提高土地利用率。

（1）住宅小区规划中影响工程造价的主要因素。

1）占地面积。居住小区的占地面积不仅直接决定着征地费的高低，而且影响着小区内道路、工程管线长度和公共设备的多少，而这些费用约占小区建设投资的1/5。因而，用地面积指标在很大程度上影响小区建设的总造价。

2）建筑群体的布置形式。建筑群体的布置形式对用地的影响不容忽视，通过采取高低搭配、点条结合、前后错列以及局部东西向布置、斜向布置或拐角单元等手法节省用地。在保证小区居住功能的前提下，适当集中公共设施，合理布置道路，充分利用小区内的边角用地，有利于提高密度，降低小区的总造价。

（2）在住宅小区规划设计中节约用地的主要措施如下：

1）压缩建筑的间距。住宅建筑的间距主要有日照间距、防火间距和使用间距，取最大间距作为设计依据。北京地区住宅建筑的间距从1.8倍压缩到1.6倍，对于四单元六层住宅间的用地可节约230平方米左右，每建10万平方米的住宅小区可少占地0.7公顷左右。

2）提高住宅层数或高低层搭配。提高住宅层数和采用多层、高层搭配都是节约用地、增加建筑面积的有效措施。据国外计算资料，建筑层数由五层增加到九层，可使小区总居住面积密度提高35％。但是高层住宅造价较高，居住不方便。因此确定住宅的合理层数对节约用地有很大的影响。

3）适当增加房屋长度。房屋长度的增加可以取消山墙间的间隔距离，提高建筑密度。

4）提高公共建筑的层数。公共建筑分散建设占地多，如能将有关的公共设施集中建在一栋楼内，不仅方便群众，而且还节约用地。有的公共设施还可放在住宅底层或半地下室。

5）合理布置道路。

（3）居住小区设计方案评价指标。

居住小区设计方案评价指标见下列公式。

$$建筑毛密度=\frac{居住和公共建筑基底面积}{居住小区占地总面积}\times 100\%$$

$$居住建筑净密度=\frac{居住建筑基底面积}{居住建筑占地面积}\times 100\%$$

$$居住面积密度=\frac{居住面积}{居住建筑占地面积}(平方米/公顷)$$

$$居住建筑面积密度=\frac{居住建筑面积}{居住建筑占地面积}(平方米/公顷)$$

$$人口毛密度=\frac{居住人数}{居住小区占地总面积}(人/公顷)$$

$$人口净密度=\frac{居住人数}{居住建筑占地面积}(人/公顷)$$

$$绿化比率=\frac{居住小区绿化面积}{居住小区占地总面积}\times 100\%$$

其中需要注意区别的是居住建筑净密度和居住面积密度。

1）居住建筑净密度是衡量用地经济性和保证居住区必要卫生条件的主要技术经济指标。其数值的大小与建筑层数、房屋间距、层高、房屋排列方式等因素有关。适当提高建筑密度，可节省用地，但应保证日照、通风、防火、交通安全的基本需要。

2）居住面积密度是反映建筑布置、平面设计与用地之间关系的重要指标。影响居住面积密度的主要因素是房屋的层数，增加层数其数值就增大，有利于节约土地和管线费用。

2. 民用住宅建筑设计评价

（1）民用住宅建筑设计影响工程造价的因素。

1）建筑物平面形状和周长系数。与工业项目建筑设计类似，使用指标，虽然圆形建筑 $K_{周}$ 最小，但由于施工复杂，施工费用较矩形建筑增加 20%～30%，故其墙体工程量的减少不能使建筑工程造价降低，而且使用面积有效利用率不高以及用户使用不便。因此，一般都建造矩形和正方形住宅，既有利于施工，又能降低造价和使用方便。在矩形住宅建筑中，又以长：宽＝2：1为佳。一般住宅单元以3～4个住宅单元、房屋长度60～80米较为经济。

在满足住宅功能和质量前提下，适当加大住宅宽度。这是由于宽度加大，墙体面积系数相应减少，有利于降低造价。

2）住宅的层高和净高。住宅的层高和净高，直接影响工程造价。根据不同性质的工程综合测算住宅层高每降低10厘米，可降低造价1.2%～1.5%。层高降低还可提高住宅区的建筑密度，节约征地费、拆迁费及市政设施费。但是，层高设计中还需考虑采光与通风问题，层高过低不利于采光及通风，因此，民用住宅的层高一般为2.5～2.8米。

3）住宅的层数与工程造价的关系。民用建筑按层数划分为低层住宅（1～3层）、多层住宅（4～6层）、中层住宅（7～9层）和高层住宅（10层以上）。在民用建筑中，多层住宅具有降低造价和使用费用以及节约用地的优点。表5-1分析了砖混结构的多层住宅单方造价与层数之间的关系。

表5-1 砖混结构多层住宅单方造价与层数之间的关系

住宅层数	一	二	三	四	五	六
单方造价系数（%）	138.05	116.95	108.38	103.51	101.68	100
边际造价系数（%）		−21.1	−8.57	−4.87	−1.83	−1.68

由上表可知，随着住宅层数的增加，单方造价系数在逐渐降低，即层数越多越经济。但是边际造价系数也在逐渐减小，说明随着层数的增加，单方造价系数下降幅度减缓，当住宅超过7层，就要增加电梯费用，需要较多的交通面积（过道、走廊要加宽）和补充设备（供水设备和供电设备等）。特别是高层住宅，要经受较强的风力载荷，需要提高结构强度，改变结构形式，使工程造价大幅度上升。因此，中小城市以建造多层住宅较为经济，大城市可沿主要街道建设一部分高层住宅，以合理利用空间，美化市容。对于地皮特别昂贵的地区，为了降低土地费用，中、高层住宅是比较经济的选择。

4）住宅单元组成、户型和住户面积。据统计三居室住宅的设计比两居室的设计降低1.5%左右的工程造价。四居室的设计又比三居室的设计降低3.5%的工程造价。

衡量单元组成、户型设计的指标是结构面积系数（住宅结构面积与建筑面积之比），这个系数越小设计方案越经济。因为，结构面积小，有效面积就增加。结构面积系数除与房屋结构有关外，还与房屋外形及其长度和宽度有关，同时也与房间平均面积大小和户型组成有关。房屋平均面积越大，内墙、隔墙在建筑面积所占比重就越小。

5）住宅建筑结构的选择。随着我国工业化水平的提高，住宅工业化建筑体系的结构形式多种多样，考虑工程造价时应根据实际情况，因地制宜、就地取材，采用适合本地区经济合理的结构形式。

（2）民用住宅建筑设计的基本要求。

民用建筑设计要坚持“适用、经济、美观”的原则。

1）平面布置合理，长度和宽度比例适当。

2）合理确定户型和住户面积。

3）合理确定层数与层高。

4）合理选择结构方案。

（3）民用建筑设计的评价指标。

1）平面指标用来衡量平面布置的紧凑性、合理性。

$$平面系数\ K=\frac{居住面积}{建筑面积}\times 100\%$$

$$平面系数\ K_1=\frac{居住面积}{有效面积}\times 100\%$$

$$平面系数\ K_2=\frac{辅助面积}{有效面积}\times 100\%$$

$$平面系数\ K_3=\frac{结构面积}{建筑面积}\times 100\%$$

其中有效面积指建筑平面中可供使用的面积；居住面积＝有效面积－辅助面积；结构面积指建筑平面中结构所占的面积；有效面积＋结构面积＝建筑面积。对于民用建筑，尽量减少结构面积比例，增加有效面积。

2）建筑周长指标。这个指标是墙长与建筑面积之比。居住建筑进深加大，则单元周长缩小，可节约用地，减少墙体积，降低造价。

$$单元周长指标=\frac{单元周长}{单元建筑面积}(米/平方米)$$

$$建筑周长指标=\frac{建筑周长}{建筑占地面积}(米/平方米)$$

3）建筑体积指标。该指标是建筑体积与建筑面积之比，是衡量层高的指标。

$$建筑体积指标=\frac{建筑体积}{建筑面积}(立方米/平方米)$$

4）面积定额指标，用于控制设计面积。

$$户均建筑面积=\frac{建筑总面积}{总户数}$$

$$户均使用面积=\frac{使用总面积}{总户数}$$

$$户均面宽指标=\frac{建筑物总长度}{总户数}$$

5）户型比指不同居室数的户数占总户数的比例，是评价户型结构是否合理的指标。

第二节 工程项目施工管理

一、施工组织总设计

施工组织总设计是以若干个相互联系的单位工程或整个建设项目为对象编制的，用以指导全工地的施工准备和组织施工的技术文件，是实现建筑企业科学管理，保证优质、按期完成施工任务的有效措施。

施工组织总设计的主要内容由五部分组成：工程概况、施工部署、施工总进度计划、施工总平面图和技术经济指标。

1. 工程概况

工程概况是对该项工程的总说明、总分析，一般包含以下内容。

（1）建设项目的名称、性质、规模、总期限，分期分批投入使用的项目、期限，总占地面积、建筑面积、主要工种工程量、设备安装及其吨数，总投资、建筑安装工程量、生产工艺流程，建筑结构类型，新技术的复杂程度等。

（2）建设地区的自然条件和技术经济条件，如气象、水文、地质情况，能为该工程服务的施工单位、人力、机具和设备情况，工程材料的来源及供应情况，建筑构件的生产能力，交通情况及当地能提供给工程施工用的水、电、建筑物情况。

（3）建设单位和承包合同对施工单位的要求。

（4）施工单位对施工项目经理部的要求。

2. 施工部署

施工部署是用文字来阐述对整个建设工程进行施工的总体设想，是带有全局性的战略意图。在施工部署中，要阐述国家和主管部门对建设项目的要求，以及建设项目的性质，并确定好各建筑物总体开工程序，另外要规划有关全工地性的为施工服务的建设项目，如水、电、道路及临时房屋的建设，预制构件厂和其他工厂的数量及其规模，生活供应上需要采取的重大措施等。

施工部署中主要包括以下内容。

（1）施工任务划分和组织安排。建立施工现场全工地性的统一指挥系统及其职能部门，明确各施工承包单位的任务，确定综合的和专业化的施工组织，划分施工阶段，明确分期分批的主次项目和穿插项目。

（2）安排好主要准备工作。施工准备工作是顺利完成建设项目施工任务的一个重要阶段，要认真做好技术准备和物资准备等工作。首先安排好场内外运输、施工用干道、水电源及其引入方案，安排好场地的平整方案；同时，要安排好生产、生活基地，规划混凝土构件预制厂、木结构制品加工厂等。进行安排时应注意充分利用已有的加工厂、基地，如建设地点附近无永久性加工厂，或其生产能力不满足要求，则应考虑新建或扩建生产基地。

（3）拟定主要建筑物施工方案。拟定主要建筑物施工方案主要是确定某些重点工程（主要单位工程及特殊的分部、分项工程）的施工方案，其目的是为了进行技术和资源的准备工作，同时也为施工进程的顺利开展和现场的合理布置打下基础。

在施工部署中，重点工程的施工方案只需提出方案性问题（详细的施工方案和措施则到编制单位工程施工规划时再行拟定），如哪些构件采用现浇，哪些构件采用预制；是现场就地预制还是由预制厂生产；构件的吊装采用什么机械；采用什么新材料、新工艺、新技术等。也就是对涉及全局性问题做原则性的考虑。

（4）建设工程施工程序安排。对于大型工业项目来说，根据产品的生产工艺流程，建设工程施工程序安排分为主体生产系统、辅助生产系统及附属生产系统等。

在安排主体工程的施工程序时，应考虑以下几个因素：

1）保证各系统工程生产流程的合理性。

2）尽量利用已开工生产车间的生产能力。

3）确定各系统工程施工所需的合理工期。

4）分期建设时，须先期投产系统的主体工程优先安排。

对辅助、附属工程的施工程序安排，既要考虑生产时为企业服务，又要考虑在基建施工时为施工服务的可能性，一般把某些辅助工程安排在主体工程之前，即“辅——主——辅”。“辅”在“主”之前既可为生产准备服务，又可为施工服务。一般先施工厂外的中心设施及干线。

3. 施工总进度计划及资源供应计划

施工总进度计划是全现场施工活动在时间上的体现，是根据施工部署中建设工程分期分批投产顺序以及主要建筑物的施工方案，将各个单位工程分别列出并做出时间上的安排。如建设工程的规模不大，可直接安排总进度计划，但编制计划时，必须征求各方意见，使计划现实性尽量得到保证。施工总进度计划的作用在于确定各个系统及其主要工种工程、准备工程和全工地性工程的施工期限及其开工和竣工的日期，从而确定所需劳动力、材料、成品、半成品的数量和调配，附属企业的生产能力，加工区占地面积以及生活区建筑面积等。正确编制及执行施工总进度计划，是保证建设工程按期完成，充分发挥投资效益的重要条件。

(1) 施工总进度计划的编制。

1) 分工种工程计算拟建项目及全工地性工程的工程量。分工种工程是指把每个建筑物的主要工种工程分别列出，其中包括为施工服务的全工地性工程，如场地平整、修筑道路、建造临时设施等，并粗略计算其工程量。因为计算的目的是为拟定施工方案，选用主要机械，初步规划主要工程的流水施工，估算劳动力数量以及各种资源需用量。

2) 确定各单位工程（或单个建筑物）的施工期限。单位工程的施工期限与建筑类型、结构特征、施工方法、施工技术和管理水平，以及现场施工条件等因素有关，故确定工期时应综合考虑。此外也可参考有关的工期定额来确定。

3) 确定各单位工程开竣工时间和相互搭接关系。

4) 编制总进度计划。总进度计划以表格形式表示。目前表格形式并不统一，项目和进度的划分也不一致。从总进度计划的目的、作用来看，搞的过细没有必要，总进度计划主要起控制总工期的作用，计划搞的过细不利于调整。对于跨年度工程，通常第一年进度按月划分，第二年及以后各年按季划分。

(2) 编制劳动力、材料、机具需要量计划。根据施工总进度计划，即可编出下列各种需要量计划：

1) 综合劳动力及主要工种劳动力计划。这是组织劳动力和规划临时设施所需要的。按计算出来的各建筑物分工种的工程量，查预算定额或有关资料可得该工种的单位工程量所需劳动力数量，与工程量相乘就得到该工种所需劳动力数量。经汇总后，可得到综合劳动力需要量。

2) 构件、半成品及主要建筑材料需用量计划。查找定额或有关资料即可得出各建筑物所需的建筑材料、半成品及成品的需要量，再根据总进度计划，估算出各个时期的需要量。

3) 主要机具需要量计划。根据施工部署和主要建筑物施工方案、技术措施以及总进度计划的要求，即可提出必需的主要施工机具的数量及使用时间。

4. *施工总平面图*

施工总平面图是表示整个工程在施工期间所需各项设施和永久性建筑（已建的和拟建的）之间的空间关系，按施工部署、施工总进度计划的要求对施工用交通道路、材料仓库、附属生产企业、临时建筑、临时水电管线等做出合理规划。它对于指导现场进行有组织有计划的文明施工具有重大的意义。

建设项目的施工过程是一个变化的过程，工地上的实际情况随时在变，所以施工总平面图也应随之作必要的修改。施工总平面图的比例尺一般为1∶1000或1∶2000。

(1) 设计施工总平面图所需的资料。

1) 设计资料。建筑总平面图、竖向设计、地形图、区域规划图，建设项目范围内的一切已有的和拟建的地下管网位置等。

2) 建设地区的自然条件和技术经济条件。

3) 施工总进度计划和主要建筑物的施工方案。

4) 各种建筑材料、构件、半成品、施工机械和运输工具需要量一览表，以便规划土地内部的运输线路。

5) 为全工地施工服务的临时性设施一览表。

(2) 施工总平面图的内容。

1) 原有地形等高线，测量基准点，作为安排运输、排水、工程定位等工作的依据。

2) 一切已有的和拟建的地上和地下的房屋、构筑物及其他设施的位置和尺寸。

3) 为施工服务的一切临时设施的布置。

(3) 施工总平面图的设计方法与步骤。设计全工地性的施工总平面图时，首先应从大宗材料、成品、半成品等进入工地的运输方式入手。当材料等由公路运入工地时，由于汽车线路可以灵活布置，因此，也可先布置场内仓库和加工厂，然后再布置场外交通道路的引入。

1) 运输路线的布置。主要材料进入工地的方式不外乎铁路、公路和水路。当由铁路运输时则需根据建筑总平面图中永久性铁路专用线，布置主要运输干线，引入时应注意铁路的转弯半径和竖向设计。当由水路运输时，应考虑码头的吞吐能力，码头数量一般不少于两个，其宽度应大于2.5米。

2) 仓库的布置。材料若由铁路运入工地时，仓库可沿铁路线布置，但应有足够的卸货场地。

材料若由汽车运入工地时，仓库布置较灵活，此时应考虑尽量利用永久性仓库。仓库位置距各使用地点要比较适中，以使运输吨公里尽可能小。

一般仓库应邻近公路和施工地区布置。钢筋、木材仓库应布置在其加工厂附近。水泥库、砂石场则布置在搅拌站附近；油库、氧气站、危险品库宜布置在僻静、安全之处。

3) 加工厂的布置。一般建设工程设有混凝土、木材、钢筋和金属结构等加工厂。布置这些加工厂时，主要考虑原材料运至工厂和成品、半成品运往使用地点的总运输费用最小，还应使加工厂的生产和工程施工互不干扰。大多数情况下，把加工厂集中在一个地区，布置在工地的边缘。这样，既便于管理，又能降低铺设道路、动力管线及给排水管道的费用。

4) 工地供水的布置。工地上临时供水包括三方面，生产用水、生活用水及消防用水。布置时应尽量利用永久性给水系统。工地上给水系统有明管与暗管两种，一般采用暗管。暗管布置应与场地平整统一规划。

临时水池应设在地势较高处，临时排水干管沿主要干道布置。布置方式通常有环形和树枝状两种。究竟用何种方式，主要由单位工程使用点的情况及供水需要而定。

过冬的临时管道，要加设防冻保温措施。

消防站一般布置在工地的出入口附近，沿道路设置消火栓，间距不应大于100米，距路边缘不应大于2米。

5) 工地供电的布置。关于电源，应尽量利用施工现场附近原有变电所。如在新辟地区施工，则应考虑临时供电设施。

如工地附近现有电源满足要求，则仅需在建筑工地上设立变电所和变压器，将外来之高压电降低为低压电。另外，由于受供电半径的限制，在大型工地上，往往需设多个变电所。临时输电干线沿主要干道布置成环形线路。

应当指出，上述布置并不能截然分开，而应相互结合，统一考虑，反复修正，直到合理为止。当有几个布置方案时，尚应进行方案比较，从中择优。

5. 技术经济指标

施工组织总设计中的技术经济指标有以下几点：

(1) 施工周期。从建设项目开工到全部竣工、投产使用的时间。

(2) 全员劳动生产率［元/(人·年)］。

全员劳动生产率=完成的建安工作量/(全部在册职工人数+合同工、临时工人数)

(3) 劳动力不均衡系数。

劳动力不均衡系数=施工期高峰人数/施工期平均人数

(4) 单位面积用工数（工日/每平方米竣工面积）。

(5) 临时工程费用比。

临时工程费用比=全部临时工程费/建安工程总值

(6) 综合机械化程度。

综合机械化程度=机械化施工完成的工作量/建安工程总工作量×100%

(7) 单位面积造价。技术经济指标主要用来衡量施工企业的生产能力、技术水平，找出与同行业的差距等。

二、单位工程施工组织设计

1. 单位工程施工组织设计的编制内容

单位工程施工组织设计的编制内容，根据工程性质、规模、繁简程度的不同，其内容和深度广度要求不同，不强求一致，但基本内容必须齐全、简明扼要，使其真正起到指导现场施工的作用。单位工程施工组织设计较完整的内容一般包括：

(1) 工程概况及施工特点。

(2) 施工方案。

(3) 施工进度计划。

(4) 施工准备工作计划。

(5) 劳动力、材料、构件、加工品、施工机械和机具等需要计划。

(6) 施工平面图。

(7) 保证质量、安全、降低成本等技术组织措施。

(8) 各项技术经济指标。

2. 单位工程施工组织设计的编制程序

单位工程施工组织设计的编制程序如图5-2所示。

3. 施工方案

施工方案是单位工程施工组织设计的核心。施工方案合理与否将直接影响工程的施工效率、质量、工期和技术经济效果，因此必须给予足够的重视。施工方案的内容一般包括：确定施工程序和施工顺序、施工起点流向、主要分部分项工程的施工方法和施工机械。

(1) 确定施工程序。单位工程的施工程序一般为接受任务阶段——开工前准备阶段——全面施工阶段——竣工验收阶段。每阶段都必须完成规定的工作内容，并为下一阶段工作创造条件。

(2) 确定施工起点流向。确定施工起点流向就是确定单位工程在平面或竖向上施工开始的部位和开展的方向。它牵涉到一系列施工活动的开展和进程，是组织施工活动的重要环节。

(3) 确定施工顺序。施工顺序是指分部分项工程施工的先后次序。确定施工顺序时，一般应考虑以下几项因素：

1) 遵循施工程序。

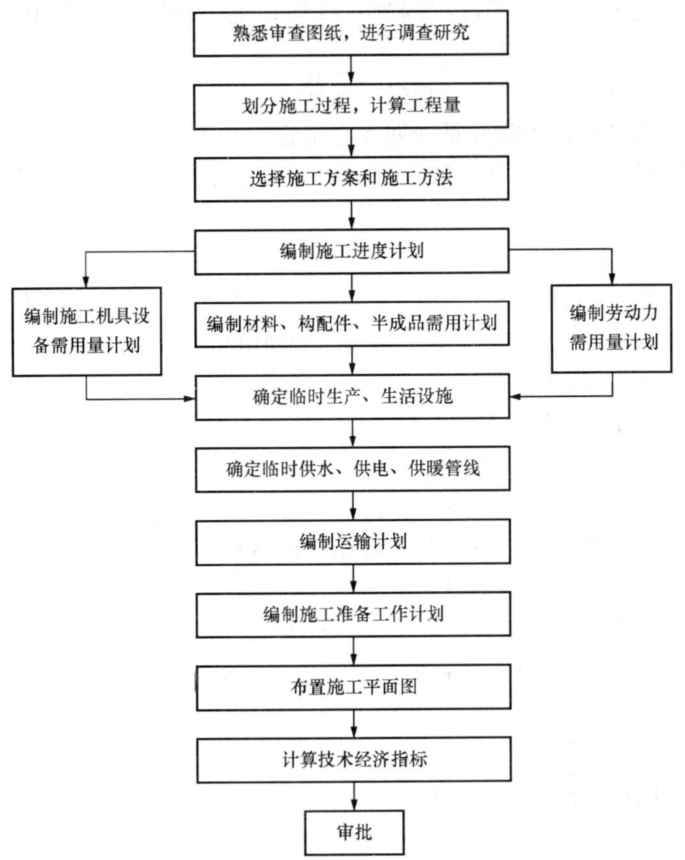

图 5-2 单位工程施工组织设计的编制程序

2）符合施工工艺要求。

3）与施工方法一致。

4）按照施工组织的要求。

5）考虑施工安全和质量。

6）考虑当地气候的影响。

(4) 选择施工方法和施工机械。选择施工方法和施工机械是施工方案中的关键问题。它直接影响施工进度、施工质量和安全，以及工程成本。编制施工组织设计时，必须根据工程项目的建筑结构、抗震要求、工程量的大小、工期长短、资源供应情况、施工现场的条件和周围环境，制定出可行方案，并且进行技术经济比较，确定出最优方案。

4. 施工进度计划

单位工程施工进度计划是在既定施工方案的基础上，根据规定工期和各种资源供应条件，按照施工过程的合理施工顺序及组织施工的原则，用横道图或网络图，对一个工程从开始施工到工程全部竣工（包括土建施工、结构吊装、设备吊装等不同施工内容），确定其全部施工过程在时间上和空间上的安排和相互配合关系。

(1) 施工进度计划的作用。

1）控制单位工程的施工进度，保证在规定工期内完成满足质量要求的工程任务；

2）制订单位工程的各个施工过程的施工顺序，施工持续时间及相互衔接和合理配合关系；

3）为编制季度、月度生产作业计划提供依据；

4）确定劳动力和各种资源需要量计划和编制施工准备工作计划的依据。

（2）施工进度计划的表示方法。施工进度计划一般用图表来表示，有两种形式的图表：横道图和网络图。

（3）编制步骤和内容。

1）划分施工过程。编制进度计划时，首先应按照图纸和施工顺序将拟建单位工程的各个施工过程列出，并结合施工方法、施工条件、劳动组织等因素，加以适当调整，使其成为编制施工进度计划所需的施工过程。

2）计算工程量。计算工程量时，一般可以采用施工图预算的数据，但应注意有些项目的工程量应按实际情况作适当调整。如计算柱基土方工程量时，应根据土壤的级别和采用的施工方法（单独基坑开挖、基槽开挖，还是大开挖，放边坡还是加支撑）等实际情况进行计算。

3）确定劳动量和机械台班数量。劳动量和机械台班数量应当根据分部分项工程的工程量、施工方法和现行的施工定额，并结合当时当地的具体情况加以确定。

4）确定各施工过程的施工天数。计算各分部分项工程施工天数的方法有两种：

①根据工程项目经理部计划配备在该分部分项工程上的施工机械数量和各专业工人人数确定。

②根据工期要求倒排进度。首先根据规定总工期和施工经验，确定各分部分项工程的施工时间，然后再按各分部分项工程需要的劳动量或机械台班数量，确定每一分部分项工程每个工作班所需要的工人数或机械台数。

5）编制施工进度计划的初始方案。编制施工进度计划时，必须考虑各分部分项工程的合理施工顺序，尽可能组织流水施工，力求主要工种的工作队连续施工。

6）施工进度计划的检查与调整。

5. 各项资源需要量计划的编制

各项资源需要量计划可用来确定建筑工地的临时设施，并按计划供应材料、调配劳动力，以保证施工按计划顺利进行。在单位工程施工进度计划正式编制完后，就可以着手编制各项资源需要量计划。

（1）劳动力需要量计划。劳动力需要量计划，主要是作为安排劳动力的平衡、调配和衡量劳动力耗用指标，安排生活福利设施的依据，其编制方法是将施工进度计划表内所列各施工过程每天（或旬、月）所需工人人数按工种汇总而得，其表格形式见表 5 - 2。

表 5 - 2　劳动力需要量计划

序号	分项工程名称	工种	需要量		需要时间						备注
			单位	数量	×月			×月			
					上旬	中旬	下旬	上旬	中旬	下旬	

(2) 主要材料需要量计划。主要材料需要量计划，是备料、供料和确定仓库、堆场面积及组织运输的依据。其编制方法是将施工进度计划表中各施工过程的工程量，按材料品种、规格、数量、使用时间计算汇总而得。其表格形式见表 5-3。

表 5-3　主要材料需要量计划

序号	材料名称	规格	需要量		供应时间	备注
			单位	数量		

对于某分部分项工程是由多种材料组成时，应按各种材料分类计算，如混凝土工程应换算成水泥、砂、石、外加剂和水的数量列入表格。

(3) 构件和半成品需要量计划。建筑结构构件、配件和其他加工半成品的需要量计划主要用于落实加工订货单位，并按照所需规格、数量、时间，组织加工、运输和确定仓库或堆场，可根据施工图和施工进度计划编制，其表格形式见表 5-4。

表 5-4　构件和半成品需要量计划

序号	构件半成品名称	规格	图号、型号	需要量		使用部位	加工单位	供应日期	备注
				单位	数量				

(4) 施工机械需要量计划。施工机械需要量计划主要用于确定施工机械的类型、数量、进场时间，可据此落实施工机械来源、组织进场。其编制方法为，将单位工程施工进度表中的每一个施工过程、每天所需的机械类型、数量和施工日期进行汇总，即得施工机械需要量计划，其格式见表 5-5。

表 5-5　施工机械需要量计划

序号	机械名称	类型、型号	需要量		货源	使用起止日期	备注
			单位	数量			

6. 施工平面图

单位工程施工平面图是对一个建筑物或构筑物的施工现场的平面规划和空间布置图。它是根据工程规模、特点和施工现场的条件，按照一定的设计原则，来正确地解决施工期间所需的各种暂设工程和其他临时设施等同永久性建筑物和拟建工程之间的合理位置关系。其主要作用表现在：单位工程施工平面图是进行施工现场布置的依据，是实现施工现场有组织、有计划进行文明施工的先决条件，因此也是施工组织设计的重要组成部分。贯彻和执行合理施工平面布置图，会使施工现场井然有序，施工顺利进行，保证进度，提高效率和经济效益。反之，则造成不良后果。单位工程施工平面图的绘制比例一般为1∶500～1∶2000。

单位工程施工平面图的设计内容：

(1) 建筑物总平面图上已建的地上、地下一切房屋、构筑物以及其他设施（道路和各种管线等）的位置和尺寸。

(2) 测量放线标桩位置、地形等高线和土方取弃地点。

(3) 自行式起重机开行路线，轨道式超重机轨道布置和固定式垂直运输设备位置。

(4) 各种加工厂、搅拌站、材料、加工半成品、构件、机具的仓库或堆场。

(5) 生产和生活性福利设施的布置。

(6) 场内道路的布置和引入的铁路、公路和航道位置。

(7) 临时给水管线、供电线路、蒸气及压缩空气管道等布置。

(8) 一切安全及防火设施的位置。

三、工程项目进度控制

在工程项目三大控制中，涉及范围最广、影响最大的是进度控制。它既涉及工程项目建设单位、设计单位、施工总包和分包单位、材料物资供应单位的人力、物力、财力的计划安排与使用，也涉及这些单位的最终利益的实现。因此，进度控制是一项非常重要的工作。

1. 工程项目进度控制的工作内容

工程项目进度控制是指为保证工程项目实现预期工期目标，而对工程项目寿命周期全过程的各项工作时间进行计划、检查、调整等的一系列工作。下面重点讲述工程项目施工阶段进度控制的工作内容。

(1) 施工准备阶段的进度控制包括：

1) 工程项目施工计划工期目标的确定与分解。

2) 编制施工进度计划。

3) 编制施工准备工作计划和资源需用计划。

4) 编制年、季、月、旬度施工作业计划。

5) 制订施工进度控制工作细则。

(2) 施工阶段进度控制包括：

1) 施工进度的跟踪检查。

2) 收集、整理和统计有关进度数据。

3) 将实际进度与计划进度进行对比分析。

4) 分析进度偏差对工期和后续工作的影响。

5) 分析是否需要进行进度调整。

6) 采取进度调整措施。

7）实施调整后的进度计划。

（3）竣工验收，交付使用阶段进度控制。竣工验收、交付使用阶段的工作特点是，在施工作业方面，大量施工任务已经完成，但还有许多零星琐碎的修补、调试、扫尾、清理等工作要做；在管理业务方面，施工技术指导性工作已基本结束，但却有大量的技术资料汇总整理、竣工检查验收、工程质量等级评定、工程决算、工程项目移交等管理工作要做。这些工作如不抓紧进行，也将会影响工程项目的交付期限。这一阶段进度控制工作有：

1）制订竣工验收阶段工作进度计划。

2）定期检查各项工作进展情况。

3）整理有关工程进度资料，归类、编目、建档，认真做好进度资料整理工作，为以后的工程项目进度控制工作积累经验，同时也为工程决算和索赔提供依据。

2. 进度控制的原理

（1）系统控制原理。本原理认为，项目施工进度控制本身就是一个系统工程，它包括项目施工进度计划系统和项目施工进度实施系统两部分。

（2）分工协作控制原理。它由分工和协作两个系统组成，它是根据项目施工进度控制机构层次，明确其进度控制职责，并建立纵向和横向两个控制系统，其中纵向控制系统由企业领导班子和项目经理部构成，而项目施工横向控制系统，则由项目经理部所属各职能部门构成。

（3）弹性控制原理。该原理认为，项目施工进度控制涉及因素多，变化大和持续时间长，不可能十分准确地预测未来，或作出绝对准确的项目施工进度安排；不能期望项目施工进度目标完全按照计划日程实现；在确定项目施工进度目标时，必须留有余地，以使项目施工进度控制有较强的应变能力。

（4）信息反馈控制原理。要做好项目施工进度控制的协调工作，必须加强项目施工进度的信息反馈。当项目施工进度出现偏差时，相应的信息就会反馈到项目进度控制主体，由该主体作出纠正偏差的反映，使项目施工进度朝着计划目标进行，以达到预期效果。

（5）循环控制原理。在项目实施过程中，可分别以单项工程、单位工程、分部工程或分项工程为对象，建立不同层次的循环控制系统，使其循环下去，这样每循环一次，项目管理水平就会提高一步。

3. 工程项目施工进度控制方法

工程项目施工进度控制方法很多。常用的方法主要有横道进度计划实施中的控制方法，网络进度计划实施中的控制方法，S形曲线控制方法和香蕉曲线控制方法。

（1）横道进度计划实施中的控制方法。横道进度计划具有直观、形象、绘制简单等优点，因此被广泛应用于工程项目施工进度计划的编制。

（2）网络进度计划实施中的控制方法。网络进度计划实施中的控制方法是利用网络图对施工进度进行控制。

（3）S形曲线控制方法。S形曲线是一种描述工程项目施工速度的动态曲线。一般来说，在项目施工初期，由于准备工作多，作业面条件差，劳动力、机械设备不能一次性全部到位，工人作业不熟练等原因，施工进展速度较慢；在项目施工中期，施工进展速度较快；而在项目施工后期，工作面逐渐减小，劳动力、机械设备等逐渐撤离施工现场，只留较少一部分人员从事收尾和清理工作，项目施工进展速度又要减慢。如果用平面直角坐标系的横坐标表示时间（可以天、周、旬、月等为单位），以纵坐标表示每一单位时间完成的工作量（可以实物工程量、费用支出或工时消耗等数量表示），绘制出的时间与单位时间完成的工作量之间的关系曲线如图 5 - 3（a）所示。如果以横坐标表示时间不变，以纵坐标表示到每一单位时间为止累计完成的工作量，绘制出的时间与累计完成工作量之间的关系曲线如图 5 - 3（b）所示。因为此曲线形如“S”，故称其为 S 形曲线。

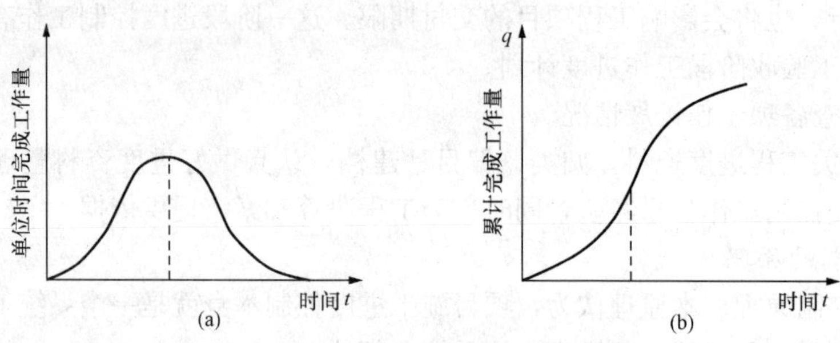

图 5 - 3 时间与累计完成工作量关系曲线示意图

（4）香蕉曲线控制方法。香蕉曲线是由两条 S 形曲线组成的，如图 5 - 4 所示。其中 *ES* 曲线是以工程项目中各项工作均按最早开始时间安排作业所绘制的 S 形曲线；*LS* 曲线是以工程项目中各项工作均按最迟开始时间安排作业所绘制的 S 形曲线。这两条曲线有共同的起点和终点。在施工工期范围内的任何时点上 *ES* 曲线始终在 *LS* 曲线的上方，形如“香蕉”，故称其为香蕉曲线。

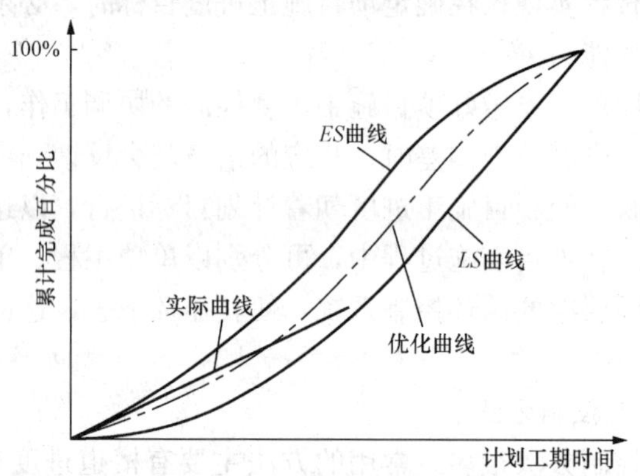

图 5 - 4 香蕉曲线控制方法示意图

四、工程项目质量控制

1. 工程项目质量概念及特点

工程项目质量是指工程满足业主需要的，符合国家法律、法规、技术规范与标准、设计文件及合同规定的特性的总和。工程项目质量的特点主要有：影响工程项目质量因素多；工程项目质量波动大；工程项目质量具有隐蔽性；工程项目质量的终检具有局限性；工程项目质量评价方法具有特殊性。

2. 工程项目质量控制目标分解

工程项目质量控制是指致力于满足工程项目质量要求，也就是为了保证工程项目质量满足工程合同、规范标准所采取的一系列措施、方法和手段。通常工程项目质量是由工作质量，工序质量和产品质量三者构成的，因而工程项目质量控制目标必然也是上述三者。为了实现工程项目质量控制目标，必须对这三个质量控制目标做进一步分解。

在一般情况下，工作质量决定工序质量，而工序质量决定产品质量，因此必须通过提高工作质量来保证和提高工序质量，从而达到所要求的产品质量。

工程项目质量实质上是指在工程项目建设过程中形成的产品质量，即产品质量达到项目设计要求并符合国家法律、法规、技术规范标准要求的程度。因此，工程项目质量控制，就是在施工过程中，采取必要的专业技术和管理技术手段，对整个工程建设全过程实施有效控制，以切实保证最终工程项目质量。

3. 工程项目质量控制方法

(1) PDCA 循环方法。PDCA 循环，即策划（Plan）、实施（Do）、检查（Check）、处置（Act）。PDCA 循环划分为四个阶段，其基本内容为：

第一阶段是策划阶段（即 P 阶段）。该阶段的主要工作任务是制定质量方针、管理目标、活动计划和项目质量管理的具体措施。

第二阶段是实施阶段（即 D 阶段）。该阶段的主要工作任务是按照第一阶段制订的措施和计划，组织各方面的力量分头去认真贯彻执行。在该阶段，首先要做好措施和计划的交底和落实。落实包括组织落实、技术落实和物质落实。有关人员还要经过训练、实习、考核达到相应的要求。其次要依靠质量体系来保证改进措施和计划的有效执行。

第三阶段是检查阶段（即 C 阶段）。这阶段的主要工作任务是将实施效果与预期目标对比，检查执行的情况，看是否达到了预期效果，并提出哪些做对了，哪些还没达到要求，哪些有效果，哪些还没有效果，再进一步找出问题。

第四阶段是处置阶段（即 A 阶段）。这阶段的主要工作任务是对检查结果进行总结和处理。

(2) 质量管理的七种工具。

1) 排列图法。排列图法是利用排列图寻找影响质量主次因素的一种有效方法。排列图又称主次因素分析图或称巴列特图，它是由两个纵坐标、一个横坐标、几个直方形和一条曲线所组成。左侧的纵坐标表示频数，右侧纵坐标表示累计频率，横坐标表示影响质量的各个因素或项目，按影响程度大小从左至右排列，直方形的高度示意某个因素的影响大小。实际应用中，通常按累计频率划分为（0～80%）、（80%～90%）、（90%～100%）三部分，与其对应的影响因素分别 A、B、C 三类。A 类为主要因素，B 类为次要因素，C 类为一般因素。

2) 因果分析图法。因果分析图法是利用因果分析图来整理分析质量问题（结果）与其产生原因之间关系的有效工具。因果分析图也称特性要因图，又因其形状常被称为树枝图或鱼刺图（5-5）。

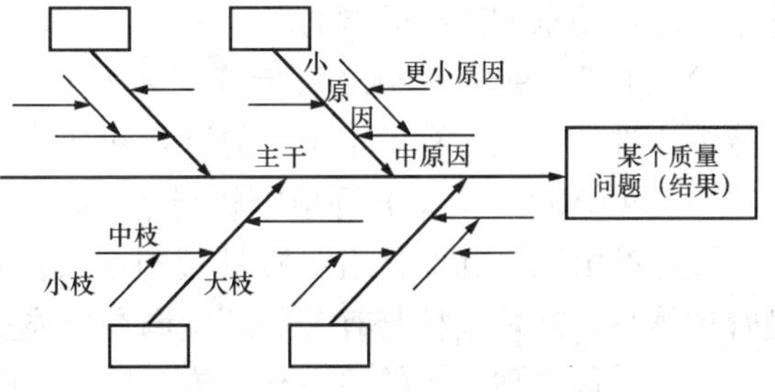

图 5-5　因果分析图的基本形式

3) 频数分布直方图法。频数分布直方图法，简称直方图法，是将收集到的质量数据进行分组整理，绘制成频数分布直方图，用以描述质量分布状态的一种分析方法，所以又称质量分布图法。

4）控制图法。控制图又称管理图。它是在直角坐标系内画有控制界限，描述生产过程中产品质量波动状态的图形。利用控制图区分质量波动原因，判断生产工序是否处于稳定状态的方法称为控制图法。

5）相关图法。相关图又称散布图。在质量管理中它是用来显示两种质量数据之间关系的一种图形。我们一般用 Y 和 X 分别表示质量特性值和影响因素。通过绘制散布图，计算相关系数等，分析研究两个变量之间是否存在相关关系，以及这种关系密切程度如何，进而对相关程度密切的两个变量，通过对其中一个变量的观察控制，去估计控制另一个变量的数值，以达到保证产品质量的目的。这种统计分析方法，称为相关图法。

6）分层法。分层法又叫分类法，它是将调查收集的原始数据，按不同的目的和要求，按某一性质进行分组、整理的分析方法。分层的结果使数据各层间的差异突出地显示出来，层内的数据差异减少了。在此基础上再进行层间、层内的比较分析，可以更深刻地发现和认识质量问题的本质和规律。由于产品质量是多方面因素共同作用的结果，因而对同一批数据，可以按不同性质分层，使我们能从不同角度来考虑、分析产品存在的质量问题和影响因素。

7）统计调查表法。统计调查表法是利用专门设计的统计调查表，进行数据收集、整理和粗略分析质量状态的一种方法。

4. 质量管理体系标准

随着市场经济的不断发展，产品质量已成为市场竞争的焦点。为了更好地推动企业建立更加完善的质量管理体系，实施充分的质量保证，建立国际贸易所需要的关于质量的共同语言和规则，国际标准化组织（ISO）于 1976 年成立了 TC176（质量管理和质量保证技术委员会），着手研究制订国际间遵循的质量管理和质量保证标准。1987 年，ISO/TC176 发布了举世瞩目的 ISO 9000 系列标准。我国为了更好地与国际接轨，于 1992 年 10 月发布了 GB/T 19000系列标准，并“等同采用 ISO 9000 族标准”。2000 年 12 月 15 日国际标准化组织发布了修订后的新的 ISO 9000、ISO 9001 和 ISO 9004 国际标准。2000 年 12 月 28 日国家质量技术监督局正式发布 GB/T 19000—2000（idt ISO 9000：2000），GB/T 19001—2000（idt ISO 9001：2000），GB/T 19004—2000（idt ISO 9004：2000）三个国家标准。

（1）GB/T 19000—2000 族标准的构成。GB/T 19000—2000 族标准的构成，GB/T 19000—2000 族标准由下列四部分组成。

1）GB/T 19000—2000 质量管理体系——基础和术语，表述质量管理体系并规定质量管理体系术语。

2）GB/T 19001—2000 质量管理体系——要求，用于组织证实其具有提供顾客要求和适用的法规要求的产品的能力。

3）GB/T 19004—2000 质量管理体系——业绩改进指南，提供质量管理体系指南，包括持续改进的过程，有助于组织的顾客和其他相关方满意。

4）ISO 19011 质量和环境审核指南，提供管理与实施环境和质量审核的指南。

该标准由国际标准化组织质量管理和质量保证技术分委员会（ISO/TC176/SC3）与环境管理体系、环境审核与有关的环境调查分委员会（ISO/TC207/SC2）联合制定。

（2）质量管理体系的建立与实施。按照 GB/T 19000—2000 族标准建立或更新、完善质量管理体系的程序，通常包括组织策划与总体设计、质量管理体系的文件编制、质量管理体系的实施运行等三个阶段。

1）质量管理体系的策划与总体设计。最高管理者应确保对质量管理体系进行策划，以满足组织确定的质量目标的要求及质量管理体系的总体要求。在对质量管理体系的变更进行策划和实施时，应保持管理体系的完整性。通过对质量管理体系的策划，确定建立质量管理体系要采用的过程方法模式，从组织的实际出发进行体系的策划和实施，明确是否有剪裁的需求并确保其合理性。

2）质量管理体系文件。质量管理体系文件的编制应在满足标准要求、确保控制质量、提高组织全面管理水平的情况下，建立一套高效、简单、实用的质量管理体系文件。质量管理体系文件包括质量手册、质量管理体系程序文件、质量记录等部分组成。

3）质量管理体系的实施。为保证质量管理体系的有效运行，要做到两个到位：一是认识到位，二是管理考核到位。开展纠正与预防活动，充分发挥内审的作用是保证质量管理体系有效运行的重要环节。内审是由经过培训并取得内审资格的人员对质量管理体系的符合性及有效性进行验证的过程。对内审中发现的问题，要制定纠正及预防措施，进行质量的持续改进，内审作用发挥的好坏与贯标认证的实效有着重要的关系。

（3）质量认证。质量认证是第三方依据程序对产品、过程或服务符合规定的要求给予书面保证（合格证书）。质量认证包括产品质量认证和质量管理体系认证两方面。

1）产品质量认证。产品质量认证按认证性质划分可分为安全认证和合格认证。

2）质量管理体系认证。由于建筑产品具有单件性，不能以某个项目作为质量认证的依据。因此，只能对质量管理体系进行认证。质量管理体系认证始于机电产品，由于产品类型由硬件拓宽到软件、流程性材料和服务领域，使得各行各业都可以按标准实施质量管理体系认证。

3）质量认证的表示方法。质量认证有两种表示方法，即认证证书和认证合格标志。

①认证证书（合格证书）。它是由认证机构颁发给企业的一种证明文件，证明某项产品或服务符合特定标准或技术规范。

②认证标志（合格标志）。由认证机构设计并公布的一种专用标志，用以证明某项产品或服务符合特定标准或规范。经认证机构批准的合格认证使用在每台（件）合格出厂的认证产品上。

认证标志是质量标志，通过标志可以向购买者传递正确可靠的质量信息，帮助购买者识别认证的商品与非认证的商品，指导购买者购买自己满意的产品。

认证标志为方圆标志，长城标志和 PRC 标志，其中方圆标志又分为合格认证标志和安全认证标志。

五、工程项目成本控制

1. 工程项目成本的构成

工程项目成本是指承包单位在进行某工程项目的施工过程中所发生的全部费用支出的总和。它以工程项目施工为核算对象，一般包括支付给生产工人的工资、奖金等，所消耗的材料、构配件费用及周转材料的摊销费等，施工机械设备的使用或租赁费，以及项目经理部为组织管理工程项目施工而发生的全部费用支出。

按照现行有关规定，工程项目成本由直接成本和间接成本两大部分组成。

2. 工程项目成本计划

(1) 工程项目成本预测。成本预测是根据相关的工程项目成本资料，采用科学的方法和手段，对一定时期内工程项目的成本变动趋势和成本目标作出判断。它对于企业经营决策、编制成本计划、实施成本管理与控制等具有重要意义。

(2) 工程项目成本预测的方法。

1) 定性预测方法。定性预测方法主要是利用可能收集到的资料，根据专家个人的经验、知识进行综合分析、判断，从而对于未来的工程项目成本作出预测。其具体方法很多，而经验判断法、专家会议法、专家调查法（德尔菲法）、主观概率法、访问调查法等比较常用。

定性预测方法依靠专家的经验和主观能动性，侧重于市场行情与发展趋势，以及施工中各种影响工程项目成本因素的分析，可以较快地得出预测结果。但是，它同样需要收集有关数据资料，而且对于专家的依赖性较强。

2) 定量预测方法。定量预测也称统计预测，它根据已经掌握的比较完备的历史统计数据资料，运用一定的数学方法进行科学的加工整理，从而揭示各项因素之间的规律性，并推测未来工程项目成本的变化趋势。其具体方法很多，主要可归纳为时间序列法和回归分析法两大类。

定量预测方法依据客观统计资料、受主观因素影响较小，可以借助现代数学方法科学地进行大量数据的处理分析，并对工程项目成本的变化情况作出定量的描述。但是，其过程比较机械，并需要大量的数据资料。

(3) 工程项目目标成本的确定。工程项目目标成本是在相关成本资料分析、预测，以及劳动力、材料、机械设备等资源优化的基础上，项目经理部经过努力可以实现和必须实现的成本。它是施工企业要求项目经理实施工程项目成本管理与控制工作的目标，故应在工程开工前编制完成。

(4) 工程项目目标成本的分解。

1) 目标成本的纵向分解。纵向分解是将工程项目直接成本中的可控成本，按照项目的构成情况进行垂直分解。例如，直接成本中的材料采购成本属于作业队的不可控范围，则不应分解。

根据工程项目的组织、作业特点，纵向分解分级管理时，应将分部分项工程与作业队、班组结合起来。其基本思路，见表 5-6。

表 5-6 ________**项目目标成本纵向分解表** 费用单位：

编号	工程名称	实物量		直接成本（费用）								责任单位
		单位	数量	人工费		材料费		机械费		其他直接费		
				预算	计划	预算	计划	预算	计划	预算	计划	
	单位工程Ⅰ 分部分项工程1 分部分项工程2 … 单位工程Ⅱ …											

续表

编号	工程名称	实物量		直接成本（费用）								责任单位
		单位	数量	人工费		材料费		机械费		其他直接费		
				预算	计划	预算	计划	预算	计划	预算	计划	
	临时设施											
	合计											

编制单位或部门： 编制人： 审定人： 日期：

2）目标成本的横向分解。横向分解是将工程项目成本中的部分间接成本（如管理费用）和直接成本中不宜纵向分解的部分（如材料采购成本），在项目经理部内部的有关职能部门进行分解。

项目目标成本横向分解见表 5－7。

表 5－7 ________**项目目标成本横向分解表** 费用单位：

编号	成本（费用）项目	办公室	施工技术	安全质量	预算计划	财务会计	材料供应	机械设备	…
	工资 奖金 …								
	合计								
	材料采购成本								

编制单位或部门： 编制人： 审定人： 日期：

（5）工程项目成本计划表。项目经理部通过编制工程项目成本计划表，将各分部分项工程以及各成本要素、成本控制的目标和要求，落实到成本控制的责任者，并针对拟订的成本控制措施、方法和时间，进行检查和改善。进而，实施有效的工程项目成本控制。常用的工程项目成本计划表主要包括以下三个：目标成本计划表、降低成本技术组织措施计划表、降低成本计划表。

3. 工程项目成本分析

工程项目成本分析是利用项目成本核算资料，对于成本的形成过程及影响成本升降的因素进行系统地分析，以寻找降低成本的有效途径。项目经理部应当充分利用成本核算资料，坚持实事求是的科学态度，紧紧地围绕项目管理的方针与目标，及时、深入地进行项目成本分析工作。

成本分析是成本核算的延续，其内容应与成本核算对象相对应。并在单位工程成本分析的基础上，进行工程项目成本的综合分析，以反映项目的施工活动及其成果。工程项目成本分析的主要内容，一般应当包括以下三个方面：

（1）按项目施工进展进行的成本分析。

1）分部分项工程成本分析。它针对已完的分部分项工程，从开工到竣工进行系统的成本分析，是项目成本分析的基础。

2）月（季）度成本分析。它通过定期的、经常性的过程（中间）成本分析，及时发现问题、解决问题，保证项目成本目标的实现。

3）年度成本分析。它可以满足施工企业年度结算、编制年度成本报表的需要，而且可以总结过去、指出未来的管理措施。

4）竣工成本分析。它以项目施工的全过程作为结算期，汇总该工程项目所包含的各个单位工程，并应考虑项目经理部的经营效益。

（2）按项目成本构成进行的成本分析。

1）人工费分析。应在执行劳务承包合同的基础上，考虑因工程量增减、奖励等原因引起的其他人工费开支。

2）材料费分析。它着重分析主要材料与结构构件费用、周转材料使用费、采购保管费、材料储备资金等内容。

3）机械使用费分析，主要针对项目施工中使用的机械设备，尤其是按使用时间计算费用的设备，分析其完好率、利用率，以实现机械设备的平衡调度。

4）其他直接费分析，主要将实际发生数额与预算或计划目标进行比较。

5）间接费分析，主要将实际发生数额与预算或计划目标进行比较。

（3）按特定事项进行的成本分析。

1）成本盈亏异常分析。按照施工形象进度、施工产值统计、实际成本归集"三同步"的原则，彻底查明造成项目成本异常的原因，并采取措施加以纠正。

2）工期成本分析。在求出固定费用的基础上，将计划工期内应消耗的计划成本与实际工期内所消耗的实际成本进行对比分析，并分析各种因素变动对于工期成本的影响。

3）资金成本分析。一般通过成本支出率，反映成本支出占工程（款）收入的比重，加强资金管理、控制成本支出，并联系储备金和结存资金的比重，分析资金使用的合理性。

4）技术组织措施节约效果分析。紧密结合工程项目特点，分析采取措施前后的成本变化，并对影响较大、效果较好的措施进行专题分析。

5）其他有利因素和不利因素对成本影响的分析，包括工程结构的复杂性和施工技术的难度，施工现场的自然地理环境，物资供应渠道和技术装备水平等。

针对上述成本分析的内容，应当形成工程项目的成本分析报告。成本分析报告通常由文字说明、报表和图表等部分组成。它可以为纠正与预防成本偏差、改进成本控制方法、制订降低成本措施、完善成本控制体系等提供依据。

4. 工程项目成本控制的实施

（1）工程项目成本控制的措施。

1）组织措施。建立成本控制保证体系，完善各部门、各层次的项目组织机构，做到人员、机构落实，任务、职责明确，工作流程规范。

2）技术措施。应用价值工程原理、网络计划技术等现代管理理论与方法进行多方案选择，严格审查施工组织设计和施工方案，严格控制工程返工、窝工，采取有效的措施达到降低工程项目成本的目的。例如，项目经理部应加强科学的计划管理和施工调度，避免因施工计划不周、盲目调度造成窝工损失、机械利用率降低、物料积压等导致的项目成本增加。

3）经济措施。推行项目成本核算制，将成本计划目标层层分解落实，严格各项费用的审批和支付，及时将实际发生费用与计划目标进行对比分析，积极鼓励节约成本。例如，项目经理部应加强施工定额管理和施工任务单管理，在控制人工、材料和机械设备消耗量的同时，确保施工的结果（产品）符合质量要求。

4）合同措施。在项目成本控制过程中，全面、认真地履行合同，按规定的程序及时做好签证、记录，正确运用施工合同条件和有关法规，妥善处理工程变更和索赔事宜。

一般来讲，项目经理部应注意以下事项：按发包人或监理工程师的指令执行设计变更；非承包人原因导致的施工条件变化，经监理工程师确认批准的施工方案或措施的变更；因发包人提供施工图纸的时间延误或按合同规定应由发包人提供的其他施工条件不能按规定落实到位，影响施工进度而造成的工期延误和经济损失。

5）信息管理措施。为了适应项目管理发展的需要，依靠现代信息技术、网络通讯技术、计算机技术等，不断改进、完善项目成本信息档案资料的管理工作。

（2）工程项目成本控制的方法。工程项目成本控制的方法主要有利用施工图预算进行控制；利用施工预算进行控制；

利用成本分析表进行控制；利用价值工程原理进行项目成本控制。

5. 工程项目成本核算

工程项目成本核算就是定期地确认、记录施工过程中发生的费用支出，以反映工程项目发生的实际成本。建立项目成本核算制，明确项目成本核算的原则、范围、程序、方法、内容、责任及要求，可以反映、监督项目成本计划的完成情况，为项目成本预测、施工与技术决策提供可靠的资料，并将促进工程项目改善管理、降低成本、提高经济效益。

项目成本核算应通过会计核算、统计核算和业务核算相结合的方法，进行实际成本与预算成本、实际成本与计划目标成本的比较分析。从而找出具体核算对象成本节约或超支的原因，以便采取对策，防止因偏差积累而导致成本总目标失控。

第三节 工程项目验收

一、建设项目竣工验收概述

1. 建设项目竣工验收的概念

建设项目竣工验收是指由发包人、承包人和项目验收委员会，以项目批准的设计任务书和设计文件，以及国家或部门颁发的施工验收规范和质量检验标准为依据，按照一定的程序和手续，在项目建成并试生产合格后（工业生产性项目），对工程项目的总体进行检验和认证、综合评价和鉴定的活动。按照我国建设程序的规定，竣工验收是建设工程的最后阶段，是建设项目施工阶段和保修阶段的中间过程，是全面检验建设项目是否符合设计要求和工程质量检验标准的重要环节，审查投资使用是否合理的重要环节，是投资成果转入生产或使用的标志。只有经过竣工验收，建设项目才能实现由承包人管理向发包人管理的过渡，它标志着建设投资成果投入生产或使用，对促进建设项目及时投产或交付使用、发挥投资效果、总结建设经验有着重要的作用。

工业生产项目，须经试生产（投料试车）合格，形成生产能力，能正常生产出产品后，才能进行验收。非工业生产项目，应能正常使用，才能进行验收。

建设项目竣工验收，按被验收的对象划分，可分为：单位工程验收、单项工程验收及工程整体验收（称为“动用验收”）。通常所说的建设项目竣工验收，指的是“动用验收”，是指发包人在建设项目按批准的设计文件所规定的内容全部建成后，向使用单位（国有资金建设的工程向国家）交工的过程。其验收程序是：整个建设项目按设计要求全部建成，经过第一阶段的交工验收，符合设计要求，并具备竣工图、竣工结算、竣工决算等必要的文件资料后，由建设项目主管部门或发包人，按照国家有关部门关于《建设项目竣工验收办法》的规定，及时向负责验收的单位提出竣工验收申请报告，按现行验收组织规定，接受由银行、物资、环保、劳动、统计、消防及其他有关部门组成的验收委员会或验收组的验收，办理固定资产移交手续。验收委员会或验收组负责建设的各个环节，听取有关单位的工作报告，审阅工程技术档案资料，并实地查验建筑工程和设备安装情况，对工程设计、施工和设备质量等方面提出全面的评价。

2. 建设项目竣工验收的作用

（1）全面考核建设成果，检查设计、工程质量是否符合要求，确保建设项目按设计要求的各项技术经济指标正常使用。

（2）通过竣工验收办理固定资产使用手续，可以总结工程建设经验，为提高建设项目的经济效益和管理水平提供重要依据。

（3）建设项目竣工验收是项目施工阶段的最后一个程序，是建设成果转入生产使用的标志，是审查投资使用是否合理的重要环节。

（4）建设项目建成投产交付使用后，能否取得良好的宏观效益，需要经过国家权威管理部门按照技术规范、技术标准组织验收确认。通过建设项目验收，国家可以全面考核项目的建设成果，检验建设项目决策、设计、设备制造和管理水平，以及总结建设经验。因此，竣工验收是建设项目转入投产使用的必要环节。

3. 建设项目竣工验收的任务

建设项目通过竣工验收后，由承包人移交发包人使用，并办理各种移交手续，这时标志着建设项目全部结束，即建设资金转化为使用价值。建设项目竣工验收的主要任务有：

（1）发包人、勘察和设计单位、承包人分别对建设项目的决策和论证、勘察和设计以及施工的全过程进行最后的评价，对各自在建设项目进展过程中的经验和教训进行客观的评价，以保证建设项目按设计要求的各项技术经济指标正常使用。

（2）办理建设项目的验收和移交手续，并办理建设项目竣工结算和竣工决算，以及建设项目档案资料的移交和保修手续等，总结建设经验，提高建设项目的经济效益和管理水平。

（3）承包人通过竣工验收应采取措施将该项目的收尾工作和包括市场需求、“三废”治理、交通运输等问题在内的遗留问题尽快处理好，确保建设项目尽快发挥效益。

二、建设项目竣工验收的范围和依据

1. 竣工验收的范围

国家颁布的建设法规规定，凡新建、扩建、改建的基本建设项目和技术改造项目，（所有列入固定资产投资计划的建设项目或单项工程），已按国家批准的设计文件所规定的内容建成，符合验收标准的必须及时组织验收，办理固定资产移交手续，即：工业投资项目经负荷试车考核，试生产期间能够正常生产出合格产品，形成生产能力的；非工业投资项目符合设计要求，能够正常使用的，不论是属于哪种建设性质，都应及时组织验收，办理固定资产移交手续。有的工期较长、建设设备装置较多的大型工程，为了及时发挥其经济效益，对其能够独立生产的单项工程，也可以根据建成时间的先后顺序，分期分批地组织竣工验收；对能生产中间产品的一些单项工程，不能提前投料试车，可按生产要求与生产最终产品的工程同步建成竣工后，再进行全部验收。此外对于某些特殊情况，工程施工虽未全部按设计要求完成，也应进行验收，这些特殊情况主要有：

(1) 因少数非主要设备或某些特殊材料短期内不能解决，虽然工程内容尚未全部完成，但已可以投产或使用的工程项目。

(2) 规定要求的内容已完成，但因外部条件的制约，如流动资金不足、生产所需原材料不能满足等，而使已建工程不能投入使用的项目。

(3) 有些建设项目或单项工程，已形成部分生产能力，但近期内不能按原设计规模续建。应从实际情况出发，经主管部门批准后，可缩小规模对已完成的工程和设备组织竣工验收，移交固定资产。

(4) 国外引进设备项目，按照合同规定完成负荷调试、设备考核合格后，进行竣工验收。

2. 竣工验收的条件

国务院2000年1月发布的第279号令《建设工程质量管理条例》规定，建设工程竣工验收应当具备以下几个条件：

(1) 完成建设工程设计和合同约定的各项内容，并满足使用要求，具体包括以下几点：

1) 民用建筑工程完工后，承包人按照施工及验收规范和质量检验标准进行自验，不合格品已自行返修或整改，达到验收标准。水、电、暖、设备、智能化、电梯经过试验，符合使用要求。

2) 生产性工程、辅助设施及生活设施，按合同约定全部施工完毕，室内工程和室外工程全部完成，建筑物、构筑物周围2m以内的场地平整，障碍物已清除，给排水、动力、照明、通信畅通，达到竣工条件。

3) 工业项目的各种管道设备、电气、空调、仪表、通讯等专业施工内容已全部安装结束，已做完清洁、试压、油漆、保温等，经过试运转，试运转考核各项指标已达到设计能力并全部符合工业设备安装施工及验收规范和质量标准的要求。

4) 其他专业工程按照合同的规定和施工图规定的工程内容全部施工完毕，已达到相关专业技术标准，质量验收合格，达到了交工的条件。

(2) 有完整的技术档案和施工管理资料。

(3) 有工程使用的主要建筑材料、建筑构配件和设备的进场试验报告。

(4) 有勘察、设计、施工、工程监理等单位分别签署的质量合格文件。

(5) 发包人已按合同约定支付工程款。

(6) 有承包人签署的工程质量保修书。

(7) 在建设行政主管部门及工程质量监督站等有关部门的历次抽查中，责令整改的问题全部整改完毕。

(8) 工程项目前期审批手续齐全，主体工程、辅助工程和公用设施，已按批准的设计文件要求建成。

(9) 国外引进项目或设备应按合同要求完成负荷调试考核，并达到规定的各项技术经济指标。

(10) 建设项目基本符合竣工验收标准，但有部分零星工程和少数尾工未按设计规定的内容全部建成，而且不影响正常生产和使用，也应组织竣工验收。对剩余工程应按设计留足投资。

3. 竣工验收的依据

建设项目竣工验收的主要依据包括：

(1) 国家、省和行业行政主管部门颁布的法律、法规，现行的施工技术验收标准及技术规范、质量标准等有关规定。

(2) 审批部门批准的可行性研究报告、初步设计、实施方案、施工图纸和设备技术说明书。

(3) 施工图设计文件及设计变更洽商记录。

(4) 国家颁布的各种标准和现行的施工验收规范。

(5) 工程承包合同文件。

(6) 技术设备说明书。

(7) 建筑安装工程统计规定及主管部门关于工程竣工规定。

从国外引进的新技术和成套设备的项目，以及中外合资建设项目，要按照签订的合同和进口国提供的设计文件等资料进行验收。

利用世界银行等国际金融机构贷款的建设项目，应按世界银行规定，按时编制《项目完成报告》。

三、建设项目竣工验收的标准

1. 工业建设项目竣工验收标准

根据国家规定，工业建设项目竣工验收、交付生产使用，必须满足以下要求：

(1) 生产性项目和辅助性公用设施，已按设计要求完成，能满足生产使用要求。

(2) 主要工艺设备、动力设备均已安装配套，经无负荷联动试车和有负荷联动试车合格，并已形成生产能力，能够生产出设计文件所规定的产品。

(3) 必要的生产设施，已按设计要求建成。

(4) 生产准备工作能适应投产的需要，其中包括生产指挥系统的建立，经过培训的生产人员已能上岗操作，生产所需的原材料、燃料和备品备件的储备，经验收检查能够满足连续生产要求。

(5) 环境保护设施、劳动安全卫生设施、消防设施已按设计要求与主体工程同时建成使用。

(6) 生产性投资项目如工业项目的土建工程、安装工程、人防工程、管道工程、通讯工程等工程的施工和竣工验收，必须按照国家批准的《中华人民共和国国家标准××工程施工及验收规范》和主管部门批准的《中华人民共和国行业标准××工程施工及验收规范》执行。

1) 土建工程验收标准。凡生产性工程、辅助公用设施及生活设施按照设计图纸、技术说明书、验收规范进行验收，工程质量符合各项要求，在工程内容上按规定全部施工完毕。即对生产性工程要求室内全部做完，室外明沟勒脚、踏步斜道全部做，内外粉刷完毕；建筑物、构筑物周围2m以内场地平整、障碍物清除，道路及下水道畅通。对生活设施和职工住宅除上述要求外，还要求水通、电通、道路通。

2) 安装工程验收标准。按照设计要求的施工项目内容、技术质量要求及验收规范的规定，各道工序全部保质保量施工完毕。即工艺、燃料、热力等各种管道已做好清洗、试压、吹扫、油漆、保温等工作，各项设备、电气、空调、仪表、通讯等工程项目全部安装结束，经过单机、联动无负荷及投料试车，全部符合安装技术的质量要求，具备形成设计能力的条件。

3）人防工程验收标准。凡有人防工程或结合建设的人防工程的竣工验收必须符合人防工程的有关规定，并且要求按工程等级安装好防护密闭门；室外通道在人防密闭门外的部位增设防护门进、排风等孔口，设备安装完毕。目前没有设备的，做好基础和预埋件，具备有设备以后即能安装的条件；应做到内部粉饰完工；内部照明设备安装完毕，并可通电；工程无漏水，回填土结束，通道畅通等。

4）大型管道工程验收标准。大型管道工程（包括铸铁管和钢管）按照设计内容、设计要求、施工规格、验收规范全部（或分段）按质量敷设施工完毕和竣工，必须符合规定达到合格要求，管道内部垃圾要清除，输油管道、自来水管道还要经过清洗和消毒，输气管道还要经过通气换气。在施工前，对管道材质用防腐层（内壁及外壁）要根据规定标准进行验收，钢管要注意焊接质量，并加以评定和验收。对设计中选定的闸阀产品质量要慎重检验。地下管道施工后，对覆地要求分层夯实，确保道路质量。

（7）更新改造项目和大修理项目，可以参照国家标准或有关标准，根据工程性质，结合当时当地的实际情况，由业主与承包人共同商定提出适用的竣工验收的具体标准。

2. 民用建设项目竣工验收标准

（1）建设项目各单位工程和单项工程，均已符合项目竣工验收标准。

（2）建设项目配套工程和附属工程，均已施工结束，达到设计规定的相应质量要求，并具备正常使用条件。

四、建设项目竣工验收的方式与程序

1. 建设项目竣工验收的方式

建设项目竣工验收的方式可分为单位工程竣工验收、单项工程竣工验收和全部工程竣工验收三种方式。

（1）单位工程竣工验收（又称中间验收）。单位工程验收是承包人以单位工程或某专业工程为对象，独立签订建设工程施工合同，达到竣工条件后，承包人可单独进行交工，发包人根据竣工验收的依据和标准，按施工合同约定的工程内容组织竣工验收，比较灵活地适应了目前工程承包的普遍性。这阶段工作由监理人组织，发包人和承包人派人参加验收工作，单位工程验收资料是最终验收的依据。按照现行建设工程项目划分标准，单位工程是单项工程的组成部分，有独立的施工图纸，承包人施工完毕，征得发包人同意，或原施工合同已有约定的，可进行分阶段验收。这种验收方式，在一些较大型的、群体式的、技术较复杂的建设工程中比较普遍地存在。我国加入世贸组织后，建设工程领域利用外资或合作搞建设的会越来越多，采用国际惯例的做法也会日益增多。分段验收或中间验收的做法也符合国际惯例，它可以有效控制分项、分部和单位工程的质量，保证建设工程项目系统目标的实现。我国近几年来也借鉴了国际上的一些经验和做法，修订了施工合同示范文本，增加了中间交工的条款。

（2）单项工程竣工验收（又称交工验收）。单项工程竣工验收是在一个总体建设项目中，一个单项工程已完成设计图纸规定的工程内容，能满足生产要求或具备使用条件，承包人向监理人提交“工程竣工报告”和“工程竣工报验单”，经确认后向发包人发出“交付竣工验收通知书”，说明工程完工情况、竣工验收准备情况、设备无负荷单机试车情况，具体约定单项工程竣工验收的有关工作。这阶段工作由发包人组织，会同承包人、监理人、设计单位和使用单位等有关部门完成。对于投标竞争承包的单项工程施工项目，则根据施工合同的约定，仍由承包人向发包人发出交工通知书请求组织验收。竣工验收前，承包人要按照国家规定，整理好全部竣工资料并完成现场竣工验收的准备工作，明确提出交工要求，发包人应按约定的程序及时组织正式验收。对于工业设备安装工程的竣工验收，则要根据设备技术规范说明书和单机试车方案，逐级进行设备的试运行。验收合格后应签署设备安装工程的竣工验收报告。

（3）全部工程的竣工验收。全部工程的竣工验收是建设项目已按设计规定全部建成、达到竣工验收条件，由发包人组织设计、施工、监理等单位和档案部门进行全部工程的竣工验收。全部工程的竣工验收，一般是在单位工程、单项工程竣工验收的基础上进行。对已经交付竣工验收的单位工程（中间交工）或单项工程并已办理了移交手续的，原则上不再重复办理验收手续，但应将单位工程或单项工程竣工验收报告作为全部工程竣工验收的附件加以说明。

对一个建设项目的全部工程竣工验收而言，大量的竣工验收基础工作已在单位工程和单项工程竣工验收中进行。实际上，全部工程竣工验收的组织工作，大多由发包人负责，承包人主要是为竣工验收创造必要的条件。

全部工程竣工验收的主要任务是：负责审查建设工程的各个环节验收情况；听取各有关单位（设计、施工、监理等）的工作报告；审阅工程竣工档案资料的情况；对工程进行实地察验并对设计、施工、监理等方面工作和工程质量、试车情况等做出综合全面评价。承包人作为建设工程的承包（施工）主体，应全过程参加有关的工程竣工验收。

2. 建设项目竣工验收的程序

建设项目全部建成，经过各单项工程的验收符合设计的要求，并具备竣工图表、竣工决算、工程总结等必要文件资料，由建设项目主管部门或发包人向负责验收的单位提出竣工验收申请报告，按程序验收。工程验收报告应经项目经理和承包人有关负责人审核签字。竣工验收的一般程序为以下几点：

（1）承包人申请交工验收。承包人在完成了合同工程或按合同约定可分部移交工程的，可申请交工验收，交工验收一般为单项工程，但在某些特殊情况下也可以是单位工程的施工内容，诸如特殊基础处理工程、发电站单机机组完成后的移交等。承包人施工的工程达到竣工条件后，应先进行预检验，对不符合要求的部位和项目，确定修补措施和标准，修补有缺陷的工程部位；对于设备安装工程，要与发包人和监理人共同进行无负荷的单机和联动试车。承包人在完成了上述工作和准备好竣工资料后，即可向发包人提交“工程竣工报验单”。

（2）监理人现场初步验收。监理人收到“工程竣工报验单”后，应由总监理工程师组成验收组，对竣工的工程项目的竣工资料和各专业工程的质量进行初验，在初验中发现的质量问题，要及时书面通知承包人，令其修理甚至返工。经整改合格后监理工程师签署“工程竣工报验单”，并向发包人提出质量评估报告，至此现场初步验收工作结束。

（3）单项工程验收。单项工程验收又称交工验收，即验收合格后发包人方可投入使用。由发包人组织的交工验收，由监理人、设计单位、承包人、工程质量监督站等参加，主要依据国家颁布的有关技术规范和施工承包合同，对以下几方面进行检查或检验：

1）检查、核实竣工项目准备移交给发包人的所有技术资料的完整性、准确性。

2）按照设计文件和合同，检查已完工程是否有漏项。

3）检查工程质量、隐蔽工程验收资料，关键部位的施工记录等，考察施工质量是否达到合同要求。

4）检查试车记录及试车中所发现的问题是否得到改正。

5）在交工验收中发现需要返工、修补的工程，明确规定完成期限。

6）其他涉及的有关问题。

验收合格后，发包人和承包人共同签署“交工验收证书”。然后由发包人将有关技术资料和试车记录、试车报告及交工验收报告一并上报主管部门，经批准后该部分工程即可投入使用。验收合格的单项工程，在全部工程验收时，原则上不再办理验收手续。

（4）全部工程的竣工验收。全部施工过程完成后，由国家主管部门组织的竣工验收，又称为动用验收。发包人参与全部工程竣工验收分为验收准备、预验收和正式验收三个阶段。

1）验收准备。发包人、承包人和其他有关单位均应进行验收准备，验收准备的主要工作内容有以下几点：

①收集、整理各类技术资料，分类装订成册。

②核实建筑安装工程的完成情况，列出已交工工程和未完工工程一览表，包括单位工程名称、工程量、预算估价以及预计完成时间等内容。

③提交财务决算分析。

④检查工程质量，查明须返工或补修的工程并提出具体的时间安排，预申报工程质量等级的评定，做好相关材料的准备工作。

⑤整理汇总项目档案资料，绘制工程竣工图。

⑥登载固定资产，编制固定资产构成分析表。

⑦落实生产准备各项工作，提出试车检查的情况报告，总结试车考评情况。

⑧编写竣工结算分析报告和竣工验收报告。

2）预验收。建设项目竣工验收准备工作结束后，由发包人或上级主管部门会同监理人、设计单位、承包人及有关单位或部门组成预验收组进行预验收。预验收的主要工作包括：

①核实竣工验收准备工作内容，确认竣工项目所有档案资料的完整性和准确性。

②检查项目建设标准、评定质量，对竣工验收准备过程中有争议的问题和有隐患及遗留问题提出处理意见。

③检查财务账表是否齐全并验证数据的真实性。

④检查试车情况和生产准备情况。

⑤编写竣工预验收报告和移交生产准备情况报告，在竣工预验收报告中应说明项目的概况、对验收过程进行阐述、对工程质量做出总体评价。

3）正式验收。建设项目的正式竣工验收是由国家、地方政府、建设项目投资商或开发商以及有关单位领导和专家参加的最终整体验收。大中型和限额以上的建设项目的正式验收，由国家投资主管部门或其委托项目主管部门或地方政府组织验收，一般由竣工验收委员会（或验收小组）主任（或组长）主持，具体工作可由总监理工程师组织实施。国家重点工程的大型建设项目，由国家有关部委、邀请有关方面参加，组成工程验收委员会，进行验收。小型和限额以下的建设项目由项目主管部门组织。发包人、监理人、承包人、设计单位和使用单位共同参加验收工作。

①发包人、勘查设计单位分别汇报工程合同履约情况以及在工程建设各环节执行法律、法规与工程建设强制性标准的情况。

②听取承包人汇报建设项目的施工情况、自验情况和竣工情况。

③听取监理人汇报建设项目监理内容和监理情况及对项目竣工的意见。

④组织竣工验收小组全体人员进行现场检查，了解项目现状、查验项目质量，及时发现存在和遗留的问题。

⑤审查竣工项目移交生产使用的各种档案资料。

⑥评审项目质量，对主要工程部位的施工质量进行复验、鉴定，对工程设计的先进性、合理性和经济性进行复验和鉴定，按设计要求和建筑安装工程施工的验收规范和质量标准进行质量评定验收。在确认工程符合竣工标准和合同条款规定后，签发竣工验收合格证书。

⑦审查试车规程，检查投产试车情况，核定收尾工程项目，对遗留问题提出处理意见。

⑧签署竣工验收鉴定书，对整个项目做出总的验收鉴定。竣工验收鉴定书是表示建设项目已经竣工，并交付使用的重要文件，是全部固定资产交付使用和建设项目正式动用的依据。

整个建设项目进行竣工验收后，发包人应及时办理固定资产交付使用手续。在进行竣工验收时，已验收过的单项工程可以不再办理验收手续，但应将单项工程交工验收证书作为最终验收的附件而加以说明。发包人在竣工验收过程中，如发现工程不符合竣工条件，应责令承包人进行返修，并重新组织竣工验收，直到通过验收。

复习思考题

1. 简述工程项目勘察的含义与分类。
2. 什么是工程项目设计？它主要分为几个阶段？
3. 简述工程项目设计的程序。
4. 对比初步设计、技术设计、施工图设计的不同。
5. 总平面设计要满足哪些基本要求？
6. 民用项目的设计分几个阶段？
7. 简述民用项目设计方案的内容和评价原则。
8. 工业项目设计评价主要包括哪些方面？
9. 工业项目设计评价中，影响总平面设计的工程造价因素有哪些？
10. 总平面设计应满足哪些基本要求？
11. 描述工业项目总平面设计的评价指标。
12. 工艺设计过程中影响工程造价的因素通常都是什么？
13. 工艺设计的技术选择应遵循什么原则？
14. 试述住宅小区规划中影响工程造价的主要因素。
15. 居住小区设计方案的评价指标通常有哪些？
16. 住宅小区规划中的哪些因素影响工程造价？
17. 试述施工组织总设计的主要内容。
18. 如何编制施工总进度计划？

19. 描述单位工程施工组织设计的编制程序。
20. 什么是工程项目进度控制？它主要包括哪些工作内容？
21. 描述工程项目质量控制的主要方法。
22. 质量认证主要有几种表示方法？
23. 工程项目成本分析主要包括几个方面的内容？具体都是什么？
24. 试述建设项目竣工验收的范围和依据。
25. 工业建设项目竣工验收必须满足哪些要求？

第六章　建筑业生产要素

本章重点

1. 建筑业人力资源的特点
2. 人力资源规划的内容
3. 建筑材料的采购管理
4. 建设项目资金的筹措

本章难点

1. 建筑业用工制度及其改革与发展
2. 建筑材料的采购招标
3. 建筑机械设备的选择

关键词

人力资源　人力资源规划　用工制度　建筑材料　建筑材料定额

第一节　建筑业的人力资源管理

广义上讲，人力资源指在一个国家或地区，处于劳动年龄且具有劳动能力的人口总和。由此，建筑业人力资源是指在建筑业内处于劳动年龄、依法从事建筑生产经营活动的人员的劳动能力的总和。狭义上讲，建筑业的人力资源是指在建筑业就业的人员的全部劳动力的总和。

人力资源包括体力和智力两个基本方面，从其应用形态来看，主要包括体质、智力、知识和技能几个方面。应当指出的是，具有劳动能力的人不是指所有具有一定脑力和体力的人，而是能独立参加社会劳动的人。所以，人力资源既包括劳动年龄内具有劳动能力的人口，也包括劳动年龄外参加社会劳动的人口。

由于世界各国的社会经济条件不同，关于劳动年龄的规定也不相同。许多国家把劳动年龄的下限规定为 15 岁，上限规定为 64 岁。我国相关法律规定：企业招收员工要年满 16 周岁，员工退休年龄规定男性为 60 周岁，女性为 55 周岁，所以我国劳动年龄区段应该为男性 16～59 岁，女性 16～54 岁。

一、建筑业从业人员构成

近些年，随着我国经济的持续、快速发展，建筑业成为国民经济体系中最活跃和发展速度最快的产业之一。进入"十二五"时期，我国建筑业发展仍处上升趋势，不断发展的建筑业对各种类型从业人员的需求持续增大。

建筑业从业人员包括从事各类建筑工程施工、勘察设计、组织管理以及其他相关工作的各类人员。其构成结构一般包括：

1. 自然结构

自然结构是指包括人员的性别、结构等自然结构构成。施工企业人员的自然结构是以人的自然生理属性或特征形成的人力资源配置与组合。

2. 文化结构

人力资源文化结构是以受教育程度来考察企业的人力资源组合情况，是指在某一时点企业中具有各种不同文化程度的员工数量及其各自在企业人力资源总量中所占的比例。

3. 专业技能结构

人力资源专业技能结构，指在一定时间内，不同级别的专业职称和技术等级的人员数量及其各自在企业人力资源总量中的比重。

4. 工种结构

根据从业人员在建筑业生产管理中完成的职能，建筑业从业人员的职业结构可分为：工人和学徒、工程技术人员、管理人员、服务人员及其他人员。

二、建筑业的人力资源的特点

建筑业的人力资源存在于人体之中，与人的自然生理特征相联系。因而具有能动性、再生性、增值性、时效性、社会性等特点。具体表现为：

（1）能动性。这是人力资源与其他资源的本质区别。人力资源在被开发利用过程中，能够主动学习，有目的、有意识地利用其他资源进行生产。人力资源可以通过发挥主观能动性，来推动社会和经济的发展。在企业，劳动者总是有目的、有计划地运用自己的劳动能力，通过创造新的生产工具、发明新的技术为企业带来效益。

（2）再生性。从劳动者个体来说，他的劳动能力在劳动过程中消耗之后，通过适当的休息和补充需要的营养物质，劳动能力又会再生产出来；从劳动者的总体来看，随着人类的不断繁衍，劳动者又会不断地再生产出来。因此，人力资源是取之不尽用之不竭的资源。

（3）增值性。人力资源的再生产过程是一种增值的过程。从劳动者的数量来看，随着人口的不断增多，劳动者人数会不断增多，从而增大人力资源总量；从劳动者个人来看，随着教育的普及和提高，科技的进步和劳动实践经验的积累，他的劳动能力会不断提高，从而增大人力资源存量。人力资源在开发和使用过程中，一方面可以创造财富；另一方面通过知识的积累更新，提升自身的价值，从而使组织实现价值增值。

（4）时效性。是指人力资源的形成与作用效率要受其生命周期的限制。作为生物有机体的个人，其生命是有周期的，每个人都要经历幼年期、少年期、青年期、中年期和老年期。其中具有劳动能力的时间是生命周期中的一部分，其各个时期资源的可利用程度也不相同。劳动能力只存在于劳动者个体的生命周期之中。因此，开发和利用人力资源要讲究及时性，以免造成人力资源的浪费。

（5）社会性。人总处在一定的社会之中，人力资源的形成、配置、利用、开发是通过社会分工来完成的，是以社会的存在为前提条件的。由于每个民族（团体）都有自身的文化特征，每种文化都是一个民族（团体）的共同的价值取向。但是这种文化特征是通过人这一载体表现出来的。由于每个人受自身民族文化和社会环境的影响不同，其个人的价值观也不相同。

在现有的技术经济条件下，我国建筑业基本属于劳动密集型产业，除了城市中原有的建筑产业就业人员外，它还吸纳了大量农村剩余劳动人口，是吸引农民工就业的最大人力资源市场。

建筑业的人力资源特点主要表现为以下几个方面。

1. 现场作业人员农民工占较大比重

据统计，截止2011年底，全国共有建筑业企业70 414个，从业人数4311.1万，其中农民工约3000万人。他们的主要来源是：

(1) 乡镇建筑企业员工。这些企业经过注册登记，管理相对比较正规，人员的聘用和培训有一定的组织与程序。在这一部分建筑企业中，农民工所占的从业人员总数比例约为4%～5%。

(2) 成建制输出的农民工。它是由各地的基层政府有关部门组织培训招收的农民工，经过一定的培训并成建制地向城市相关建筑企业输出劳务人员。这是建筑业中就业人数较多的来源渠道。由于这一种组织形式一般按工期临时组织，就业人员流动性大，因而可能存在一定的管理问题。

(3) 散工。个人或少数人直接到施工现场或与工程项目管理人员、包工头联系获得就业机会，这部分从业人员就业灵活，但存在劳动者个人利益难以获得保证等风险和问题。

农民工作为建筑业从业人员，近年来虽然其整体技术素质有待提高，但由于他们自身所受教育程度、培训经历不同，因而个体差异也较大。在一些技术工种作业中，一部分人由于从业时间长，积累了较丰富的劳动经验、技能，已成为企业的生产技术骨干，许多人当了班长、项目经理。在很多地方，这部分农民工已成为建筑企业施工生产的主要力量，从业相对稳定；而另一部分建筑业从业人员，由于缺乏技术技能，主要从事体力劳动，其工资水平相对较低，流动性也大。另外由于建筑业多为露天作业，在一些地方施工生产的季节性较强，尤其在我国北方地区，到了冬季不能施工，许多农民工离开建筑企业回到农村，暂时脱离了建筑业从业者的身份。

2. 管理和技术人员结构需要合理化

随着我国建筑业各类企业人员素质的不断提高，建筑业内从业的管理和技术岗位的人才学历层次和职称层次均有不同层次的提高，其中关键岗位如经营决策、施工生产技术管理、质量管理等岗位的管理人员的学历和职称层次的提高幅度较大。但从总体来讲，还存在以下问题：

(1) 各类管理与技术人员比例不够合理。在技术人员中，从事开发的人才偏少且技术水平不高，科技成果转化能力较弱，技术创新能力与施工生产需要存在差距。在管理人员中，工程项目管理人才尤其是具有国际工程管理经验的总承包项目管理人才比例小，懂得工程索赔的合同管理人才，既懂技术又善经营的企业经营管理人才更是缺乏。

(2) 复合型人才、高端人才缺乏。在我国建筑业的许多企业中，各类高级管理人才、具有国际知名度的大师级管理人才缺乏；具有丰富的国际工程承包经验的人才也比较缺乏。有些工程管理人员对本国的建筑法律法规、规范条例等能熟练掌握和运用，但对别国的建筑业相关的技术规范或国际工程承包的相关规范不清楚；一些管理人员对常见的施工技术和材料管理流程掌握得还比较熟练，但遇到新材料、新结构、新工艺的工程项目的问题就不知该如何去处理，这些都需要提高管理人才的专业业务素养和技术水平。

(3) 技术与管理人员的知识结构不合理。目前在国内建筑业从业的管理人员中，下列人员严重短缺。

1）既熟悉建筑工程管理，又熟悉施工技术知识，且熟悉经济、法律知识的人才；有较高外语水平又懂得建筑领域的业务知识，能熟练地进行对外工程交流的国际化经营人才。

2）既懂建筑技术又懂建筑材料，既懂建筑技术又懂定额概预算的人员。

3）能熟练准确地计算国际投标报价的人员。

4）能熟练运用工程所在国的各种法律法规维护企业利益的人员。

3. 工程技术人员行业和地区分布不均

新中国成立以来，由于管理体制等方面的原因，使得在我国的建筑经济活动中，几乎每个行业都拥有自己的行业专业设计院，这些设计院内有大批高水平的专家和熟练的设计工程师，甚至有自己的一些技术专利。在技术方面与外国一般设计公司相比具有优势，甚至在某些领域领先。由于这些行业的专业设计院专业人才类型比较齐全，各类相关的专业技术人员的业务比较配套，专业人员之间的配合也比较好。但由于行业的条块分隔，这些行业设计院往往较少接收其他行业地区的工程设计、施工技术管理任务，导致这部分人力资源的浪费。

另外，行业专业设计院的设计人员各地区熟悉本地区的资源及市场需要，掌握了大量行业内部有价值的资料和信息，熟悉行业内部人际关系和国家有关行业管理的政策法规，能熟练进行全方位的设计和咨询。由于地区经济、技术水平的差异，他们是我国设计人员的中坚力量。

4. 中介服务与咨询人员从业水平参差不齐

建筑业的市场经营具有很强的技术经济特点和专业性，需要较多的中介服务与工程咨询人员。在我国，中介服务机构多为近些年成立，许多从业人员来自于各个领域，一些中小型咨询机构或组织的从业人员甚至没有经过系统的培训，其业务水平参差不齐。

我国工程咨询人员基本上是建国后培养起来的，他们多数就职于在大、中型勘测设计研究院。和国际上一些发达国家咨询公司相比，我国在工程勘察设计咨询人员业务的处理水平还有一定的差距，虽然我们的咨询机构和企业专业分工细，许多专业设计人员在相应的技术领域有较深的造诣。但总体的技术水平和管理组织方面还存在许多不足，主要表现在以下几方面：

（1）一些机构的市场观念差。受计划经济时期长期依赖于政府计划分配任务习惯的影响，一些咨询机构习惯于在上级组织的保护之下接受业务，因而主动进行市场开发的观念不强，主动进行市场经营的观念较差。

（2）工程咨询业务范围狭窄和单一。一些咨询机构尤其是政府有关职能部门的附属咨询机构只能进行投资立项前的评估，设计或监理，或只能进行施工咨询等，普遍缺乏对工程全过程进行管理的能力。只有很少数公司对设计——建造或交钥匙之类的大型项目具有进行全过程管理的能力。

（3）一些咨询人员业务能力单一，复合型人才缺乏，尤其是缺乏外向型人才、外语水平高和懂法律的人才。

（4）缺少高水平的国际工程咨询专家。我国有着大批高水平的各个行业的技术专家，他们是从事国际工程咨询的重要力量，但却十分缺少国际工程咨询专家带领工程咨询专家团队开拓国际市场。因此，需要加强高水平的国际工程咨询人才的培养。

三、建筑业人力资源规划

1. 人力资源规划的含义

建筑业的人力资源规划是指根据建筑行业的人力资源管理特点，在分析人力资源现有状况的基础上，为实现长期发展战略和保障从业利益，对产业未来人力资源的供给、需求与使用进行的整体性谋划。

2. 人力资源规划的意义

为了实现建筑业的发展目标，提高人力资源的效率，需要科学地预测在建筑产业内各类人力资源的供求关系，有效地配置人力资源。因此，科学地制定人力资源规划具有重要意义。

(1) 有利于建筑产业制定战略目标和发展规划。人力资源规划是建筑业发展战略的重要组成部分，同时也是实现其战略目标的重要保证。当今科学技术日新月异，竞争日益激烈，各个产业处在一个变化多端的复杂环境中，要在竞争中取得优势，就必须不断地调整其经营目标和经营战略。人力资源管理如何应对这种变化做到未雨绸缪，人力资源规划提供了一个有效的工具。

(2) 确保建筑业发展过程中对人力资源的需求。人力资源部门必须分析组织人力资源的需求和供给之间的差距，制定各种规划来满足对人力资源的需求。对于一个不断发展中的产业来说，人力资源的需求和供给不可能实现自动平衡。人力资源规划通过分析环境变化，预测人力资源的供求差异，及时预见产业在未来可能出现的人力资源不足或过剩的潜在问题，并及时采取措施进行调节。

(3) 有利于人力资源管理活动的有序化。人力资源规划是人力资源管理的基础，它由总体规划和各种业务计划构成，为管理活动（如确定人员的需求量、供给量、调整职务和任务、培训等）提供可靠的信息和依据，进而保证管理活动的有序化。通过人力资源规划，可以了解哪些人员是产业发展中短缺的，应该制定什么样的员工发展政策和薪酬政策吸引和留住组织所需要的人力资源。人力资源规划对调动员工的积极性也很重要。因为只有在人力资源规划的条件下，员工才可以看到自己的发展前景，从而去积极地努力争取。人力资源规划有助于引导员工职业生涯设计和职业生涯发展。

(4) 为开发培训提供信息，使从业人员适应不断变化的环境需要。人力资源规划在为招聘提供信息的同时，也为从业人员培训提供了信息。在快速变化的环境下，通过人力资源规划，建筑业各级组织可以了解未来组织发展对从业人员的知识、技能提出了哪些新的要求，现有的从业人员能否满足这些要求，组织应该为从业人员提供哪些培训等。系统的从业人员培训不仅使其个人的知识技能水平得以提高，工作适应性加强，也能满足产业发展对人力资源新的需要。

(5) 有利于控制人力资源成本。人力资源规划有助于检查和测算出人力资源规划方案的实施成本及其带来的效益。要通过人力资源规划预测组织人员的变化，调整组织的人员结构，把人工成本控制在合理的水平上，这是组织持续发展不可缺少的环节。

3. 人力资源规划的内容

人力资源规划的内容主要包括两大方面，即人力资源总体规划和各项业务计划。人力资源的总体计划是有关计划期内人力资源开发利用的总目标、总政策、实施步骤及总的预算安排。各项业务计划包括：配备计划、退休解聘计划、补充计划、使用计划、培训开发计划、职业计划、绩效与薪酬福利计划、劳动关系计划。

(1) 人力资源总体规划。人力资源总体规划是指在规划期内对人力资源管理的总体目标、政策和预算等进行的安排等。人力资源总体规划主要考虑企业的战略层次，就企业的人力资源供需的预测结果所反映出来的人力资源需求和供给不平衡进行总体的调节。

(2) 人力资源业务计划。人力资源业务规划主要体现在企业的各项经营业务层次的计划，是为实现企业人力资源管理战略而制定的各种业务计划。主要包括职务编制计划、人员补充计划、人员流动计划、减员计划、培训开发计划、职业生涯计划、薪酬激励计划等。这些业务计划是人力资源总体计划的开展和具体化，它们使总体规划具有明确的、可以实施的目标和行动纲领并且服从于总体规划，为总体规划目的实现服务。

4. 人力资源规划的实施程序

人力资源规划一般包括以下步骤：

(1) 环境分析与评价。分析建筑业所处的外部环境，研究环境对未来建筑业人力资源使用的影响和要求，对建筑业未来发展目标以及目标达成所采取的措施和计划进行澄清和评估。建筑业各级人力资源管理部门在正式制定人力资源规划前，需要向各有关部门了解产业整体战略规划、市场营销规划、人力资源政策、人力资源开发等信息，并且整理编报，为有效的人力资源规划提供基本数据。

(2) 分析现有人力资源情况。了解现有人力资源的数量、质量、结构及分布状况。建立人力资源管理信息系统，将各类人员的基本信息整理归档。主要了解下列信息：

1) 人员自然情况。如姓名、性别、出生日期、健康状况、婚姻、宗教信仰等。

2) 录用情况。如管理经历、外语水平、特殊技能、爱好或特长以及劳动合同签订等。

3) 教育情况。受教育的程度、专业领域、获得的各类证书等。

4) 薪酬。工资类别、等级、历次加薪时间、获得的加薪、晋级奖励等。

5) 工作评价。评价时间、评价结果或成绩报告、历次评价的原始资料等。

6) 调动与离职资料。调动或任职时间、离职次数及离职原因等。

7) 工作态度。生产效率与工作质量、考勤记录、给企业和部门提出建议数量和被采纳数量等。

8) 安全事故情况。因工受伤和非因工受伤、伤害程度、事故次数类型及原因等。

(3) 人员需求预测。人员需求预测主要根据企业的发展战略，对人员需求的数量、质量和结构进行预测。在预测时应充分考虑以下因素的影响：

1) 市场需求变化或决定进入新的市场。

2) 产品生产或服务的要求。

3) 人员的稳定性，如人员的辞退、流失。

4) 培训和教育的变化。

5) 技术和组织管理变革。

6) 工作时间的差异。

7) 预测活动准确性。

8) 可用的财务预算。

(4) 人员供给预测。人员供给预测也称为人员拥有量预测，只有进行人员拥有量预测并把它与人员需求量相对比之后，才能制定各种具体的规划。人员供给预测主要包括两部分：

一是内部拥有量预测，即根据现有人力资源及其未来变动情况，预测出规划各时间点上的人员拥有量；另一部分是对外部人力资源供给量进行预测，确定在规划各时间点上的各类人员的可供量。

(5) 评估人力资源规划。为了使人员规划正确可靠，有必要对预测结果进行初步评估。这需要由专家、用户及有关部门主管人员组成评估组来进行。评估组应考虑以下具体问题：

1) 预测所依据的信息的质量、广泛性、详尽性、可靠性，以及信息的误差及原因。

2) 预测所选择的主要因素的影响与人员需求的相关度，预测方法适用程度等。

3) 规划制定者对业务的熟悉程度以及企业对他们的重视程度。

4) 规划制定者与提供数据和使用规划的部门之间的工作关系、协调程度。

5) 在有关部门之间信息沟通的难易程度。

6) 决策者对规划的满意程度。

7) 规划实施的可行性。

四、建筑业的用工制度

1. 用工制度的含义及内容

用工制度是指用人单位与劳动者之间建立、变更、终止和解除劳动关系的一种劳动法律制度。建筑业的用工制度的内容主要包括以下几点：

(1) 建筑业用工关系的主体。主要包括两个方面：其一是劳动者，即各类从业人员；其二是用人单位，即企事业单位、机关团体等。当然，个体劳动者或个体经营户也可以成为用人单位。

(2) 劳动关系的建立、变更、终止、解除。包括职工的招收、录用、调配、辞职、辞退等内容。

(3) 用人单位在国家法律、法规规定的范围内，自主地选择用工形式、用工办法、用工数量、用工时间、用工条件等。

(4) 根据国家的劳动法律、法规和劳动政策的规定确立用工制度。对符合国家的法律、法规和劳动政策规定的用工实施法律保护。

2. 我国建筑业劳动用工制度的发展

新中国成立后的计划经济时代，我国建筑业与国民经济许多产业一样，主要实行以固定工为主，临时工为辅的单一的用工制度。其基本特征为：国家对企业的用工实行集中统一的指令性计划管理，建筑企业没有用工自主权。国家对于建筑业劳动用工的管理主要依靠行政手段控制，具体包括企业的用工数量、用工形式、用工办法等。企业实施以固定工为主体，以临时工为补充的用工制度，建筑业从业人员的工作主要由国家通过行政手段分配、调整，一旦成为某个单位的固定工以后，就与所属单位形成了终身制，固定的劳动关系。

改革开放以后，随着我国经济体制改革的发展，我国的用工制度也逐渐实行改革，以固定工为主体的用工制度逐步改变为多种形式并存的劳动合同制用工。

1984年10月，经国务院批准，由劳动人事部、城乡建设环境保护部门联合颁布了《国营建筑企业招用农民合同制工人和使用农民建筑队的暂行办法》，开启了改革用工制度，开辟农村劳动力参加城乡建设的改革进程。1984年，国务院又颁布了《关于改革建筑业和基本建设管理体制若干问题的暂行规定》，在这一规定中，政府明确提出国有企业除必需的技术骨干外，原则上不再招收固定职工，这一政策加快了用工制度改革。

1986年，国务院还陆续颁布了《国营企业实行劳动合同制暂行规定》、《国营企业招用工人暂行规定》、《国营企业辞退违纪职工暂行规定》、《国营企业职工待业保险暂行规定》等，规定从1986年10月1日起，企业在国家劳动和工资计划指标内招用常年性工作岗位上的工人，除国家另有特殊规定外，统一实行合同制。企业可以招收五年以内长期工，一年至五年内的短期工和定期轮换工，但不论采取任何形式都必须签订劳动合同。

在1986年之后，国家的用工制度改革在建筑业全行业陆续推广，到20世纪80年代末期，全国城乡建设系统的国营建筑企业农民合同制工人约占固定工20%，使用的农村建筑队已达自身施工力量的25%左右，大多数施工企业已占一线生产工人的50%～60%，在建筑业初步形成了以固定工为骨干，以农民合同工人为基本力量，以农村建筑队伍为调剂力量的弹性的用工制度。

3. 我国建筑业用工制度的几种形式

目前国内主要的几种用工形式如下：

(1) 固定工。固定工是固定职工的简称，也称长期职工，它是由劳动人事部门分配、安排和批准招收录用的，与用人单位保持长期劳动关系的职工。其特点是：职工的工作期限没有限制，除了特殊情况外，劳动者就业后长期在一个单位内工作，职工不能无故离职，单位也不能无故辞退职工。劳动者与用人单位保持着终身的固定的劳动法律关系。按照不同的标准，固定工有不同的分类。如按照劳动者从事的工作或劳动的性质不同来划分，固定工可以分为工人、职员两类。工人是直接从事生产和为生产服务的体力劳动者；职员是担任管理和技术业务工作的人员，一般是脑力劳动者。

(2) 合同工。合同工（contract worker)，企事业单位通过签订合同招收的劳动者。合同一般采取书面形式，内容包括工作时限、任务及双方的权利义务等。劳动合同制是建筑业广泛推行的一种用工形式，即无论长期工、短期工、临时工、季节工都需要与用人单位签订劳动合同。其特点是用人单位同劳动者之间通过签订劳动合同的形式，明确双方的权利、义务和工作期限。劳动合同具有法律效力，当事人双方一旦签订了劳动合同，就必须按照劳动合同的规定，履行自己的义务。

(3) 临时工。与正式工相对，临时工就是暂时在企业工作的人员，一般使用期限不超过一年。其特点是企业为了完成临时性、突击性的工作，以合同的方式与劳动者建立劳动关系，用人单位可以根据所要完成的生产任务或工作，自主决定用工数量、用工期限，工作完成后即解除合同。季节工是临时工的一种，它是从事季节性生产劳动的工人，具有临时工的特点。临时工是区别于当时的长期固定工而言的一种用工形式。实际上在《劳动合同法》实施后，法律意义上已无临时工、正式工之区分，只有合同期限长短之分，用人单位用工必须与劳动者签订劳动合同，不能以临时岗位为由拒签。

(4) 农民工。农民工是根据施工生产的需要从农村中招用劳动力从事某种工种的用工形式。其特点是不改变农民身份，由企业直接与农民工签订劳动合同，明确规定双方的权利和义务。农民工在企业工作期间是企业的一员，应享有企业员工的合法权利。劳动合同期限届满，劳动关系即行解除。如果企业需用，经有关部门批准后双方可继续签订劳动合同。

4. 建筑业用工特点

建筑业作为我国的支柱产业之一，为城乡经济的发展，人们生活小康目标的实现，提供就业岗位以及解决农村劳动力转移等问题发挥了重要作用。

随着我国国民经济的持续发展和城镇化水平的不断提高，建筑业需要大量的劳动力，建筑业的劳动用工的主要特点如下所示：

(1) 基于工程项目用工的一次性。由于施工企业生产组织是基于工地或项目，企业被分成若干非中心化的生产单位（项目经理部），每个项目独立组织生产要素投入，独立进行生产，对劳动力的使用往往因项目需要而发生，常带有一次性，当项目建设完成后，劳动者往往转向其他项目或企业。

(2) 劳动投入的差异性。由于施工企业各工程项目规模大小不同，技术复杂程度不同，不同的工程机械设备和工艺技术路线的要求不同，所需使用的资源也不同，对于施工生产所需的劳动力的数量和能力要求不同。即使是同一个工程，由于工程所处阶段不同所需投入的劳动力和机械设备等生产要素也有差别。

(3) 施工作业的流动性给人员管理带来挑战。由于建筑产品的固定性，施工企业生产组织有很强的流动性，工程在什么地方，施工队伍就到什么地方。这给人员管理和生产、生活设施建设带来许多困难。

(4) 劳动合同管理难度大。一些建筑企业经常更换职工，用工时间短；职工中多数为农民工，文化程度较低，协商、签订劳动合同较难；加上一些建筑工程层层转包，造成用工主体不明确，企业法人不落实等原因，使得建筑企业劳动合同签订率低，进而加大了劳资纠纷处理的难度。部分建筑企业未依法与农民工签订劳动合同，劳动关系双方的权利和义务没有协商约定，一旦发生工伤事故和劳动争议，处理难度加大，并且受损害的往往是农民工一方。

(5) 安全管理措施不易落实。由于施工企业普遍实行劳务分包制度，农民工由劳务公司统一管理，这种用工形式虽然有效地控制了零散作业，但由于目前许多劳务分包公司的管理还不成熟，一些公司还存在经济利益第一，忽视安全管理的现象还存在。施工过程中安全管理措施不能得到有效地贯彻落实。

5. 建筑业用工的管理

由于建筑业生产的技术经济特点，企业现场施工多为露天作业，施工环境复杂，涉及的作业、专业工种多，作业人员数量大，来源复杂，出现工伤等劳动风险的几率较大。

因此，建筑企业需要做好对各类用工的管理，应当审慎地签署各类用工协议，防范用工风险。而对于大量的施工劳动力，应尽量通过有资质的劳务公司招收劳动力，要依法与农民工签订劳动合同并办理工伤、医疗或者综合保险等社会保险。总承包企业对劳务分包企业的用工情况和工资支付进行监督，仅就本工程发生的劳务纠纷承担连带责任。可以将公司的风险降到最低。大型施工总承包企业可以积极分离富余职工，成立建筑劳务分包企业；低资质等级的施工总承包企业向建筑劳务分包企业转化。

对于各类管理人员，要根据自身的具体情况确定劳动合同的形式。对于工作相对稳定的人员，如管理人员、行政人员、财务人员等，可与其签订固定期限的劳动合同；对于施工现场的人员（班组长、施工人员等），由于其流动性强，固定期限劳动合同签订后不便于长期管理，可以签订以完成某项工程为期限的劳动合同；以完成一定工作任务为期限的劳动合同签订，有利于减轻企业用工压力，这样工程完工合同正常终止，企业无需面临与之签订无固定期限劳动合同的压力，也无需支付经济补偿金；对于一些工作保密性强、专业技术性强、工作又需要保持人员稳定的岗位，订立无固定期限劳动合同，有利于维护企业经济利益，减少频繁更换关键岗位的关键人员而带来的损失，从而保证企业稳定发展；对于辅助性岗位员工，对于保洁、保安等辅助性岗位、建筑现场或临时用工，用人企业可适当聘用社会闲置人员以解决这类人员需求。

五、建筑企业员工的聘用

1. 招聘与录用

建筑业企业员工的聘用是指对建筑企业所需各类人员选择、录用过程。

建筑业对各类人员聘用的基本政策应包括：根据人力资源规划、人员动态情况，保证人员选聘和录用工作的质量，为企业选拔出合格、优秀的人才，并使之适应业务发展要求。

建筑企业人员聘用的主要原则：

公开原则。将招聘的单位、招聘的数量、岗位及其要求、资格条件、考试方法等向社会公开。这样做不仅可以广招贤才，而且有助于形成人才公平竞争的氛围，使企业获得德才兼备的优秀人才。将聘用公告发布在有较大的影响的公共媒体上，将选拔条件、选拔方法等公开，不仅使相关人员清楚地了解了有关招聘的条件，而且使企业获得更大的选择空间。

平等原则。对待所有的应聘者一视同仁，反对人为地制造不平等条件。如关于年龄、性别的不正确限制，违背国家有关政策规定的条件等。

竞争原则。建筑企业人员招聘需要各种测试方法来考核和鉴别人才，根据测试结果来选拔人才。靠个人的目测或印象决定录用，往往带有很大的主观性。因此必须通过科学的考核程序和方法，才能真正选到优秀人才。

量才为用原则。企业招聘人员必须认真考虑应聘人员的专长和工作的要求，做到量才录用。不能一味盲目地追求高学历、高职称，而不根据拟招聘岗位的实际需求来考虑，结果留不住人才。招聘到最优的人才并不是最终目的，而只是手段，最终的目的是每一岗位上用的都是最合适的人选，达到企业整体效益最优。

2. 员工选聘的过程与方法

为了保证建筑企业员工选聘工作的有效性，需要按照一定的程序和方法来组织选聘工作。具体的过程为如下所示：

（1）制定选聘计划。按人力资源规划要求，根据工作岗位的类型、数量、时间等要求制定招聘计划。这类计划必须根据企业目前的人力资源情况和未来企业战略目标的变化来制定，具体内容应包括招聘的时间、地点、欲招聘人员的类型、数量、条件、具体职位的具体要求、任务，以及应聘后的职务标准及薪资等。

（2）建立相应招聘组织。许多企业的招聘工作具有周期性，需要有专人来负责此项工作。因此，在每次招聘时成立一个专门的招聘组织也是十分必要的。此外，招聘组织的组成是否合理也决定了招聘工作的有效性。该组织应由企业的人事主管以及相关部门人员组成。对于专业技术人员的招聘，还必须由有关技术专家参加。另外，招聘工作开始前应对有关人员进行培训，并明确每位人员的职责分工。

（3）对应聘者进行初选。当应聘者数量很多时，招聘机构需要对每一位应聘者进行初步筛选。对于企业内部候选人的初选可以根据以往的人事考评记录来进行；对于企业外部应聘者则需要通过简短的初步面谈，及时排除那些明显不符合基本要求的人。初选可以大大减少选拔的工作量和费用，使选聘工作得以顺利进行。应聘人员须向企业提供应聘材料和有关证明材料。由用人部门对应聘材料进行斟选，确定拟聘人选和招聘考核方式，落实招聘的面试考核工作。

(4) 对初选合格者进行考核。在初选的基础上，需要对初选合格的应聘者进行材料审查和背景调查，并在确认之后进行测试与评估，其内容包括：

智力与知识测试。是通过考试的方法测评候选人的基本素质与执业素质，它包括智力测试和知识测试两种形式。智力测试是通过候选人对某些问题的回答，以测试其思维能力、记忆能力、应变能力和观察分析复杂事物的能力等；知识测试是了解候选人是否具备待聘职务所要求的基本技术知识、管理知识和工作技能。

竞聘演讲与答辩。应聘人通过竞聘演讲介绍自己任职后的履职规划，并就选聘工作人员或与会人员的提问进行答辩，可以为候选人提供充分展示才华，展现个人能力的机会。

对候选人工作能力的考核。对即每个候选人的实际工作能力进行分析。可借助情景模拟或案例分析等的方法进行。将候选人置于一个模拟的工作情景中，运用各种评价技术来观测考察他的工作能力和应变能力，以判断他是否符合某项工作的要求。

(5) 面试。对于上述考核合格的人员进行面对面的考核，招聘组织根据工作岗位的实际需要与应聘者作双向沟通，最后决定是否选用。面试内容主要包括对求职者的求职动机和工作期望的了解；对求职者个人仪表、修养、谈吐、责任心、协作精神以及专业知识与专业技能、相关工作经验等的考核。

(6) 选定录用。在上述各项工作完成的基础上，利用一定的分析方法，得出每个候选人知识、智力和能力的综合得分，并根据待聘岗位职务的类型和具体要求决定对应聘者的选择。

经核准拟试用的外部应聘人员，由招聘企业人力资源管理部门通知应聘人员并安排其体检。体检合格者，按规定时限到企业有关部门办理入职手续。应聘人员办理入职时，需要提供以下材料：

1) 身份证及户籍证复印件。

2) 学历证明、英语级别证书。

3) 职称证明、岗位资格证明。

4) 婚姻状况及流动人口婚育证明。

5) 与原工作单位解除劳务合同证明。

6) 原单位社会保险证明以及近期体检报告。

7) 个人照片。

8) 员工入职登记表。

(7) 评价和反馈招聘效果。对整个招聘工作的程序进行全面的检查和评价，并且要对录用的员工进行追踪分析，通过对他们的评价检查原有招聘工作的成效，总结招聘过程中的成功与过失，及时反馈到招聘部门，以便于改进。

六、建筑从业人员的考核

各类建筑企业及机构、组织对人员进行考核是建筑业人员管理的一项重要内容。考核的内容根据企业管理需要和人员岗位的不同而设定。主要包括两大方面：对人及其工作状况的考核；对人的工作结果，即人在组织中的相对价值或贡献程度的考核。

在实际工作中，人员考核因为在制度设计、评估的标准及方法、执行程序等诸多方面很难真正做到客观和准确，管理人员与员工之间往往会发生一些矛盾，所以实施人员绩效考核一直被认为是企业人力资源管理中最棘手的问题之一。

建筑企业员工考核的基本程序包括以下几个步骤：

(1) 确定考核目标。要有针对性地选择并确定特定的绩效评估目标，然后根据不同岗位的工作性质，设计和选择合理的考评制度。

(2) 明确考核责任者。考核工作往往被认为只是人力资源管理部门的任务。实际上他们的主要职责是组织、协调和执行考评方案，要使考评方案取得成效，还必须使那些受过专门评估培训的基层管理人员直接参与到方案实施中来，因为他们更清楚员工的工作能力和业绩。

(3) 评价员工工作业绩。通过绩效评价系统对员工特定的工作目标进行正确的考核。考核应当客观、公正，杜绝平均主义和个人偏见。在综合各考评表得分的基础上，得出考评结论，并对考评结论的主要内容进行分析，检验考评结论的有效程度。

(4) 公布考核结果。考评人应及时将考核结果通知本人并适时公布。这样可以使被考核者知道企业对自己能力的评价以及对所做贡献的承认程度，认识到组织的期望目标和自己的不足之处，从而确定今后需要改进的方向。如果认为考评有不公正或不全面之处，也可在认真反思和考虑之后进行充分申辩或补充，这有利于本人的事业发展，也有利于企业对其工作要求的重新建立。

(5) 将考核结论备案。根据最终的考评结论，可以使企业识别那些具有较高发展潜力的员工，并根据员工成长的特点，确定其发展方向。同时还需要将考核的结果进行备案，为员工今后的培训和人员调整提供准确可信的依据。

第二节 建筑材料的采购与供应

一、建筑材料的分类

建筑材料（building materials）泛指在建筑物中使用的各类材料，它们统称为建筑材料，包括水泥、砂、石、木材、金属、沥青、合成树脂、塑料等。

随着科学技术进步的速度不断加快，许多新型建筑材料不断出现。新型的建筑材料的种类繁多，包括的范围更广，如新型保温材料、隔热材料、高强度材料等都属于新型材料。

由于建筑材料品种多、需求数量大、供应范围广，因而对其所进行的管理难度也较大，所以，建筑材料按照不同的管理意义进行分类是建筑材料管理的基础。

按照不同的用途，建筑材料可分为结构材料、装饰材料和某些专用材料。结构材料包括木材、竹材、石材、水泥、混凝土、金属、砖瓦、陶瓷、玻璃、工程塑料、复合材料等；装饰材料包括各种涂料、油漆、镀层、贴面、各色瓷砖、具有特殊效果的玻璃等；专用材料指用于防水、防潮、防腐、防火、阻燃、隔音、隔热、保温、密封等的材料。

1. 按建筑材料在生产中的作用分类

(1) 主要材料。主要材料指构成工程实体的各种材料。像钢材、水泥、木材、砖瓦、石灰、砂石、漆、五金、水管、电线、暖气片等。

(2) 结构构件。结构构件包括金属、木质、钢筋混凝土等预制的结构物和构件。如屋架、钢窗、木门、钢筋混凝土墙体、柱等。

(3) 周转使用材料。周转使用材料指脚手架、模板等。

（4）机械配件。机械配件包括机械设备备用的零配件。如曲轴、活塞、轴承等。

（5）其他材料。其他材料包括不构成工程实体但工程施工或附属企业生产必需的材料。如燃料、油料、氧气、砂纸、棉纱头等。

上述分类便于制定材料消耗定额，从而进行建筑材料成本控制。

2. 按建筑材料的自然属性分类

（1）金属材料。金属材料包括钢筋、型钢等各种钢材，金属脚手架，铝丝、铸铁管等。

（2）非金属材料。非金属材料包括木材、橡胶、塑料和陶瓷制品等。

这种分类便于根据材料的物理、化学性能分别储存保管，做好施工现场材料管理工作。

3. 按对建筑材料管理方式分类

（1）一类材料。建设单位对技术要求高、价格昂贵、市场差价大、对工程质量及投资影响大的材料物资，自行组织采购供应，并交施工单位进行施工安装。如主要运行设备、电缆、高低压供配电设备、大流量水泵以及配套电器控制测试设备、闭路电视系统、各类热交换器、各类车辆、重要装饰材料、地毯及灯具、电线槽、机械格栅、不锈钢材料等。对于这一类材料，建设单位自行采购的材料物资要以文件形式发给施工单位，明确所供材料物资的名称、型号、规格、数量清单，并提供订货合同副本和招标文件、中标单位投标文件以及货物交接等资料。

在施工中，建设单位应提供给施工企业的技术参数主要包括以下几点：

1）建筑材料包括招标文件资料、产品质量标准和技术要求，检测报告、合格证（商检证），安装使用说明书和封样样品。

2）建筑设备包括招标文件资料、设备的质量标准和技术要求，检测报告、合格证（商检证），安装使用说明书，安装图及装箱资料。

3）进口的材料、设备的中文资料。

提供资料的时间和手续。资料原则上随材料、设备同时到达，如果遇到特殊情况，货到三天内提供全部资料。所有交接资料须办理双方移交登记签收手续，以备查询。

（2）二类材料。一般包括机电安装材料、一般装饰材料，如水泥、黄沙。油漆、电线、保温材料、PVC 管等，这些建筑材料可由施工企业按照工程项目设计文件要求组织采购。

为了适应施工的要求，建设单位和建筑施工企业可通过到各类建筑材料市场采购，满足工程项目的材料需要。在建筑企业内部可由项目经理部负责采购供应材料物资，并对企业材料部门的采购拥有建议权。此外，对于那些周转材料、大型工具，企业可采用租赁方式获得使用权，小型及随手工具可采取支付费方式由班组在内部市场自行选购。

二、建筑材料的采购管理

1. 建筑材料的采购方式

（1）由企业组织的材料供应。企业所需的物资，可以由企业自行选择供货单位、供货形式和数量，自主签订订货合同。企业建立统一的供料机构，对工程所需的主要材料、大宗材料实行统一计划、统一采购、统一供应、统一调度和统一核算。这样可以多渠道供料、多层次采购的状态，把材料管理工作贯穿于施工项目管理的全过程，即投标报价、落实施工方案、组织项目管理班子、编制供料计划、组织项目材料核算、实施奖惩的全过程。有利于建立统一的企业内部建筑材料市场，进行材料供应的动态配置和平衡协调，有利于满足各项目的材料需求。

（2）由项目经理组织的部分建筑材料的采购供应权。满足施工项目材料的特殊需要后，为调动项目管理层的积极性，企业应给项目经理一定的材料采购权，负责采购供应计划外材料、特殊材料和零星材料，做到两层互补，不留缺口。对企业材料部门的采购，项目管理者也应有建议权。施工项目材料管理的主要任务便集中于提出需用量计划，与企业材料部门签订供料合同，控制材料使用，加强现场管理，提出材料节约措施，完工后组织材料结算与回收等。随着建材市场的扩大和完善，项目经理部的材料采购供应权越来越大。

（3）建立企业内部材料市场。为了适应建筑材料市场化发展的要求，改变传统计划经济体制下承接建设单位来料、按照行政层次逐级申请、分配、领用、核销的运行方式，建筑企业可在专业分工的基础上，建立企业内部材料市场，运用市场交易规则，实现企业内部建筑材料的市场交易，以满足施工工程项目的建筑材料需求。

在企业的内部材料市场，企业材料供应部门是卖方，项目管理层是买方。各自的权限和利益由双方签订买卖合同加以明确。除了主要材料由内部材料市场供应外，周转材料、大型工具均采用租赁方式，小型及随手工具采取支付费用方式由班组在内部市场自行采购。

材料内部建筑材料市场建立后，作为卖方的企业材料各类部门，负有企业材料管理的责任。这些责任主要包括：

1）制订本企业材料管理规章制度。

2）发布市场信息。

3）指导编制项目材料需用计划和降低成本计划。

4）检查计划实施情况。

5）总结材料管理经验教训并提出改进措施。

2. 建筑材料采购招标

建筑材料采购合同是平等主体的自然人、法人及其他组织之间，为建筑工程项目所需材料的购买与其出卖人订立的经济合同。建筑材料采购合同的订立一般通过公开招标方式实现。

公开招标即由招标单位通过新闻媒介公开发布招标广告。采用公开招标方式进行材料采购，适用于大宗材料采购合同。其招标程序如下：

（1）招标单位主持编制招标文件。

招标文件应包括招标通告、投标者须知、投标格式、合同格式、货物清单、质量标准及必要的附件。

（2）发布招标广告。

招标单位通过国内外媒体发布招标公告，凡有意向并符合公告要求的建筑材料供应商均可以申请投标。经过资格审查合格后，按规定时间参加投标。

【例 6-1】　策勒县政府采购建筑材料公开招标公告

新疆策勒县政府采购中心受采购单位的委托，现对其所需的一批钢筋等建筑材料进行公开招标采购，邀请合格供应商提交密封的采购报价。

1. 采购文件编号：2013—01 号。

2. 采购项目名称：政府采购建筑材料项目。

3. 采购机构名称：新疆策勒县政府采购中心。

4. 采购内容及数量：钢筋 466.8 吨；水泥 5047 吨；防盗门 480 扇；浴室门（塑钢）

480扇、塑钢窗5332.29平方米；木门1865扇、檩条23 834根、椽子553 800根、席子40 310.2平方米。(具体参数详见招标文件)

5. 项目实施地点、供货时间：详见招标文件。

6. 投标人资格、资质要求：

(1) 具有法人资格；

(2) 符合中华人民共和国政府采购法第二十二条规定；

(3) 须有相应的经营范围；

(4) 非制造商的投标企业需提供制造商产品授权书原件。

凡拟参加本次招标项目的投标人，应携带经年审合格的法人营业执照、国税、地税税务登记证、组织机构代码证等相关资质证件，代理商需提供制造商产品授权书、法人委托人须携带法人代表授权书及被授权人身份证，以上证件为原件或者公证处公证原件，及复印件加盖公章一套，方可报名，资料提交不全者，一律谢绝报名。

请各投标企业按上述顺序自行准备好所需报名资料。

7. 投标报名时间。

有资质的投标企业于2013年1月15日至1月25日到政府采购中心进行投标报名。

8. 采购文件取得时间。

拟参加本次招标项目的投标人，请于2013年1月15日至2013年2月4日18：00前（节假日休息）到我中心领取招标文件（自带U盘）。

9. 报价截止时间：投标文件应于2013年2月5日11：00（北京时间）前递交到开标现场。投标文件一律不予退还。

10. 开标时间：2013年2月5日北京时间11：00。

11. 开标地点：策勒县财政局一楼会议室。

12. 采购监督部门：策勒县政府采购办　监督电话：0903－6716636。

13. 项目联系人：×××。

14. 联系电话、传真：×××。

策勒县政府采购中心

二〇一三年一月十五日

【资料来源】中国招标网 infobidding.com

(3) 投标单位购买标书。投标单位通过资格预审合格后购买标书。

(4) 投标报价。投标报价是指投标人向招标人出示的愿意付出的交易商品或完成工作的价位。依据不同的交易条件，采购价格会有不同的种类。采购价格一般由成本、需求以及交易条件决定，一般有以下几点：

1) 送达价。送达价系指供应商的报价当中包含负责将商品送达时，期间所发生的各项费用均由供应商承担。在国际上包括到岸价加上运费（包括在出口厂商所在地至港口的运费）和货物抵达买方之前一切运输保险费，其他有进口关税、银行费用、利息以及报关费等。

2) 出厂价。出厂价指供应商的报价不包括运送责任。这种情形通常出现在销售商拥有运输工具或供应商加计的运费偏高时，或当卖方市场时，供应商不再提供免费的运送服务。

3）现金价。现金价指以现金或相等的方式支付货款。现金价可使供应商免除交易风险，企业亦享受现金折扣。例如，在美国零售业的交易条件若为 2/10，n/30，即表示十天内付款可享受 2%的折扣，否则 30 天内必须付款。

4）期票价。期票价指企业以期票或延期付款的方式来采购商品。通常企业会加计迟延付款期间的利息于售价中。如果卖方希望取得现金周转，会将加计的利息超过银行现行利率，以使供应商舍期票价取现金价。

5）净价。净价指供应商实际收到的货款，不再支付任何交易过程中的费用，这点在供应商的报价单条款中，通常会写明。

6）毛价。毛价指供应商的报价，可以因为某些因素可以加以折让。例如，供应商会因为企业采购金额较大，而给予企业某一百分率的折扣。如采购空调设备时，商家的报价已包含货物税，只要买方能提供工业用途的证明，即可减免增值税 50%。

7）现货价。现货价指每次交易时由供需双方重新议定价格，若有签订买卖合约，亦以完成交易后即告终止。在企业的采购项目中采用现货交易的方式最频繁。买卖双方按交易当时的行情进行，不必承担预立约后价格可能发生的巨幅波动的风险或困扰。

8）合约价。合约价指买卖双方按照事先议定的价格进行交易，合约价格涵盖的期间依契约而定，短的几个月，长的一两年。由于价格议定在先，经常造成与时价或现货价的差异，使买卖时发生利害冲突。因此，合约价必须有客观的计价方式或定期修订，才能维持公平、长久的买卖关系。

9）实价。实价指企业实际上所支付的价格。特别是供应商为了达到促销的目的，经常提供各种优惠的条件给买方，例如数量折扣、免息延期付款、免费运送等，这些优待都会使企业的采购价格降低。

（5）开标、确定中标单位。开标应当按招标文件规定的时间、地点和程序，以公开方式进行。开标应当有一定的相关人员参加以公开性，即让开标过程为各投标人及有关方面所共知。一般情况下，开标由招标人主持，在招标人委托招标代理机构代理招标时，开标也可由该代理机构主持。开标的基本程序如下所示。

1）检查投标文件的密封情况。由投标人或者其推选的代表检查投标文件的密封情况，也可以由招标人委托的公证机构检查并公证。当投标人数较少时，可由投标人自行检查；投标人数较多时，也可以由投标人推举代表进行检查；招标人也可以根据情况委托公证机构进行检查并公证。

2）拆封投标文件。经确认无误的投标文件，由工作人员当众拆封。投标人或者投标人推选的代表或者公证机构对投标文件的密封情况进行检查以后，确认密封情况良好，没有问题，则可以由现场的工作人员在所有在场的人的监督之下进行当众拆封。

3）当众宣读投标文件。宣布投标人名称、投标价格和投标文件的其他主要内容。拆封以后，现场的工作人员唱读投标人的名称、每一个投标的投标价格以及投标文件中的其他主要内容。

（6）签订合同。建筑材料采购合同双方在平等、自愿的基础上，就合同的主要条款达成一致订立合同的过程，这一过程包括要约和承诺两个阶段。

另外，建筑材料购买方可直接向若干建材厂商或建材经营公司发出询价函，要求他们在规定的期限内做出报价，在收到厂商的报价后，经过比较，购买方通常选定报价合理的厂商作为供应商并与其签订合同。

三、建筑材料定额

1. 建筑材料定额及其组成

建筑材料定额是编制材料供应计划的依据，根据用途不同，建筑材料定额可分为材料消耗定额和材料储备定额两大类。

(1) 建筑材料消耗定额。建筑材料消耗定额是指在一定的生产技术组织条件下，生产单位产品或单位工作量消耗一定规格的材料的数量标准。建筑材料消耗定额是建筑企业编制工程项目材料需用计划的基础，也是确定工程造价、进行工程核算的依据。建筑材料消耗定额主要包括施工定额、预算定额和概算指标等。

施工定额是由工程净用量和合理工艺损耗量两部分组成的。一般由建筑企业编制，用于计算分部分项工程材料用量，是执行限额用料的基本依据。

概算定额包括工程净用量、合理的工艺损耗量和合理的管理损耗量三项。一般由政府有关部门编制，主要用于确定工程项目标底、造价和建筑施工企业报价。概算定额作为确定工程项目标底的依据，应反映社会平均劳动消耗水平。

编制建筑材料消耗定额的主要方法如下所示：

1）技术分析法。根据工程项目的技术图纸、施工方案及施工工艺规范等，排除不合理因素确定的建筑材料消耗定额。

2）标准试验法。采用标准仪器计量，在标准条件下，通过试验测定并确定建筑材料消耗定额。

3）统计分析法。根据有关统计资料，分析现有的各种因素影响确定的建筑材料消耗定额。

4）现场测定法。在施工现场，按照既定的施工工艺，对建筑材料消耗进行实际测定之后，计算出的建筑材料消耗定额。

5）经验估算法。根据图纸、施工工艺要求，由有经验的工程技术人员参照有关资料，结合自身的经验，经过对比分析和计算制定出来的建筑材料消耗定额。

(2) 材料储备定额。材料储备定额是在一定生产条件下为保证生产正常进行而储备的材料标准量。它是加强材料计划管理、组织供应、合理控制材料储备数量的基础。

按定额指标的计量单位不同，材料储备定额主要有以下几点：

1）时间定额，主要反映材料储备数和周转速度。

2）实物定额，如吨、立方米等，主要用于编制计划。

3）价值定额，主要用于材料资金的管理。

按材料储备定额综合程度不同，材料储备定额主要包括：

1）以材料具体品种规格确定的个别定额。

2）按材质类别确定的类别定额。

3）综合定额，将类别定额进一步扩大就成为综合定额。其中个别定额是类别定额、综合定额的基础，它们分别用于控制材料储备量、编制储备计划、确定仓库面积和制定储备资金等。

材料储备定额按作用不同，可分为经常储备和保险储备。

1）经常储备亦称为周转储备，是企业为保护正常生产而建立的材料储备量，计算公式为

$$经常储备量 = 每日平均消耗量 \times 供应间隔日数 \tag{6-1}$$

2）保险储备是为预防材料运达误期、品种规格不符合需要等原因影响企业正常生产而建立的材料储备，计算公式为

$$保险储备 = 平均日消耗量 \times 材料保险日数 \tag{6-2}$$

保险日数即可根据过去的经验资料，也可以按重新取得材料的日数来确定。对于随时能取得补充或已建立季节性储备的材料，可以不建立保险储备。一般情况下，保险储备是不动用的，它常占用着一定的资金。

2. 建筑企业材料供应计划

材料供应计划是企业生产技术、财务计划的重要组成部分。编制材料计划是材料管理的首要环节，是进行订货、采购、储存、使用材料的依据。

材料计划的编制大致可分为三个程序：计算材料需用量；确定材料的期末储存量；经过综合平衡后编制材料的申请供应计划。

（1）材料需用量计划。材料需用量计划是材料供应的基础。建筑项目所需的材料包括工程用料和临时设施用料，均应纳入需用量计划。

材料需用量计划的编制程序是根据图纸计算分项实物工程量，再按材料消耗定额计算各分项工程、分部工程的材料需用量，在此基础上编制单位工程材料分析表，最后根据施工进度计划确定分期需用量，编制出按时间需要的品种规格和数量齐全的材料需用量计划。

（2）定量订购法。定量订购法是指某种材料的库存量由最高库存消耗到最低库存之间的某一预定的库存量水平时，就提出并组织订货，每次订货的数量是一定的。提出订货时的库存量称为订购点库存量，简称订购点，每次订货的数量称为订购批量。

1）订购点的确定。

$$订购点 = 平均日需要量 \times 备运时间 + 安全库存量 \tag{6-3}$$

其中，备运时间是指从提出订货到验收入库为止的时间，包括订货、运输、验收的时间，有的材料还包括加工前的准备时间；安全库存量是用来防止缺货的风险的，它的确定要综合考虑仓库保管费用和缺货费用。合理的安全库存量应能使这两种费用之和为最小，其值决定于仓库保管费用、缺货费用和发生缺货的概率。由于缺货费用很难测定，故通常安全库存量可以根据经验估计或数理统计方法求得。

2）经济订购批量。经济订购批量是指某种材料的订购费用和仓库保管费用之和最低时的订购批量。其中，订购费用包括采购人员的工资、差旅费、采购手续费、检验费等，它们随着订购次数的增加而增加，通常，年需要量一定时，订购费用又随订购批量的增加而减少；仓库保管费是指材料在库或在场所需要的一切费用，仓库保管费用的特点是随库存量的增长而增长，与订购批量成正比。仓库保管费主要包括：库存材料占用流动资金的利息、仓库及仓库机械设备的折旧费和修理费、燃料动力费、采暖通风照明费、仓库管理费（如仓库管理人员的工资及办公费、管理费、库存材料在保管过程中的损耗以及由于技术进步而使库存材料性能陈旧贬值而带来的损失等。）

订购批量与订购费用、仓库保管费用、总费用的关系如图 6-1 所示。

订购费用和仓库保管费用之和，即总费用为最小的经济订购批量，其计算公式推导如下

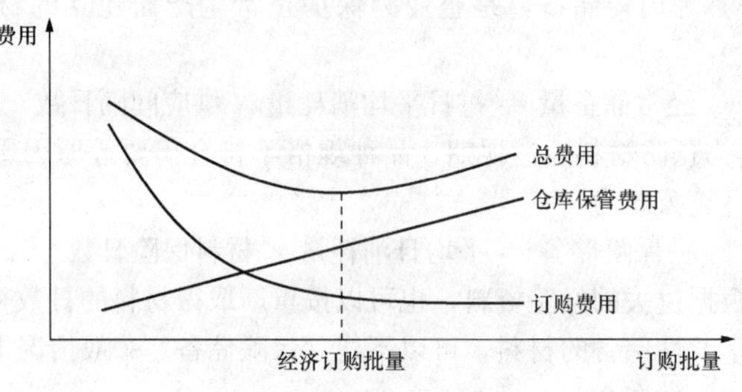

图 6-1 订购批量和费用的关系

所示。

设 R 为全年某种材料的需要量，C 为该材料的单价，P 为每次订购费用，I 为单位材料年度保管费率，Q 为每次订购批量。

则年度总费用 T_C 为

$$T_C = \frac{R}{Q}P + \frac{CQ}{R}I \tag{6-4}$$

T_C 为最小时的订购批量 Q^* 为

$$\frac{dT_C}{dQ} = -\frac{RP}{Q^2} + \frac{CI}{2} = 0 \tag{6-5}$$

则

$$Q^* = \sqrt{\frac{2RP}{CI}} \tag{6-6}$$

定量订购法由于订购时间不受限制，所以在材料需要量波动较大的情况下适应性强，可以根据库存情况考虑需要量的变动趋势随时组织订货，补充库存，这样安全库存可以少设一些。

（3）定期订购法。定期订购法是事先确定好订货采购的时间，例如每月、每季或每旬订购一次，到达订货日期就组织订货，订货的周期相等，但每次订货的数量不一定。采用定期订购法，需要注意：一是需要确定订购周期，即多长时间订货一次，具体什么时间订货；二是需要确定每次的订购数量。

1）订购周期。订购周期，一般是先用材料的年需要量除以经济订购批量求得订购次数，然后用 365 天除以订购次数。即订购周期＝365/(年需要量/经济订购批量)

订购的具体日期应考虑提出订购时的实际库存量高于安全库存量，并满足订购期间的材料需要量。

2）订购数量。每次订购的数量是根据下一次到货前所需材料的数量减去订货时的实际库存量而定。其计算公式为

订购数量＝(订购天数＋供应间隔天数)×平均日需要量＋安全库存量－实际库存量

由于定期订购由于订货时间是固定不变的，所以其保险储备必须考虑整个供应间隔期和订购期间的需要，需要适当多留一些。

第三节　建筑机械设备选择与管理

正确选择和使用机械设备并做好维护和保养，尽可能降低工程项目的机械使用成本是提高建设工程项目的经济效益，保证建筑业生产经营活动有序进行的重要条件。

一、建筑机械设备的种类

建筑企业生产经营所需用的设备种类繁多，不同的设备技术性能和用途各有不同，需要根据其特点进行管理。按照机械设备的用途不同，建筑企业机械设备可分为以下几类：

生产性机械设备指直接改变材料形状、属性、功能等的各种工作机械。例如，挖掘机械、切割设备、铲土运输机械、压实机械、路面机械、木工机械、焊接与热处理、冶炼设备，维修加工设备，锻压设备和风动工具、混凝土搅拌设备等。

动力设备指用于生产电力、热力和其他动力的各种设备。如发电机，空压机，蒸汽锅炉等。

传导设备指用于传送固体、液体、气体和动力的各种设备。如上下水管道，蒸汽、压缩空气的传导管、输变电线路和传送带等。

交通运输设备指用于运送材料和人员的各种运输工具。如各种汽车，工程起重机械，铲车、电瓶车等。

仪器仪表指用于工程和其他工作用的各种仪器、仪表和工具等。如测量仪器，测试仪器和科学试验设备等。

不同工程项目施工机械设备的合理配备，要依据施工组织设计进行，要对机械设备的技术经济进行分析，选择既满足生产、技术先进又经济合理的机械设备。结合施工组织设计，分析自制、购买和租贷的分界点，进行合理装备。另外，现场施工机械设备的装备必须配套，使设备在性能等方面相互配套。如果设备数量多，但相互之间不配套，不仅机械性能不能充分发挥，而且会造成经济上的浪费。

二、建筑企业的机械设备使用形式

1. 企业自行装备

建筑企业根据本身的性质、任务类型、施工工艺特点和技术发展趋势购置自有机械，自行使用。自有机械应当是企业常年大量使用的机械，这样才能达到较高的机械利用率和经济效果。

2. 租赁

某些大型、专用的特殊建筑机械，一般建筑企业自行装备在经济上不合理时，就由专门的机械供应站（租赁站）准备，施工企业以租赁方式使用。

3. 机械施工承包

某些操作复杂或要求人与机械密切配合的机械，由专业机械化施工公司装备，组织专业工程队承包。如构件吊装、大型土方等工程。

与使用形式相对应，建筑企业的机械设备管理体制有集中、分散等几种。大型、专门的特殊机械宜于集中使用、集中管理。中小型常用机械宜于分散使用、分散管理。但在不同地区、不同任务分布的情况下，集中与分散的程度，集中或分散到哪一级机构，则应通过技术分析来确定，主要取决于达到的机械完好率、利用率和生产率提高的程度与效果。

三、建筑机械设备的选择

机械设备的选择是建筑机械设备管理的一项重要工作内容，应根据建设工程项目的建筑结构形式，施工工艺和方法，现场施工条件，施工进度计划的要求进行综合分析，选择技术上先进、适用、安全、可靠并且保养维护方便的设备为项目所用。其中，机械设备的性能参数满足工程的需要是前提，例如，高层建筑施工中起重机械的选择应从起重高度、把杆的回转半径、最大起重量等参数去分析能否满足施工的需要，方可在几种性能规格能满足要求的机械设备中，选定经济合理、使用和维护保养方便的机种。

1. 建筑机械设备选择的影响因素

影响建筑机械设备选择时的主要因素有：

(1) 生产性。生产性指机械设备的生产效率，一般以单位时间内完成的产量来表示。通常情况下，机械设备的生产率越高越好，但是具体的某一种机械设备时，需要考虑机械的生产率与企业的生产任务是否相适应，否则会造成浪费。

(2) 可靠性。可靠性是指机械设备精度、准确度的保持性；零件的耐用性、安全可靠性等方面性能。一般可靠性用可靠度来表示，是指在规定的时间内，在规定的使用条件下，无故障地发挥规定性能的概率。

(3) 节能性。节能性指机械设备节约能源和原材料的性能，一般以机械设备单位开动时间的能源消耗量，如小时耗电量等表示。也有以单位产品的能源消耗量来评价设备的。与节能性相近似的，还要考虑到设备对原材料资源的利用性能，如木材加工的出材率等。

(4) 维修的难易程度。这一性能影响设备维护保养的劳动量和费用。维修性好，一般是指结构简单，零部件组合合理，通用化和标准化高，有互换性，维修时容易拆卸易于检查等。

(5) 环保性。环保性指机械设备对环境保护的性能。如噪声或排放有害物质对环境的污染程度等。

(6) 购置价格。购置价格指建筑机械设备的购买价格。包括购买、运输、安装的全部费用。

(7) 使用寿命。在其他条件相同的情况下，建筑机械的使用寿命长，使用时单位成本则越低。

(8) 使用成本。使用成本包括使用时建筑机械设备的安装、拆卸、运输、保管、人工溯源消耗费，经常性的维护保养和修理等费用。

2. 建筑机械设备选择的方法

在购买机械设备时，除了从以上几个方面进行分析外，还要从经济性上进行分析，选择购买经济性好的设备。具体方法有：

(1) 单位工程量成本比较法。工程的单位成本由两类费用构成：一类称为操作费或称为可变费用，它随着机械的工作时间而变化，如操作人员的工资、燃料动力费、小修理费、直接材料费等；另一类费用是按一定施工期限分摊的费用，称为固定费，如折旧费、大修理费、机械管理费、投资应付利息、固定资产占用费等。用这两类费用计算“单位工程量成本”的公式是

$$单位量工程成本 = \frac{操作时间固定费用 + 操作时间 \times 单位时间操作费}{操作时间 \times 单位时间产量} \tag{6-7}$$

单位工程量成本一般受操作时间的影响，即操作时间不同，单位工程量成本比较的结果不同。

(2) 界限使用时间比较法。单位工程量成本受使用时间的制约。如果我们能将两种机械单位工程量成本相等时的使用时间计算出来，则决策工作会更简便，也更可靠，我们把这个时间称为“界限使用时间”。

假如 R_a 和 R_b 分别为 A 机和 B 机的固定费用；Q_a 和 Q_b 分别为 A 机和 B 机的单位时间产量；P_a 和 P_b 分别为 A 机和 B 机的每小时操作费；界限使用时间为 X_0，则两机的单位工程量成本相等时可表示为

$$\frac{R_a + P_a X_0}{Q_a X_0} = \frac{R_b + P_b X_0}{Q_b X_0} \tag{6-8}$$

解此式得

$$X_0 = \frac{R_b Q_a - R_a Q_b}{P_a Q_b - P_b Q_a} \tag{6-9}$$

可见，使用时间高于这个时间和低于这个时间，单位工程量成本的变化会使选用机械的决策得到相反的结果。

为了分析使用时间的变化对决策的影响，假设两机的单位时间产量相等，则上式可以简化成

$$X_0 = \frac{R_b - R_a}{P_a - P_b} \tag{6-10}$$

要判断 A 机和 B 机在什么条件下是企业的优化选择，需要先计算“界限使用时间”，然后根据实际工程需要的预计使用时间，做出选用机械的决策

第四节　建设项目资金的筹措与运用

一、建设项目资金含义及其存在形态

建设项目资金是为建设项目的施工生产所需要的各类资金及各类财产物资的价值形态的总和。

在工程项目的建设过程中，其所需要的资金以不同形态存在。

1. 储备资金形态

在建设物质购买阶段，这些资金由货币形态转化为固定资产、原材料等实物形态的资金，即储备资金。

2. 生产资金形态

在施工生产阶段，储备资金进入生产过程，转变成为生产资金形态，其具体形式表现为原材料、施工机械设备、各类施工工具、辅助材料、能源等。

3. 成品资金形态

经过施工生产过程，各类生产物资经过劳动者的劳动下转化为另一种实物形态，即和成品资金；

4. 货币资金形态

在建设项目完成阶段，上述成品资金通过企业的销售过程，卖出产品回笼资金，成品资金转化为货币资金形态。

二、建设项目资金的筹措

建设项目的资金筹措是为建设项目的生产建设和经营活动而筹措和集中所需资金的过程。资金筹集是工程项目建设活动的起点，是建筑企业生存、发展的前提。需要建设单位根据项目建设的需要，通过各种筹资渠道和资本市场，运用合适的筹资方式，有效的筹集建设项目所需要的资金。

1. 建设项目资金筹措的原则

（1）规模适当原则。合理确定资金需求量，充分利用自有资金，努力提高筹资效率。

（2）经济原则。研究项目投资的经济性，通过收支对比，按差额筹措资金以降低项目资金使用成本，提高投资效果。

（3）筹措及时原则。适时取得资金来源，保证资金投放需要。

（4）资金结构合理原则。合理安排资本结构，保持适当的偿债能力，考虑利率水平的作为选择资金来源的重要标准，尽量降低贷款风险和。

（5）来源合理原则。遵守国家有关法规，维护各方合法权益，尽量利用低利率贷款利用自有资金时，也应考虑其时间价值。

2. 建设项目资金的来源

目前我国建设项目资金的来源通常有以下几方面。

（1）国家财政预算投资。由国家预算安排的、并列入年度基本建设计划的建设项目投资为财政预算投资，也称为国家投资。

（2）自筹资金。自筹资金是全国各地区、各部门、各单位按照财政制度提留、管理和自行分配用于固定资产再生产的资金。自筹资金主要有：地方自筹资金；部门自筹资金；企业、事业单位自筹资金；城乡集体经济或个人筹集资金等。地方和企业的自筹资金由建设银行统一管理，其投资要同预算内投资一样，事先要进行可行性研究和技术经济论证，严格按基本建设程序办事，以保障自筹投资有较好的投资效益。

（3）银行贷款。银行贷款，是指银行根据国家政策以一定的利率将资金贷放给资金需要者，并约定期限归还的一种经济行为。建设项目通过银行信贷学生获得所需资金包括建设单位以及建筑施工企业向银行借入的各项固定资金贷款、流动资金贷款和专项资金贷款等。

（4）利用外资。利用多种形式的外资，是建设项目资金不可缺少的重要来源。其主要类别有外国政府贷款、国际金融组织贷款、国外商业银行贷款、在国外金融市场上发行债券、吸收外国银行和私人存款、利用出口信贷等。其中利用国外资本的形式包括直接投资包括与外商合资经营、合作经营、合作开发、补偿贸易、对外加工装配、国际租赁等。

（5）利用有价证券市场。有价证券市场，是指买卖公债、公司债券和股票等有价证券，在不增加社会资金总量和资金所有权的前提下，通过融资方式，把分散的资金累积起来，从而有效地改变社会资金总量的结构。有效证券主要指债券和股票。

1）债券。债券是借款单位为筹集资金而发行的一种信用凭证，它证明持券人有权取得固定利息并到期收回本金。我国发行的债券种类有：国家债券即公债、国库券，是国家以信用的方式从社会上筹集资金的一种重要工具；地方政府债券；企业债券；金融债券。债券发行后，可在证券流通市场上进行交易，债券的发行与转让分别通过债券发行市场和债券转让市场进行。债券的票面价格即指债券券面上所标明的金额；发行价格即指债券的募集价格，是债券发行时投资者对债券所付的购买金额；债券的市场价格指债券发行后在证券流通市场上的买卖价格。

2）股票。股票是股份公司发给股东作为已投资人股的证书和索取股息的凭证。它是可作为买卖对象和（或）抵押品的有价证券。按股东承担风险和享有利益的大小，股票可分普通股和优先股两大类。股票筹资是一种有弹性的融资方式，由于股息和红利不像利息必须按期支付，且股票无到期日，公司不需要偿还资金，因而融资风险低。但对投资者来说，因股票的投资报酬可能比债券高，故投资的风险也大。

（6）建筑施工企业的自有资金及内部形成的资金。建筑施工企业的自有资金包括建筑施工企业的注册资金及建筑施工企业向建设单位收取的临时设施包干基金、劳保基金、技术装备基金等。

建筑施工内部形成的资金指建筑企业从工程成本中提取形成的更新改造基金、大修理基金、职工福利基金和从税后留利中建立的新产品试制基金、生产发展基金、后备基金和职工奖励基金等。

3. 建筑企业融资水平影响因素

（1）建筑企业的实有资本。银行要考察和检查企业的资产负债表和近期的损益表，以作为决策依据。

（2）建筑企业的信誉。建筑企业过去完成工程的质量和工期情况，业主的反映，是否有争议、仲裁和诉讼等，以便观察企业还贷的可靠性。

（3）建筑企业的能力和实际经验。是否适应其目前承包的工程任务，以便判断企业的实际能力，再决定资金的支持态度。

（4）拟承包工程的情况。主要是工程的复杂程度和风险所在，以及投标情况，承包这项工程能否取得一定的利润等。

（5）承包企业的在建工程情况。银行了解建筑企业在建工程情况的目的是了解他们在建工程有多少，其进展情况和管理情况，其负债是否超出了它的承受能力等。

（6）建筑企业的诚实可靠性。有的企业为贷款而隐瞒一些情况，如列出许多已完工程应收款，实际上是由于和业主存在争议而可能无法收回；有时又隐瞒工程的潜在亏损等。银行忌讳这种不诚实行为。

建筑企业选择贷款银行应注意是否满足以下因素：

1）受政府和公众信任。

2）被业主接受。

3）有良好的服务质量和办事效率。

4）存贷利息、手续费用均较合理，能给予一定的优惠待遇则更好。

5）保证可以进行国际间转汇，便于资金调动和转移。

三、建设工程项目资金管理

1. 建设工程项目资金管理的任务

建设工程项目资金管理是指对建设工程项目的生产经营活动过程中所需要的各种资金的形成、使用、收入、分配等进行的管理。

建设工程项目资金管理主要内容包括固定资金管理、流动资金管理、专项资金管理、经济核算和经济活动分析等。资金是建筑工程项目施工过程中不可缺少的要素之一，建筑企业的生产经营活动的效益综合表现表现为资金使用效果，因此，资金管理是建筑企业管理的重要内容。建设工程项目资金管理的主要任务包括：

(1) 遵守国家财经纪律，保护国家财产。

(2) 组织资金供应，保证生产经营需要。

(3) 合理地使用资金，促进生产发展。

(4) 加强经济核算，降低成本，增加盈利。

(5) 组织工程价款收入，按期完成上缴任务。

(6) 合理分配利润。

2. 建设工程项目资金管理的原则

建设工程项目资金管理要遵循以下原则：

(1) 资金的计划管理原则。

(2) 合理地使用资金的原则。

(3) 为施工生产服务的原则。

(4) 统一管理和分级管理相结合的原则。

3. 建设工程项目资金管理要点

(1) 施工项目资金管理应保证收入、节约支出、防范风险和提高经济效益。

(2) 建筑施工企业应在企业财务部门设立项目专用账号进行项目的收支预测、统一对外收支与结算，项目经理部负责项目资金的使用管理。

(3) 建设工程项目经理部应编制年、季、月度资金收支计划，上报企业财务部门审批后实施。

(4) 建设工程项目经理部应按企业授权配合企业财务部门及时进行资金计收。

4. 建设项目固定资金管理

(1) 固定资金的含义及特点。固定资金是指使用期限超过 1 年的房屋、建筑物、机器、机械、运输工具以及其他与生产、经营有关的设备、器具、工具等的价值形态。固定资金属于建设项目生产过程中用来改变或者影响劳动对象的劳动资料，其实物形态在生产过程中可以长期发挥作用，长期保持原有的实物形态，但其价值则随着工程项目建设活动而逐渐地转移到产品成本中去，并构成产品价值的一个组成部分。

固定资金的特点主要包括：固定资金的循环期较长，主要取决于固定资产的使用年限；固定资金的价值补偿和实物更新是分别进行的，前者是随着固定资产折旧逐步完成的，后者是在固定资产不能使用或不宜使用时，用平时积累的折旧基金来实现；在购置和建造固定资产时，需要支付相当数量的货币资金，这种投资是一次性的，但投资的回收是通过固定资产折旧分期进行的。

(2) 固定资产的核定。作为固定资金的实物形态，固定资产的核定即确定建筑企业对固定资产的需要量，是建筑企业固定资金管理的首要环节。固定资产核定一般在新建企业确定施工生产规模时，或在建筑企业施工生产任务有较大调整时，或在计划年度开始时，或在国家规定进行清产核资时进行。

固定资产的核定方法主要有以下几种。

1) 产量定额法。是指根据企业某项工程计划工程量和各类机械设备产量定额来确定机械设备需要量的方法，计算公式为

$$年度固定资产需要量 = 年度计划建安工作量 \times 产值固定资金率 \quad (6-11)$$

这种方法适用于主要施工机械设备需要量的核定。

2）产值比例法。是根据企业计划建安工作量和产值固定资金率来确定固定资产需用量的方法，计算公式为

$$年度固定资产需要量 = 年度计划建安工作量 \times 产值固定资金率 \tag{6-12}$$

产值固定资金率是固定资金占用与完成产值的比值，它一般根据企业历史最好水平结合发展情况而确定。

产值比例法适用于行政固定资产、工器具等零星固定资产需要量的核定。

3）机种比例法。是根据辅助机械与主要施工机械比例关系来确定机械设备需要量的方法，公式为

$$某类辅助机械需要量 = 主要施工机械数量 \times 辅助机械与主要施工机械的比例 \tag{6-13}$$

辅助机械与主要施工机械的比例可根据历史统计资料和机械定额来确定。

机械比例法适用于主要施工机械之外的其他辅助机械需要量的核定。

5. 建设项目流动资金管理

（1）建设项目流动资金的特点。建设项目流动资金特点周转期较短。流动资金一个生产周期周转一次。

建设项目资金周转的循环性表现为资金经历生产储备阶段——生产阶段——成品储存阶段——产品销售或工程价款结算阶段——生产储备阶段——货币资金——储备资金——生产资金——成本资金——货币资金。

建设项目资金占用的波动性表现为建筑企业流动资金的占用量不是固定不变的，而是随着供产销的变化而高低起伏。

（2）建设项目流动资金的核定。核定建设项目流动资金定额是流动资金管理的基础和核心。建设项目流动资金的核定是为建筑企业规定一个保证正常施工生产需要的流动资金的最低限额，它是合理组织使用流动资金，提高流动资金利用效果的重要措施。加强流动资金的核定与管理工作，对于促进施工企业节约使用资金，加速资金周转，降低工程成本，缩短建设工期，提高投资效益具有重要意义。

建设项目的定额流动资金主要包括运用于主要材料、结构件、低值易耗品和其他材料、机械配件、周转材料、在产品、产成品、未完施工、备用金、应收工程款、待摊费用、辅助生产等方面的流动资金。

核定流动资金是计核各项资金项目的平均合理占用水平，其核定方法一般包括以下几种：

1）定额天数法。定额天数法是以每日平均需要占用的资金和周转一次所需的天数来确定定额。它与一般工业企业的核定方法基本相同，主要适用于主要材料、结构件和未完建筑工程项目的施工。

2）因素分析法。因素分析法即以上年该项资金平均占用额为基数，扣除不合理的占用部分，根据施工任务的增减变化和加速流动资金周转的要求，进行分析调整计算核定。这种方法主要适用于核定其他材料、低值易耗品、辅助生产、在产品、机械配件等资金项目。

3）定额摊销法。随着新的科学技术成果不断应用于建筑产业，各类金属脚手架、定型组合钢模逐步代替了传统的竹木周转材料，金属材料所占用的流动资金越来越多。定额摊销

法是根据金属周转材料价值高、需要量大、资金占用多的特点而进行的资金核定方法。这种方法的特点是，以单位定额（如万元工作量定额或单位建筑面积定额）和每年的周转次数来确定实物需要量，再根据摊销情况核定资金占用额。

4）余额法。这种方法是以上年期末流动资金占用的余额为基础，估计本期增减变化情况，据以计算流动资金定额。它主要应用于数额小、内容简单的备用金和未完施工等项目的定额核定。

（3）提高建筑企业流动资金利用效果的途径：

1）考核建筑企业流动资金利用效果的指标。

①流动资金周转次数。它是说明流动资金在一定时期内周转多少次的指标，它越多，说明流动资金的利用效果越好。

②流动资金周转天数。它是说明流动资金周转一次需用多少天指标，它越少，说明的流动资金利用效果越好。

③流动资金占用率。它是说明完成每元产值占用多少流动资金的指标，它越低，说明流动资金利用效果越好。

④流动资金利润率。它是说明每元流动资金在计算期内实现了多少利润的指标，它越说明流动资金利用效果越好。

2）提高建设项目流动资金利用效果的途径。提高建设项目流动资金利用效果的途径主要包括以下几点：

①实行流动资金的分级归口管理。

②搞好材料储备工作，压缩材料库存。

③合理安排施工，缩短建设工期，降低材料消耗。

④及时结算工程价款，抓紧收尾工程。

⑤做好资金平衡工作。

⑥加强考核，督促检查。

（4）清产核资。清产核资是核定流动资金定额的基础。所谓清产，就是对财产物资进行清仓盘点，核实资产；所谓核资就是在清理财产、弄清家底的基础上，对企业核定资金占用额。开展清产核资活动是避免资金管理混乱状况，改善建筑企业及建设项目流动资金管理，实现增产节约的重要途径。

（5）建筑企业加速资金周转的方法。

1）实行流动资金分口分级管理。在财务部门集中统一管理的前提下，把财权下放给各职能部门和基层单位，实行资金分口管理，再由各职能部门和基层单位逐级落实到班组或个人，建立使用资金的责任制。这种管理办法的特点是“用管结合”，即某项资金由哪个部门使用，就由哪个部门归口管理；“资金管理和物资管理相结合”，谁干什么就管什么”，如仓库管理员就负责材料储备资金的管理；“权责结合”谁有权安排使用资金，谁就有责任保证经管物资的完整，使资金占用不超过核定的定额。

2）建立周转材料内部租赁制度。建筑企业的周转材料主要由定型组合钢模和脚手架料构成，其基本特点是多次周转循环使用。这使其不同于其他流动资产，它只是一次性消耗于建筑产品之中，不构成建筑物、构筑物工程实体。据此建筑企业可实行周转材料的内部租赁制度，以租金代替材料资金的摊销。那些基层单位占用的周转材料越多，成本就越高，盈利就越少。

3）实行流动资金内部有偿占用。建筑企业对各部门和基层单位占用的流动资金，按照一定的费率收取占用费的管理办法。许多建筑安装企业的经验证明，实行内部有偿占用制度，是企业用经济办法管理经济，加速资金周转，减少资金占用，管好用好流动资金，提高资金使用效果的有效措施。

四、建设项目资金预测

1. 资金收入预测

建设项目资金是按合同价款收取的，在实施施工项目合同的过程中，应从收取工程预付款（预付款在施工后以冲抵工程价款方式逐步扣还给建设单位）开始，每月按进度收取工程进度款，到最终竣工结算，按时间测算出价款数额，做出项目收入预测表，绘出项目资金按月收入图及项目资金按月累加收入图。

在进行建设项目资金收入预测时，一方面要考虑到根据所完成的工程量计算应收取的工程款不一定能按时收到，另一方面还要加强施工管理，确实履行合同中所规定的责任与义务，以避免因违约而造成经济损失。

2. 资金支出预测

建设项目资金支出预测的依据有：项目成本控制计划，施工组织设计，物资使用量与储备计划等。

根据测算，得出随着工程的实施每月预计的人工费、材料费、施工机械使用费、物资储运费、临时设施费、其他直接费和企业管理费等各项支出。使整个项目的支出在时间上和数量上有一个总体概念，以满足资金管理的需要。

复习思考题

1. 简述人力资源的含义。
2. 简述建筑业从业人员构成。
3. 简述建筑业的人力资源特点。
4. 简述人力资源规划的含义、内容。
5. 简述人力资源规划的程序。
6. 目前国内建筑业从业的哪些管理人员较短缺？
7. 在预测人员需求时考虑哪些因素影响？
8. 简述我国建筑业用工制度的几种形式。
9. 简述建筑业的用工制度的内容。
10. 试述员工选聘的过程与方法。
11. 简述建筑业用工特点。
12. 简述建筑企业员工考核的基本程序。
13. 建筑材料有哪些分类？
14. 简述建筑材料的主要采购方式。
15. 简述建筑材料定额及其组成。
16. 简述建筑机械设备选择的经济评价方法。

17. 简述固定资产的核定方法。
18. 工程项目的建设过程所需要的资金主要以哪些形态存在？
19. 试述提高建筑企业流动资金利用效果的途径。
20. 建筑企业融资水平影响因素主要有哪些？
21. 简述建设项目资金的来源。

【资料】

建筑材料采购合同范本

合同编号：__________

需方（甲方）：__________

供方（乙方）：__________

经协商同意，根据中华人民共和国合同法的规定，订立合同如下：

第一条 甲方向乙方订货总值为人民币__________元。

第二条 产品名称、规格、质量（技术指标）__________。

第三条 产品包装规格及费用__________。

第四条 验收方法__________。

第五条 货款及费用等付款及结算办法__________。

第六条 交货规定

1. 交货方式：__________。
2. 交货地点：__________。
3. 交货日期：__________。
4. 运输费：__________。

第七条 经济责任

1. 乙方应负的经济责任

（1）产品花色、品种、规格、质量不符本合同规定时，甲方同意利用者，按质论价。不能利用的，乙方应负责保修、保退、保换。由于上述原因致延误交货时间，每逾期一日，乙方应按逾期交货部分货款总值的万分之三计算向甲方偿付逾期交货的违约金。

（2）乙方未按本合同规定的产品数量交货时，少交的部分，甲方如果需要，应照数补交。甲方如不需要，可以退货。由于退货所造成的损失，由乙方承担。如甲方需要而乙方不能交货，则乙方应付给甲方不能交货部分货款总值的5%的罚金。

（3）产品包装不符本合同规定时，乙方应负责返修或重新包装，并承担返修或重新包的费用。如甲方要求不返修或不重新包装，乙方应按不符合同规定包装价值2%的罚金付给甲方。

（4）产品交货时间不符合同规定时，每延期一天，乙方应偿付甲方以延期交货部分货款总值万分之三的罚金。

2. 甲方应负的经济责任

（1）甲方如中途变更产品花色、品种、规格、质量或包装的规格，应偿付变更部分货款（或包装价值）总值__________%的罚金。

（2）甲方如中途退货，应事先与乙方协商，乙方同意退货的，应由甲方偿付乙方退货部分货款总值＿＿＿＿＿％的罚金。乙方不同意退货的，甲方仍按合同规定收货。

（3）甲方未按规定时间和要求向乙方交付技术资料、原材料或包装物时，除乙方得将交货日期顺延外，每顺延一日，甲方应付给乙方顺延交货产品总值万分之三的罚金。如甲方始终不能提出应提交的上述资料等，应视同中途退货处理。

（4）属甲方自提的材料，如甲方未按规定日期提货，每延期一天，应偿付乙方以延期提货部分货款总额万分之三的罚金。

（5）甲方如未按规定日期向乙方付款，每延期一天，应按延期付款总额万分之三计算付给乙方，作为延期罚金。

（6）乙方送货或代运的产品，如甲方拒绝接货，甲方应承担因此而造成的损失和运输费用及罚金。

第八条　产品价格如需调整，必须经双方协商，并报请物价部门批准后方能变更。在物价主管部门批准前，仍应按合同原订价格执行。如乙方因价格问题而影响交货，则每延期交货一天，乙方应按延期交货部分总值的万分之三作为罚金付给甲方。

第九条　甲、乙、任何一方如要求全部或部分注销合同，必须提出充分理由，经双方协商，并报请上级主管部门备案。提出注销合同一方须向对方偿付注销合同部分总额＿＿＿％的补偿金。

第十条　如因生产资料、生产设备、生产工艺或市场发生重大变化，乙方须变更产品品种、花色、规格、质量、包装时，应提前＿＿＿＿＿天与甲方协商。

第十一条　本合同所订一切条款，甲、乙任何一方不得擅自变更或修改。如一方单独变更、修改本合同，对方有权拒绝生产或收货，并要求单独变更、修改合同一方赔偿一切损失。

第十二条　甲、乙任何一方如确因不可抗力的原因，不能履行本合同时，应及时向对方通知不能履行或须延期履行，部分履行合同的理由。在取得对方主管机关证明后，本合同可以不履行或延期履行或部分履行，并免予承担违约责任。

第十三条　本合同在执行中如发生争议或纠纷，甲、乙双方应协商解决，解决不了时，任何一方均可向国家规定的合同管理机关申请调解仲裁。如一方对仲裁不服，可于接到仲裁书后 15 日内向人民法院起诉。

第十四条　本合同自双方签章之日起生效，到乙方将全部订货送齐经甲方验收无误，并按本合同规定将货款结算以后作废。

第十五条　本合同在执行期间，如有未尽事宜，得由甲乙双方协商，另订附则附于本合同之内，所有附则在法律上均与本合同有同等效力。

【资料来源】华律网 www.66law.cn

第七章 工程造价

本章重点

1. 工程造价计价的特点
2. 建筑安装工程费用的构成

本章难点

1. 建设工程全面造价管理
2. 执业造价工程师的管理

关键词

工程造价　全寿命造价管理　工程造价管理体制　造价师执业资格制度

第一节 工程造价概述

价格是商品同货币交换比例的指数，或者说，价格是价值的货币表现。价格是商品的交换价值在流通过程中所取得的转化形式。在现代社会的日常应用之中，价格一般指进行交易时，买方所需要付出的代价或付款。

工程造价直接的理解就是一项"工程"的建造价格。这里的"工程"是指一个完整的建筑安装产品，即单项工程，例如，一幢教学楼、一幢住宅楼等。同时，随着经济发展中技术的进步、分工的细化和市场的完善，工程建设中的中间产品也会越来越多，商品交换会更加频繁，工程价格的种类和形式也会更为丰富，实际工作中"工程"又经常表现为一个单项工程中的某个单位工程，例如，一幢教学楼的土建工程、装饰工程、配电工程等，或者一个单位工程中的分部（分项）工程，例如，土建工程中的土方工程、防水工程、保温工程等。这些都可以成为生产交易的对象，对应着相应的交易价格，即工程造价。

一、工程造价的两种含义

从不同的工作角度出发，工程造价有两种含义。

第一种含义，从投资者——业主的角度而言，工程造价是指进行某项工程建设，预期或实际花费的全部建设投资。投资者为了获得投资项目的预期效益，就需要进行项目策划、决策及实施，直至竣工验收等一系列投资管理活动。在上述活动中所花费的全部费用，就构成了工程造价。

从上述意义上讲，工程造价的第一种含义就是指建设项目总投资中的建设投资费用，包括工程费用、工程建设其他费用和预备费三部分。其中，工程费用由设备及工器具购置费用和建筑安装工程费用组成；工程建设其他费用由土地使用费、与工程建设有关的其他费用和与未来企业生产经营有关的其他费用组成；预备费包括基本预备费和涨价预备费；如果建设投资的部分资金是通过贷款方式获得的，还应包括贷款利息。

第二种含义，从市场交易的角度而言，工程造价是指为完成某项工程的建设，预计或实际在土地市场、设备市场、技术劳务市场以及工程承发包市场等交易活动中所形成的各类交易价格。

在一个建设项目投资过程中所形成的各类交易价格都符合工程造价的第二种含义，例如土地费用（出让金）、建筑安装工程费用、设备购置费用、勘察设计费、工程监理费用等。然而，人们通常将工程造价的第二种含义直接定义为建筑安装工程费用。这是因为，第一，建筑安装工程费用是在建筑市场通过招投标，由需求主体（投资者）和供给主体（承包商）共同认可的价格；第二，建筑安装工程费用在项目建设总投资中占有50%～60%以上的份额，是建设项目投资的主体；第三，建筑安装施工企业是工程建设的实施者，具有重要的市场主体地位。因此，将建筑安装工程费用界定为工程造价的第二种含义，具有重要的现实意义。但同时需要注意的是，这种对工程造价含义的界定是一种狭义的理解。

工程造价的两种含义是以不同角度把握同一事物的本质。对建设工程投资者来说，面对市场经济条件下的工程造价就是项目投资，是“购买”项目要付出的价格；同时也是投资者在作为市场供给主体“出售”项目时定价的基础。对承包商、供应商和规划、设计等机构来说，工程造价是他们作为市场供给主体出售商品和劳务的价格的总和，或者是特指范围的工程造价，如建筑安装工程造价。

二、工程造价计价特点

工程建设活动是一项环节多、影响因素多、涉及面广的复杂活动，因而，工程造价会随项目进行的深度不同而发生变化，即工程造价的确定与控制是一个动态过程。工程造价计价特点是由建设产品本身固有特点及其生产过程的生产特点决定的。

1. 单件性计价

每个建设工程产品都有其特定的用途、功能、规模，每项工程的结构、空间分割、设备配置和内外装饰都有不同的要求。建设工程还必须在结构、造型等方面适应工程所在地的气候、地质、水文等自然条件，这就使工程项目的实物形态千差万别。因此，工程项目只能通过特殊的程序（编制估算、概算、预算、合同价、结算价及最后确定竣工决算等），就每个项目在建设过程中不同阶段的工程造价进行单件性计价。

2. 多次性计价

工程项目建设周期长、规模大、造价高，因此按照建设程序要分阶段进行，工程项目建设程序是建设活动过程中必须遵循的先后次序关系，相应地工程项目也要在不同阶段进行多次性计价，以保证工程造价计价与控制的科学性。多次性计价是个逐步深化、逐步细化和逐步接近实际造价的过程，多次性计价特点见图7-1。

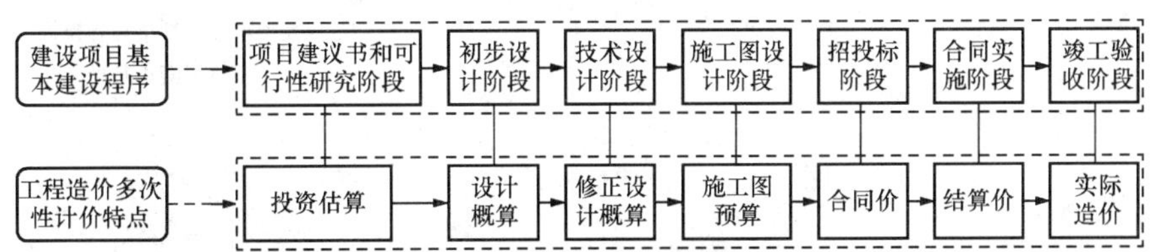

图7-1 工程造价多次性计价示意图

(1) 投资估算是指在项目建议书和可行性研究阶段通过编制估算文件测算和确定的工程造价。投资估算是建设项目进行决策、筹集资金和合理控制造价的主要依据。

(2) 设计概算是指在初步设计阶段，根据设计意图，通过编制工程概算文件预先测算和确定的工程造价。与投资估算相比，设计概算的准确性有所提高，但受投资估算的控制。

(3) 修正设计概算是指在技术设计阶段，根据技术设计的要求，通过编制修正设计概算预先测算和确定的工程造价。修正设计概算是对初步设计阶段设计概算的修正和调整，比设计概算准确，但受设计概算控制。

(4) 施工图预算是指在施工图设计阶段，根据施工图纸，通过编制预算文件预先测算和确定的工程造价。它比设计概算或修正设计概算更为详尽和准确，但同样要受概算造价的控制。

(5) 合同价是指在工程招标投标阶段通过签订总承包合同、建筑安装工程承包合同、设备材料采购合同，以及技术和咨询服务合同所确定的价格。合同价属于市场价格，它是由承包发包双方根据市场行情共同议定和认可的成交价格。但应注意：合同价并不等同于最终的工程结算价格。

(6) 结算价是指在工程施工过程中或者竣工验收阶段，在工程合同价的基础上，依据合同调价范围和调价方法，对实际发生的设计变更、工程量增减、设备和材料价差等进行调整后计算和确定的价格。结算价一般由承包单位编制，由建设单位审查，也可委托具有相应资质的工程造价咨访机构进行审查。

(7) 实际造价（决算价）是指工程竣工验收阶段，以实物数量和货币指标为计量单位，综合反应建设项目从筹建开始到项目竣工交付使用为止的全部建设费用。决算价一般是由建设单位编制，上报相关主管部门审查。

3. 分解组合计价

计算工程项目的造价，首先要将其按照“建设项目——单项工程——单位工程——分部工程——分项工程”完成工程的层次划分，然后计算分项工程量，再根据分项工程的单价汇总成分部工程造价，逐级汇总为建设项目总造价，分解组合计价特点见图 7-2。

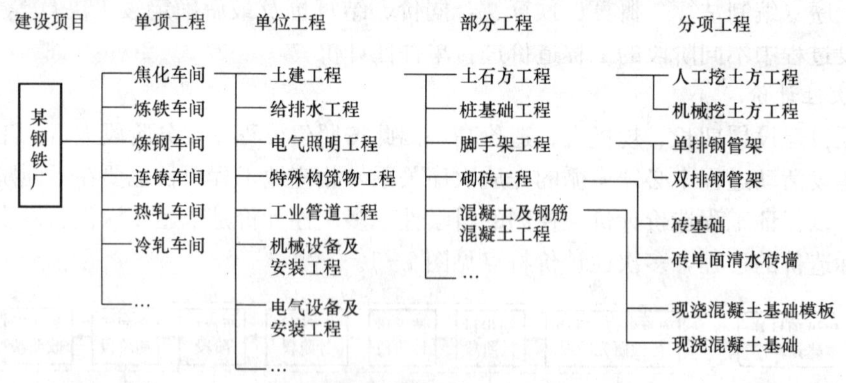

图 7-2 建设项目分解组合计价特点

4. 计价依据复杂

由于影响造价的因素多，决定了计价依据的复杂性。计价依据主要可分为以下 7 类：

(1) 设备和工程量计算依据，包括项目建议书、可行性研究报告、设计文件等。

(2) 人工、材料、机械等实物消耗量计算依据，包括投资估算指标、概算定额、预算定额等。

(3) 工程单价计算依据，包括人工单价、材料价格、材料运杂费、机械台班费等。

(4) 设备单价计算依据，包括设备原价、设备运杂费、进口设备关税等。

(5) 措施费、间接费和工程建设其他费用计算依据，主要指相关的费用定额和指标。

(6) 法律、法规及政府规定的税、费。

(7) 物价指数和工程造价指数。

工程计价依据的复杂性不仅使计算过程复杂，而且需要计价人员熟悉各类依据，并加以正确应用。

三、工程造价工作内容

工程造价的工作内容涉及工程项目建设的全过程，根据造价师的服务对象不同，工作内容也有不同的侧重点。

1. 受雇于业主的造价师的工作内容

(1) 项目的财务分析。在工程项目的提出和规划阶段，业主通常要求造价师对项目在财务上是否可行作出预测，对项目的现金流量、盈利能力和不确定性做出分析，以利于业主进行投资与否的决策。

(2) 合同签订前的投资控制。工程合同尚未签订的项目初期，造价师按业主要求，初步估算出工程的大致价格，使业主对可能的工程造价有一个大致的了解。在项目的设计过程中，造价师应不断地向设计师提供有关投资控制方面的建议，对不同的建设方案进行投资比较，以投资规划控制设计，选择合理的设计方案。

(3) 融资与税收规划。造价师可按业主要求，就项目的资金来源和使用方式提供建议，并凭借自己对国家税收政策和优惠条件的理解，对错综复杂的工程税收问题提供税收规划。

(4) 选择合同发包方式，编制合同文件。随着建筑业的发展，发包方式也越来越多。工程条件和业主要求不同，所适用的发包方式也不同。所有的业主，都非常关心工程的进度、投资和质量问题，但他们在这三方面的要求程度往往不同。如果业主最为关心的是投资问题，那么，应该选择投资能够确定的投标者而不是目前标价最低的投标者。造价师可以利用在发包方面的专业知识帮助业主选择合适的发包方式和承包商。

合同文件的编制是造价师的主要工作内容。合同文件编制的内容根据项目性质、范围和规模的不同而不同，一般包括工程量清单、单价表、技术说明书和成本补偿表四方面的内容。

(5) 编制工程量清单。业主在工程招标前，造价师需要编制工程量清单，以便于承包商在公平的基础上进行竞争，同时使得承包商的报价更具有可比性，有利于业主的评标工作。编制工程量清单是业主造价师应从事的主要工作之一。

(6) 投标分析。投标分析是选择承包商的关键步骤。造价师在此阶段起着重要作用，除了检查投标文件中的错误之处，往往还在参与业主与承包商的合同谈判中，起着为业主确定合同单价或合同总价的顾问作用。

(7) 工程结算及决算。项目完成后，造价师应及时办理与承包商的工程结算，并按业主要求完成工程竣工决算文件的编制。

2. 受雇于承包商的造价师的工作内容

(1) 投标报价。承包商在投标过程中，工程量的计算与相应的价格确定是影响能否中标的关键。在这一阶段出现错误，特别是主要项目的报价错误，其损失是难以弥补的。成功的报价依赖于造价师对合同和施工方法的熟悉、对市场价格的掌握和对竞争对手的了解。

(2) 谈判签约。承包商的造价师要就合同所涉及的项目单价、合同总价、合同形式、合同条款与业主的造价师谈判协商，力争使合同条款对承包商有利。

(3) 中期结算、财务管理与成本分析。为了及时进行工程的中期付款（结算）与企业内部的经济核算，造价师应到施工现场实地测量，编制真实的工程付款申请；同时，定期编制财务报告，进行成本分析，将实际值与计划值相比较，判断企业盈亏状况，分析原因，避免企业合理利润的损失。

(4) 工程竣工结算。工程竣工时，如果承包商觉得根据合同条款，未得到应该得到的付款的话，竣工结算就会比中期付款花更多的时间和精力，因为双方往往会对合同条款的理解不同而产生分歧，这需要承包商的造价师与业主（或业主造价师）经过艰难的协商，完成竣工结算。

第二节 工程造价构成

建设项目总投资由建设投资（固定资产投资）、建设期贷款利息和流动资产投资三部分组成。工程造价基本构成中，包括用于购买工程项目所含各种设备的费用，用于建筑施工和安装施工所需支出的费用，用于委托工程勘察设计应支付的费用，用于购置土地所需的费用，也包括用于建设单位自身进行项目筹建和项目管理所花费费用等。总之，工程造价是工程项目按照确定的建设内容、建设规模、建设标准、功能要求和使用要求等全部建成并验收合格交付使用所需的全部费用，具体构成内容如图 7-3 所示。

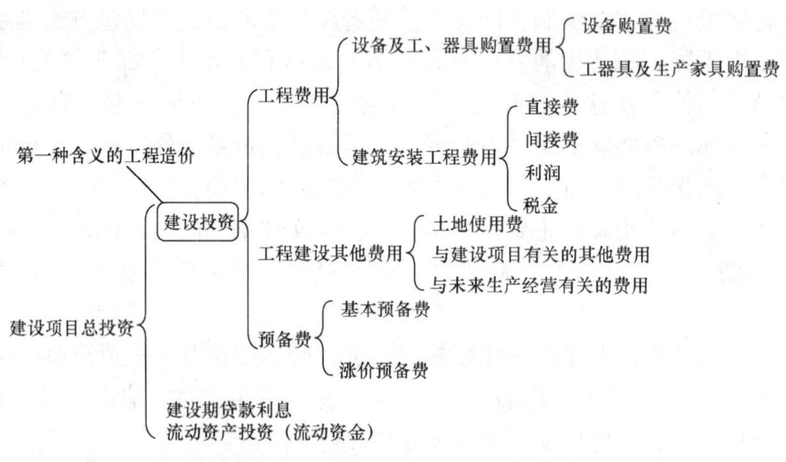

图 7-3 我国现行建设项目投资构成

建设投资是以货币表现的基本建设完成的工作量，是指利用国家预算内拨款、自筹资金、国内外基本建设贷款以及其他专项资金进行的，以扩大生产能力（或新增工程效益）为主要目的新建、扩建工程及有关的工作量。它是反映一定时期内基本建设规模和建设进度的综合性指标。建设投资包括工程费用、工程建设其他费用和预备费，其中工程费用是指一个单项工程能够完全发挥生产能力或生产效益所需要的全部投资，包括设备及工、器具购置费用和建筑安装工程费用。

一、设备及工、器具购置费用

设备及工、器具购置费用是由设备购置费和工具、器具及生产家具购置费组成的，它是固定资产投资中的积极部分。在生产性工程建设中，设备及工、器具购置费用占工程造价比重的增大，意味着生产技术的进步和资本有机构成的提高。

1. 设备购置费

设备购置费是指为建设项目购置或自制的达到固定资产标准的各种国产或进口设备、工具、器具的购置费用。它由设备原价和设备运杂费构成。

$$设备购置费 = 设备原价 + 设备运杂费 \tag{7-1}$$

上式中，设备原价指国产设备或进口设备的原价；设备运杂费指除设备原价之外的关于设备采购、运输、途中包装及仓库保管等方面支出费用的总和。

国产设备原价一般指的是设备制造厂的交货价，或订货合同价。它一般根据生产厂或供应商的询价、报价、合同价确定，或采用一定的方法计算确定。进口设备的原价是指进口设备的抵岸价，即抵达买方边境港口或边境车站，且交完关税等税费后形成的价格。

设备运杂费通常由下列各项构成：

(1) 运费和装卸费。国产设备由设备制造厂交货地点起至工地仓库（或施工组织设计指定的需要安装设备的堆放地点）止所发生的运费和装卸费；进口设备则由我国到岸港口或边境车站起至工地仓库（或施工组织设计指定的需安装设备的堆放地点）止所发生的运费和装卸费。

(2) 包装费。在设备原价中没有包含的，为运输而进行的包装支出的各种费用。

(3) 设备供销部门的手续费。按有关部门规定的统一费率计算。

(4) 采购与仓库保管费。指采购、验收、保管和收发设备所发生的各种费用，包括设备采购人员、保管人员和管理人员的工资、工资附加费、办公费、差旅交通费，设备供应部门办公和仓库所占固定资产使用费、工具用具使用费、劳动保护费、检验试验费等。这些费用可按主管部门规定的采购与保管费费率计算。

设备运杂费按设备原价乘以设备运杂费率计算，其公式为

$$设备运杂费 = 设备原价 \times 设备运杂费率 \tag{7-2}$$

2. 工具、器具及生产家具购置费的构成

工具、器具及生产家具购置费，是指新建或扩建项目初步设计规定的，保证初期正常生产必须购置的没有达到固定资产标准的设备、仪器、工卡模具、器具、生产家具和备品备件，等的购置费用。一般以设备购置费为计算基数，按照部门或行业规定的工具、器具及生产家具费率计算。计算公式为

$$工具、器具及生产家具购置费 = 设备购置费 \times 定额费率 \tag{7-3}$$

二、建筑安装工程费用

建筑安装工程费用是指建筑安装施工企业在完成建筑安装施工任务过程中，发生在现场的直接工程费用、管理费用、非现场的间接费用、企业为自己创造的利润以及企业需上缴的各种税、费的总和。

1. 建筑安装工程费用内容

(1) 建筑工程费用内容。

1) 各类房屋建筑工程和列入房屋建筑工程预算的供水、供暖、卫生、通风、煤气等设备费用及其装设、油饰工程的费用，列入建筑工程预算的各种管道、电力、电信和电缆导线敷设工程的费用。

2) 设备基础、支柱、工作台、烟囱、水塔、水池、灰塔等建筑工程以及各种炉窑的砌筑工程和金属结构工程的费用。

3) 为施工而进行的场地平整，工程和水文地质勘察，原有建筑物和障碍物的拆除以及施工临时用水、电、气、路和完工后的场地清理，环境绿化、美化等工作的费用。

4) 矿井开凿、井巷延伸、露天矿剥离，石油、天然气钻井，修建铁路、公路、桥梁、水库、堤坝、灌渠及防洪等工程的费用。

(2) 安装工程费用内容。

1) 生产、动力、起重、运输、传动和医疗、实验等各种需要安装的机械设备的装配费用，与设备相连的工作台、梯子、栏杆等设施的工程费用，附属于被安装设备的管线敷设工程费用，以及被安装设备的绝缘、防腐、保温、油漆等工作的材料费和安装费。

2) 为测定安装工程质量，对单台设备进行单机试运转、对系统设备进行系统联动无负荷试运转工作的调试费。

2. 我国现行建筑安装工程费用构成

我国现行建筑安装工程费用的具体构成主要由四部分构成：直接费、间接费、利润和税金。其具体构成如图 7-4 所示。

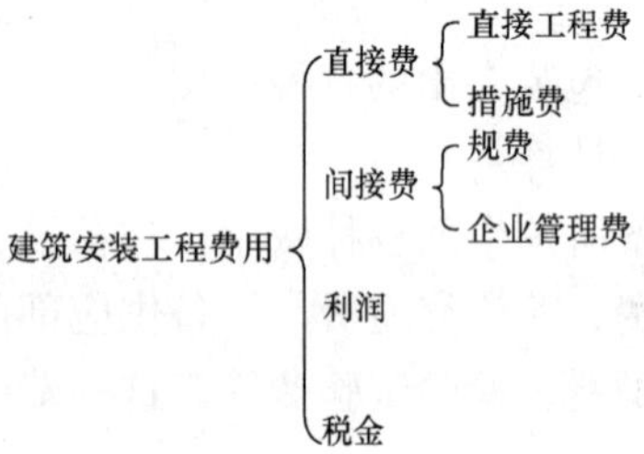

- 建筑安装工程费用
  - 直接费
    - 直接工程费
    - 措施费
  - 间接费
    - 规费
    - 企业管理费
  - 利润
  - 税金

图 7-4　建筑安装工程费用的组成

(1) 直接费。建筑安装工程直接费由直接工程费和措施费组成。

直接工程费是指是指施工过程中耗费的构成工程实体的各项费用，包括人工费、材料费、施工机械使用费。

措施费是指为完成工程项目施工，发生于该工程施工前和施工过程中非工程实体项目的费用。措施费用是施工过程中所采取的各种措施项目而发生的各项费用，《建设工程工程量清单计价规范》(GB 50500—2013) 规定的通用措施项目包括以下几点：

1) 安全文明施工，施工现场为了实现环境保护、文明施工、安全施工以及搭设临时建筑物、构筑物和其他临时设施等所需要的各项费用。

2) 夜间施工，因夜间施工所发生的夜班补助费、夜间施工降效、夜间施工照明设备摊销及照明用电等费用。

3) 二次搬运，因施工场地狭小等特殊情况而发生的二次搬运费用。

4) 冬雨季施工，若工程需要在冬季、雨季施工，为保证顺利施工所采取的防雨、防滑、防冻等增加费用。

5) 大型机械设备进出场及安拆费，机械整体或分体自停放场地运至施工现场或由一个施工地点运至另一个施工地点，所发生的机械进出场运输及转移费用及机械在施工现场进行安装、拆卸所需的人工费、材料费、机械费、试运转费和安装所需的辅助设施的费用。

6）施工排水。

7）施工降水。

8）地上、地下设施，建筑物的临时保护设施。

9）已完工程及设备保护，竣工验收前，对已完工程及设备进行保护所需费用。

（2）间接费。建筑安装工程间接费是指虽不直接由施工的工艺过程所引起，但却与工程的总体条件有关的，建筑安装企业为组织施工和进行经营管理，以及间接为建筑安装生产服务的各项费用。

按现行规定，建筑安装工程间接费由规费和企业管理费组成。

1）规费。规费是指政府和有关权力部门规定必须缴纳的费用（简称规费）。其内容包括：

①工程排污费是指施工现场按规定缴纳的工程排污费。

②工程定额测定费是指按规定支付工程造价（定额）管理部门的定额测定费。

③社会保障费包括养老保险费、失业保险费、医疗保险费、住房公积金和危险作业意外伤害保险。

2）企业管理费。企业管理费是指建筑安装企业组织施工生产和经营管理所需费用。内容包括：

①管理人员工资是指管理人员的基本工资、工资性补贴、职工福利费、劳动保护费等。

②办公费是指企业管理办公用的文具、纸张、账表、印刷、邮电、书报、会议、水电、烧水和集体取暖（包括现场临时宿舍取暖）用煤等费用。

③差旅交通费是指职工因公出差、调动工作的差旅费、出勤补助费，市内交通费和误餐补助费，职工探亲路费，劳动力招募费，职工离退休、退职一次性路费，工伤人员就医路费，工地转移费以及管理部门使用的交通工具的油料、燃料、养路费及牌照费。

④固定资产使用费是指管理和试验部门及附属生产单位使用的属于固定资产的房屋、设备仪器等的折旧、大修、维修或租赁费。

⑤工具用具使用费是指管理使用的不属于固定资产的生产工具、器具、家具、交通工具和检验、试验、测绘、消防用具等的购置、维修和摊销费。

⑥劳动保险费是指由企业支付离退休职工的易地安家补助费、职工退职金、六个月以上的病假人员工资、职工死亡丧葬补助费、抚恤费、按规定支付给离休干部的各项经费。

⑦工会经费是指企业按职工工资总额计提的工会经费。

⑧职工教育经费是指企业为职工学习先进技术和提高文化水平，按职工工资总额计提的费用。

⑨财产保险费是指施工管理用财产、车辆保险。

⑩财务费是指企业为筹集资金而发生的各种费用。

⑪税金是指企业按规定缴纳的房产税、车船使用税、土地使用税、印花税等。

⑫其他包括技术转让费、技术开发费、业务招待费、绿化费、广告费、公证费、法律顾问费、审计费、咨询费等。

（3）利润及税金。建筑安装工程费用中的利润及税金是建筑安装企业职工为社会劳动所创造的那部分价值在建筑安装工程造价中的体现。

利润是指施工企业完成所承包工程获得的盈利。利润的计算同样因计算基础的不同而不同。在建设产品的市场定价过程中，应根据市场的竞争状况适当确定利润水平。取定的利润水平过高可能会导致丧失一定的市场机会，取定的利润水平过低又会面临很大的市场风险，相对于相对固定的成本水平来说，利润率的选定体现了企业的定价政策，利润率的确定是否合理也反映出企业的市场成熟度。

建筑安装工程税金是指国家税法规定的应计入建筑安装工程费用的营业税，城市维护建设税及教育费附加。

1）营业税。营业税是按营业额乘以营业税税率确定。其中建筑安装企业营业税税率为3%，计算公式为

$$应纳营业税 = 营业额 \times 3\% \tag{7-4}$$

营业额是指从事建筑、安装、修缮、装饰及其他工程作业收取的全部收入，还包括建筑、修缮、装饰工程所用原材料及其他物资和动力的价款。当安装的设备的价值作为安装工程产值时，也包括所安装设备的价款。但建筑安装工程总承包方将工程分包或转包给他人的，其营业额中不包括付给分包或转包方的价款。

2）城市维护建设税。城市维护建设税是为筹集城市维护和建设资金，稳定和扩大城市、乡镇维护建设的资金来源，而对有经营收入的单位和个人征收的一种税。

城市维护建设税是按应纳营业税额乘以适用税率确定，计算公式为

$$应纳税额 = 应纳营业税额 \times 适用税率 \tag{7-5}$$

城市维护建设税的纳税人所在地为市区的，其适用税率为营业税的7%；所在地为县镇的，其适用税率为营业税的5%，所在地为农村的，其适用税率为营业税的1%。

3）教育费附加。教育费附加是按应纳营业税额乘以3%确定。

4）税金的综合计算。在税金的实际计算过程，通常是三种税费一并计算，又由于在计算税金时，往往已知条件是税前造价，因此税金的计算公式可以表达为

$$税金 = (直接费 + 间接费 + 利润) \times 综合税率(\%) \tag{7-6}$$

三、工程建设其他费用构成

工程建设其他费用，是指从工程筹建起到工程竣工验收交付使用止的整个建设期间，除建筑安装工程费用和设备及工、器具购置费用以外的，为保证工程建设顺利完成和交付使用后能够正常发挥效用而发生的各项费用。

工程建设其他费用，按其内容大体可分为三类。第一类指土地使用费；第二类指与工程建设有关的其他费用；第三类指与未来企业生产经营有关的其他费用。

1. 土地使用费

任何一个建设项目都固定于一定地点与地面相连接，必须占用一定量的土地，也就必然要发生为获得建设用地而支付的费用，这就是土地使用费。它是指通过划拨方式取得土地使用权而支付的土地征用及迁移补偿费，或者通过土地使用权出让方式取得土地使用权而支付的土地使用权出让金。

土地征用及迁移补偿费，是指建设项目通过划拨方式取得无限期的土地使用权，依照《中华人民共和国土地管理法》等规定所支付的费用。土地使用权出让金，是指建设项目通过土地使用权出让方式，取得有限期的土地使用权，依照《中华人民共和国城镇国有土地使用权出让和转让暂行条例》规定，支付的土地使用权出让金。

2. 与项目建设有关的其他费用

根据项目的不同，与项目建设有关的其他费用的构成也不尽相同。在进行工程估算及概

算中可根据实际情况进行计算。

根据项目的不同，与项目建设有关的其他费用的构成也不尽相同。在进行工程估算及概算中可根据实际情况进行计算。

(1) 建设单位管理费。建设单位管理费是指建设单位从项目立项、筹建、建设、联合试运转、竣工验收交付使用及后评估等全过程管理所需费用。

$$建设单位管理费 = 工程费用 \times 建设单位管理费费率 \tag{7-7}$$

$$工程费用 =（建筑安装工程费用 + 设备及工器具购置费）\tag{7-8}$$

建设单位管理费费率按照建设项目的不同性质、不同规模确定。一般取1.5%～2.5%。

(2) 勘察设计费。勘察设计费是指为本建设项目提供项目建议书、可行性研究报告及设计文件等所需费用，内容包括：

1) 编制项目建议书、可行性研究报告及投资估算、工程咨询、评价以及为编制上述文件所进行勘察、设计、研究试验等所需费用。

2) 委托勘察、设计单位进行初步设计、施工图设计及概预算编制等所需费用。

3) 在规定范围内由建设单位自行完成的勘察、设计工作所需费用。

勘察设计费中，项目建议书、可行性研究报告按国家颁布的收费标准计算，设计费按国家颁布的工程设计收费标准计算；勘察费一般民用建筑6层以下的按3～5元/平方米计算，高层建筑按8～10元/平方米计算，工业建筑按10～12元/平方米计算。

(3) 研究试验费。研究试验费是指为建设项目提供和验证设计参数、数据、资料等所进行的必要的试验费用以及设计规定在施工中必须进行试验、验证所需费用。包括自行或委托其他部门研究试验所需人工费、材料费、试验设备及仪器使用费等。这项费用按照设计单位根据本工程项目的需要提出的研究试验内容和要求计算。

(4) 建设单位临时设施费。建设单位临时设施费是指建设期间建设单位所需临时设施的搭设、维修、摊销费用或租赁费用。

临时设施包括临时宿舍、文化福利及公用事业房屋与构筑物、仓库、办公室、加工厂以及规定范围内的道路、水、电、管线等临时设施和小型临时设施。

(5) 工程监理费。工程监理费是指建设单位委托工程监理单位对工程实施监理工作所需费用。根据国家有关文件规定，选择下列方法或按市场实际价格计算：

1) 一般情况应按工程建设监理收费标准计算，即按所监理工程概算或预算的百分比计算，通常情况下设计阶段监理收费费率为概（预）算的0.03%～0.20%，施工阶段监理收费费率为概（预）算的0.60%～2.5%。

2) 对于单工种或临时性项目可根据参与监理的年度平均人数按3万～5万元/(人·年)计算。

(6) 工程保险费。工程保险费是指建设项目在建设期间根据需要实施工程保险所需的费用。包括以各种建筑工程及其在施工过程中的物料、机器设备为保险标的的建筑工程一切险，以安装工程中的各种机器、机械设备为保险标的的安装工程一切险，以及机器损坏保险等。根据不同的工程类别，分别以其建筑、安装工程费乘以建筑、安装工程保险费率计算。民用建筑（住宅楼、综合性大楼、商场、旅馆、医院、学校）占建筑工程费的2‰～4‰；其他建筑（工业厂房、仓库、道路、码头、水坝、隧道、桥梁、管道等）占建筑工程费的3‰～6‰；安装工程（农业、工业、机械、电子、电器、纺织、矿山、石油、化学及钢铁工业、钢结构桥梁）占建筑工程费的3‰～6‰。

(7) 引进技术和进口设备其他费用。

1) 出国人员费用。指为引进技术和进口设备派出人员在国外培训和进行设计联络，设备检验等的差旅费、制装费、生活费等。这项费用根据设计规定的出国培训和工作的人数、时间及派往国家，按财政部、外交部规定的临时出国人员费用开支标准及中国民用航空公司现行国际航线票价等进行计算，其中使用外汇部分应计算银行财务费用。

2) 国外工程技术人员来华费用。指为安装进口设备，引进国外技术等聘用外国工程技术人员进行技术指导工作所发生的费用。包括技术服务费、外国技术人员的在华工资、生活补贴、差旅费、医药费、住宿费、交通费、宴请费、参观游览等招待费用。这项费用按每人每月费用指标计算。

3) 技术引进费。指为引进国外先进技术而支付的费用。包括专利费、专有技术费（技术保密费)、国外设计及技术资料费、计算机软件费等。这项费用根据合同或协议的价格计算。

4) 分期或延期付款利息。指利用出口信贷引进技术或进口设备采取分期或延期付款的办法所支付的利息。

5) 担保费。指国内金融机构为买方出具保函的担保费。这项费用按有关金融机构规定的担保费率计算（一般可按承保金额的5‰计算)。

6) 进口设备检验鉴定费用。指进口设备按规定付给商品检验部门的进口设备检验鉴定费。这项费用按进口设备货价的3‰～5‰计算。

(8) 工程承包费。工程承包费是指具有总承包条件的工程公司，对工程建设项目从开始建设至竣工投产全过程的总承包所需的管理费用。具体内容包括组织勘察设计、设备材料采购、非标设备设计制造与销售、施工招标、发包、工程预决算、项目管理、施工质量监督、隐蔽工程检查、验收和试车直至竣工投产的各种管理费用。该费用按国家主管部门或省、自治区、直辖市协调规定的工程总承包费取费标准计算。如无规定时，一般工业建设项目为投资估算的6%～8%，民用建筑（包括住宅建设）和市政项目为4%～6%。不实行工程总承包的项目不计算本项费用。

此外，有些工程还需根据具体情况考虑市政配套费、人防工程费等其他与项目建设有关的费用。

(9) 市政配套费。市政配套费是指政府为建设和维护管理城市道路、桥涵、给水、排水、防洪、道路照明、公共交通、市容环境卫生、城市燃气、园林绿化、垃圾处理、消防设施及天然气、集中供热等市政公用设施（含附属设施）所开征的费用，是市政基础设施建设资金的补充。

此外，有些工程还需根据项目的具体情况结合地方规定确定其他与项目建设有关的费用。

3. 与未来企业生产经营有关的其他费用

(1) 联合试运转费。联合试运转费是指新建企业或新增加生产工艺过程的扩建企业在竣工验收前，按照设计规定的工程质量标准，进行整个车间的负荷或无负荷联合试运转发生的费用支出大于试运转收入的亏损部分。费用内容包括试运转所需的原料、燃料、油料和动力的费用，机械使用费用，低值易耗品及其他物品的购置费用和施工单位参加联合试运转人员的工资等。试运转收入包括试运转产品销售和其他收入。不包括应由设备安装工程费项下开支的单台设备调试费及试车费用。联合试运转费一般根据不同性质的项目按需要试运转车间的工艺设备购置费的百分比计算。

(2) 生产准备费。生产准备费是指新建企业或新增生产能力的企业，为保证竣工交付使用进行必要的生产准备所发生的费用。费用内容包括：

1) 生产人员培训费，包括自行培训、委托其他单位培训的人员的工资、工资性补贴、职工福利费、差旅交通费、学习资料费、学习费、劳动保护费等。

2) 生产单位提前进厂参加施工、设备安装、调试等以及熟悉工艺流程及设备性能等人员的工资、工资性补贴、职工福利费、差旅交通费、劳动保护费等。

生产准备费一般根据需要培训和提前进厂人员的人数及培训时间按生产准备费指标进行估算。

(3) 办公和生活家具购置费。办公和生活家具购置费是指为保证新建、改建、扩建项目初期正常生产、使用和管理所必须购置的办公和生活家具、用具的费用。改、扩建项目所需的办公和生活用具购置费，应低于新建项目。其范围包括办公室、会议室、资料档案室、阅览室、文娱室、食堂、浴室、理发室、单身宿舍和设计规定必须建设的托儿所、卫生所、招待所、中小学校等家具用具购置费。

四、预备费

预备费是指编制投资估算或设计概算时为了保证建设资金充足，所作的预测预留费用，包括基本预备费和涨价预备费。

基本预备费是指在初步设计及概算内难以预料的工程费用，费用内容包括：

(1) 在批准的初步设计范围内，技术设计、施工图设计及施工过程中所增加的工程费用；设计变更、局部地基处理等增加的费用。

(2) 一般自然灾害造成的损失和预防自然灾害所采取的措施费用。实行工程保险的工程项目费用应适当降低。

(3) 竣工验收时为鉴定工程质量对隐蔽工程进行必要的挖掘和修复费用。

涨价预备费是指建设项目在建设期间内由于价格等变化引起工程造价变化的预测预留费用。费用内容包括人工、设备、材料、施工机械的价差费，建筑安装工程费及工程建设其他费用调整，利率、汇率调整等增加的费用。

五、建设期贷款利息

建设期贷款利息包括向国内银行和其他非银行金融机构贷款、出口信贷、外国政府贷款、国际商业银行贷款以及在境内外发行的债券等在建设期间内应偿还的借款利息。

国外贷款利息的计算中，还应包括国外贷款银行根据贷款协议向贷款方以年利率的方式收取的手续费、管理费、承诺费，以及国内代理机构经国家主管部门批准的以年利率的方式向贷款单位收取的转贷费、担保费、管理费等。

第三节　工程造价管理体制和基本内容

一、工程造价管理的含义

工程造价管理有两种含义，一是指建设工程投资费用管理；二是指建设工程价格管理。

1. 建设工程投资费用管理

建设工程投资费用管理是指为了实现投资的预期目标，在拟订的规划、设计方案的条件下，预测、确定和监控工程造价及其变动的系统活动。建设工程投资费用管理属于投资管理范畴，它既涵盖了微观层次的项目投资费用管理，也涵盖了宏观层次的投资费用管理。

2. 建设工程价格管理

建设工程价格管理属于价格管理范畴。在市场经济条件下，价格管理一般分为两个层次：在微观层次上，是指生产企业在掌握市场价格信息的基础上，为实现管理目标而进行的成本控制、计价、定价和竞价的系统活动。在宏观层次上，是指政府部门根据社会经济发展的实际需要，利用现有的法律、经济和行政手段对价格进行管理和调控，并通过市场管理规范市场主体价格行为的系统活动。

工程建设关系国计民生，同时，政府投资或国有资金投资的公共、公益性项目在今后仍然会有相当份额。因此，国家对工程造价的管理，不仅承担一般商品价格的调控职能，而且在政府或国有资金投资的项目上也承担着微观主体的管理职能。这种双重角色的双重管理职能，是工程造价管理的一大特色。

二、建设工程全面造价管理

按照国际工程造价管理促进会给出的定义，全面造价管理（Total Cost Management，TCM）是指有效地利用专业知识与技术，对资源、成本、盈利和风险进行筹划和控制。建设工程全面造价管理包括全寿命期造价管理、全过程造价管理、全要素造价管理和全方位造价管理。

1. 全寿命期造价管理

建设工程全寿命期造价是指建设工程初始建造成本和建成后的日常使用成本之和，包括建设前期、建设期、使用期及拆除期各个阶段的成本。由于在实际管理过程中，在工程建设及使用的不同阶段，工程造价存在诸多不确定性，因此，全寿命期造价管理至今只能作为一种实现建设工程全寿命期造价最小化的指导思想，指导建设工程的投资决策及设计方案的选择。

2. 全过程造价管理

全过程造价管理是指覆盖建设工程策划决策及建设实施各个阶段的造价管理。包括前期决策阶段的项目策划、投资估算、项目经济评价、项目融资方案分析；设计阶段的限额设计、方案比选、概预算编制；招标投标阶段的标段划分、承包发包模式及合同形式的选择、标底编制；施工阶段的工程计量与结算、工程变更控制、索赔管理；竣工验收阶段的竣工结算与决算等。

3. 全要素造价管理

影响建设工程造价的因素有很多。为此，控制建设工程造价不仅仅是控制建设工程本身的建造成本，还应同时考虑工期成本、质量成本、安全与环境成本的控制，从而实现工程成本、工期、质量、安全、环境的集成管理。全要素造价管理的核心是按照优先性的原则，协调和平衡工期、质量、安全、环保与成本之间的对立统一关系。

4. 全方位造价管理

建设工程造价管理不仅仅是业主或承包单位的任务，而应该是政府建设主管部门、行业协会、业主、设计方、承包方以及有关咨询机构的共同任务。尽管各方的地位、利益、角度等有所不同，但必须建立完善的协同工作机制，才能实现建设工程造价的有效控制。

三、我国工程造价管理体制

1. 工程造价管理制度的发展历程

新中国成立后，我国建设工程造价管理体制的产生和发展过程大体可分为以下几个阶段：

（1）工程造价管理机构与概预算定额体系的建立阶段。1950—1966 年，我国引进和吸收了前苏联工程建设的经验，形成了一套标准设计和定额管理制度，相继颁布了多项规章制度和定额，规定了不同建设阶段需编制概算和预算，初步建立了我国工程建设领域的概预算制度，同时，对概预算的编制原则、内容、方法和审批、修正办法、程序等作出了明确规定。在这一阶段，我国的工程造价管理机构体系也得到了逐步建立与完善。

以后十年我国曾一度取消了定额管理机构和工程概预算制度。概预算定额管理工作遭到破坏，概预算和定额管理机构被撤销，大量基础资料被销毁。

（2）工程造价管理机构的恢复和工程造价管理制度的建立阶段。20 世纪 70 年代末期，我国首先恢复了工程造价管理机构，并进一步组织制定了工程建设概预算定额、费用标准等。1988 年在建设部增设了标准定额司，各省（直辖市、自治区）、国务院有关部委相继建立了定额管理站，并在全国颁布了一系列推动工程概预算管理和定额管理发展的文件。1990 年经建设部同意成立了第一个也是唯一代表我国工程造价管理行业的行业协会——中国建设工程造价管理协会（简称中价协）。在此期间，提出了全过程、全方位进行工程造价控制和动态管理的思路，这标志着从我国工程造价的管理由单一的概预算管理向工程造价全过程管理的转变。

（3）我国工程造价管理制度的完善与发展阶段。经过 30 年来的不断深化改革，国务院建设主管部门及其他各有关部门、各地区对建立健全建设工程造价管理制度、改进建设工程计价依据做了大量工作。

20 世纪 90 年代初期，除了继续按照全过程控制和动态管理的思路对工程造价管理进行改革外，在计价依据方面，首次提出了“量”、“价”分离的新思想，改变了国家对定额管理的方式，同时，提出了“控制量”、“指导价”、“竞争费”的改革设想。初步建立了“在国家宏观控制下，以市场形成造价为主的价格机制，项目法人对建设项目的全过程负责，充分发挥协会和其他中介组织作用”的具有中国特色的工程造价管理体制。

（4）我国市场经济体制下工程管理与计价体制的发展阶段。2003 年，建设部推出了《建设工程工程量清单计价规范》（GB 50500—2003），这是建设工程计价依据第一次以国家强制性标准的形式出现，初步实现了从传统的定额计价模式到工程量清单计价模式的转变，同时也进一步确立了建设工程计价依据的法律地位，这标志着一个崭新阶段的开始。

2008 年，在总结经验的基础上，通过进一步完善和补充，住房和城乡建设部又发布了《建设工程工程量清单计价规范》（GB 50500—2008），该标准自 2008 年 12 月 1 日起实施。

2013 年，住房和城乡建设部最新颁布了《建设工程工程量清单计价规范》（GB 50500—2013），该标准自 2013 年 7 月 1 日起实施。

2. 工程造价管理体制的深化改革

随着我国市场经济体制的逐步确立，工程造价管理模式发生了一系列的变革。这种改革主要体现在以下几个方面：

（1）重视和加强项目决策阶段的投资估算工作，努力提高政府投资或国有投资的大中型或重点建设项目的可行性研究报告中投资估算的准确度，切实发挥其控制建设项目总造价的作用。

（2）进一步明确概预算工作的重要作用。概预算不仅要计算工程造价，更要能动地影响设计、优化设计，从而发挥控制工程造价、促进建设资金合理使用的作用。工程设计人员要进行多方案的技术经济比较，通过优化审计来保证设计的技术经济合理性。

（3）推行工程量清单计价模式，以适应我国建筑市场发展的要求和国际市场竞争的需要，逐步与国际惯例接轨。

（4）引入竞争机制，通过招标方式择优选定工程承包公司和设备材料供应单位，以促使这些单位改善经营管理，提高应变能力和竞争能力，降低工程造价。

（5）提出用“动态”方法研究和管理工程造价。研究如何体现项目投资额的时间价值，要求各地区、各部门工程造价管理机构定期公布各种设备、材料、工资、机械台班的价格指数以及各类工程造价指数，尽快建立地区、部门乃至全国的工程造价管理信息系统。

（6）提出对工程造价的估算、概算、预算、承包合同价、结算价、竣工决算实行“一体化”管理，并研究如何建立一体化的管理制度，改变过去分段管理的状况。

（7）进一步完善和加强对造价工程师执业资格制度的管理，扶持与引导工程造价咨询机构的发展。

我国工程造价管理体制改革的最终目标是：建立市场形成价格的机制，实现工程造价管理市场化，与国际惯例接轨，形成社会化的工程造价咨询服务业。

四、我国工程造价管理的组织和内容

1．工程造价管理的目标和任务

（1）工程造价管理的目标。按照经济规律的要求，根据社会主义市场经济的发展形势，利用科学管理方法和先进管理手段，合理地确定并有效地控制工程造价，以提高投资效益和建筑安装企业经营效果。

（2）工程造价管理的任务。加强工程造价的全过程动态管理，强化工程造价的约束机制，维护有关各方的经济利益，规范价格行为，促进微观效益和宏观效益的统一。

2．工程造价管理的组织系统

工程造价管理的组织系统，是指为了实现工程造价管理目标而进行的有效组织活动，以及与造价管理功能相关的有机群体。它是工程造价动态的组织活动过程和相对静态的造价管理部门的统一。

为了实现工程造价管理目标而开展有效的组织活动，我国设置了多部门、多层次的工程造价管理机构，并规定了各自的管理权限和职责范围。

（1）政府行政管理系统。政府在工程造价管理中既是宏观管理主体，也是政府投资项目的微观管理主体。从宏观管理的角度，政府对工程造价管理有一个严密的组织系统，设置了多层管理机构，规定了管理权限和职责范围。

1）国务院建设主管部门造价管理机构。工程造价管理的主要职责如下所示：

①组织制定工程造价管理有关法规、制度并组织贯彻实施。

②组织制定全国统一经济定额和制订、修订本部门经济定额。

③监督指导全国统一经济定额和本部门经济定额的实施。

④制订和负责全国工程造价咨询企业的资质标准及其资质管理工作。

⑤制订全国工程造价管理专业人员执业资格准入标准，并监督执行。

2）国务院其他部门的工程造价管理机构，包括水利、水电、电力、石油、石化、机械、冶金、铁路、煤炭、建材、林业、军队、有色、核工业、公路等行业的造价管理机构。主要是修订、编制和解释相应的工程建设标准定额，有的还担负本行业大型或重点建设项目的概算审批、概算调整等职责。

3）省、自治区、直辖市工程造价管理部门，主要职责是修编、解释当地定额、收费标准和计价制度等。此外，还有审核国家投资工程的标底、结算、处理合同纠纷等职责。

（2）企事业单位管理系统。企事业单位对工程造价的管理，属微观管理的范畴。设计单位、工程造价咨询企业等按照业主或委托方的意图，在可行性研究和规划设计阶段合理确定和有效控制建设工程造价，通过限额设计等手段实现设定的造价管理目标；在招标投标过程中编制招标文件、标底，参加评标、合同谈判等工作；在项目实施阶段，通过对设计变更、工期、索赔和结算等管理进行造价控制。设计单位、工程造价咨询企业通过在全过程造价管理中的业绩，赢得自己的信誉，提高市场竞争力。

工程承包企业的造价管理是企业自身管理的重要内容。工程承包企业设有自己专门的职能机构参与企业的投标决策，并通过对市场的调查研究，利用过去积累的经验，研究报价策略，提出报价；在施工过程中，进行工程造价的动态管理，注意各种调价因素的发生和工程价款的结算，避免收益的流失，以促进企业盈利目标的实现。

（3）行业协会管理系统。中国建设工程造价管理协会是经国家批准成立的，代表我国建设工程造价管理的全国性行业协会，是亚太区测量师协会（PQAS）和国际工程造价联合会（ICEC）等相关国际组织的正式成员。在各国造价管理协会和相关学会团体的不断共同努力下，目前，联合国已将造价管理这个行业列入了国际组织认可行业，这对于造行咨询行业的可持续发展和进一步提高造价专业人员的社会地位将起到积极的促进作用。

为了增强对各地工程造价咨询工作和造价工程师的行业管理，近十几年来，先后成立了各省、自治区、直辖市所属的地方工程造价管理协会。全国性造价管理协会与地方造价管理协会是平等、协商、相互扶持的关系，地方协会接受全国性协会的业务指导，共同促进全国工程造价行业管理水平的整体提升。

3. 工程造价管理的基本内容

工程造价管理的基本内容就是合理地确定和有效地控制工程造价。

（1）工程造价的合理确定。所谓工程造价的合理确定，就是在建设程序的各个阶段，合理地确定投资估算、设计概算、施工图预算、承包合同价、结算价、竣工决算价。

1）在项目建议书阶段，按照有关规定编制的初步投资估算，经有关部门批准，作为拟建项目列入国家中长期计划和开展前期工作的控制造价。

2）在项目可行性研究阶段，按照有关规定编制的投资估算，经有关部门批准，作为该项目的控制造价。

3）在初步设计阶段，按照有关规定编制的初步设计总概算，经有关部门批准，作为拟建项目工程造价的最高限额。

4）在施工图设计阶段，按规定编制施工图预算，用以核实施工图阶段预算造价是否超过批准的初步设计概算。

5）对以施工图预算为基础实施招标的工程，承包合同价也是以经济合同形式确定的建筑安装工程造价。

6）在工程程实施阶段要按照承包方实际完成的工程量，以合同价为基础，同时考虑因物价变动所引起的造价变更，以及设计中难以预计的而在实施阶段实际发生的工程和费用，合理确定结算价。

7）在竣工验收阶段，全面汇集在工程建设过程中业主实际花费的全部费用，编制竣工决算，如实体现建设工程的实际造价。

（2）工程造价的有效控制。所谓工程造价的有效控制，就是在优化建设方案、设计方案的基础上，在建设程序的各个阶段，采用一定的方法和措施将工程造价的发生控制在合理的范围和核定的造价限额以内。具体说，就是要用投资估算价控制设计方案的选择和初步设计概算；用设计概算控制技术设计和修正设计概算；用设计概算或修正设计概算控制施工图设计和施工图预算，以求合理地使用人力、物力和财力，取得较好的投资效益。

有效地控制工程造价应体现以下三项原则：

1）以设计阶段为重点的建设全过程造价控制。工程造价控制贯穿于项目建设全过程的同时，应注重工程设计阶段的造价控制。工程造价控制的关键在于前期决策和设计阶段，而在项目投资决策完成后，控制工程造价的关键就在于设计。建设工程全寿命期费用包括工程造价和工程交付使用后的经常开支费用（含经营费用、日常维护修理费用、运营期内大修理和局部更新费用）以及该项目使用期满后的报废拆除费用等。根据经验数据显示，设计费一般只占到建设工程全寿命期费用的1%，但正是这1%的费用对于工程造价的影响度占到70%以上。由此可见，设计质量对整个工程建设的效益是至关重要的。

长期以来，我国往往把控制工程造价的主要精力放在施工阶段——审核施工图预算、工程结算价款，对工程项目建设前期的造价控制重视不够。要有效地控制建设工程造价，就应将工程造价管理的重点转到工程建设前期。

2）实施主动控制。长期以来，人们一直把控制理解为目标值与实际值的比较，以及当实际值偏离目标值时，分析其产生偏差的原因，并确定下一步的对策。在工程建设全过程进行这样的工程造价控制当然是有意义的。但问题在于，这种立足于调查——分析——决策基础之上的偏离——纠偏——再偏离——再纠偏的控制是一种被动控制，因为这样做只能发现偏离，不能预防可能发生的偏离、为尽可能地减少以至避免目标值与实际值的偏离，还必须立足于事先主动地采取控制措施，实施主动控制。也就是说，工程造价控制不仅要反映投资决策，反映设计、发包和施工，被动地控制工程造价；更要能动地影响投资决策，影响设计、发包和施工，主动地控制工程造价。

3）技术与经济相结合是控制工程造价最有效的手段。要有效地控制工程造价，应从组织、技术、经济等多方面采取措施。从组织上采取的措施，包括明确项目组织结构，明确造价控制者及其任务，明确管理职能分工；从技术上采取措施，包括重视设计多方案选择，严格审查监督初步设计、技术设计、施工图设计、施工组织设计，深入技术领域研究节约投资的可能性；从经济上采取措施，包括动态地比较造价的计划值和实际值，严格审核各项费用支出，采取对节约投资的有力奖励措施等。

应该看到，技术与经济相结合是控制工程造价最有效的手段。应通过技术比较、经济分析和效果评价，正确处理技术先进与经济合理两者之间的对立统一关系，力求在技术先进条件下的经济合理，在经济合理基础上的技术先进，将控制工程造价观念渗透到各项设计和施工技术措施之中。

五、发达国家的工程造价管理

1. 发达国家工程造价管理发展沿革

在国外，工程造价管理在英国的发展最具有代表性，工程造价与造价师的历史可以追溯到16世纪左右。英国在17世纪之前，大多数建筑物的设计比较简单，业主往往聘请当地的手工艺人（即工匠）负责建筑物的设计和施工。随着资本主义社会化生产的发展，以及建筑物设计的复杂化，设计和施工开始逐步分离并形成两个独立的行业。工匠们不再负责房屋的设计工作，而专门从事房屋的施工营造工作，而建筑物的设计工作则由建筑师来完成。工匠们在与建筑师协商建筑物的造价时，为了能够与建筑师相匹敌，往往雇佣一些受过教育、有技术的专业人员帮助他们对已完成的工程量进行测量和造价，以弥补自己的不足，这些专业人员就是受雇于承包商的造价师。在19世纪初期，工程建设项目的招标投标开始在英国军营建设过程中推行，竞争性招标需要每个承包商在工程开始前根据图纸计算工程量，然后根据工程情况做出造价。参与投标的承包商往往雇佣一个造价师为自己做此工作，而业主（或代表业主利益的工程师）也需要雇佣一个造价师为自己计算拟建工程的工程量，为承包商提供工程量清单。这样在造价领域里有了两种类型的造价师，一种受雇于业主或作为业主代表的建筑师，另一种则受雇于承包商。从此，工程造价逐渐形成了独立的专业。

到了19世纪30年代，计算工程量、提供工程量清单发展成为业主造价师的职责。所有的投标都以业主提供的工程量清单为基础，从而使投标结果具有可比性。当发生工程变更后，工程量清单就成为调整工程价款的依据与基础。1881年，英国皇家特许测量师协会（RICS）成立，这个时期完成了工程造价管理的第一次飞跃。至此，工程项目业主能够在工程开工之前，预先了解到需要支付的投资额，但是他还不能做到在设计阶段就对工程项目所需的投资进行准确预计，并对设计进行有效的监督、控制，因此，往往在招标时或招标后才发现，根据当时完成的设计，工程费用过高、投资不足，不得不中途停工或修改设计。业主为了使投资花得明智和恰当，为了使各种资源得到最有效的利用，迫切要求在设计的早期阶段以至在作投资决策时，就开始进行投资估算，并对设计进行控制。

1922年，英国的工程造价领域出版了第一本标准工程量计算规则，使得工程量计算有了统一的标准和基础，加强了工程量清单的使用，进一步促进了竞争性投标的发展。

二战结束后，大量在战争中遭到破坏的建筑亟待整修和重建，造成建筑材料紧缺、资金紧张，从而使业主更加注意控制工程造价，使得造价工作得到迅速的发展，并且限制建筑师只能在适当的造价范围内进行设计。

1950年，英国教育部为了控制大型教育设施的成本，采用了分部工程成本规划法（Elemental Cost Planning），随后英国皇家特许测量师协会（RICS）的成本研究小组（RICS Cost Research Panel）也提出了其他的成本分析和规划方法，例如比较成本规划法等。成本规划法的提出大大改变了造价工作的意义，使造价从原来一种被动的工作转变成一种主动的工作，从原来设计结束后做造价转变成与设计工作同时进行，甚至在设计之前即可做出估算，并可根据工程项目业主的要求使工程造价控制在限额以内。这样，从20世纪50年代开始，一个“投资计划和控制制度”就在英国等经济发达的国家应运而生，完成了工程造价管理的第二次飞跃。

2. 发达国家工程造价管理特点

(1) 政府的间接调控。发达国家一般按投资来源不同，将项目划分为政府投资项目和私人投资项目。政府对不同类别的投资项目实行不同力度和深度的管理，重点是控制政府投资的项目。

英国对政府投资项目采取集中管理的办法，按政府的有关面积标准、造价指标，在核定的投资范围内进行方案设计、施工设计，实施目标控制，不得突破。如遇非正常因素，宁可在保证使用功能的前提下降低标准，也要将造价控制在额度范围内。美国对政府投资项目则采用两种方式，一是由政府设专门机构对工程进行直接管理。美国各地方政府都设有相应的管理机构，如纽约市政府的综合开发部（DGS）、华盛顿政府的综合开发局（GAS）等都是代表各级政府专门负责管理建设工程的机构。二是通过公开招标委托承包商进行管理。美国法律规定，所有的政府投资项目都要进行公开招标，特定情况下（涉及国防、军事机密等）可邀请招标和议标。但对项目的审批权限、技术标准（规范）、价格、指数都需明确规定，确保项目资金不突破审批的金额。

发达国家对私人投资项目只进行政策引导和信息指导，而不干预其具体实施过程，体现政府对造价的宏观管理和间接调控。如美国政府有一套完整的项目或产品目录，明确规定私人投资者的投资领域，并采取经济杠杆，通过价格、税收、利率、信息指导、城市规划等来引导和约束私人投资方向和区域分布。政府通过定期发布信息资料，使私人投资者了解市场状况，尽可能使投资项目符合经济发展的需要。

(2) 有章可循的计价依据。费用标准、工程量计算规则、经验数据等是西方发达国家计算和控制工程造价的主要依据。美国联邦政府和地方政府没有统一的工程造价计价依据和标准，一般根据积累的工程造价资料，并参考各工程咨询公司有关造价的资料，对各自管辖的政府工程项目制订相应的计价标准，作为项目费用估算的依据。通过定期发布工程造价指南进行宏观调控与干预。有关工程造价的工程量计算规则、指标、费用标准等，一般是由各专业协会、大型工程咨询公司制订。各地的工程咨询机构，根据本地区的具体特点，制订单位建筑面积的消耗量和基价，作为所管辖项目造价估算的标准。

英国也没有类似我国的定额体系，工程量的测算方法和标准都是由专业学会或协会进行负责。因此，由英国皇家特许测量师学会（RICS）组织制订的《建筑工程工程量计算规则》（SMM）作为工程量计算规则，是参与工程建设各方共同遵守的计量、计价的基本规则，在英国及英联邦国家被广泛应用与借鉴。此外，英国土木工程学会（ICE）还编制有适用于大型或复杂工程项目的《土木工程工程量计算规则》（CESMM）。英国政府投资的工程从确定投资和控制工程项目规模及计价的需要出发，各部门均需制订并经财政部门认可的各种建设标准和造价指标，这些标准和指标均作为各部门向国家申报投资、控制规划设计、确定工程项目规模和投资的基础，也是审批立项、确定规模和造价限额的依据。英国十分重视已完工程数据资料的积累和数据库的建设。每个皇家测量师学会会员都有责任和义务将自己经办的已完工程的数据资料，按照规定的格式认真填报，收入学会数据库，同时也即取得利用数据库资料的权利。计算机实行全国联网，所有会员资料共享，这不仅为测算各类工程的造价指数提供了基础，同时也为分析暂时没有设计图纸及资料的工程造价数据提供了参考。在英国，对工程造价区调整及价格指数的测定、发布等有一整套比较科学、严密的办法，政府部门要发布《工程调整规定》和《价格指数说明》等文件。

（3）多渠道的工程造价信息。发达国家都十分重视对各方面造价信息的及时收集、筛选、整理以及加工工作。这是因为造价信息是建筑产品估价和结算的重要依据，是建筑市场价格变化的指示灯。从某种角度讲，及时、准确地捕捉建筑市场价格信息是业主和承包商能否保持竞争优势和取得盈利的关键因素之一。如在美国，建筑造价指数一般由一些咨询机构和新闻媒介来编制，在多种造价信息来源中，ENR（Engineering News Record）造价指标是比较重要的一种。

编制ENR造价指数的目的是为了准确地预测建筑价格，确定工程造价。它是一个加权总指数，由构件钢材、波特兰水泥、木材和普通劳动力4种个体指数组成。ENR共编制两种造价指数，一是建筑造价指数，一是房屋造价指数。这两个指数在计算方法上基本相同，区别仅体现在计算总指数中的劳动力要素不同。ENR指数资料来源于20个美国城市和2个加拿大城市，ENR在这些城市中派有信息员，专门负责收集价格资料和信息。ENR总部则将这些信息员收集到的价格信息和数据汇总，并在每个星期四计算并发布最近的造价指数。

（4）造价工程师的动态估价。在英国，业主对工程的估价一般要委托工料测量师行来完成。测量师行的估价大体上是按比较法和系数法进行，经过长期的估价实践，他们都拥有极为丰富的工程造价实例资料，甚至建立了工程造价数据库，对于标书中所列出的每一项目价格的确定都有自己的标准。在估价时，工料测量师行将不同设计阶段提供的拟建工程项目资料与以往同类工程项目对比，结合当前建筑市场行情，确定项目单价。对于未能计算的项目（或没有对比对象的项目），则以其他建筑物的造价分析得来的资料补充。承包商在投标时的估价一般要凭自己的经验来完成，往往把投标工程划分为各分部工程，根据本企业定额计算出所需人工、材料、机械等的耗用量，而人工单价主要根据各劳务分包商的报价，材料单价主要根据各材料供应商的报价加以比较确定，承包商根据建筑市场供求情况随行就市，自行确定管理费率，最后做出体现当时当地实际价格的工程报价。总之，工程任何一方的估价，都是以市场状况为重要依据，是完全意义的动态估价。

在美国，工程造价的估算主要由设计部门或专业估价公司来承担，造价工程师（Cost Engineer）在具体编制工程造价估算时，除了考虑工程项目本身的特征因素（如项目拟采用的独特工艺和新技术、项目管理方式、现有场地条件以及资源获得的难易程度等）外，一般还对项目进行较为详细的风险分析，以确定适度的预备费。但确定工程预备费的比例并不固定，随项目风险程度的大小而确定不同的比例。造价工程师通过掌握不同的预备费率来调节造价估算的总体水平。

美国工程造价估算中的人工费由基本工资和附加工资两部分组成。其中，附加工资项目包括管理费、保险金、劳动保护金、退休金、税金等。材料费和机械使用费均以现行的市场行情或市场租赁价作为造价估算的基础，并在人工费、材料费和机械使用费总额的基础上按照一定的比例（一般为10%左右）再计提管理费和利润。

考虑到工程造价管理的动态性，美国造价估算也允许有一定的误差范围。目前在造价估算中允许的误差幅度一般为：

1）可行性研究阶段估算：－20%～＋30%。

2）初步设计阶段估算：－10%～＋15%。

3）施工图设计阶段估算：－5%～＋10%。

对造价估算规定一定的误差范围，有利于有效控制工程造价。

(5) 通用的合同文本。合同在工程造价管理中有着重要的地位，发达国家都把严格按合同规定办事作为一项通用的准则来执行，并且有的国家还执行通用的合同文本。在英国，其建设工程合同制度已有几百年的历史，有着丰富的内容和庞大的体系。澳大利亚、新加坡和香港等地区的建设工程合同制度都始于英国，著名的 FIDIC（国际咨询工程师联合会）合同文件，也以英国的合同文件作为母本。英国有着一套完整的建设工程标准合同体系，包括 JCT（JCT 公司）合同体系、ACA（咨询顾问建筑师协会）合同体系、ICE（土木工程师学会）合同体系、皇家政府合同体系。JCT 是英国的主要合同体系之一，主要通用于房屋建筑工程。JCT 合同体系本身又是一个系统的合同文件体系，它针对房屋建筑中不同的工程规模、性质、建造条件，提供各种不同的文本，供建设人员在发包、采购时选择。

美国建筑师学会（AIA）的合同条件体系更为庞大，分为 A、B、C、D、E、F、G 系列。其中，A 系列是关于发包人与承包人之间的合同文件；B 系列是关于发包人与提供专业服务的建筑师之间的合同文件；C 系列是关于建筑师与提供专业服务的顾问之间的合同文件，D 系列是建筑师行业所用的文件；F 系列是财务管理表格；G 系列是合同和办公管理表格。AIA 系列合同条件的核心是“通用条件”。采用不同的计价方式时，只需选用不同的“协议书格式”与“通用条件”结合。AIA 合同条件主要有总价、成本补偿及最高限定价格等计价方式。

第四节 注册造价工程师执业资格制度

执业资格制度是市场经济国家对专业技术人才管理的通用规则。随着我国市场经济的发展和经济全球化进程的加快，我国的执业资格制度得到了长足的发展，其中涉及建筑行业的执业资格主要有：建筑师、规划师、结构工程师、设备监理师、建造师、监理工程师、造价工程师、房地产估价师等多个执业资格制度，形成了具有中国特色的建筑行业执业资格体系。

我国《建筑法》(1998 年 3 月 1 日起施行) 第十四条规定：从事建筑活动的专业技术人员，应当依法取得相应的执业资格证书，并在执业资格证书许可的范围内从事建筑活动。从法律规定上推动了我国建筑行业执业资格制度的发展。

一、我国造价工程师执业资格制度

我国每年基本建设投资达几十万亿元人民币，直接从事工程造价业务活动的人员一百万人左右，这支队伍在专业和技术方面对管好用好基本建设投资发挥了重要的作用。为了加强建设工程造价专业技术人员的执业准入管理，确保建设工程造价管理工作的质量，维护国家和社会公共利益，1996 年 8 月，国家人事部、建设部联合发布了《造价工程师执业资格制度暂行规定》，明确国家在工程造价领域实施造价工程师执业资格制度。凡从事工程建设活动的建设、设计、施工、工程造价咨询、工程造价管理等单位和部门，必须在计价、评估、审查（核）、控制及管理等岗位配备有造价工程师执业资格的专业技术人员。

在实施全国统一考试之前，国家建设部和人事部联合对已从事工程造价管理工作并具有高级专业技术职务的人员，分别于 1997 和 1998 年分两批通过考核认定了 1853 名工程造价管理专业人员具有造价工程师执业资格。同时，于 1997 年组织了九省市试点考试。全国造价工程师执业资格统一考试从 1998 年开始，除 1999 年外，2000 年及其以后的各年均举行了全国统一考试。截至目前，全国取得注册注册造价工程师执业资格的工程造价专业技术人员已超过 11 万人。

为了加强对造价工程师的注册管理，规范造价工程师的执业行为，建设部颁布了《注册造价工程师管理办法》，中国建设工程造价管理协会制订了《造价工程师继续教育实施办法》和《造价工程师职业道德行为准则》，使造价工程师执业资格制度得到逐步完善，如图 7 - 5 所示。

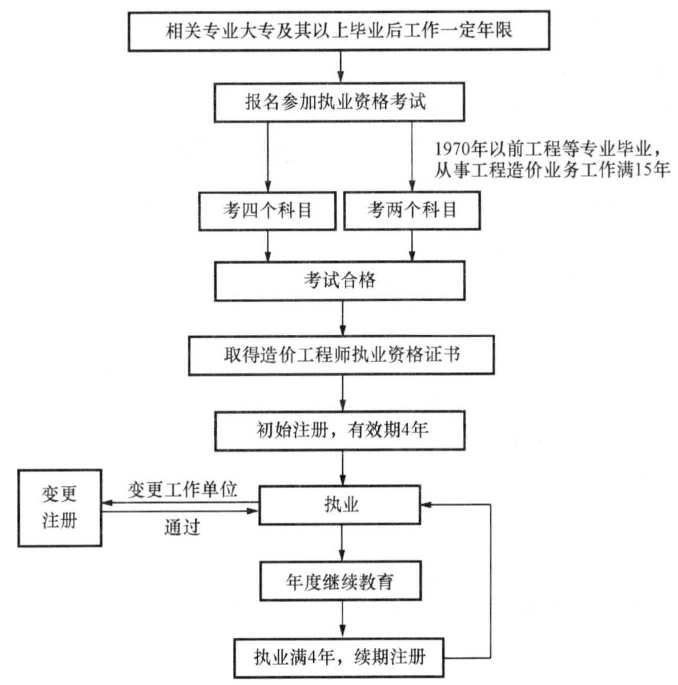

图 7 - 5　造价工程师执业资格制度简图

二、造价工程师的执业资格考试

造价工程师执业资格考试实行全国统一考试大纲、统一命题、统一组织的办法。原则上每年举行一次。

1. 报考条件

凡中华人民共和国公民，工程造价或相关专业大专及其以上学历毕业，从事工程造价业务工作一定年限后，均可申请参加造价工程师执业资格考试。

2. 考试科目

造价工程师执业资格考试分为四个科目："工程造价管理基础理论与相关法规"、"工程造价计价与控制"、"建设工程技术与计量"（土建或安装）和"工程造价案例分析"。

对于长期从事工程造价业务工作的专业技术人员，符合一定的学历和专业年限条件的，可免试"工程造价管理基础理论与相关法规"、"建设工程技术与计量"两个科目，只参加"工程造价计价与控制"和"工程造价案例分析"两个科目的考试。

造价工程师四个科目分别单独考试、单独计分。参加全部科目考试的人员，须在连续的两个考试年度通过；参加免试部分考试科目的人员，须在一个考试年度内通过应试科目。

3. 证书取得

造价工程师执业资格考试合格者，由省、自治区、直辖市人事（职改）部门颁发国家人事部统一印制、国家人事部和建设部统一用印的造价工程师执业资格证书，该证书全国范围内有效，并作为造价工程师注册的凭证。

三、造价工程师执业权利和义务

《造价工程师注册管理办法》规定：

1. 造价工程师只能在一个单位执业。

2. 造价工程师的执业范围包括：

(1) 建设项目投资估算的编制、审核及经济评价。

(2) 工程概算、工程预算、工程结算、竣工决算、工程招标标底价、投标报价的编制、审核。

(3) 工程变更及合同价款的调整索赔费用的计算。

(4) 建设项目各阶段的工程造价控制。

(5) 工程经济纠纷的鉴定。

(6) 工程造价计价依据的编制、审核。

(7) 与工程造价业务有关的其他事项。

3. 造价工程师享有下列权利：

(1) 使用造价工程师名称。

(2) 依法独立执行业务。

(3) 签署工程造价文件，加盖执业专用章。

(4) 申请设立工程造价咨询单位。

(5) 对违反国家法律、法规的不正当计价行为，有权向有关部门举报。

4. 造价工程师应履行下列义务：

(1) 遵守法律、法规，恪守职业道德。

(2) 接受继续教育，提高业务技术水平。

(3) 在执业中保守技术、经济秘密。

(4) 不得允许他人以本人名义执业。

(5) 按照有关规定提供工程造价资料。

四、英国造价工程师执业资格制度简介

造价工程师在英国称为工料测量师，特许工料测量师的称号是由英国测量师学会（The Royal Institution of Chartered Surveyors，RICS）经过严格程序而授予该会的专业会员（MRICS）和资深会员（FRICS）的。整个程序如图 7-6 所示。

工料测量专业本科毕业生可直接取得申请工料测量师专业工作能力培养和考核的资格。而对一般具有高中毕业水平的人员，或学习其他专业的大学毕业生可申请技术员资格培养和考核的资格。

对工料测量专业本科毕业生（含硕士、博士学位获得者）以及经过专业知识考试合格的人员，还要通过皇家测量师学会组织的专业工作能力的考核，即通过 2 年以上的工作实践，在学会规定的各项专业能力考核科目范围内，获得某几项较丰富的工作经验，经考核合格后，即由皇家测量师学会发给合格证书并吸收为学会会员（MRICS），也就是有了特许工料

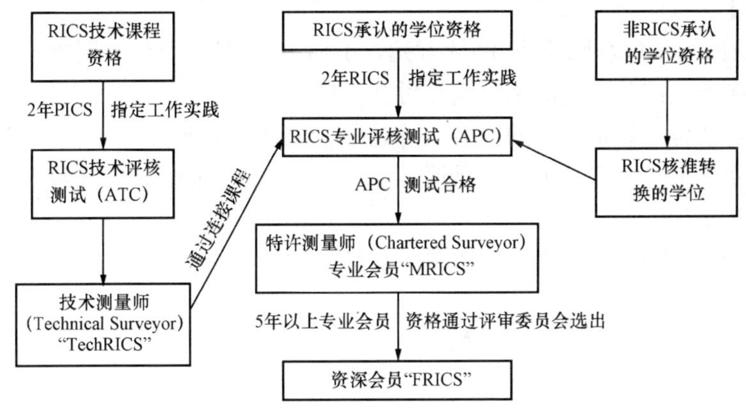

图 7-6 英国工料测量师授予程序图

测量师资格。

在取得特许工料测量师（工料估价师）资格以后，就可签署有关估算、概算、预算、结算、决算文件，也可独立开业，承揽有关业务，再从事 12 年本专业工作，或者在预算公司等单位中承担重要职务（如董事）5 年以上者，经学会的资深委员评审委员会批准，即可被吸收为资深会员（FRICS）。

英国的工料测量师被认为是工程建设经济师。全过程参与工程建设造价管理，按照既定工程项目确定投资，在实施的各阶段、各项活动中控制造价，使最终造价不超过规定投资额。他们被称为"建筑业的百科全书"，享有很高的社会地位。

复 习 思 考 题

1. 如何理解工程造价的含义？
2. 单件性计价与多次性计价有何不同？后者有哪些特点？
3. 试对比受雇于业主与受雇于承包商的造价师的工作内容的不同。
4. 简述工程造价的构成。
5. 阐述建筑安装工程费用的组成。
6. 设备购置费中的设备运杂费都包括哪些费用？
7. 什么是建筑安装工程直接费？都由哪些费用组成？
8. 什么是土地征用及迁移补偿费？与项目建设有关的其他费用都有哪些？
9. 什么是预备费？有哪些组成部分？
10. 阐述建设工程全寿命期造价与全过程造价的不同。
11. 试述我国现行的工程造价管理组织系统。
12. 描述发达国家工程造价管理的特点。
13. 造价工程师的执业范围包括哪些方面？
14. 造价工程师可享有哪些权利？
15. 造价工程师应履行哪些义务？

【练习题一】

某工程项目施工承包合同价为3200万元，工期18个月，承包合同规定如下所示。

1. 发包人在开工前7天应向承包人支付合同价20%的工程预付款。

2. 工程预付款自工程开工后的第8个月起分5个月等额抵扣。

3. 工程进度款按月结算。工程质量保证金为承包合同价的5%，发包人从承包人每月的工程款中按比例扣留。

4. 当分项工程实际完成工程量比清单工程量增加10%以上时，超出部分的相应综合单价调整系数为0.9。

5. 规费费率3.5%，以工程量清单中分部分项工程合价为基数计算；税金率3.41%，按规定计算。

在施工过程中，发生以下事件：

(1) 工程开工后，发包人要求变更设计。增加一项花岗石墙面工程，由发包人提供花岗石材料，双方商定该项综合单价中的管理费、利润均以人工费与机械费之和为计算基数，管理费率为40%，利润率为14%。消耗量及价格信息资料见表7-1。

表7-1 铺贴花岗石面层定额消耗量及价格信息

项目		单位	消耗量	市场价（元）
人工	综合工日	工日	0.56	60.00
材料	白水泥	kg	0.155	0.80
	花岗石	m^2	1.06	550.00
	水泥砂浆（1∶3）	m^3	0.0299	240.00
	其他材料费			6.40
机械	灰浆搅拌机	台班	0.0052	49.18
	切割机	台班	0.0969	52.60

(2) 在工程进度至第8个月时，施工单位按计划进度完成了200万元建安工作量，同时还完成了发包人要求增加的一项工作内容。经工程师计量后的该工作工程量为260平方米，经发包人批准的综合单价为352元/平方米。

(3) 施工至第14个月时，承包人向发包人提交了按原综合单价计算的该项月已完工程量结算报18万元。经工程师计量，其中某分项工程因设计变更实际完成工程数量为580平方米（原清单工程数量为360平方米，综合单价1200元/平方米）。

问题：

1. 计算该项目工程预付款。

2. 编制花岗石墙面工程的工程量清单综合单价分析表，列式计算并把计算结果填入答题纸表1.1中。

3. 列式计算第8个月的应付工程款。

4. 列式计算第14个月的应付工程款。

（计算结果均保留两位小数，问题3和问题4的计算结果以万元为单位。）

【练习题二】

某大型工业项目的主厂房工程，发包人通过公开招标选定了承包人，并依据招标文件和投标文件，与承包人签订了施工舍同。合同中部分内容如下：

（1）合同工期160天，承包人编制的初始网络进度计划，如图7-7所示。

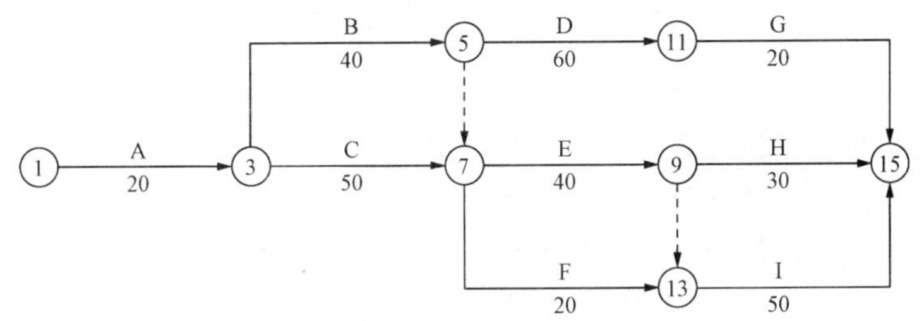

图7-7 初始网格进度计划

按施工工艺要求，该计划中C、E、I三项工作施工需使用同一台运输机械；B、D、H三项工作施工需使用同一台吊装机械。上述工作由于施工机械的限制只能按顺序施工，不能同时平行进行。

（2）承包人在投标报价中填报的部分相关内容如下所示。

①完成A、B、C、D、E、F、G、H、I九项工作的人工工日消耗最分别为100、400、400、300、200、60、60、90、1000个工日。

②工人的日工资单价为50元/工日，运输机械台班单价为2400元/台班；吊装机械台班单价为1200元/台班。

③分项工程项目和措施项目均采用以直接费为计算基础的工料单价法，其中的间接费费率为18%；利润率为7%；税金按相关规定计算，施工企业所在地为县城。

（3）合同中规定：人员窝工费补偿25元/工日；运输机械折旧费1000元/台班；吊装机械折旧费500元/台班。

在施工过程中，由于设计变更使工作E增加了工程量，作业时间延长了20天，增加用工100个工日，增加材料费2.5万元，增加机械台班20个，相应的措施费增加1.2万元。同时，E、H、I的工人分别属于不同工种，H、I工作分别推迟20天。

问题：

1. 对承包人的初始网络进度计划进行调整，以满足施工工艺和施工机械对施工作业顺序的制约要求。

2. 调整后的网络进度计划总工期为多少天？关键工作有哪些？

3. 按《建筑安装工程费用项目组成》（建标［2003］206号）文件的规定计算该工程的税率。分项列式计算承包商在工作E上可以索赔的直接费、间接费、利润和税金。

4. 在因设计变更使工作E增加工程量的事件中，承包商除在工作E上可以索赔的费用外，是否还可以索赔其他费用？如果有可以索赔的其他费用，请分项列式计算可以索赔的费用，如果没有，请说明原因。（计算结果均保留两位小数。）

【资料来源】2007年造价工程师《工程造价案例分析》真题及答案

第八章 建设项目经济评价

本章重点

1. 资金时间价值及等值计算的方法
2. 建设项目财务评价的指标和计算方法
3. 建设项目国民经济评价的方法与参数

本章难点

1. 资金时间价值的涵义
2. 国民经济评价与财务评价的关系

关 键 词

资金时间价值　现金流量　建设项目财务评价　国民经济评价　影子价格

建设项目是指在限定的投资、时间和质量等约束条件下，以形成固定资产为明确目标的一次性任务。建设项目经济评价是可行性研究和项目评估的重要组成部分，它是在符合国民经济、社会或地区发展需要的前提下，在项目初步分析研究的基础上，估算拟建项目的效益与费用，编制经济评价报表，计算经济评价指标，对拟建项目的财务可行性、经济合理性及抗风险能力作出全面的分析与评价，为企业投资和银行贷款决策提供经济方面的依据。

建设项目经济评价的基础是资金时间价值的计算，评价的内容主要包括财务评价和国民经济评价两部分。财务评价是从企业的角度按现行价格及企业基准收益率进行企业盈利分析，一般采用企业内部收益率、净现值和投资回收期等作为主要评价指标，分析评价建设项目的投资经济效果。国民经济评价是从整个国民经济的角度进行国家盈利分析，根据项目对国家的贡献情况，确定项目的可行性。

对涉及整个国民经济的重大项目和严重影响国计民生的项目，对稀缺资源开发和利用的项目，对涉及产品或原料、燃料进出口或代替进出口的项目，以及产品和原料价格明显不合理的项目等，除进行企业财务评价外，必须进行详细的国民经济评价。当两者有矛盾时，项目的取舍将取决于国民经济评价。

1987 年，原国家计委发布《建设项目经济评价方法与参数》第一版，举世瞩目的长江三峡工程就是照此进行了详细的经济评价；1993 年，修改发布了第二版；2006 年 7 月，国家发改委和建设部又修改发布了第三版，具体包括《建设项目经济评价工作的若干规定》、《建设项目经济评价方法》和《建设项目经济评价参数》三个部分，要求在开展投资项目经济评价工作时借鉴和使用。这对经济评价的科学化和规范化起到了重要的推动作用。

第一节 资金时间价值

资金时间价值是经济活动中的一个重要概念，也是资金使用中必须认真考虑的一个标准。只有建立资金时间价值观念，科学运用资金时间价值理论，才能对建设项目作出正确合理的经济评价。

一、资金时间价值的涵义与意义

1. 资金时间价值的涵义和来源

在日常生活中，我们都知道，如果银行的存款年利率为 3.5%，那么把今年的 100 元钱现在存入银行，到明年这时就可以从银行取出 103.5 元（不考虑利息税），这 3.5 元就是资金的时间价值。或者说今年的 100 元与明年的 103.5 元是等价的，明年的 100 元与今年的 96.62（100/1.035）元是等价的，其中 100 元与 96.62 元之间的差别也是资金的时间价值。由此也可看出现在的 100 元比一年后的 100 元更值钱。因此，认识和计算资金的时间价值，对于投资方案的比较非常重要。

货币作为投资参与社会生产过程的循环时被称为资金，而这种资金在未来的使用中会发生增值，即资金时间价值。因此，资金时间价值是指资金在生产和流通过程中随着时间的推移而发生的增值。或者可以说，资金时间价值就是指当前所持有的一定量资金比未来获得的等量资金具有更高的价值。

资金时间价值的实质是资金周转使用后的增值额。资金由资金使用者从资金所有者处筹集来进行周转使用，资金所有者要分享一部分资金的增值额。这个增值额对于资金所有者来说是让渡资金使用权应得的报酬，对于资金使用者来说是使用资金应付出的代价。那么，这个增值额或者资金时间价值是如何产生的呢？

对于资金时间价值的来源，主要有以下两种观点。

（1）节欲论。这是从消费者或从资金所有者的角度来看，其所拥有的资金一旦用于投资，就不能用于现时消费，必须把现时的消费推迟到将来，因此，资金使用者应当付出一定的代价，作为对放弃现时消费的补偿和对提供资金者的鼓励，这就是利息（资金的机会成本）。该观点认为，资金时间价值由“耐心”创造。

（2）劳动价值论。从生产者或资金使用者的角度来看，生产的产品除了弥补生产中的物化劳动和活劳动消耗外，还会有剩余价值。从资金的运动过程来看，就表现为初始投资经过生产过程产生了增值即利润。因此，资金时间价值的真正来源是工人创造的剩余价值。

由“耐心”创造价值的观点有些不全面和不确切，也就是说它只是说明一些表面现象，并没有揭示资金时间价值的本质和来源。马克思认为，货币只有当做资本投入生产和流通后才能增值。也就是说只有把货币作为资金投入生产经营活动才能产生时间价值。马克思没有用“时间价值”这一概念，但正是他揭示了这种所谓的“耐心的报酬”其实就是剩余价值。在发达的商品经济条件下，商品流通的运动形式是 $G—W—G'$，其中 $G'=G+\Delta G$，即等于原预付货币额加上一个增值额。这个增值额就叫做剩余价值。如果把生产过程和流通过程结合起来分析，资金运动的全过程是 $G—W\cdots P\cdots W'—G'$。由此看出，处于终点的 G' 是由 W' 实现的，而 W' 是包含增值额在内的全部价值是在生产过程中形成的物质形态，其中增值部分就是工人创造的剩余价值。因此，时间价值不可能由“时间”或“耐心“创造，而只能由工人的劳动创造，时间价值的真正来源是工人创造的剩余价值。

2. 资金时间价值的意义

商品经济的高度发展和借贷关系的普遍存在是资金时间价值产生和应用的前提与基础。因此，在我国现实经济工作中，资金时间价值的观念和理论已得到了广泛的应用。资金时间价值应用的意义主要表现在以下两个方面：

（1）能促进决策者作出更加科学的投融资决策。任何一个建设项目从规划、建设到投入使用均需要经过一段较长的时间，尤其是大型建设项目，更有投资数额大，建设周期长等特点，决策者在进行投资决策时必须考虑资金的时间价值，把不同时点上的投资额和投资收益折算成某一时点上的现值，从而评价其投入产出的经济效益，对投资做出取舍的科学决策。同时，建设项目形成及运营过程中都伴随着一定的融资活动，决策者也要根据资金的时间价值原理，比较融资方案的综合资本成本，作出最优的融资决策。

（2）能促进资金使用者更加合理有效地使用资金。由于资金具有时间价值的存在，使资金使用者认识到，使用资金或闲置资金都是要付出代价的，且使用的来源不同代价也不同。这就会使他们努力使资金的流向更加合理，并对其使用严加控制，从而达到合理有效利用资金的目的。如工程项目建设过程中，必须充分考虑资金时间价值，千方百计缩短建设周期，加速资金周转，提高资金的使用效率。

二、资金时间价值的表示方法

资金时间价值可以用绝对数表示，也可以用相对数表示，即以利息（利润）或利率（利润率）来表示。但是在实际工作中对这两种表示方法并不做严格的区别，通常以利率（利润率）进行计量。

1. 利息

利息是衡量资金时间价值大小的绝对尺度。狭义是指占用资金所付出的代价或放弃资金使用权所得的补偿。广义是指资金投入到生产或流通领域中，一定时间后的增值部分。在借贷过程中，债务人支付给债权人超过原借贷金额的部分就是利息，即

$$I = F - P \tag{8-1}$$

式中 I——利息；

F——还本付息额；

P——借贷的资金额（本金）。

2. 利率

利率是衡量资金时间价值大小的相对尺度。是资金在单位时间（一个计息周期）内所发生的增值（利息或利润）与投入的资金额（本金）之比，即

$$i = \frac{I_t}{P} \times 100\% \tag{8-2}$$

式中 i——利率；

I_t——单位时间内所得的利息；

t——计息周期。

计算利息的时间单位称为计息周期，通常有年、半年、季、月、周等。故利率有年利率、半年利率、季利率、月利率、周利率等。

利息率的实际内容是社会资金利润率。各种形式的利息率（贷款利率、债券利率等）的

水平，就是根据社会资金利润率确定的。但是，一般的利息率除了包括资金时间价值因素以外，还要包括风险价值和通货膨胀因素。资金时间价值通常被认为是没有风险和没有通货膨胀条件下的社会平均利润率，这是利润平均化规律作用的结果。作为资金时间价值表现形态的利息率，应以社会平均资金利润率为基础，而又不应高于这种资金利润率。

三、资金时间价值的计算

资金时间价值在银行体现为存款和借款的利息，利息的大小通常取决于以下几个基本因素：

（1）本金 P（投资额），投资的资金越大，利息越大。

（2）利率 i，一般来说，在其他条件不变的情况下，利率越高，利息越大；反之，越小。

（3）时间 n，在其他条件不变的情况下，时间越长，利息越大；反之，越小。

通常利息的计算有单利和复利两种。

1. 单利

单利是“本金生息，利息不生息”，按照单利计算，n 期内每期的利息及本利和见表8-1。

表 8-1　单利法计算公式的推导过程

计息周期	期初本金	本期利息	期末本利和
1	P	Pi	$F=P+Pi=P(1+i)$
2	$P(1+i)$	Pi	$F=P(1+i)+Pi=P(1+2i)$
3	$P(1+2i)$	Pi	$F=P(1+2i)+Pi=P(1+3i)$
…	…	…	…
n	$P[1+(n-1)i]$	Pi	$F=P[1+(n-1)i]+Pi=P(1+ni)$

因此，单利法 n 期后的本利和为

$$F=P(1+ni) \tag{8-3}$$

单利法 n 期的利息为

$$I_n=Pni \tag{8-4}$$

【例 8-1】　某人存入银行 5000 元，以 5%的年存款利率存 3 年，问按单利法此人 3 年后能从银行取出多少钱？所得利息是多少？（不考虑利息税）

解　单利法 3 年后的本利和为

$$F=P(1+ni)=5000\times(1+3\times5\%)=5750(元)$$

单利法 3 年的利息为

$$I_3=Pni=5000\times3\times5\%=750(元)$$

或

$$I=F-P=-5750-5000=750(元)$$

单利法没有考虑利息的再利用，因此是不完善。

2. 复利

复利是“本金生息，利息也生息”，即俗称“利滚利”，按照复利计算，n 期内每期的利息及本利和见表 8-2。

表 8-2 复利法计算公式的推导过程

计息周期	期初本金	本期利息	期末本利和
1	P	Pi	$F=P+Pi=P(1+i)$
2	$P(1+i)$	$P(1+i)i$	$F=P(1+i)+P(1+i)i=P(1+i)^2$
3	$P(1+i)^2$	$P(1+i)^2i$	$F=P(1+i)^2+P(1+i)^2i=P(1+i)^3$
…	…	…	…
n	$P(1+i)^{n-1}$	$P(1+i)^{n-1}i$	$F=P(1+i)^{n-1}+P(1+i)^{n-1}i=P(1+i)^n$

因此，复利法 n 期后的本利和的计算公式为

$$F = P(1+i)^n \tag{8-5}$$

复利法 n 期的利息为

$$I_n = F - P = P(1+i)^n - P = P[(1+i)^n - 1] \tag{8-6}$$

【例 8-2】 仍用上例，问按复利法此人 3 年后能从银行取出多少钱？所得利息是多少？（不考虑利息税）

解 复利法 3 年后的本利和为

$$F = P(1+i)^n = 5000 \times (1+5\%)^3 = 5788.125(\text{元})$$

复利法 n 期的利息为

$$I_n = F - P = 5788.125 - 5000 = 788.125(\text{元})$$

从以上计算可看出，在相同的条件下，一般按复利计算的利息大于按单利计算的利息。在单利计息中，忽略了利息本身的时间价值，而复利计息更能体现出全部资金的时间价值。因此，建设项目经济评价中应采用复利加以计息。利息率越高、时间越长，所赢得的利润及增值也越多。

四、现金流量和现金流量图

1. 现金流量

建设项目从投资建设到建成投产直至最后报废为止可以看做一个项目系统，在不同时点上发生各种资金收支。其中，流出系统的资金称为现金流出（记为 CO）；流入系统的资金称为现金流入（记为 CI）；同一时点的现金流入与现金流出之差称为这一时点的净现金流量（记为 $NCF = CO - CI$）；现金流入、现金流出及净现金流量统称为现金流或现金流量。

项目的现金流入通常包括营业收入、回收固定资产余值和回收流动资金等；现金流出通常包括建设投资、流动资金和经营成本等。

建设项目不同阶段的净现金流量的确定方法如下所示：

（1）建设期现金流量的确定。

$$CO - CI = -\text{固定资产投资} - \text{流动资金} \tag{8-7}$$

（2）生产经营期现金流量的确定。

$$\begin{aligned} CO-CI &= \text{营业收入}-\text{经营成本}-\text{营业税金及附加}-\text{所得税} \\ &= \text{营业收入}-（\text{经营成本}+\text{折旧}）-\text{营业税金及附加}-\text{所得税}+\text{折旧} \\ &= \text{营业收入}-\text{总成本费用}-\text{营业税金及附加}-\text{所得税}+\text{折旧} \\ &= \text{利润总额}-\text{所得税}+\text{折旧} \\ &= \text{税后利润}+\text{折旧} \end{aligned} \tag{8-8}$$

(3) 报废时现金流量的确定。

$$CO-CI=\text{营业收入}+\text{回收固定资产余值}+\text{回收流动资金}-\text{经营成本}-\text{营业税金及附加}-\text{所得税} \quad (8-9)$$

2. 现金流量图

为了表述资金的变化过程，通常用图示的方法将现金流入与流出、量值的大小、发生的时点形象地描绘出来，并把该图称为现金流量图。

【例 8-3】 某项目寿命期 6 年，初期固定资产投资 100 万元，第二年初投产，投资流动资金 50 万元，第二年末到第六年末每年净现金流量为 55 万元，第六年末流动资金回收 50 万元，固定资产残值 10 万元，则该项目的现金流量图如图 8-1 所示。

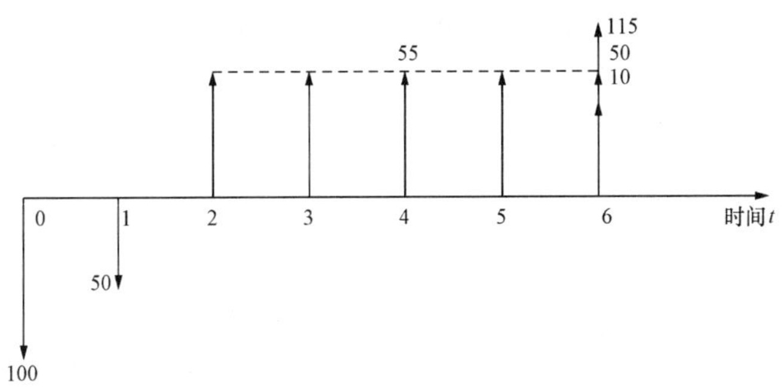

图 8-1　现金流量图

图中水平轴表示时间坐标，时间的推移从左到右。轴上分成若干相等的间隔，每一个间隔代表一个时间单位，可以是年、季、月、周等。时间轴上的点称为时点，通常表示该时间段的末期，同时也是下一时间段的初期。垂直箭线表示现金流量，箭头向上表示现金流入（正现金流），箭头向下表示现金流出（负现金流），线段的长短与现金流入、流出的多少成比例，并在箭头末端标注其的金额大小。同一时点上的现金流入与现金流出的代数和为净现金流量。

需要说明的是：虽然建设项目在寿命期内的现金流量随时发生，但为了计算分析的方便，项目评价时通常假设现金流量均在其时间段的期末时点发生。另外，建设项目评价时，由于评价所占的角度不同，现金流量构成和表示方法也有相应的区别。

五、资金等值的计算

1. 资金等值的涵义

由于资金具有时间价值，现金流量图中，各个时点发生的现金流量是不能直接相加的，因此对资金进行比较时，就应该把不同时点上的金额换算到同一个时点，我们把这个资金转换的过程就称作资金等值计算。

资金时间价值的存在，现在拥有的一定数量的资金，等价于若干年后更大数量的一笔资金；同理，若干年后的一笔资金，折算为现值时要打一折扣。一年后的资金折算为现在的资金时所打的折扣，称为折现率。因此，要对建设项目进行经济评价，需要将不同时点发生的资金收付以复利的计息方法换算到同一时点，变成可以衡量的资金。

资金等值计算的几个相关概念：

(1) 现值与终值。

1) 现值，用 P (Present Value) 表示。把将来某一时点的现金流量换算成与现在时点等值的现金流量的过程称为折现，其换算的结果就是“现值”。

2）终值，用 F（Future Value）表示。就是指与现值等值的某一将来时刻的资金价值。如果把现值看作是本金的话，那么终值就是本利和，也称将来值。

（2）一次支付款项和系列支付款项。

1）一次支付款项，是指在某一特定时间内只发生一次的简单现金流量，如投资于到期一次偿还本息的公司债券就是单一支付款项的问题。

2）系列支付款项，是指在 n 期内多次发生的现金流入或现金流出。

年金 A（Annual Value）是系列支付款项的特殊形式，是在一定时期内每隔相同时间（如一年）发生相同金额的现金流量。按照每次收付款发生的具体时点不同，可以把年金分为普通年金、预付年金、递延年金和永续年金。其中普通年金和预付年金是年金的两种基本类型。

①普通年金：是指从第一期开始，在一定时期内每期期末等额收付的系列款项，又称为后付年金。

②即付年金：是指从第一期开始，在一定时期内每期期初等额收付的系列款项，又称为先付年金。

③递延年金：是指从第一期以后才开始的，在一定时期内每期期末等额收付的系列款项。它是普通年金的特殊形式。凡不是从第一期开始的普通年金都是递延年金。

④永续年金：是指从第一期开始，无限期每期期末等额收付的系列款项。它也是普通年金的特殊形式。

（3）年折现率：折现时使用的利率，一般用 i 表示；年限或称项目的寿命期，一般用 n 表示。

2. *一次支付款项的终值和现值计算*

一次支付款项的终值和现值一般简称为复利终值和复利现值。

（1）复利终值（已知现值 P，求终值 F）。复利终值是指一项现金流量按复利计算的一段时期后的价值，其计算公式为

$$F = P(1+i)^n \tag{8-10}$$

其中，$(1+i)^n$ 通常称为“复利终值系数”，记作 $(F/P,i,n)$，可直接查阅“复利终值系数表”取得，故上式又可写成

$$F = P(F/P,i,n) \tag{8-11}$$

【例 8-4】 某厂利用外资 800 万元引进设备，协议规定贷款年利率为 15%，要求本利第 5 年末一次还清，问到时应还多少钱？

解 根据公式得

$$F = P(1+i)^n = 800 \times (1+15\%)^5 = 1609.09(元)$$

也可直接查“复利终值系数表”得 $(F/P,15\%,5) = 2.0114$，则

$$F = P(F/P,i,n) = 800 \times 2.011\,4 = 1609.12(元)$$

两种计算方法结果的差异是由于小数保留位数不同引起，一般不会影响决策。

（2）复利现值（已知终值 F，求现值 P）。计算现值的过程通常称为折现，是指将未来预期发生的现金流量按折现率调整为现在的现金流量的过程。对于单一支付款项来说，现值和终值是互为逆运算的。现值的计算公式为

$$P = F(1+i)^{-n} \tag{8-12}$$

其中，$(1+i)^{-n}$ 通常称为“复利现值系数”，记作 $(P/F, i, n)$，可直接查阅“复利现值系数表”取得，故上式又可写成：

$$P = F(P/F,i,n) \tag{8-13}$$

【例 8-5】 某厂对年报酬率为 12%的项目进行投资，若希望 5 年后得到 1000 万元的本利和，问现在应投资多少？

解 根据公式得：$P = F(1+i)^{-n} = 1000 \times (1+12\%)^{-5} = 567.43$(万元)

也可直接查“复利现值系数表”得 $(P/F, 12\%, 5)-0.5674$，则

$$P = F(P/F,i,n) = 1000 \times 0.5674 = 567.40(\text{万元})$$

3. 系列支付款项的终值和现值计算

由于系列支付款项可以分为普通年金、预付年金、递延年金和永续年金等形式，因此计算终值和现值时要区别对待。本书重点讲述普通年金终值和现值的计算。

(1) 普通年金终值计算（已知普通年金 A，求终值 F）。普通年金又称为后付年金，是指一定时期内，每期期末发生的等额现金流量。年金终值犹如零存整取的本利和，它是一定时期内每期期末现金流量的复利终值之和。普通年金终值的计算公式为

$$F = A\left[\frac{(1+i)^n - 1}{i}\right] \tag{8-14}$$

式中方括号中的数值 $\frac{(1+i)^n - 1}{i}$ 称作“年金终值系数”，记作 $(F/A, i, n)$，可以直接查阅“年金终值系数表”取得，故上式又可写成

$$F = A(F/A,i,n) \tag{8-15}$$

【例 8-6】 某企业建设期 5 年，除自有资金外，于每年末以 7%的年利率向银行贷款 400 万元，问第 5 年末该企业贷款的本利和是多少？

解 根据公式得 $F = A\left[\frac{(1+i)^n - 1}{i}\right] = 400 \times \left[\frac{(1+7\%)^5 - 1}{7\%}\right] = 2300.30$(万元)

也可以直接查“年金终值系数表”得 $(F/A, 7\%, 5)=5.7507$，则

$$F = A(F/A,i,n) = 400 \times 5.7507 = 2300.28(\text{万元})$$

(2) 偿债基金计算（已知普通年金 F，求终值 A）。在实际工作中，公司可根据要求在贷款期内建立偿债基金，以保证在期满时有足够的现金偿还贷款的本金或兑现债务。此时的债务实际上等于年金终值 F，每年提取的偿债基金等于分次付款的年金 A。也可以说，年偿债基金的计算实际上是年金终值的逆运算。其计算公式为

$$A = F\left[\frac{i}{(1+i)^n - 1}\right] \tag{8-16}$$

式中方括号中的数值 $\frac{i}{(1+i)^n-1}$ 称作“偿债基金系数”，记作 $(A/F, i, n)$，可直接查阅“偿债基金系数表”取得，也可通过“年金终值系数”的倒数推算出来，故上式又可写成：

$$A = F(A/F,i,n) \text{ 或 } A = F\left[\frac{1}{(F/A,i,n)}\right] \tag{8-17}$$

【例 8-7】 某人想在 5 年后从银行提出 20 万元，若银行存款的年利率为 4%，问从现在起每年年末应等额存入多少钱？

解 根据公式 $A=F\left[\frac{i}{(1+i)^n-1}\right]=200\ 000\times\left[\frac{4\%}{(1+4\%)^5-1}\right]=36\ 925.42$(万元)

也可直接查“偿债基金系数表”得（A/F，4%，5）=0.184 6，则

$$A=F(A/F,i,n)=200\ 000\times 0.1846=36\ 920(\text{万元})$$

(3) 普通年金现值计算（已知普通年金 A，求现值 P）。普通年金现值是指一定时期内每期期末现金流量的现值之和。年金现值计算的一般公式为

$$P=A\left[\frac{1-(1+i)^{-n}}{i}\right] \tag{8-18}$$

式中方括号内的数值 $\frac{1-(1+i)^{-n}}{i}$ 称作“年金现值系数”，记作 $(P/A,i,n)$，可直接查阅“年金现值系数表”取得，故上式又可写成：

$$P=A(P/A,i,n) \tag{8-19}$$

【例 8-8】 某厂投产前将以 7%的年利率贷得一笔所需资金，估计投产后，8 年内每年可从净收益中拿出 500 万元还本付息，问现在可贷多少以便到第 8 年末能全部偿还本利？

解 根据公式得 $P=A\left[\frac{1-(1+i)^{-n}}{i}\right]=500\times\left[\frac{1-(1+7\%)^{-8}}{7\%}\right]=2985.65$(万元)

也可直接查“年金现值系数表”得（P/A，7%，8）=5.9713，则

$$P=A(P/A,i,n)=500\times 5.9713=2985.65(\text{万元})$$

(4) 资本回收额的计算（已知现值 P，求普通年金 A）。年金现值的逆运算即是年资本回收额。资本回收额是指在给定的年限内等额回收或清偿初始投入的资本或所欠的债务，年资本回收额的计算公式为：

$$A=P\left[\frac{i}{1-(1+i)^{-n}}\right] \tag{8-20}$$

式中方括号内的数值 $\frac{i}{1-(1+i)^{-n}}$ 称作“资本回收系数”，记作（A/P，i，n），可直接查阅“资本回收系数表”取得，也可利用“年金现值系数”的倒数求得。

$$A=P(A/P,i,n)\text{ 或 }A=P\left[\frac{1}{(P/A,i,n)}\right] \tag{8-21}$$

【例 8-9】 某厂向租赁公司租一台设备价值 300 万元，租赁期 5 年，租金年利率 9%，问该厂每年末应等额偿还多少租金？

解 根据公式得：$A=P\left[\frac{i}{1-(1+i)^{-n}}\right]=300\times\left[\frac{9\%}{1-(1+9\%)^{-5}}\right]=77.13$(万元)

也可直接查“资本回收系数表”得（A/P，9%，5）=0.2571，则

$$A=P(A/P,i,n)=300\times 0.2571=77.13(\text{万元})$$

六、名义利率与有效利率

1. 名义利率的计算

计息周期实际发生的利率称为计息周期利率。

名义利率是指计息周期利率 i 乘以一年内的计息周期数 m 得到的年利率。在实务中，金融机构提供的利率报价年利率通常为名义利率，记作 r。即

$$r=i\times m \tag{8-22}$$

若每月计息 1 次，一年计息 12 次，月利率为 1%，则年名义利率为 12%。很显然，计

算名义利率时忽略了前面各期利息再生的因素，这与单利的计算相同。

2. 有效利率的计算

有效利率是资金在计息期中所发生的实际利率。一般将名义年利率按不同计息期调整后的利率称为有效利率。故有效利率包括计息周期有效利率和年有效利率两种情况。

（1）计息周期有效利率，即计息周期利率 i，由上式可得

$$i=\frac{r}{m} \tag{8-23}$$

（2）年有效利率，即年实际利率。若用计息周期利率来计算年有效利率，并将年内的利息再生因素考虑进去，这时所得的年利率称为年有效利率（又称年实际利率）。根据利率的概念即可推导出年有效利率的计算公式。

已知单位计息周期的利率为 $i=\frac{r}{m}$，根据一次支付终值公式可得一年复利 m 期后的本利和 F，即

$$F=P\left(1+\frac{r}{m}\right)^{m} \tag{8-24}$$

根据利息的定义可得该年的利息为

$$I=F-P=P\left(1+\frac{r}{m}\right)^{m}-P=P\left[(1+\frac{r}{m})^{m}-1\right] \tag{8-25}$$

根据利率定义，得该年的实际利率，即有效利率为

$$i=\frac{I}{P}=\left(1+\frac{r}{m}\right)^{m}-1 \tag{8-26}$$

由此可知，名义利率与有效利率的关系实质上与复利与单利的关系一样。若年利率为12%，每年计息1次，则12%即为有效利率；若年利率为12%，每月计息1次，则有效利率为

$$i_{ear}=\left(1+\frac{r}{m}\right)^{m}-1=\left(1+\frac{12\%}{12}\right)^{12}-1=12.68\%$$

当 $m=1$ 时，名义利率等于有效利率；当 $m>1$ 时，有效利率大于名义利率；当 $m\to\infty$ 时

$$i=\lim_{m\to\infty}\left[\left(1+\frac{r}{m}\right)^{m}-1\right]=\lim_{m\to\infty}\left[\left(1+\frac{r}{m}\right)^{\frac{m}{r}}\right]^{r}-1=e^{r}-1 \tag{8-27}$$

式中 e——自然对数的底，其数值为2.718 28。

为了更进一步说明两者的关系，表8-3给出名义利率6%在不同计息周期时的有效利率。

表8-3 名义利率6%在不同计息周期时的有效利率

计息期	年计息次数	计息期利率（%）	年有效利率（%）
年	1	6.00	6.00
半年	2	3.00	6.09
季度	4	1.50	6.14
月	12	0.50	6.17
星期	52	0.115 4	6.18
日	365	0.016 4	6.18
连续	∞	0.000 0	6.18

由表8-3计算可看出，一年内计息次数多于一次，则按复利法计算的有效利率会大于名义利率，计息次数越多，相差越大；且随着复利次数的增加，有效利率逐渐趋于一个定值。

3. 计息期小于（或等于）资金收付期时的资金等值计算

计息期小于（或等于）资金收付期时的等值分析计算有两种处理方法：

（1）将名义利率换算为有效利率后，再按上述资金等值计算公式进行计算。

（2）直接按单位计息周期利率来计算，但计息期数要作相应调整。如 n 年复利终值的计算

$$F = P\left(1+\frac{r}{m}\right)^{m \cdot n} = P\left(F/P,\frac{r}{m},mn\right) \tag{8-28}$$

【例8-10】 现存款1000元，年利率为4%，每季度计息一次，问10年末的存款本利和为多少?

解 （1）用年有效利率求解

年有效利率为

$$i = \left(1+\frac{r}{m}\right)^{m} - 1 = \left(1+\frac{4\%}{4}\right)^{4} - 1 = 4.06\%$$

$$F = P(1+i)^{n} = 1000 \times (1+4.06\%)^{10} = 1488.81(\text{元})$$

（2）用季度利率求解

$$F = P\left(1+\frac{r}{m}\right)^{m \cdot n} = 1000 \times \left(1+\frac{4\%}{4}\right)^{4\times 10} = 1488.86(\text{元})$$

第二节 建设项目财务评价

建设项目财务评价是项目经济评价的重要组成部分。通过财务评价能够明确建设项目对财务主体的价值以及对投资者的贡献，为进行项目的投资决策、融资决策以及银行审贷提供重要依据。

一、建设项目财务评价的内容与步骤

财务评价也称财务分析，是在国家现行财税制度和价格体系的前提下，从项目的角度出发，计算项目范围内的财务效益与费用，通过编制财务报表和计算财务分析指标，考察和分析项目的盈利能力、偿债能力和财务生存能力，从而评价项目在财务上的可行性。

项目类型的不同会影响财务评价内容的选择。一般项目决策可分为投资决策和融资决策两个层次。投资决策重在考察项目净现金流的价值是否大于其投资成本，融资决策重在考察资金筹措方案能否满足要求。严格分，投资决策在先，融资决策在后。对于非经营性项目，财务分析主要分析项目的财务生存能力。对于经营性项目应根据不同决策的需要，进行全面的财务分析，包括融资前分析和融资后分析。

1. 建设项目财务评价的内容

（1）融资前分析。融资前分析应以动态分析（折现现金流量分析）为主，静态分析（非折现现金流量分析）为辅。融资前动态分析应以营业收入、建设投资、经营成本和流动资金的估算为基础，考察整个计算期内现金流入和现金流出，编制项目投资现金流量表，利用资金时间价值的原理进行折现，计算项目投资内部收益率和净现值等指标，也可计算静态投资

回收期指标，用以反映收回项目投资所需要的时间。

融资前分析排除了融资方案变化的影响，从项目投资总获利能力的角度，考察项目方案设计的合理性。融资前分析计算的相关指标，应作为初步投资决策与融资方案研究的依据和基础。根据分析角度的不同，融资前分析可选择计算所得税前指标和（或）所得税后指标。在项目的初期研究阶段，也可只进行融资前分析。只有通过了融资前分析的检验，才有必要进一步进行融资后分析。

（2）融资后分析。融资后分析是以融资前分析和初步的融资方案为基础，考察项目在拟定融资条件下的盈利能力、偿债能力和财务生存能力，判断项目方案在融资条件下的可行性。融资后分析用于比选融资方案，帮助投资者做出融资决策。实践中，可行性研究阶段必须进行融资后分析，在可行性研究报告完成之后，还需要进一步深化融资后分析，才能完成最终融资决策。

2. 建设项目财务评价的步骤

建设项目财务评价是围绕建设项目建设生产的全过程而进行的一项综合性、系统性的分析工作，从上面财务评价的概念中即可看出其基本步骤。

（1）收集、整理、分析和估算财务分析的基础数据。根据项目市场研究和技术分析的结果以及国家的现行财税制度，进行一系列财务基础数据的估算，具体包括建设投资、流动资金、总成本费用、营业收入、建设期利息、税金等，以及其他与项目有关的财务基础数据。（内容见前章）

（2）编制财务分析基本报表。将分析和估算所得的财务数据进行汇总，编制出财务分析的基本报表。财务报表是计算反映项目盈利能力、偿债能力和财务生存能力的基础。主要编制的财务报表有各类现金流量表、利润与利润分配表、财务计划现金流量表、资产负债表和借款还本付息估算表等。

（3）计算财务分析指标。财务分析指标包括反映项目盈利能力的指标和反映项目偿债能力的指标。财务盈利能力的指标包括动态指标和静态指标。动态指标是以财务现金流量表为依据，根据资金时间价值原理，计算财务内部收益率、财务净现值和动态回收期等指标。静态指标是不采取折现方式处理数据，主要依据利润与利润分配表，并借助现金流量表计算项目资本金净利润率、总投资收益率和静态投资回收期等指标。项目偿债能力的指标主要包括利息备付率、偿债备付率和资产负债率等指标。

（4）进行不确定性分析。不确定性分析包括盈亏平衡分析、敏感性分析和风险分析三种方法，主要分析项目适应市场变化的能力和抗风险能力，得出项目在不确定状态下财务评价的结论。（方法参见其他书籍）

（5）提出财务分析结论。将计算出的确定性分析和不确定性分析的结论，与国家有关部门公布的基准值，或与经验标准、历史标准、目标标准等加以比较，并从项目财务评价的角度提出项目可行与否的结论。

财务评价的内容和步骤以及与前一章的关系可用图 8-2 加以反映。

二、建设项目财务评价报表

1. 财务现金流量表

现金流量表是反映项目在计算期内各年的现金流入、现金流出和净现金流量的计算表格。编制现金流量表的主要作用是通过计算各种动态和静态指标，如财务内部收益率、财务

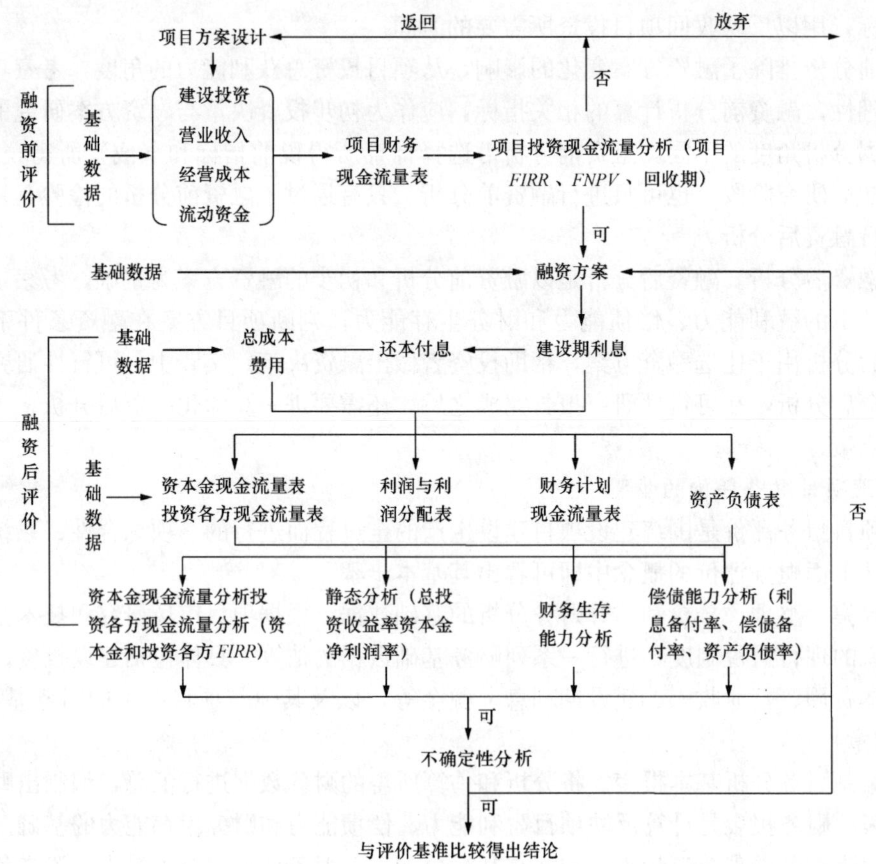

图 8-2　财务评价的内容与步骤

净现值和投资回收期等，对项目进行盈利能力分析。

现金流量表根据分析层次不同，可分为项目财务现金流量表、项目资本金现金流量表和投资各方现金流量表。

(1) 项目财务现金流量表。项目财务现金流量表也称全部投资现金流量表，是项目融资前分析的主要依据。该表用以计算项目所得税前和所得税后的财务内部收益率、财务净现值及投资回收期等指标。其表式见表 8-4。

表 8-4　　**项目财务现金流量表**　　单位：万元

序号	项　　目	合计	计算期					
			1	2	3	4	…	n
1	现金流入							
1.1	营业收入							
1.2	补贴收入							
1.3	回收固定资产余值							
1.4	回收流动资金							
2	现金流出							
2.1	建设投资							

续表

序号	项　　目	合计	计　算　期					
			1	2	3	4	…	n
2.2	流动资金							
2.3	经营成本							
2.4	营业税金及附加							
2.5	维持运营投资							
3	所得税前净现金流量（1—2）							
4	累计所得税前净现金流量							
5	调整所得税							
6	所得税后净现金流量（3—5）							
7	累计所得税后净现金流量							

注　1. 本表适用于新设法人项目与既有法人项目的增量和“有项目”的现金流量分析。

2. 调整所得税为以息税前利润为基数计算的所得税，区别于“利润与利润分配表”、“项目资本金现金流量表”和“财务计划现金流量表”中的所得税。

（2）项目资本金现金流量表。项目资本金现金流量表也称自有资金现金流量表。为了全面考察项目的盈利能力，除了对项目进行融资前分析外，还要利用项目资本金现金流量表进行项目融资后分析。用项目资本金现金流量表，可计算项目资本金财务内部收益率指标，以便从投资者的角度考察项目的盈利能力。其表式见表 8-5。

表 8-5　　项目资本金现金流量表　　单位：万元

序号	项　　目	合计	计　算　期					
			1	2	3	4	…	n
1	现金流入							
1.1	营业收入							
1.2	补贴收入							
1.3	回收固定资产余值							
1.4	回收流动资金							
2	现金流出							
2.1	项目资本金							
2.2	借款本金偿还							
2.3	借款利息支付							
2.4	经营成本							
2.5	营业税金及附加							
2.6	所得税							
2.7	维持运营投资							
3	净现金流量（1—2）							

注　1. 项目资本金包括建设投资、建设期利息和流动资金。

2. 对外商投资项目，现金流出中应增加职工奖励及福利基金科目。

3. 本表适用于新设法人项目与既有法人项目“有项目”的现金流量分析。

(3) 投资各方现金流量表。有些项目，当项目有两个以上投资者时，需要分别编制投资各方现金流量表，用以计算投资各方财务内部收益率指标，以便从投资各方的角度考察项目的盈利能力。其表式见表8-6。

表 8-6 **投资各方现金流量表** 单位：万元

序号	项目	合计	计算期					
			1	2	3	4	…	n
1	现金流入							
1.1	实分利润							
1.2	资产处置收益分配							
1.3	租赁费收入							
1.4	技术转让或使用收入							
1.5	其他现金流入							
2	现金流出							
2.1	实缴资本							
2.2	借租赁资产支出							
2.3	其他现金流出							
3	净现金流量（1—2）							

注 本表可按不同投资方分别编制。

1. 投资各方现金流量表既适用于内资企业也适用于外商投资企业；既适用于合资企业也适用于合作企业。
2. 投资各方现金流量表中现金流入是指出资方因该项目的实施将实际获得的各种收入；现金流出是指出资方因该项目的实施将实际投入的各种支出。表中科目应根据项目具体情况调整。

(1) 实分利润是指投资者由项目获取的利润。

(2) 资产处置收益分配是指对有明确的合营期限或合资期限的项目，在期满时对资产余值按股比或约定比例的分配。

(3) 租赁费收入是指出资方将自己的资产租赁给项目使用所获得的收入，此时应将资产价值作为现金流出，列为租赁资产支出科目。

(4) 技术转让或使用收入是指出资方将专利或专有技术转让或允许该项目使用所获得的收入。

2. 利润与利润分配表

利润与利润分配表，反映项目计算期内各年营业收入、总成本费用、利润总额等情况，以及所得税后利润的分配，用于计算总投资收益率、项目资本金净利润率等指标。其表式见表8-7。

表 8-7 **利润与利润分配表** 单位：万元

序号	项目	合计	计算期					
			1	2	3	4	…	n
1	营业收入							
2	营业税金及附加							
3	总成本费用							
4	补贴收入							

续表

序号	项　　目	合计	计　算　期					
			1	2	3	4	…	n
5	利润总额（1－2－3＋4）							
6	弥补以前年度亏损							
7	应纳税所得额（5－6）							
8	所得税							
9	净利润（5－8）							
10	期初未分配利润							
11	可供分配的利润（9＋10）							
12	提取法定盈余公积金							
13	可供投资者分配的利润（11－12）							
14	应付优先股股利							
15	提取任意盈余公积金							
16	应付普通股股利（13－14－15）							
17	各投资方利润分配：							
	其中：××方 ××方							
18	未分配利润（13－14－15－17）							
19	息税前利润 （利润总额＋利息支出）							
20	息税折旧摊销前利润（息税前利润＋折旧＋摊销）							

注　1. 对于外商投资项目由第 11 项减去储备基金、职工奖励与福利基金和企业发展基金（外商独资项目可不列入企业发展基金）后，得出可供投资者分配的利润。

2. 法定盈余公积金按净利润计提。

3. 财务计划现金流量表

财务计划现金流量表反映项目计算期各年的投资、融资及经营活动的现金流入和流出，用于计算累计盈余资金，以便评价项目的财务生存能力。其表式见表 8-8。

表 8-8　　财务计划现金流量表　　单位：万元

序号	项　　目	合计	计　算　期					
			1	2	3	4	…	n
1	经营活动净现金流量（1.1－1.2）							
1.1	现金流入							
1.1.1	营业收入							
1.1.2	增值税销项税额							
1.1.3	补贴收入							
1.1.4	其他流入							

续表

序号	项目	合计	计算期					
			1	2	3	4	…	n
1.2	现金流出							
1.2.1	经营成本							
1.2.2	增值税进项税额							
1.2.3	营业税金及附加							
1.2.4	增值税							
1.2.5	所得税							
1.2.6	其他流出							
2	投资活动净现金流量（2.1－2.2）							
2.1	现金流入							
2.2	现金流出							
2.2.1	建设投资							
2.2.2	维持运营投资							
2.2.3	流动资金							
2.2.4	其他流出							
3	筹资活动净现金流量（3.1－3.2）							
3.1	现金流入							
3.1.1	项目资本金投入							
3.1.2	建设投资借款							
3.1.3	流动资金借款							
3.1.4	债券							
3.1.5	短期借款							
3.1.6	其他流入							
3.2	现金流出							
3.2.1	各种利息支出							
3.2.2	偿还债务本金							
3.2.3	应付利润（股利分配）							
3.2.4	其他流出							
4	净现金流量（1＋2＋3）							
5	累计盈余资金							

注 1. 对于新设法人项目，本表投资活动的现金流入为零。

2. 对于既有法人项目，可适当增加科目。

3. 必要时，现金流出中可增加应付优先股股利科目。

4. 对外商投资项目应将职工奖励与福利基金作为经营活动现金流出。

4. 资产负债表

资产负债表可以用来综合反映项目计算期内各年年末资产、负债和所有者权益的增减变化及对应关系，用于计算资产负债率，以便评价项目的偿债能力。其表式见表8-9。

表8-9 **资产负债表** 单位：万元

序号	项目	合计	计算期					
			1	2	3	4	…	n
1	资产							
1.1	流动资产总额							
1.1.1	货币资金							
1.1.2	应收账款							
1.1.3	预付账款							
1.1.4	存货							
1.1.5	其他							
1.2	在建工程							
1.3	固定资产净值							
1.4	无形及其他资产净值							
2	负债及所有者权益（2.4+2.5）							
2.1	流动负债总额							
2.1.1	短期借款							
2.1.2	应付账款							
2.1.3	预收账款							
2.1.4	其他							
2.2	建设投资借款							
2.3	流动资金借款							
2.4	负债小计（2.1+2.2+2.3）							
2.5	所有者权益							
2.5.1	资本金							
2.5.2	资本公积							
2.5.3	累计盈余公积金							
2.5.4	累计未分配利润							

注 1. 对外商投资项目，第2.5.3项改为累计储备基金和企业发展基金。

2. 对既有法人项目，一般只针对法人编制，可按需要增加科目，此时表中资本金是指企业全部实收资本，包括原有和新增的实收资本。必要时，也可针对“有项目”范围编制。此时表中资本金仅指“有项目”范围的对应数值。

3. 货币资金包括现金和累计盈余资金。

5. 借款还本付息计划表

借款还本付息计划表反映项目计算期内各年借款本金偿还和利息支付情况，用于计算偿债备付率和利息备付率，以便评价项目的偿债能力。其表式见表8-10。

表 8 - 10 **借款还本付息计划表** 单位：万元

序号	项目	合计	计算期					
			1	2	3	4	…	n
1	借款 1							
1.1	期初借款余额							
1.2	当期还本付息							
	其中：还本							
	付息							
1.3	期末借款余额							
2	借款 2							
2.1	期初借款余额							
2.2	当期还本付息							
	其中：还本							
	付息							
2.3	期末借款余额							
3	债券							
3.1	期初债务余额							
3.2	当期还本付息							
	其中：还本							
	付息							
3.3	期末债务余额							
4	借款和债券合计							
4.1	期初余额							
4.2	当期还本付息							
	其中：还本							
	付息							
4.3	期末余额							

注 1. 本表与财务分析辅助表“建设期利息估算表”可合二为一。

2. 本表直接适用于新设法人项目，如有多种借款或债券，必要时应分别列出。

3. 对于既有法人项目，在按有项目范围进行计算时，可根据需要增加项目范围内原有借款的还本付息计算；在计算企业层次的还本付息时，可根据需要增加项目范围外借款的还本付息计算；当简化直接进行项目层次新增借款还本付息计算时，可直接按新增数据进行计算。

4. 本表可另加流动资金借款的还本付息计算。

三、财务评价指标

1. 盈利能力财务评价指标

(1) 财务净现值。财务净现值是指按设定的折现率（一般采用基准收益率 i_c）计算的项目计算期内各年净现金流量的现值之和。其计算公式为

$$FNPV = \sum_{t=0}^{n} (CI - CO)_t (1 + i_c)^{-t} \tag{8 - 29}$$

式中 $FNPV$——财务净现值；

CI——现金流入量；

CO——现金流出量；

$(CI-CO)_t$——第 t 期的净现金流量；

n——项目计算期；

i_c——设定的折现率（同基准收益率）。

在融资前分析中，可根据需要选择计算所得税前财务净现值或所得税后财务净现值。

若按照设定的折现率计算的财务净现值 $FNPV \geqslant 0$，项目方案在财务上可考虑接受；若 $FNPV<0$，项目方案在财务上是不可行的。

财务净现值指标的优点是考虑了资金的时间价值，并全面考虑了项目在整个计算期内现金流量的时间分布状况；经济意义明确直观，能够直接以货币额表示项目的盈利能力。

但不足之处是必须首先确定一个符合经济现实的基准收益率，而基准收益率的确定往往是比较困难的；在互斥方案评价时，财务净现值必须慎重考虑互斥方案的寿命，如果互斥方案寿命不等，必须构造一个相同的分析期限，才能进行各个方案之间的比选；财务净现值不能真正反映项目投资中单位投资的使用效率；不能直接说明在项目运营期间各年的经营成果；没有给出该投资过程确切的收益大小，不能反映投资的回收速度。

(2) 财务内部收益率。财务内部收益率是使投资方案在计算期内各年净现金流量现值累计等于零时的折现率，即财务内部收益率作为折现率应使下式成立

$$\sum_{t=0}^{n}(CI-CO)_t(1+FIRR)^{-t}=0 \tag{8-30}$$

式中 $FIRR$——财务内部收益率。

财务内部收益率是一个未知的折现率，由上式可知，求方程式中的折现率需解高次方程，不易求解。在实际工作中，一般通过计算机直接计算。如果手算，可采用试算插值法确定财务内部收益率 $FIRR$，其计算公式如下

$$FIRR \approx i_1+\frac{|FNPV_1|}{|FNPV_1|+|FNPV_2|}(i_2-i_1) \tag{8-31}$$

式中 i_1——试算时能使财务净现值大于并接近 0 的折现率；

i_2——试算时能使财务净现值小于并接近 0 的折现率；

$FNPV_1$——折现率为 i_1 时的财务净现值；

$FNPV_2$——折现率为 i_2 时的财务净现值。

项目投资财务内部收益率、项目资本金财务内部收益率和投资各方财务内部收益率都依据上式计算，但所用的净现金流量不同。各自评价指标计算所需的数据，均可从上面编制的相关现金流量表中获得。

财务内部收益率 $FIRR$ 计算出来后，一般与基准收益率 i_c 进行比较。若 $FIRR \geqslant i_c$，则项目方案在财务上可考虑接受；若 $FIRR<i_c$，则项目方案在财务上应予拒绝。项目投资财务内部收益率、项目资本金财务内部收益率和投资各方财务内部收益率可有不同判别基准。

财务内部收益率指标的优点是考虑了资金的时间价值以及项目在整个计算期内的经济状况，不仅能反映投资过程的收益程度，而且财务内部收益率大小完全取决于项目投资过程净现金流量系列的情况，不受外部参数影响。这种项目内部决定性，使它在应用中具有一个显

著的优点，即避免了财务净现值指标需事先确定基准收益率的难题，而只需要知道基准收益率的大致范围即可。

但不足的是财务内部收益率计算比较麻烦，对于具有非常规现金流量的项目，财务内部收益率在某些情况下甚至不存在或存在多个内部收益率。

(3) 项目投资回收期。项目投资回收期按其是否考虑资金时间价值可分为静态投资回收期和动态投资回收期。

1）静态投资回收期。项目静态投资回收期是指在不考虑资金时间价值的情况下，以项目的净收益回收项目投资所需要的时间。一般以年为单位，项目投资回收期宜从项目建设开始年算起，若从项目投产开始年计算，应予以特别注明。项目静态投资回收期可采用下式表达

$$\sum_{t=0}^{P_t}(CI-CO)_t=0 \tag{8-32}$$

式中 P_t——静态投资回收期。

静态投资回收期可根据项目投资现金流量表中的净现金流量计算，其具体计算又分以下两种情况：

①当项目建成投产后各年的净收益（即净现金流量）均相同时，静态投资回收期的计算公式如下

$$P_t=\frac{I}{A} \tag{8-33}$$

式中 I——总投资；

A——年净收益，即 $A=(CI-CO)_t$。

【例8-11】 某建设项目估计总投资5200万元，项目建成后各年净收益为650万元，问该项目的静态投资回收期是多少年？

解 该项目的静态投资回收期为

$$P_t=\frac{I}{A}=\frac{5200}{650}=8(\text{年})$$

应注意的是，由于年净收益不等于年利润额，所以静态投资回收期不等于投资利润率的倒数。

②当项目建成投产后各年的净收益不相同时，项目静态投资回收期可借助项目投资现金流量表计算。项目投资现金流量表中累计净现金流量由负值变为零的时点，即为项目的投资回收期。一般可按下式计算

$$P_t=T-1+\frac{\left|\sum_{t=0}^{T-1}(CI-CO)_t\right|}{(CI-CO)_T} \tag{8-34}$$

式中 T——各年累计净现金流量首次为正或零的年数；

$\left|\sum_{t=0}^{T-1}(CI-CO)_t\right|$——第 $T-1$ 年累计净现金流量的绝对值；

$(CI-CO)_T$——第 T 年的净现金流量。

项目的静态投资回收期 P_t 计算出来后，一般与所确定的基准投资回收期 P_c 进行比较，若 $P_t\leqslant P_c$，表明项目投资能在规定的时间内收回，则方案可以考虑接受；若 $P_t>P_c$，则方案是不可行的。

2）动态投资回收期。为了克服传统的静态投资回收期不考虑资金时间价值的缺点，可采用按基准收益率计算的动态投资回收期来分析。

动态投资回收期是把项目各年的净现金流量按基准收益率折成现值之后，再来推算投资回收期。动态投资回收期是累计净现金流量现值等于零时的年份。其计算表达式为

$$\sum_{t=0}^{P'_t}(CI-CO)_t(1+i_c)^{-t}=0 \tag{8-35}$$

式中　P'_t——动态投资回收期。

在实际应用中，根据项目现金流量表中的净现金流量，分别计算其各年现值，并对继续对各年现值累加，得出累计净现金流量现值，然后用下列公式计算

$$P'_t=T'-1+\frac{\left|\sum_{t=0}^{T'-1}(CI-CO)_t(P/F,i_c,t)\right|}{(CI-CO)_{T'}(P/F,i_c,T')} \tag{8-36}$$

式中　T'——累计净现金流量现值开始出现正值或零的年数。

若 $P'_t \leqslant P_c$（基准投资回收期）时，说明项目方案能在要求的时间内收回投资，项目方案是可行的；若 $P'_t > P_c$ 时，则项目方案不可行。

按静态分析计算的投资回收期较短，决策者可能认为财务上尚可以接受。但若考虑时间因素，用折现法计算出的动态投资回收期，要比用传统方法计算出的静态投资回收期长些，该方案未必能被接受。

在实际应用中，动态回收期由于与其他动态盈利能力指标相近，若给出的利率 i_c 恰好等于财务内部收益率 $FIRR$ 时，此时的动态投资回收期就等于项目方案的计算期 n。一般情况下，$P'_t<n$，则必有 $i_c<FIRR$。故动态投资回收期指标与 $FIRR$ 指标在方案评价方面是等价的。

投资回收期指标的优点是容易理解，计算也比较简便，项目投资回收期在一定程度上显示了资本的周转速度。回收期愈短，资本周转速度愈快，风险愈小。因此在项目财务评价中一般都要求计算静态投资回收期，以反映投资方案原始投资的补偿速度和项目投资的风险性。对于那些技术上更新迅速的项目、资金相当短缺的项目、未来的情况很难预测而投资者又特别关心资金补偿的项目等，采用投资回收期评价特别有实用意义。

但不足的是投资回收期（包括静态和动态投资回收期）没有全面地考虑投资方案整个计算期内现金流量，即只考虑了回收之前的效果，不能反映投资回收之后的情况，故无法准确衡量方案在整个计算期内的经济效果。所以，投资回收期作为方案选择和项目排队的评价准则是不可靠的，它只能作为辅助评价指标与其他评价指标结合应用。

【例 8-12】　某建设项目 6 年的现金流入与流出情况见表 8-11。已知基准收益率为 10%，标准投资回收期为 4 年，试计算该项目的财务净现值、财务内部收益率、静态投资回收期和动态投资回收期，并对项目的可行性予以评价。

表 8-11　　**某项目投资现金流量表**　　单位：万元

序号	项目	计算期						
		0	1	2	3	4	5	6
1	现金流入	0	0	450	550	550	550	600
2	现金流出	600	200	200	250	250	250	250

解 某项目投资现金流量计算表见表 8-12。

表 8-12 **某项目投资现金流量计算表** 单位：万元

序号	项目	计算期						
		0	1	2	3	4	5	6
1	现金流入	0	0	450	550	550	550	600
2	现金流出	600	200	200	250	250	250	250
3	净现金流量	−600	−200	250	300	300	300	350
4	累计净现金流量	−600	−800	−550	−250	50	400	750
5	10%的复利现值系数	1	0.909 1	0.826 4	0.751 3	0.683	0.620 9	0.564 6
6	净现金流量的现值	−600	−181.82	206.60	225.39	204.90	186.27	197.61
7	累计净现金流量的现值	−600	−781.82	−575.22	−349.83	−144.93	41.34	238.95

根据表中计算得到的该项目净现金流量的数据，可绘制其现金流量图如图 8-3 所示。

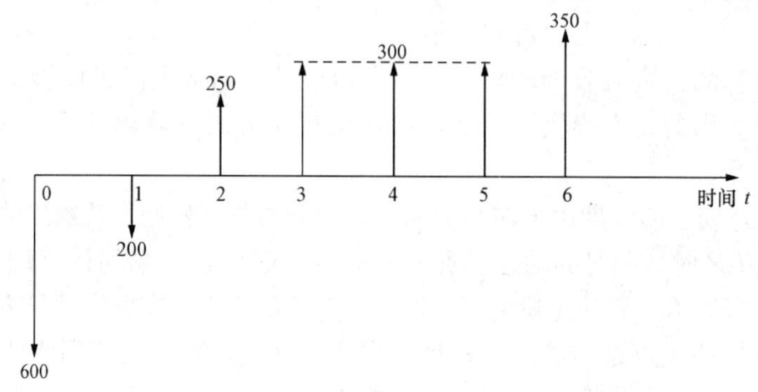

图 8-3 项目投资的现金流量图

1）项目的财务净现值为

$$FNPV=\sum_{t=0}^{n}(CI-CO)_t(1+i_c)^{-t}=238.95(\text{万元})$$

2）用试算插值法确定财务内部收益率 $FIRR$。设 $i_1=18\%$，则计算得 $FNPV_1=8.16$；设 $i_2=20\%$，则计算得 $FNPV_2=-36.99$，代入公式计算如下

$$FIRR\approx i_1+\frac{|FNPV_1|}{|FNPV_1|+|FNPV_2|}(i_2-i_1)$$

$$=18\%+\frac{8.16}{8.16+|-36.99|}\times(20\%-18\%)=18.36\%$$

3）静态投资回收期。

$$P_t=T-1+\frac{\left|\sum_{t=0}^{T-1}(CI-CO)_t\right|}{(CI-CO)_T}=4-1+\frac{|-250|}{300}=3.83(\text{年})$$

4）动态投资回收期。

$$P'_t=T'-1+\frac{\left|\sum_{t=0}^{T'-1}(CI-CO)_t(P/F,i_c,t)\right|}{(CI-CO)_{T'}(P/F,i_c,T')}=5-1+\frac{|-144.93|}{186.27}=4.79(\text{年})$$

由上计算看出，该项目的财务净现值 $FNPV>0$，财务内部收益率 $FIRR>i_c$，则该项目投资方案的在这两个指标上是可行的。静态投资回收期与标准 4 年比较也是可行的，而动态投资回收期就不可行了，因它可作为辅助评价指标，故综合来看，对前两个指标满意的话，该项目还是可行的。

（4）总投资收益率。总投资收益率表示总投资的盈利水平，是指项目达到设计能力后正常年份的年息税前利润或运营期内年平均息税前利润与项目总投资的比率，可按下式计算

$$ROI=\frac{EBIT}{TI}\times 100\% \tag{8-37}$$

式中　ROI——总投资收益率；

$EBIT$——项目正常年份的年息税前利润或运营期内年平均息税前利润；

TI——项目总投资（包括建设投资、建设期贷款利息和全部流动资金）。

公式中所需的数据可根据利润与利润分配表和投资估算表中的有关数据计算求得。总投资收益率高于同行业的收益率参考值，表明用总投资收益率表示的项目盈利能力能满足要求。

（5）项目资本金净利润率。项目资本金净利润率表示项目资本金的盈利水平，是指项目达到设计能力后正常年份的年净利润或运营期内年平均净利润与项目资本金的比率，可按下式计算

$$ROE=\frac{NP}{EC}\times 100\% \tag{8-38}$$

式中　ROE——项目资本金净利润率

NP——项目正常年份的年净利润或运营期内年平均净利润；

EC——项目资本金。

公式中所需的数据可根据利润与利润分配表和项目资本金现金流量表中的有关数据计算求得。项目资本金净利润率高于同行业的净利润率参考值，表明用项目资本金净利润率表示的项目盈利能力能满足要求。

【例 8-13】　已知某拟建项目资金投入和利润等数据见表 8-13。试计算该项目的总投资利润率和资本金利润率。

表 8-13　　某项目资金投入和利润表　　单位：万元

序号	项　目	计　算　期						
		0	1	2	3	4	5	6～9
1	建设投资							
1.1	自有资金部分	1200	340					
1.2	贷款本金		2000					
1.3	贷款利息（年利率 6%，投产后前 4 年等本偿还，利息照付）		60	123.6	92.7	61.8	30.9	
2	流动资金							
2.1	自有资金部分			300				
2.2	贷款			100	400			
2.3	贷款利息（年利率 4%）			4	20	20	20	20

续表

序号	项　目	计　算　期						
		0	1	2	3	4	5	6~9
3	所得税前利润			−50	550	590	620	650
4	所得税后利润（所得税率为25%）			−50	425.0	442.5	465.0	487.5

解　(1) 项目的总投资利润率

项目总投资：TI =建设投资+建设期贷款利息+全部流动资金

=1200+340+2000+60+300+100+400=4400（万元）

年平均息税前利润：EBIT =[(123.6+92.7+61.8+30.9+4+20×7)

+(−50+550+590+620+650×4)] ÷8

=（453+4310）÷8=595.4（万元）

总投资收益率：$ROI=\frac{EBIT}{TI}\times100\%=\frac{595.4}{4400}\times100\%=13.53\%$

(2) 计算资本金净利润率

项目资本金：EC=1200+340+300=1840（万元）

年平均利润：NP =（−50+425.0+442.5+465+487.5×4）÷8

=3232.5÷8=404.1（万元）

资本金净利润率：$ROE=\frac{NP}{EC}\times100\%=\frac{404.1}{1840}\times100\%=21.96\%$

总投资收益率、项目资本金净利润率指标都是反映投资收益的静态指标。其优点是经济意义明确、直观，计算简便，在一定程度上反映了投资效果的优劣，可适用于各种投资规模的方案比选。

但不足的是两个指标均没有考虑投资收益的资金时间价值；指标的计算主观随意性太强，正常生产年份的选择比较困难，其确定带有一定的不确定性和人为因素。因此，以投资收益率指标作为主要的决策依据不太可靠，一般作为项目盈利能力评价的辅助指标。其主要用在工程建设方案制定的早期阶段的评价，尤其适用于工艺简单而生产情况变化不大的工程建设方案的选择和投资经济效果的评价。

2. 偿债能力财务评价指标

为了满足债权人的要求，需要根据资产负债表、企业借款偿还计划表等报表的数据，计算合适的指标分析企业的偿债能力。偿债能力指标主要有利息备付率、偿债备付率、资产负债率等指标。

(1) 利息备付率。利息备付率也称已获利息倍数，是指项目在借款偿还期内的息税前利润与应付利息的比值。其计算公式为

$$ICR=\frac{EBIT}{PI} \tag{8-39}$$

式中　ICR——利息备付率；

$EBIT$——息税前利润（即利润总额与计入总成本费用的利息费用之和）；

PI——计入总成本费用的应付利息。

利息备付率应分年计算，利息备付率高，表明利息偿付的保障程度高。它从付息资金来

源的充裕性角度反映项目偿付债务利息的能力，表示使用项目税息前利润偿付利息的保证倍数。对于正常经营的项目，利息备付率应当大于1，并结合债权人的要求确定。参考国际经验和国内行业的具体情况，根据对我国企业历史统计数据的分析结果，一般情况下，利息备付率不宜低于2。

（2）偿债备付率。偿债备付率指项目在借款偿还期内，各年可用于还本付息的资金与当期应还本付息金额的比值。其计算公式为

$$DSCR=\frac{EBITDA-T_{AX}}{PD} \tag{8-40}$$

式中 $EBITDA$——息税前利润加折旧和摊销；

T_{AX}——企业所得税；

PD——应还本付息的金额，包括还本金额和计入总成本费用的全部利息。融资租赁费用可视同借款偿还。运营期内的短期借款本息也应纳入计算。

如果项目在运行期内有维持运营的投资，可用于还本付息的资金应扣除维持运营的投资。

偿债备付率应分年计算，偿债备付率高，表明可用于还本付息的资金保障程度高。偿债备付率表示可用于还本付息的资金偿还借款本息的保证倍数。偿债备付率正常情况应当大于1，并结合债权人的要求确定。当指标小于1时，表示当年资金来源不足以偿还当期债务，需要通过短期借款偿还已到期债务。参考国际经验和国内行业的具体情况，根据对我国企业历史统计数据的分析结果，一般情况下，偿债备付率不宜低于1.3。

【例8-14】 已知某企业借款偿还期为10年，其前4年各年有关数据如表8-14所示。计算该项目前4年的利息备付率和偿债备付率。

表8-14 **某项目投资的相关数据及计算表** 单位：万元

序号	项目	计算期			
		1	2	3	4
1	息税前利润（$EBIT$）	3440	19 850	36 490	40 210
2	付息（PI）	24 740	21 640	18 330	14 600
3	税前利润（1−2）	−21 300	−1790	18 160	25 610
4	所得税（T_{AX}）（3×所得税率25%）	0	0	0	5170
5	税后利润（3−4）	−21 300	−1790	18 160	20 440
6	折旧	34 100	34 100	34 100	34 100
7	摊销	14 180	14 180	14 180	14 180
8	还本	47 460	50 710	54 200	57 920
9	还本付息总额（PD=2+8）	72 200	72 350	72 530	72 520
10	还本付息资金来源总额（$EBITDA$=1+6+7）	51 720	68 130	82 970	88 490
11	利息备付率（1/2）	0.14	0.92	1.89	2.75
12	偿债备付率（(10−4)/9）	0.72	0.94	1.14	1.15

注 1. 每年付息额是年初整个公司的累计借款总额与相应的利率的乘积。

2. 在所得税的计算中，前两年亏损，不需要缴纳所得税。第三年的盈利不足以弥补以前年度亏损，第四年的利润弥补亏损后，剩余20 680万元，按25%的所得税税率，应缴纳所得税5170万元。

上述计算结果表明，本企业前两年的利息备付率均低于1，偿债备付率低于1，企业在前两年具有很大的还本付息压力，但到第3年后这种状况将得到好转。

(3) 资产负债率。资产负债率是指各期末负债总额对资产总额的比率，其计算公式为

$$LOAR=\frac{TL}{TA}\times 100\% \tag{8-41}$$

式中 $LOAR$——资产负债率；

TL——期末负债总额；

TA——期末资产总额。

适度的资产负债率，表明企业经营安全、稳健，具有较强的筹资能力，也表明企业和债权人的风险较小。对该指标的分析，应结合国家宏观经济状况、行业发展趋势、企业所处竞争环境等具体条件判定。项目财务评价中，在长期债务还清后，可不再计算资产负债率。

从企业所有者和经营者角度看，通常希望该指标高些，这样一方面有利于筹集资金扩大企业规模，另一方面有利于利用财务杠杆增加所有者的获利能力。但资产负债率过高，反过来又会影响企业的筹资能力。因此，一般地说，该指标为50%比较合适，有利于风险与收益的平衡；如果该指标大于100%，表明企业已经资不抵债，视为达到破产警戒线。

3. 财务生存能力分析

财务生存能力分析亦可称为资金平衡分析。财务生存能力分析应依据编制的财务计划现金流量表，通过考察项目计算期内的投资活动、融资活动和经营活动所产生的各项现金流入和流出，计算净现金流量和累计盈余资金，分析项目是否有足够的净现金流量维持正常运营，以实现财务的可持续性。

财务生存能力分析应结合偿债能力分析进行，如果拟安排的还款期过短，致使还本付息负担过重，导致为维持资金平衡必须筹借的短期借款过多，可以调整还款期，减轻各年还款负担。通常因运营期前期的还本付息负担较重，故应特别注重运营期前期的财务生存能力分析。

通过以下相辅相成的两个方面可具体判断项目的财务生存能力：

(1) 拥有足够的经营净现金流量是财务可持续的基本条件，特别是在运营初期。一个项目具有较大的经营净现金流量，说明项目方案比较合理，实现自身资金平衡的可能性大，不会过分依赖短期融资来维持运营；反之，一个项目不能产生足够的经营净现金流量或经营净现金流量为负值，说明维持项目正常运行会遇到财务上的困难，项目方案缺乏合理性，实现自身资金平衡的可能性小，有可能要靠短期融资来维持运营；或者是非经营项目本身无能力实现自身资金平衡，提示要靠政府补贴。

(2) 各年累计盈余资金不出现负值是财务生存的必要条件。在整个运营期间，允许个别年份的净现金流量出现负值，但不能容许任一年份的累计盈余资金出现负值。一旦出现负值时应适时进行短期融资，该短期融资应体现在财务计划现金流量表中，同时短期融资的利息也应纳入成本费用和其后的计算。较大的或较频繁的短期融资，有可能导致以后的累计盈余资金无法实现正值，致使项目难以持续运营。因此，为维持项目正常运营，还应分析短期借款的可靠性。

第三节　建设项目国民经济评价

任何项目都是以资源消耗为代价的，由于资源的有限性，且企业与国家是不同的利益主体，仅就财务评价的结论来看，可能对企业局部是有利的，但给国民经济的整体利益可能带来危害，且会浪费有限的资源。因此，在对项目进行财务评价的基础上，还需要对建设项目进行国民经济合理性分析，以实现资源的优化配置，促进国民经济的持续增长。

一、国民经济评价概述

1. 国民经济评价的概念

所谓国民经济评价是在合理配置社会资源的前提下，从国家经济整体利益的角度出发，计算项目对国民经济的贡献，分析项目的经济效率、效果和对社会的影响，评价项目在宏观经济上的合理性。

建设项目的国民经济评价最早可以追溯到资本主义社会初期。在 20 世纪 30 年代经济大萧条之前，资本主义国家政府奉行自由放任的经济学说，对建设项目的经济评价主要是财务评价。为了摆脱经济危机，美国政府采取了“罗斯福新政”，开始干预调控国家经济事务，比如大量增加公共开支，上马众多的公共工程项目等。由于这些项目是以宏观经济效益和社会效益为主，单纯采用财务评价无法反映项目的实际效益，故此国民经济评价开始得以运用，并取得了较好的效果。随着二战后各国政府管理公共事务经验的积累，国民经济评价得到了进一步的推广和应用。当前我国所采用的国民经济评价方法，是在参考联合国工业发展组织所提出《项目评价手册》的基础上，结合我国的实际情况，综合考虑了必要性和可行性，在具体手段上进行了简化处理的评价方法。

2. 国民经济评价的作用

建设项目的经济评价由传统的财务评价发展到国民经济评价，是一大飞跃，其重要作用主要体现在以下两个方面。

(1) 国民经济评价能够真实反映建设项目对国民经济的净贡献。我国和多数发展中国家一样，由于市场体系不健全等原因，致使价格体系产生较严重的扭曲和失真，不少商品的价格既不能反映价值，也不能反映供求关系。因此，按现行价格计算建设项目的投入与产出，不能正确反映项目对国民经济的影响。只有通过国民经济评价，运用能反映商品真实价值的影子价格来计算项目的费用与效益，才能真实反映建设项目对国民经济的净贡献，从而判断项目的建设对国民经济总目标的实现是否有利。

(2) 国民经济评价能够实现有限资源的合理优化与配置。对于一个国家来说，其用于发展的资源，如人才、资金、土地、自然资源等总是有限的，资源的稀缺与社会需求的增长之间存在着较大的矛盾，只有通过优化资源配置，使资源得到最佳利用，才能有效地促进国民经济的发展。而仅仅通过财务评价，是无法正确反映资源是否得到了有效利用的。通过国民经济评价，采用社会折现率、影子价格等统一的评价参数，能够使不同地区、不同行业的建设项目以统一的标准进行比对，从而达到从宏观上规范投资流向，引导国家有限的资源合理利用的目的。鼓励和促进那些对国民经济有正面影响的项目的发展，抑制和淘汰那些对国民经济有负面影响的项目。

3. 国民经济评价的内容

(1) 国民经济费用与效益的识别与处理。国民经济评价中的费用与效益和财务评价中的相比，其划分范围是不同的。国民经济评价以建设项目耗费国家资源的多少和项目给国民经济带来的收益来界定项目的费用与效益，只要是项目在客观上引起的费用与效益，包括间接产生的费用与效益，无论最终是由谁来支付和获取，都要视为该项目的费用与效益，而不仅仅是考察项目账面上直接显现的收支。因此，在国民经济评价中，需要对这些直接或间接的费用与效益分别加以识别、归类和处理。

(2) 影子价格的确定和基础数据的调整。前面讲到由于现行市场价格在大多数发展中国家不能真实反映其价值，是无法进行国民经济评价的。因此，只有采用通过对现行市场价格进行调整计算而获得的，能够反映资源真实经济价值和市场供求关系的影子价格，才能保证国民经济评价的科学性。因此需确定各项资源的影子价格，并对建设项目有关的各项基础数据都以影子价格进行调整，才能正确地计算出项目的国民经济费用与效益。

(3) 国民经济效果分析。根据所确定的各项国民经济费用与效益，结合社会折现率等相关经济参数，编制国民经济评价报表，计算工程项目的国民经济评价指标，从而得出工程项目是否具有经济合理性的结论。

4. 国民经济评价与财务评价的关系

对建设项目进行财务评价和国民经济评价是得到项目经济评价结论并作出正确决策的重要依据。企业的财务评价侧重于项目的盈利能力、偿债能力和财务生存能力评价，而国民经济评价则是侧重于国家经济资源的合理配置以及项目对整个国民经济的影响。财务评价是国民经济评价的基础，国民经济评价则是财务评价的深化。二者相辅相成，互为参考和补充，既有联系，又有区别。

(1) 财务评价和国民经济评价的共同点。

1) 评价目的相同。二者评价的目的都是追求以“最小投入获得最大产出”的原则寻求经济效益最好的项目。

2) 评价基础相同。二者都是项目可行性研究的组成部分，都要在完成项目的市场预测、方案构思、投资金额估算和资金筹措的基础上进行，评价的结论也都取决于项目本身的客观条件。

3) 评价指标相类似。二者都采用现金流量表等基本报表来计算净现值、内部收益率等经济指标，经济指标的含义基本相同。二者也都是从项目的成本与收益着手来评价项目的经济合理性以及项目建设的可行性。

(2) 财务评价与国民经济评价的区别：

1) 两者评价的立场和角度不同。财务评价是站在企业的立场，从项目的微观角度按照现行的财税制度去分析项目的盈利能力和贷款偿还能力，以判断项目是否具有财务上的生存能力；而国民经济评价则是站在国家整体的立场上，从国民经济综合平衡的宏观角度去分析项目对国民经济发展、国家资源配置等方面的影响，以考察投资行为的经济合理性。

2) 两者费用和效益的划分范围不同。财务评价根据项目的实际收支来计算项目的效益与费用，凡是项目的收入均计为效益，凡是项目的支出均计为费用，如工资、税金、利息都作为项目的费用，财政补贴则作为项目的效益；而国民经济评价则根据项目实际耗费的有用资源，以及项目向社会贡献的有用产品或服务来计算项目的费用与效益。在财务评价中作为费用的税金、国内借款利息及作为效益的财政补贴等，在国民经济评价中被视为国民经济内部转移支付。在财务评价中不计为费用或效益的环境污染、降低劳动强度等，在国民经济评价中则需计为间接费用或间接效益。

3）两者使用的价格体系不同。在分析项目的费用与效益时，财务评价使用的是以现行市场价格体系为基础的预测价格；国民经济评价使用的是对现行市场价格进行调整所得到的影子价格体系为基础的预测价格，影子价格能够更确切地反映资源的真实经济价值。

4）两者采用的主要参数不同。财务评价采用的汇率是官方汇率，折现率是因行业而各异的行业基准收益率；而国民经济评价采用的汇率是影子汇率，折现率是国家统一测定的社会折现率。

5）两者评价的组成内容不同。财务评价包括盈利能力分析、偿债能力分析和生存能力分析三方面的内容，而国民经济评价只包括盈利能力分析和外汇效果分析两方面的内容。

（3）建设项目评价的决策标准。

任何一项重大建设项目的不同建设阶段，特别是可行性研究阶段，都要进行财务评价和国民经济评价。当财务评价与国民经济评价的结论不一致时，我国一般以国民经济评价的结论为主来进行投资决策，国民经济评价起着主导和决定性的作用。具体而言，对一个建设项目，其取舍标准如下：

1）对于财务评价和国民经济评价结论都可行的建设项目，可予以通过。

2）对于财务评价和国民经济评价结论都不可行的建设项目，应予否定。

3）对于财务评价的结论认为可行，而国民经济评价结论不可行的建设项目，一般应予否定。

4）对于关系公共利益、国家安全和市场不能有效配置资源的经济和社会发展的项目，如果国民经济评价的结论可行，但财务评价的结论不可行，应重新考虑方案，必要时可提出经济优惠措施的建议，使项目具有财务生存能力。

二、国民经济评价中费用与效益的识别

1. 经济费用效益的涵义

项目的国民经济评价，一般采用经济费用效益分析方法或费用效果分析方法。经济费用效益分析是从资源合理配置的角度，分析项目投资的经济效率和对社会福利所做出的贡献，评价项目的经济合理性。费用效果分析是通过比较项目预期的效果与所支付的费用，判断项目的费用有效性或经济合理性。效果难于或不能货币化，或货币化的效果不是项目目标的主体时，在经济评价中应采用费用效果分析法。而效果和耗费均用货币计量的就称为费用效益分析。限于篇幅，这里重点介绍经济费用效益分析方法。

经济费用效益分析是市场经济体制下政府对公共项目进行分析评价的重要方法，是市场经济国家政府部门干预投资活动的重要手段。对于财务价格扭曲，不能真实反映项目产出的经济价值，财务成本不能包含项目对资源的全部消耗，财务效益不能包含项目产出的全部经济效果的项目，需要进行经济费用效益分析。应做经济费用效益分析项目主要有：具有垄断特征的项目、产出具有公共产品特征的项目、外部效果显著的项目、资源开发项目、涉及国家经济安全的项目、受过度行政干预的项目等。

经济费用效益分析的核心是通过比较各种备选方案的全部预期效益和全部预计费用的现值来评价这些备选方案，并以此作为决策的参考依据。项目的效益是项目对国民经济所作的

贡献，分为直接效益和间接效益；而项目的费用则是国民经济为项目付出的代价，或者说是对项目的损失，分为直接费用和间接费用。

但应注意的是，建设项目的效益和费用是两个相对的概念，都是针对特定的目标而言的。在项目的财务评价中，由于项目可视为一个相对独立的封闭系统，货币在这一系统的流入和流出容易识别，且大都可以从相应的会计核算科目中找到答案。因此在财务评价中，费用和效益识别的重要性未能充分表现出来。在项目的国民经济评价中，费用和效益的划分与财务评价相比已有了质的变化，通常识别起来是比较困难的。

2. 经济费用效益的识别原则

正确地识别费用与效益，是保证国民经济评价正确的前提。费用与效益的识别原则为：

(1) 遵循“有无对比”增量分析原则。项目经济费用效益分析应按照“有无对比”的原则，通过项目的实施效果与无项目情况下可能发生的情况进行对比分析，作为计算机会成本或增量效益的依据。“有无对比”增量分析应建立在增量效益和增量费用识别和计算的基础之上，不应考虑沉没成本和已实现的效益。

(2) 考虑关联效果原则。对项目所涉及的所有成员及群体的费用和效益做全面分析，并应考虑项目投资可能产生的其他关联效应。应正确识别正面和负面外部效果，防止误算、漏算或重复计算。

(3) 合理确定时空范围原则。项目费用与效益识别的时间范围应足以包含项目所产生的全部重要费用和效益的期间，而不应仅根据有关财务核算规定确定。如财务分析的计算期可根据投资各方的合作期进行计算，而经济费用效益分析不受此限制。分析时应以本国居民作为分析对象，对于跨越国界，对本国之外的其他社会成员产生影响的项目，应重点分析对本国公民新增的效益和费用。项目对本国以外的社会群体所产生效果，应进行单独陈述。

(4) 剔除转移支付原则。转移支付代表购买力的转移行为，接受转移支付的一方所获得的效益与付出方所产生的费用相等，转移支付行为本身没有导致新增资源的发生。在经济费用效益分析中，税赋、补贴、借款和利息属于转移支付。一般在进行经济费用效益分析时，不得再计算转移支付的影响。

3. 直接效益和直接费用的识别

(1) 直接效益。建设项目的直接效益是项目产出物自身直接增加销售量和劳动量所获得的效益。建设项目直接效益可分三种情况确定。

1) 项目的产出物或服务增加国内市场供应量，满足国内需求产生的效益。

2) 项目产出物顶替原有项目的生产，致使原有项目减停产而向社会释放出来的资源价值即为项目的效益。

3) 在国内市场总供应量不变的情况下，项目产出物增加出口所获得的外汇或项目产出物替代进口所节约的外汇即为项目的效益。

(2) 直接费用。建设项目的直接费用是国家为项目的建设和生产经营而投入的各种资源(固定资产投资、流动资金以及经常性投入等)的经济价值。建设项目直接费用也可分三种情况确定。

1) 项目所需投入物来自国内供应量增加所耗用的资源价值(即依靠增加国内生产来满足该项目的需求)即为项目的费用。

2) 项目的投入物致使本应用于其他项目的资源投入减少而减少的效益(即依靠减少对

其他项目的投入来满足该项目的需求）即为项目的费用。

3）在国内市场总供应量不变的情况下，项目的投入物依靠从国际市场进口满足需求所花费的外汇或项目的投入物为可出口的资源而减少的外汇收入（即依靠减少出口来满足该项目的需求）即为项目的费用。

4. 间接效益和间接费用的识别

(1) 间接效益和间接费用。间接效益又称外部效益，是指项目直接效益中没有体现而对国民经济作出贡献的那部分效益。如果农栽种果树，客观上使养蜂者得益，这部分效益即为果农生产的间接效益。

间接费用又称外部费用，是指项目直接费用中没有实际支付而国民经济却付出了代价的那部分费用。如建设项目给周围环境带来的废气、废水、废渣及噪声污染等即为间接费用。但如果该项目在可行性研究报告中提出污染物的治理措施并实现达标排放，且这部分费用已计入建设项目投资中，通常不再列入间接费用。

建设项目的间接效益和间接费用又统称为外部效果。

(2) 计算外部效果的条件。

1）相关性条件。相关性条件是指建设项目的经济活动会影响到与本项目没有直接关系的其他生产者和消费者的生产水平或消费质量。

2）不计价条件。不计价条件是指这种效果不计价或无须补偿。

(3) 外部效果的计算范围。

1）环境及生态影响效果。建设项目对自然环境及生态造成的污染和破坏是项目的间接费用，对其定量计算一般比较困难，可按同类企业所造成的损失或者按恢复环境质量所付的代价来近似估算，若难以定量计算则应作定性说明。相反，某些建设项目对环境产生的积极的或好的影响，比如环境治理项目，则在国民经济评价中应估算其相应的间接效益。

2）价格影响效果。若项目的产出物只是增加了国内市场的供应量，导致产品的市场价格下跌，可使产品的消费者获得降价的好处，但这种好处只是将原生产商减少的收益转移给了产品的消费者而已，对于整个国民经济而言，效益并未改变，因此消费者得到的收益并不能计为该项目的间接收益。若项目的产出物大量出口，导致国内同类产品的出口价格下跌，则由此造成的外汇收益的减少，应计为该项目的间接费用。

3）产业关联效果。产业关联效果可以包括相邻效果和乘数效果。

相邻效果是指由于项目的实施而给上游企业（为该项目提供原材料和半成品的企业）和下游企业（使用该项目的产出物作为原材料和半成品的企业）带来的辐射效果。这种效果无论是正面的还是负面的，实践中注意不应估计过大，因为大多数情况下，这种效果可以在项目投入物和产出物的影子价格中得到体现。只有在某些特殊情况下，间接影响难于在影子价格中反映时，才需要作为项目的外部效果计算。

乘数效果是指由于项目的实施而使与该项目相关的产业部门的闲置资源得到有效利用，进而产生一系列的连锁反应，带动某一行业、地区或全国的经济发展所带来的外部净效益。一般情况下，乘数效果不能连续扩展计算，只需计算一次相关效果即可。

4）技术扩散效果。建设一个具有先进技术的项目，由于人才流动、技术推广和扩散等原因，使得整个社会都将受益。但这类间接效益通常难以识别和定量计算，因此在国民经济评价中一般只作定性说明。

(4) 外部效果的处理方法。外部效果的计算，通常是比较困难的。为了减少计算上的困难，通常可用下列方法处理。

1) 可以适当地扩大项目的计算范围使外部效果内部化。扩大项目的范围是将一些相互关联的项目合并在一起作为“项目群”进行评价，从而使一些间接费用和间接效益转化为直接费用和直接效益。

2) 可以适当地调整价格。在用影子价格计算项目的效益和费用时，在一定程度上使项目的外部效果在项目内部得到体现。

必须注意的是，在国民经济评价中，既要充分考虑项目的外部效果，也要防止外部效果扩大化，尤其注意不能重复计算。对无法量化的外部效果，应进行定性分析。

5. 转移支付的处理

建设项目的有些财务收入和支出，从国民经济看，并没有造成资源的实际增加或减少，而是国民经济内部的转移支付。因此，在国民经济评价中，转移支付是不能计为建设项目的费用或效益。转移支付包括：项目向政府缴纳的税赋、政府给予项目的补贴、项目向国内银行等金融机构支付的贷款利息和获得的存款利息等。

(1) 税金。税金在财务评价中是建设项目的一种费用。但从国民经济整体来看，纳税只是企业将这部分资金的使用权转移到了国家手里，形成国民收入分配的重要来源。因此，税金只是一种转移支付，不能计入国民经济评价中的费用或效益。

(2) 补贴。补贴是一种货币流动方向与税收相反的转移支付，包括价格补贴、出口补贴等。补贴虽然使建设项目的财务收益增加，但同时也使国家财政收入减少，实质上仍然是国民经济中不同实体之间的货币转移。因此，国家给予的各种形式的补贴，都不能计为国民经济评价中的费用或效益。

(3) 利息。利息是利润的一种转化形式，是客户与银行之间的一种资金转移，从国民经济整体来看，并不会导致资源的增减，因此也不能计为国民经济评价中的费用或效益。

(4) 折旧。折旧是会计意义上的生产费用要素，是从收益中提取的部分资金，与实际资源的耗用无关。因为在经济分析时已将固定资产投资所耗用的资源视为项目的投资费用，而折旧无非是投资形成的固定资产在再生产过程中价值转移的一种方式而已。故此不能将折旧计为国民经济评价中的费用或效益，否则就是重复计算。

三、影子价格的确定

1. 影子价格的含义

影子价格是指社会处于某种最优状态下，能够反映社会劳动消耗、资源稀缺程度和最终产品需求状况的价格。影子价格是社会对货物真实价值的度量，只有在完善的市场条件下才会出现。然而这种完善的市场条件是不存在的，因此现成的影子价格也是不存在的。国民经济评价虽然不能简单地采用市场价格，但是现实经济中的市场价格毕竟是对资源价值的一种估价，而且这种价格信息又是大量存在于现实经济之中，所以获得影子价格的基本途径是以市场价格为起点，将市场价格调整为影子价格。

在确定某种货物的影子价格之前，应先区分该货物的类型。根据我国《建设项目经济评价方法与参数》(第三版) 的规定，依据项目投入物和产出物类型，可将货物分为外贸货物、非外贸货物和特殊投入物，并采用不同的思路确定其影子价格。

外贸货物是指其生产或使用直接影响国家进出口的货物。一般包括：项目产出物中直接出口的货物，间接出口的货物，替代进口的货物；项目投入物中直接进口的货物，间接进口的货物，占用原可用于出口的货物。

非外贸货物是指其生产或使用不影响国家进出口的货物。一般包括：天然非外贸货物，如国内建筑施工、国内运输、商业和其他国内服务等；还包括非天然非外贸货物，是指由于地理位置所限而使国内运费过高不能进行外贸的货物以及受国内外贸易政策和其他条件限制而不能进行外贸的货物。

特殊投入物一般指劳动力、自然资源和土地的投入。

2. 具有市场价格的货物影子价格的确定

(1) 外贸货物影子价格的确定。外贸货物影子价格的确定，是以实际将要发生的口岸价格为基础，按照项目各项产出和投入对国民经济的影响，根据口岸、项目所在地、投入物的国内产地、项目产出物的主要市场所在地以及交通运输条件的差异，对流通领域的费用支出进行调整而分别制定的。对于项目产出物，确定的是出厂影子价格；而对于项目投入物，确定的是到厂影子价格。

1）产出物影子价格。

①直接出口货物影子价格。直接出口货物影子价格等于离岸价格（出口货物运抵我国出口口岸交货的价格）减去国内运输费用和贸易费用，用计算公式表示为

$$SP = FOB \times SER - (T_1 + T_{R1}) \tag{8-42}$$

式中　SP——影子价格；

FOB——离岸价格；

SER——影子汇率；

T_1——国内运输费用；

T_{R1}——国内贸易费用。

②间接出口货物的影子价格。间接出口是指拟建项目的产出物顶替原供应厂的同类货物在国内销售，使原供应厂的货物增加出口。间接出口货物的影子价格等于离岸价格减去原供应厂到口岸的运输费用和贸易费用，加上原供应厂到用户的运输费用和贸易费用，再减去拟建项目到用户的运输费用和贸易费用，用计算公式表示为

$$SP = FOB \times SER - (T_2 + T_{R2}) + (T_3 + T_{R3}) - (T_4 + T_{R4}) \tag{8-43}$$

式中　T_2、T_{R2}——原供应厂到口岸的运输费用和贸易费用；

T_3、T_{R3}——原供应厂到用户的运输费用和贸易费用；

T_4、T_{R4}——拟建项目到用户的运输费用和贸易费用。

当原供应厂和用户难以确定时，可按直接出口计算。

③替代进口货物的影子价格。替代进口是指项目的产出物顶替原进口在国内销售。替代进口货物的影子价格等于到岸价格（进口货物到达本国口岸的价格，包括货物的国外购买费用、运输到本国口岸的费用和保险费用）减去拟建项目到用户的运输费用及贸易费用，再加上口岸到原用户的运输费用和贸易费用，用计算公式表示为

$$SP = CIF \times SER - (T_4 + T_{R4}) + (T_5 + T_{R5}) \tag{8-44}$$

式中　CIF——进口货物的到岸价格；

T_5，T_{R5}——口岸到用户的运输费用和贸易费用。

当具体用户难以确定时，可只按到岸价格计算。

2）投入物的影子价格。

①直接进口投入物的影子价格。直接进口投入物的影子价格等于到岸价格加国内运输费用和贸易费用，用计算公式表示为

$$SP = CIF \times SER + (T_1 + T_{R1}) \tag{8-45}$$

②间接进口投入物的影子价格。间接进口是指拟建项目挤占原供应厂使用国内投入物，使原供应厂进口增加。间接进口投入物的影子价格等于到岸价格加上口岸到原用户的运输费用和贸易费用，减去供应厂到原用户的运输费用和贸易费用，加上供应厂到拟建项目的运输费用和贸易费用，用计算公式表示为

$$SP = CIF \times SER + (T_5 + T_{R5}) - (T_3 + R_{R3}) + (T_6 + T_{R6}) \tag{8-46}$$

式中 T_6，T_{R6}——供应厂到拟建项目的运输费用和贸易费用。

当原供应厂和用户难以确定时，可按直接进口计算。

③减少出口投入物的影子价格。减少出口是指拟建项目的投入物系国内生产，由于其使用减少了该种产品的出口。减少出口投入物的影子价格等于离岸价格减去原供应厂到口岸的运输费用和贸易费用，再加上供应厂到拟建项目的运输费用和贸易费用，用计算公式表示为

$$SP = FOB \times SER - (T_2 + T_{R2}) + (T_6 + R_{R6}) \tag{8-47}$$

（2）非外贸货物影子价格的确定。

1）产出物的影子价格。

①增加供应数量，满足国内消费的项目产出物影子价格。若国内市场供求均衡，应采用市场价格定价；若国内市场供不应求，应参照国内市场价格并考虑价格变化的趋势定价，但不应高于质量相同的同类产品的进口价格；对于无法判断供求情况的，则取以上价格中较低者。

②不增加国内市场供应数量，只是替代其他生产企业的产出物，使其减产或停产的项目产出物影子价格。若质量与被替代产品相同，应按被替代产品的可变成本分解定价；若产品质量有所提高的，应按被替代产品的可变成本加上因产品质量提高而带来的国民经济效益，可近似地按国际市场价格与被替代产品价格之差来确定定价，也可按国内市场价格定价。

③占国内市场份额较大，项目建成后会导致市场价格下跌的项目产出物影子价格。项目的实施足以影响其市场价格，导致“有项目”与“无项目”两种情况下市场价格不一致，可按照项目建成前的市场价格和建成后的市场价格的平均值定价。

2）投入物的影子价格。

①能通过原有企业挖潜，无须增加投资而增加供应的投入物影子价格，按分解成本（通常仅分解可变成本）定价。

②需要通过增加投资扩大生产规模以满足拟建项目需求的投入物影子价格，按分解成本（包括固定成本分解和可变成本分解）定价。当难以获得分解成本所需资料时，可参照国内市场价格定价。

③项目计算期内无法通过扩大生产规模来增加供应量的投入物影子价格（减少原用户供应量），取国内市场价格、国家统一价格加补贴、协议价格中较高者定价。

成本分解法是确定主要非外贸货物影子价格的常用方法，其做法简述如下：首先将货物的成本逐一分解，并按成本构成性质进行分类；再分别按照其影子价格的确定方法定价；最后将分解后经重新调整所得的成本汇总，即得该货物的影子价格。

3. 不具有市场价格的货物影子价格的确定

如果项目的产出效果不具有市场价格，应遵循消费者支付意愿或接受补偿意愿的原则，按下列方法测算其影子价格。

(1) 按照消费者支付意愿的原则，通过其他相关市场价格信号，按照“显示偏好”的方法，寻找揭示这些影响的隐含价值，间接估算产出效果的影子价格。

(2) 根据意愿调查评估法，按照“陈述偏好”的原则进行间接估算。一般通过对被评估者的直接调查，直接评价调查对象的支付意愿或接受补偿的意愿，从中推断出项目影响效果的影子价格。

4. 特殊投入物影子价格的确定

所谓特殊投入物，一般是指项目在建设和生产经营中使用的劳动力和土地。

(1) 劳动力的影子价格。在大多数国家中，由于传统的、社会的、或经济的原因，劳动者的货币工资常常偏离竞争性劳动市场所决定的工资水平，不能真实地反映单位劳动的边际产品价值，因而产生了劳动力市场供求失衡问题。因此，对建设项目进行国民经济评价，就不能简单地把项目中的货币工资支付直接视为该项目的劳动力成本，而要通过劳动力的影子价格对此劳动力成本进行必要的调整。

劳动力的影子价格即影子工资，是指由于建设项目使用劳动力、耗费劳动力资源而使社会付出的代价，由劳动力的机会成本与因劳动力转移而引起的新增资源耗费两部分组成，计算公式为

$$劳动力的影子价格 = 劳动力的机会成本 + 新增资源消耗 \quad (8-48)$$

1) 劳动力机会成本。劳动力机会成本是指劳动力由于在本项目被使用，而不能在其他项目中使用而被迫放弃的劳动收益。劳动力机会成本的计算一般应根据项目所在地的人力资源市场及劳动力就业状况，按下列原则进行分析确定：

①过去受雇于别处，由于本项目的实施而转移过来的人员，其影子工资应是其放弃过去就业机会的工资（含工资性福利）及支付的税金之和。

②对于自愿失业人员，影子工资应等于本项目的使用所支付的税后净工资额，以反映边际工人投入到劳动力市场所必须支付的金额。

③非自愿失业劳动力的影子工资应反映他们为了工作而放弃休闲愿意接受的最低工资金额，其数值应低于本项目的使用所支付的税后净工资并大于支付的最低生活保障收入。当缺少信息，可以按非自愿失业人员接受的最低生活保障收入和税后净工资率的平均值近似测算。

2) 新增资源耗费。新增资源耗费是指劳动力在本项目新就业或由其他就业岗位转移到本项目而发生的社会资源消耗，这些资源的消耗并没有提高劳动者的生活水平。如交通运输费用、城市管理费用、培训费用等，在分析中应根据劳动力就业的转移成本测算。

在国民经济评价中，影子工资可通过影子工资换算系数得到。影子工资换算系数系指影子工资与项目财务分析中的劳动力工资之间的比值，影子工资可按下式计算

$$影子工资 = 财务工资 \times 影子工资换算系数 \quad (8-49)$$

影子工资转换系数是由国家相关部门根据国家劳动力的状况、结构以及就业水平等综合因素统一测定和发布的。在 1993 年发布的《建设项目经济评价方法与参数》(第二版) 中规定，影子工资换算系数为 1，对于在建设期内大量使用民工的项目，其民工的影子工资换算

系数为0.5。2006年发布的《建设项目经济评价方法与参数》(第三版)中对影子工资的测算，在分类方式上做了改动，采用技术与非技术劳动力的分类方式，分别测算其劳动力影子价格的推荐取值。

对于技术劳动力的工资报酬一般可由市场供求决定，即影子工资一般可以财务实际支付工资计算，即影子工资换算系数为1。对于非技术劳动力，根据我国非技术劳动力就业状况，其影子工资换算系数一般取为0.25～0.8。具体可根据当地的非技术劳动力供求状况确定，非技术劳动力较为富余的地区可取较低值，不太富余的地区可取较高值，中间状况可取0.5。

(2) 土地的影子价格。土地是重要的经济资源，国家的土地资源是有限的，国家对建设项目使用土地实行政府管制，土地使用价格受到土地管制的影响，可能并不能反映土地的真实价值。因此，建设项目的经济评价中应当正确地估计土地资源的价值。土地影子价格代表对土地资源的真实价值衡量，在项目的国民经济评价中要正确衡量土地资源的影子价格，提高土地资源的利用效率。

土地的影子价格，是指因建设项目使用土地资源而使社会付出的代价。在建设项目国民经济评价中以土地的影子价格计算土地费用。一般而言，土地的影子价格包括两个部分：土地的机会成本，即因土地用于拟建项目而使其不能用于国民经济其他“最佳替代用途”所放弃的净效益；土地改变用途而发生的新增社会资源消耗，包括拆迁补偿费、农民安置补助费等。土地的影子价格计算公式为

$$\text{土地影子价格} = \text{土地的机会成本} + \text{新增资源消耗} \tag{8-50}$$

土地的机会成本应按照社会对这些生产用地未来可以提供的消费产品的支付意愿价格进行分析计算，一般按照项目占用土地在“无项目”情况下的“最佳可行替代用途”的生产性产出的净效益现值进行计算。新增资源耗费应按照在“有项目”情况下土地的征用造成原有地上附属物财产的损失及其他资源耗费来计算。土地平整等开发成本应计入工程建设成本中，在土地经济成本估算中不再重复计算。

在项目的国民经济评价中，占用土地的机会成本和新增资源消耗应当充分估计。项目占用的土地位于城镇与农村，具有不同的机会成本和新增资源消耗构成，要采取不同的估算方法。

1) 城镇土地影子价格的确定。国家实行土地出让制度，建设项目从国家取得出让土地使用权。城镇出让土地采取三种方式：协议出让、公开招标或拍卖，三种出让方式形成了三种土地出让价格，即：协议价格、招标价格和拍卖价格。建设项目获得土地的财务费用因土地获得方式的不同而不同，但对于同一块土地，其在国民经济评价中的影子价格却是唯一的。因此土地影子价格应根据项目占用土地所处地理位置、项目情况以及取得方式的不同分别确定，具体应符合下列规定：

①通过招标、拍卖和挂牌出让方式取得使用权的国有土地，其影子价格应按财务价格计算。

②通过划拨、双方协议方式取得使用权的土地，应分析价格优惠或扭曲情况，参照公平市场交易价格，对价格进行调整。

③经济开发区优惠出让使用权的国有土地，其影子价格应参照当地土地市场交易价格类比确定。当难以用市场交易价格类比方法确定土地影子价格时，可采用收益现值法或以开发

投资应得收益加土地开发成本确定。当采用收益现值法确定土地影子价格时，应以社会折现率对土地的未来收益及费用进行折现。

2）农村土地影子价格的确定。项目使用的农村土地，一般是来自政府征用的农村农民集体所有的土地。政府征用农民的土地，被征用土地的农民失去土地，需要由政府重新安置，安置新的居住房屋，安排新的就业，使农民获得新的生活资料来源。政府征用农民土地，要向农民支付征地补偿费用，包括：耕地补偿费、青苗补偿费、地上建筑物补偿费、安置补助费等。这些征地补偿费，通常全部或者部分由项目建设方向政府交付。除此之外，项目建设方还要向政府缴纳征地管理费、耕地占用税、耕地开垦费、土地管理费、土地开发费等其他费用。

建设项目如需占用农村土地，以土地征用费调整计算土地影子价格。具体应符合下列规定。

①项目占用农村土地，土地征收补偿费中的土地补偿费及青苗补偿费应视为土地机会成本；地上附着物补偿费及安置补助费应视为新增资源消耗；征地管理费、耕地占用税、耕地开垦费、土地管理费、土地开发费等其他费用应视为转移支付，不列为费用。

②土地补偿费、青苗补偿费、安置补助费的确定，如与农民进行了充分的协商，能够充分保证农民的应得利益，土地影子价格可按土地征收补偿费中的相关费用确定；如果存在征地费用优惠，或在征地过程中缺乏充分协商，导致土地征收补偿费低于市场定价，不能充分保证农民利益，土地影子价格应参照当地正常土地征收补偿费标准进行调整；如果项目建设方支付给政府的土地补偿费、青苗补偿费、安置补助费等没有全部覆盖政府实际支付的补偿费用，政府另外以货币或非货币形式对农民进行补偿，则相应的土地影子价格应当根据政府的额外补偿逆行调整。

四、国民经济评价其他参数

国民经济评价参数包括计算、衡量项目的经济费用效益的各类计算参数和判定项目经济合理性的判据参数，包括社会折现率、影子汇率换算系数、影子工资换算系数和土地影子价格等。上面已讲过的影子工资换算系数和土地影子价格等在各类建设项目的国民经济评价中可参考选用。国家行政主管部门统一测定并发布的社会折现率和影子汇率换算系数（口岸价综合转换系数）等，在各类建设项目的国民经济评价中必须采用。

1. 社会折现率

（1）社会折现率的涵义和作用。社会折现率系指建设项目国民经济评价中衡量经济内部收益率的基准值，也是计算项目经济净现值的折现率，是项目经济可行性和方案比选的主要判据。

项目的国民经济评价，采用费用效益分析方法或者费用效果分析方法。在费用效益分析方法中，主要采用动态计算方法，计算经济净现值或者经济内部收益率指标。在计算项目的经济净现值指标时，需要使用一个事先确定的折现率。在使用经济内部收益率指标时，需要用一个事先确定的基准收益率做对比，以判定项目的经济效益是否达到了标准。通常将经济净现值计算中的折现率和经济内部收益率判据的基准收益率统一起来，规定为社会折现率。因此，社会折现率在项目国民经济评价中具有双重职能。

1）作为项目费用效益不同时间价值之间的折算率。社会折现率反映了对于社会费用效益价值的时间偏好。社会费用或效益的时间偏好代表人们对于现在的社会价值与未来价值之间的权衡。社会费用效益的时间偏好在一定程度上受到社会经济增长的影响，但并非完全由经济增长所决定，而经济增长也并不是完全由社会投资所带来的。

2）作为项目经济效益要求的最低经济收益率。社会折现率代表着社会投资所要求的最低收益率水平。项目投资产生的社会收益率如果达不到这一最低水平，项目不应当被接受。社会投资所要求的最低收益率，理论上认为应当由社会投资的机会成本决定，也就是由社会投资的边际收益率决定。

由社会资本投资的机会成本所决定的社会折现率，并不一定会等于由社会时间偏好所决定的社会折现率。一般认为，社会时间偏好率应当低于社会资本投资机会成本。由于这种偏差的存在，由于社会折现率在项目国民经济评价中的这种双重作用，使得评价结果不可避免地存在一定的偏差。这是评价方法本身的局限性所决定的。

社会折现率取值在项目国民经济评价中的作用体现在以下几个方面：

1）作为基准收益率，社会折现率的取值高低直接影响项目经济可行性的判断结果。社会折现率如果取值过低，将会使得一些经济效益不好的项目投资得以通过，经济评价不能起到应有的作用；社会折现率取值提高，会使一部分本来可以通过评价的项目因达不到判别标准而被舍弃，从而间接起到调控投资规模的作用。

2）在项目的选优和方案比选中，社会折现率的取值高低会影响比选的结果。较高的取值，将会使远期收益在折算为现值时发生较高的折减，因此有利于社会效益产生在近期并在远期有比较高的社会成本的方案和项目入选，而社会效益主要产生在远期的项目被淘汰。这可能会导致对评价结果的误导。比如对生态环境造成破坏的项目，高折现率将未来环境污染的成本负担折减计算，使项目目前入选。

在实践中，国家根据宏观调控意图和现实经济状况，制定发布统一的社会折现率，以利于统一评价标准，避免参数选择的随意性。项目评价人员应当充分理解社会折现率在项目国民经济评价中的作用，理解社会折现率取值对评价结果的影响，避免对评价结果的误导。

（2）社会折现率测定原则。社会折现率应根据国家的社会经济发展目标、发展战略、发展优先顺序、发展水平、宏观调控意图、社会成员的费用效益时间偏好、社会投资收益水平、资金供给状况、资金机会成本等因素综合测定。

《建设项目经济评价方法与参数》（第三版）公布的社会折现率取值，是以资本的社会机会成本与费用效益的时间偏好率二者为基础进行测算的结果。在项目评价中，社会折现率既代表了资金的机会成本，也是不同年份之间费用效益的折算率。理论上，如果社会资源供求在最优状态平衡，资金的机会成本应当等于不同年份之间的折算率，但在现实经济中，社会投资资金总是表现出一定的短缺，资金的机会成本总是高于不同年份之间的费用效益折算率。同时，由于投资风险的存在，资本投资所要求的收益率总是要高于不同年份折算率。因此，按照资金机会成本原则确定的社会折现率总是高于按照费用效益的时间偏好率原则确定的数值。

（3）现阶段我国社会折现率的取值。1987 年发布的《建设项目经济评价方法与参数》（第一版）中规定，社会折现率为 10%。1993 年发布的《建设项目经济评价方法与参数》（第二版）中规定，社会折现率为 12%。根据本参数需考虑的主要因素并结合当前的实际情况，经过专题研究和测算，2006 年国家发改委和建设部联合发布的《建设项目经济评价方法与参数》（第三版）中规定社会折现率为 8%。对于受益期长的建设项目，如果远期效益较大，效益实现的风险较小，社会折现率可适当降低，但不应低于6%。本次社会折现率的取值，没有采用不同行业使用不同社会折现率的方案。但对于远期收益较大的项目，允许对远期效益计算采取较低的折现率。

对于不同类型的具体项目，应当视项目性质采取不同的社会折现率，比如，对于交通运输项目的社会折现率要比水利工程项目高。对于一些特殊的项目，主要是水利工程、环境改良工程、某些稀缺资源的开发利用项目，采取较低的社会折现率，可能会有利于项目的选优和方案优化。

对于永久性工程或者受益期超长的项目，比如水利设施等大型基础设施和具有长远环境保护效益的工程项目，宜采用低于8%的社会折现率。因为水利及环境的远期效益价值本身是我们在目前的认识水平下难于判断的，从资源的稀缺性考虑，水利资源和环境资源的价值是会随着时间的推移不断增长的，某些不可再生资源，其价值增长速度甚至会高于国民经济增长的速度。因此，超长期以后的费用和效益的现值计算，不应当仅仅由社会折现率来调整，而更应当着眼于对费用效益价值本身的估算。对于超长期项目，社会折现率可用按时间分段递减的取值方法。

发达国家近年来有将社会折现率取值降低的趋势。较早年份制定的社会折现率较高，近年修订的折现率较低。世界银行、亚洲开发银行等国际组织为发展中国家使用的社会折现率较高，发展中国家制定的社会折现率也较高。可以这样认为，我国目前属于较先进的发展中国家。

2. 影子汇率

(1) 影子汇率的涵义与作用。影子汇率系指能正确反映国家外汇经济价值的汇率。建设项目国民经济评价中，项目的产出物出口和投入物进口，应采用影子汇率换算系数调整计算进出口外汇收支的价值。

一般发展中国家都存在着外汇短缺的问题，政府在不同程度上实行外汇管制和外贸管制，外汇不允许自由兑换，在此情形下，官方汇率往往不能真实地反映外汇的价值。因此，在建设项目的国民经济评价中，为了消除用官方汇率度量外汇价值所导致的误差，有必要采用一种更合理的汇率，也就是影子汇率，来使外贸品和非外贸品之间建立一种合理的价格转换关系，使二者具有统一的度量标准。影子汇率是单位外汇的经济价值，区分于外汇的财务价格和市场价格。在项目国民经济评价中使用影子汇率，是为了正确计算外汇的真实经济价值，影子汇率代表着外汇的影子价格。

影子汇率是一个重要的国家经济参数，它体现了从国民经济角度对外汇价值的估量，在工程项目的国民经济评价中除了用于外汇与本国货币之间的换算外，还是经济换汇和经济节汇成本的判据。国家可以利用影子汇率作为经济杠杆来影响项目方案的选择和项目的取舍。比如某项目的投入物可以使用进口设备，也可以使用国产设备，当影子汇率较高时，就有利于后一种方案；再比如对于主要产出物为外贸货物的工程项目，当影子汇率较高时，将有利于项目获得批准实施。

(2) 影子汇率的测定方法。世界上对于影子汇率的研究较多，存在着多种理论上和实践中产生的影子汇率测定方法。

理论上，依照影子价格的基本理论，影子汇率也就是外汇的影子价格，应当等于外汇的社会边际成本或边际贡献，是国家每增加或减少一单位的外汇收入所需要付出或节约的社会成本，或者是所增加的这一单位外汇收入对社会的边际贡献。另外还可以以均衡汇率理论为基础计算影子汇率等。

实践中，影子汇率的测定有很多种实用的简化方法：采用进出口平均关税率确定影子汇率；采用进出口贸易逆差确定影子汇率；以出口换汇成本确定影子汇率；黑市汇率通常也可以给出影子汇率的一定取值界限参考。实践中最常用的是用影子汇率换算系数得出影子汇率。影子汇率换算系数系指影子汇率与国家外汇牌价之间的比值。影子汇率计算公式为

$$影子汇率 = 外汇牌价 \times 影子汇率换算系数 \tag{8-51}$$

影子汇率作为项目国民经济评价的重要参数，可以直观地反映外汇影子价格相对于官方汇率的溢价比例，反映国家外汇牌价对于外汇经济价值的低估比率。影子汇率应当由国家统一测定发布，并且定期调整。影子汇率的发布有两种形式：一种是直接发布影子汇率；另一种则是将影子汇率与国家外汇牌价挂钩，发布影子汇率换算系数。

(3) 影子汇率换算系数的取值。

1) 影子汇率换算系数取值对决策的影响。

①作为项目国民经济评价的重要参数，影子汇率的取值对于项目决策有着重要的影响。影子汇率转换系数取值较高，反映外汇的影子价格较高。外汇的影子价格高，表明项目使用外汇时的社会成本较高，而项目为国家创造外汇收入时的社会价值较高。对于那些主要产出物是外贸货物的项目，影子汇率较高，将使得项目收入的外汇经济价值较高。而对于投入物中有较大进口货物的项目，外汇影子价格较高，使得项目投入外汇的社会成本较高。

②影子汇率的取值，在项目评价中，可以影响项目进出口的抉择。项目投资中使用进口设备或原材料，与国产设备或原材料比较时，如果影子汇率取值较高，进口设备或原材料的社会成本较高，国产设备或原材料社会成本相对较低，有利于方案选择中选用国产设备或原材料。

2) 影子汇率换算系数具体取值。《方法与参数》第二版中影子汇率换算系数取值为1.08。实际使用中，很多情况下，进口货物的影子价格计算值会低于财务价格，主要因为财务价格中含有进口关税和增值税，而影子价格中不再单独计算进口关税和增值税，仅以影子汇率乘以进口货物的到岸价加上国内贸易费用和运输费用。

影子汇率一般根据当前阶段国家的外汇收支、外汇供求、进出口结构、进出口关税、进出口增值税及出口退税补贴等情况综合测算。《方法与参数》(第三版) 在对影子汇率的专项研究中，对我国近年的历史均衡汇率和进出口关税和补贴导致贸易扭曲对影子汇率造成的影响进行了定量分析，最终提出我国1994年至2001年的影子汇率转换系数平均值约为1.04。

根据专题中对均衡汇率的研究结果，考虑到我国进出口关税和补贴，我国的影子汇率转换系数取值应当为1.04。即外汇牌价乘以1.04等于影子汇率。如果再考虑到进口增值税税率一般为17%，出口产品通常免征增值税。考虑非贸易外汇收支不征收增值税，而非贸易外汇收支占我国外汇收支一定比例，最终影子汇率换算系数取值为1.08。

五、国民经济评价报表

1. 国民经济评价报表编制方法

建设项目国民经济评价，需要编制国民经济评价报表，主要是经济费用效益流量表，这是计算建设项目国民经济评价指标并进行分析评价的的基础。经济费用效益流量表的编制，

可以按照经济费用效益识别和计算的原则和方法直接进行，也可以在财务分析的基础上将财务现金流量转换为反映真正资源变动状况的经济费用效益流量。

(1) 直接进行经济费用效益流量的识别和计算，基本步骤如下所示：

1) 对于项目的各种投入物，应按照机会成本的原则计算其经济价值。

2) 识别项目产出物可能带来的各种影响效果。

3) 对于具有市场价格的产出物，以市场价格为基础计算其经济价值。

4) 对于没有市场价格的产出效果，应按照支付意愿及接受补偿意愿的原则计算其经济价值。

5) 对于难以进行货币量化的产出效果，应尽可能地采用其他量纲进行量化。难以量化的，进行定性描述，以全面反映项目的产出效果。

(2) 在财务分析基础上进行经济费用效益流量的识别和计算，基本步骤如下：

1) 剔除财务现金流量中的通货膨胀因素，得到以实价表示的财务现金流量。

2) 剔除运营期财务现金流量中不反映真实资源流量变动状况的转移支付因素。

3) 用影子价格和影子汇率调整建设投资各项组成，并剔除其费用中的转移支付项目。

4) 调整流动资金，将流动资产和流动负债中不反映实际资源耗费的有关现金、应收、应付、预收、预付款项，从流动资金中剔除。

5) 调整经营费用，用影子价格调整主要原材料、燃料及动力费用、工资及福利费等。

6) 调整营业收入，对于具有市场价格的产出物，以市场价格为基础计算其影子价格；对于没有市场价格的产出效果，以支付意愿或接受补偿意愿的原则计算其影子价格。

7) 对于可货币化的外部效果，应将货币化的外部效果计入经济效益费用流量；对于难以进行货币化的外部效果，应尽可能地采用其他量纲进行量化。难以量化的，进行定性描述，以全面反映项目的产出效果。

2. 国民经济报表表式

国民经济报表包括基本报表和辅助报表。基本报表有项目投资经济效益费用流量表、国内投资经济效益费用流量表和经济外汇流量表；辅助报表有国民经济评价投资估算调整表、国民经济评价经营费用估算调整表、项目直接效益估算调整表、项目间接费用估算表和间接效益估算表等。

(1) 基本报表。

1) 项目投资经济费用效益流量表。项目投资经济费用效益流量表以全部投资（包括国内投资和国外投资）作为分析对象，计算项目全部投资的经济内部收益率和经济净现值，考察项目全部投资的盈利能力，以此判别项目的经济合理性。其表式见表 8-15。

表 8-15　　项目投资经济费用效益流量表　　单位：万元

序号	年份 / 项目	合计	计算期					
			1	2	3	4	…	n
1	效益流量							
1.1	项目直接效益							
1.2	资产余值回收							
1.3	项目间接效益							

续表

序号	项目＼年份	合计	计算期					
			1	2	3	4	…	*n*
2	费用流量							
2.1	建设投资							
2.2	维持运营投资							
2.3	流动资金							
2.4	经营费用							
2.5	项目间接费用							
3	净效益流量（1－2）							

2）国内投资经济效益费用流量表。国内投资经济效益费用流量表，以国内投资作为分析对象，将国外借款本金和利息偿付作为费用流出，计算国内投资的经济内部收益率和经济净现值，以考察国内投资的盈利能力。其表式见表 8－16。

表 8－16　　国内投资经济效益费用流量表　　单位：万元

序号	项目＼年份	合计	建设期		投产期		达到设计能力生产期			
			1	2	3	4	5	6	…	n
1	效益流量									
1.1	项目直接效益									
1.2	资产余值回收									
1.3	项目间接效益									
2	费用流量									
2.1	建设投资中国内资金									
2.2	流动资金中国内资金									
2.3	经营费用									
2.4	流至国外的资金									
2.4.1	国外借款本金偿还									
2.4.2	国外借款利息支付									
2.4.3	其他									
2.5	项目间接费用									
3	净效益流量（1－2）									

3）经济外汇流量表。对于涉及产品出口及替代进口节汇的项目，需要编制经济外汇流量表，用以计算外汇效果指标。经济外汇流量表集中显示项目建设期内每年各项外汇收入和支出流量及产品替代进口使国家节汇的数量，显示项目对国民经济的净外汇效果，反映项目对国家外汇收支的直接和间接影响。

对于有产品替代进口的项目，产品替代进口在国内销售吸取外汇的收入或因国家减少进口而节约的外汇支出还应填入表中的产品替代进口收入项中，作为项目的一种外汇收入效果。其表式见表 8－17。

表 8-17 **经济外汇流量表** 单位：万美元

序号	年份 项目	合计	建设期		投产期		达到设计能力生产期			
			1	2	3	4	5	6	…	n
1	外汇流入									
1.1	产品销售外汇收入									
1.2	外汇借款									
1.3	其他外汇收入									
2	外汇流出									
2.1	建设投资中外汇支出									
2.2	进口原材料									
2.3	进口零部件									
2.4	技术转让费									
2.5	偿付外汇借款本息									
2.6	其他外汇支出									
3	净外汇流量（1－2）									
4	产品替代进口收入									
5	净外汇效果（3＋4）									

（2）辅助报表。

1）国民经济评价投资估算调整表。国民经济评价投资估算调整表是在财务评价基础上，采用影子价格、影子汇率等参数对项目投入总资金进行调整，计算出国民经济评价项目投入的总资金。其表式见表 8-18。

表 8-18 **国民经济评价投资估算调整表** 单位：万元

序号	项目	财务评价			国民经济评价			国民经济评价比财务评价增减
		外币	人民币	合计	外币	人民币	合计	
1	建设投资							
1.1	建筑工程费							
1.2	设备购置费							
1.3	安装工程费							
1.4	其他费用							
1.4.1	土地费用							
1.4.2	专利及专有技术费							
1.5	基本预备费							
1.6	涨价预备费							
1.7	建设期利息							
2	流动资金							
3	合计（1＋2）							

注 若投资费用是通过直接估算得到的，本表应略去财务评价的相关栏目。

2）国民经济评价经营费用估算调整表。国民经济评价经营费用估算调整表是在财务评价基础上，采用影子价格等参数对经营费用进行调整，计算出国民经济评价项目的经营费用。其表式见表8-19。

表8-19　国民经济评价经营费用估算调整表　单位：万元

序号	项　目	单位	投入量	财务评价		国民经济评价	
				单价（元）	成本	单价（元）	费用
1	外购原材料						
1.1	原材料A						
1.2	原材料B						
1.3	原材料C						
1.4	……						
2	外购燃料及动力						
2.1	煤						
2.2	水						
2.3	电						
2.4	重油						
2.5	……						
3	工资及福利费						
4	修理费						
5	其他费用						
	合计						

注　若经营费用是通过直接估算得到的，本表应略去财务评价的相关栏目。

3）项目直接效益估算调整表。项目直接效益估算调整表是在财务评价基础上，采用影子价格、影子汇率等参数对项目直接效益进行调整，以计算出国民经济评价不同负荷下项目的直接效益。其表式见表8-20。

表8-20　项目直接效益估算调整表　单位：万元

产出物名称			投产第一期负荷（%）				投产第二期负荷（%）				…	正常生产年份（%）			
			A产品	B产品	…	小计	A产品	B产品	…	小计	…	A产品	B产品	…	小计
年产出量	计量单位														
	国内														
	国际														
	合计														
财务评价	国内市场	单价（元）													
		现金收入													
	国际市场	单价（美元）													
		现金收入													

续表

产出物名称			投产第一期负荷（%）				投产第二期负荷（%）				…	正常生产年份（%）			
			A产品	B产品	…	小计	A产品	B产品	…	小计	…	A产品	B产品	…	小计
国民经济评价	国内市场	单价（元）													
		直接效益													
	国际市场	单价（美元）													
		直接效益													
合计（万元）															

注　若直接效益是通过直接估算得到的，本表应略去财务评价的相关栏目。

4）项目间接费用或间接效益估算表。项目间接费用或效益估算表表式相同，其表式见表 8 - 21。

表 8 - 21　　项目间接费用（或效益）估算表　　单位：万元

序号	项目	合计	计　算　期					
			1	2	3	4	…	n

六、国民经济评价指标

国民经济评价和财务评价相似，也是通过编制相关报表，计算评价指标来反映项目的国民经济效果。国民经济评价包括两方面的内容，即国民经济盈利能力分析和外汇效果分析。分析中具体的计算指标如下。

1. 国民经济盈利能力分析指标

建设项目国民经济评价中的经济效果，主要反映在国民经济盈利能力上。国民经济盈利能力分析指标主要有经济净现值、经济内部收益率和经济效益费用比等。

（1）经济净现值。经济净现值是指项目按照社会折现率将计算期内各年的经济净效益流量折现到建设期初的现值之和，是经济费用效益分析的主要评价指标。其计算公式为

$$ENPV = \sum_{t=0}^{n} (B - C)_t (1 + i_s)^{-t} \tag{8 - 52}$$

式中　$ENPV$——经济净现值；

B——效益流量；

C——费用流量；

$(B-C)_t$——第 t 期的净效益流量；

i_s——社会折现率；

n——项目的计算期。

在经济费用效益分析中，如果经济净现值等于或大于 0，表明项目可以达到符合社会折现率的效率水平，认为该项目从经济资源配置的角度可以被接受。

（2）经济内部收益率。经济内部收益率是指是项目在计算期内经济净效益流量的现值累

计等于0时的折现率，是经济费用效益分析的辅助评价指标。其计算公式为

$$\sum_{t=0}^{n}(B-C)_t(1+EIRR)^{-t}=0 \tag{8-53}$$

式中 $EIRR$——经济内部收益率。

如果经济内部收益率等于或大于社会折现率，表明项目资源配置的经济效率达到了被接受的水平。

(3) 经济效益费用比。经济效益费用比是项目在计算期内效益流量的现值与费用流量的现值的比率，是经济费用效益分析的辅助评价指标。其计算公式为

$$R_{BC}=\frac{\sum_{t=0}^{n}B_t(1+i_s)^{-t}}{\sum_{t=0}^{n}C_t(1+i_s)^{-t}} \tag{8-54}$$

式中 R_{BC}——效益费用比；

B_t——第 t 期的效益流量；

C_t——第 t 期的费用流量。

如果经济效益费用比大于1，表明项目资源配置的经济效率达到了可以被接受的水平。

2. 外汇效果分析指标

外汇作为一种重要的经济资源，对国民经济的发展具有特殊的价值，外汇平衡对一个国家的经济形势有着特殊的影响。因此，对产品出口创汇及替代进口节汇的项目，应进行外汇效果分析。建设项目的外汇效果指标主要有经济外汇净现值、经济换汇成本和经济节约成本。

(1) 经济外汇净现值。经济外汇净现值是项目按照社会折现率将计算期内各年的净外汇流量折现到建设期初的现值之和，是项目实施后对国家外汇收支直接或间接影响的重要指标。经济外汇净现值可通过经济外汇流量表计算求得。其计算公式为

$$ENPV_F=\sum_{t=0}^{n}(FI-FO)_t(1+i_s)^{-t} \tag{8-55}$$

式中 $ENPV_F$——经济外汇净现值；

FI——外汇流入量；

FO——外汇流出量；

$(FI-FO)_t$——第 t 期的净外汇流量。

当项目有较大的产品替代进口时，也可按净外汇效果计算经济外汇净现值。

在外汇效果分析中，如果经济外汇净现值等于或大于0，表明项目可以达到符合社会折现率的效率水平，认为该项目从外汇收支的角度可以被接受。

(2) 经济换汇成本。当项目有产品直接出口时，应计算经济换汇成本。它是用货物影子价格、影子工资和社会折现率计算的为生产出口产品而投入的国内资源现值（以人民币表示）与生产出口产品的经济外汇净现值（通常以美元表示）之比，亦即换取1美元外汇所需要的人民币金额，是分析评价项目实施后在国际上的竞争力，进而判断其产品应否出口的指标。其计算公式为

$$经济外汇成本 = \frac{\sum_{t=0}^{n} DR_t (1+i_s)^{-t}}{\sum_{t=0}^{n} (FI' - FO')_t (1+i_s)^{-t}} \tag{8-56}$$

式中 DR_t——项目在第 t 期为出口产品投入的国内资源（包括投资、原材料、工资、其他投入和贸易费用）（以人民币计）；

FI'——生产出口产品的外汇流入（以美元计）；

FO'——生产出口产品的外汇流出（包括应由出口产品分摊的固定资产投资及经营费用中的外汇流出）（以美元计）；

$(FI'-FO')_t$——第 t 期净外汇流量。

经济换汇成本（元/美元）小于或等于影子汇率，表明该项目产品出口是有利的，项目可以被接受。

（3）经济节汇成本。当项目有产品替代进口时，应计算经济节汇成本。经济节汇成本等于项目计算期内生产替代进口产品所投入的国内资源的现值与生产替代进口产品的经济外汇净现值之比，即节约 1 美元外汇所需的人民币金额。其计算公式为

$$经济节汇成本 = \frac{\sum_{t=0}^{n} DR''_t (1+i_s)^{-t}}{\sum_{t=0}^{n} (FI'' - FO'')_t (1+i_s)^{-t}} \tag{8-57}$$

式中 DR''_t——项目在第 t 期为替代进口产品投入的国内资源（包括投资、原材料、工资、其他投入和贸易费用）（以人民币计）；

FI''——生产替代进口产品所节约的外汇（以美元计）；

FO''——生产替代进口产品的外汇流出（包括应由替代进口产品分摊的固定资产及经营费用中的外汇流出）（以美元计）；

$(FI''-FO'')_t$——第 t 期生产替代进口产品的净外汇流量。

经济节汇成本（元/美元）小于或等于影子汇率，表明该项目产品替代进口是有利的，项目可以被接受。

复 习 思 考 题

1. 如何理解资金的时间价值？资金的时间价值的实质是什么？
2. 现金流量的概念是什么？由哪些内容构成？
3. 如何绘制现金流量图？要素有哪些？
4. 什么是利息、利率？单利与复利的区别是什么？
5. 名义利率和实际利率的区别是什么？
6. 什么是建设项目财务评价？
7. 财务评价包括哪些内容？其评价步骤如何？
8. 财务评价有哪些基本报表？
9. 建设项目财务评价的指标有哪些？
10. 什么是建设项目国民经济评价？它与财务评价有何异同？

11. 根据国民经济评价和财务评价的结论，建设项目的取舍标准是什么？

12. 国民经济评价中费用与效益的识别原则是什么？

13. 什么是直接效益、间接效益和直接费用、间接费用？

14. 需要单独考虑和计算的外部效果有哪些？

15. 什么是转移支付？常见的转移支付有哪些？

16. 国民经济评价中有哪些报表？

17. 什么是影子价格？在国民经济评价中为什么要采用影子价格？

18. 国民经济评价中采用的经济参数主要有哪些？

19. 某人现在向银行存入 8000 元，约定 5 年后取出。若银行存款利率为 5.5%，试分别按单利和复利计算 5 年后此人可以从银行取出多少钱？

20. 某人从 25 岁参加工作起至 59 岁，每年存入养老金 5000 元，若利率为 6%，则他在 60～74 岁间每年可以领到多少钱？

21. 某企业投产前需借一笔资金，估计投产后，8 年内每年末可从净收益中拿出 500 万元还本付息，若贷款年利率为 7%，问现在可借多少以便到第 8 年末能全部偿还本利？

22. 某人向银行申请住房贷款 30 万元，贷款期限 15 年，如银行贷款年利率 7%，银行采取按年的复利计息，如果每月等额还款，那么每月应还银行多少钱？

23. 某建设项目的现金流量见表 8-22。设该项目行业基准收益率为 10%，标准投资回收期为 4 年。

表 8-22　　某建设项目现金流量表　　单位：万元

项　目	计　算　期						
	0	1	2	3	4	5	6
净现金流量	−2000	300	400	400	500	500	1200

试计算该项目的财务净现值、财务内部收益率、静态投资回收期和动态投资回收期，并对项目的财务可行性予以评价。

第九章　建筑生产经营相关的组织

本章重点

1. 企业的含义、特征
2. 建筑企业的含义、分类
3. 业主的类型

本章难点

1. 业主行为管理
2. 工程咨询服务机构及其管理

关 键 词

企业　建筑企业　业主　工程咨询　工程咨询服务机构

与建筑生产活动直接有关的机构主要是业主、工程项目设计、咨询机构和建筑施工企业几个方面。随着建筑生产社会化的发展，工程咨询机构的作用越来越重要，成为建筑生产活动的不可缺少的组成部分。本章对业主、工程设计咨询服务机构、建筑施工企业和政府主管机构五个方面分别阐述。

第一节　建　筑　企　业

一、企业的含义及特征

1. 企业的含义

企业是从事生产、流通和服务等经济活动，以营利为目的，向社会提供产品或劳务，依法自主经营、自负盈亏、自我发展、自我约束，依照法定程序成立的经济组织。

《辞海》中对"企业"的解释为："从事生产、流通或服务活动的独立核算经济单位"。在我国的计划经济时期，"企业"是与"事业单位"平行使用的常用词语，后者的含义是"受国家机关领导，不实行经济核算的单位"。

2. 对企业的称谓

(1) enterprise（企业商业单元）指一家公司或者商业店铺，通常为规模最小的商家，在中国可以指个体经营户。

(2) company（公司型经营企业）经营销售商品或服务，具有相对规模的商业组织，以营利为目的，常指销售商。例如 A company is a business organization that makes money by selling goods or services。

(3) business（大型商户）制造和销售商品，或者提供一种商业服务。主要指制造商和销售商。例如 A business is an organization which produces and sells goods or which provides a service。

（4）company（大型跨国公司制造商，多以制造业为主）。一般意义为“公司”、“组织”、“商号”，与 limited 一起使用。

3. 企业与公司

依照我国法律规定，公司是指有限责任公司和股份有限责任公司，具有企业的所有属性。凡公司均为企业，但企业未必都是公司。公司只是企业的一种组织形态。2005 年 10 月 27 日修订的《中华人民共和国公司法》中第二条规定：“本法所称公司是指依照本法在中国境内设立的有限责任公司和股份有限公司。”

2007 年 3 月 16 日通过的《中华人民共和国企业所得税法》中规定：“在中华人民共和国境内，企业和其他取得收入的组织（以下统称企业）为企业所得税的纳税人，依照本法的规定缴纳企业所得税。个人独资企业、合伙企业不适用本法。”

可见，企业的内涵首先可以定义为一种社会组织；其次企业还是从事经济活动，能够给社会提供服务或产品的经济组织；第三，企业是以取得收入为目的，即以营利为目的社会经济组织。

4. 企业的特征

（1）它是一个经济组织。企业从事的活动主要是有关社会生产、交换、分配、消费等活动，这是区别企业与国家机构和行政机关的重要标志。企业是直接从事经济活动的经济组织，而国家机构和行政机关虽然也要管理经济，如制定经济政策、经济法规，进行经济规划等，但他们不直接从事经济活动。

（2）具有法人资格。法人是相对于自然人而言的。经济法人是指依法成立，并能按有关法律规定行使法定权力、履行法定义务的社会经济组织。一个企业的成立，必须依照法律规定，依法办理注册登记和完备的审批手续，取得政府有关部门在法律上的正式承认，并在银行开设账户，这样，企业才取得法人资格。作为法人，就能以自己的名义从事民事活动，享有民事权利，承担民事义务。企业能独立地与其他社会组织签订具有法律效力的合同、协议、契约，并受到法律的保护和制约。

（3）以营利为主要经营目的。企业不仅要为社会提供需要的产品，而且要为社会经济的发展提供积累，以保证扩大再生产需要，这是区别企业与事业单位的主要依据。企业从事经济活动的直接目的是追求利润，创造利润是其生存的条件。以营利为目的决定了企业必须独立核算，以尽可能少的人力、物力、财力和时间的投入，获得尽可能多的利润。但盈利的结果，取决于企业经营管理水平。企业在经济活动中可能盈利，也可能亏损。如果企业盈利，企业就将得到发展；如果出现亏损，企业必须扭亏为盈，否则将会倒闭、破产。

（4）需要承担社会责任。企业对社会承担责任的目的在于满足社会需要，并获取利润。满足社会需要不仅要满足顾客和用户的需要，而且要满足股东、员工、供应商、经销商、银行的需要，以及满足政府机关、社区、媒体及一切与之相关社会团体的需要。这就决定了企业不能只为了自身谋取利益，而且要肩负兼顾各方面利益的社会责任。企业必须根据社会的需要组织生产经营活动。不但要关注经济效益，更要关注社会效益。

二、企业的分类

企业作为国民经济的基本单位或细胞，对社会的发展、国家经济的繁荣。人民生活的改善都起着十分重要的作用。企业可从以下不同的角度进行分类。

1. 按行业分类

按行业的不同的分类企业可分为工业企业、建筑企业、农业企业、交通运输企业、邮电通讯企业、商业企业、物资企业、金融企业、服务企业等。

2. 按从事经济活动分类

按从事经济活动的不同，企业可分为从事商品生产的生产性企业，如工业企业、农业企业、建筑企业等；在流通领域中为交换和分配服务的企业，如交通运输企业、商业企业、金融企业等；为生产、流通、消费服务的各类服务性企业（如提供咨询、信息服务的企业）和提供生活消费和文化娱乐等服务的企业（如饭店、旅馆、文娱体育场所等）。

3. 按生产资料所有制分类

按生产资料所有制不同，企业可分为国有企业、集体所有制企业、私营个体企业、三资企业和混合所有制企业等。

4. 按生产力各要素分类

按生产力各要素所占比重不同，企业可分为劳动密集型企业、技术密集型企业和知识密集型企业。

5. 按资产组织形式分类

按资产组织形式和所承担的法律责任不同，企业可分为独资企业（即个人业主制企业）、合伙制企业和公司制企业等。

三、建筑企业的涵义及其分类

1. 建筑企业含义

建筑企业是指依法自主经营、自负盈亏、独立核算，从事建筑商品生产和经营，具有法人资格的经济实体。具体地讲，建筑企业是指从事铁路、公路、隧道、桥梁、堤坝、电站、码头、机场、运动场、房屋（如厂房、剧院、旅馆、医院、商店、学校用房等）等土木工程建筑活动，从事电力、通信线路、石油、燃气、给水、排水、供热等管道系统和各类机械设备、装置的安装活动，从事对建筑物内、外装修和装饰的设计、施工和安装活动的企业。建筑企业又称建筑施工企业，通常包括建筑公司、建筑安装公司、机械化施工公司、工程公司及其他专业性建设公司等。

根据工程专业特点建筑企业有不同的名称，如建设公司、工程公司、市政公司、房修公司、建筑安装公司、机械施工公司、基础公司、装饰公司等，建筑企业工施工企业是其总称。

2. 建筑企业特点

建筑生产过程的特殊性变现为建筑产品地点固定性、类型多样性、体形庞大以及使用寿命长等，这些特点决定了建筑企业存在的行业特征。

（1）以承包为主的经营方式，通过承揽工程任务获得建筑商品的销售权。

（2）以现场管理为主的生产组织方式，以项目为对象建立基层管理机构。

（3）企业的生产经营地点总是不断流动，给人员聘用、设备迁移及材料采购带来许多问题，管理难度加大。

3. 建筑企业分类

建筑企业可以按以下标准进行分类：

（1）按企业制度不同，建筑企业可分为个人业主制企业、合伙制企业、公司制企业。

（2）按资产所有制不同，建筑企业可分为国有企业、集体所有企业、个体企业，以及各种资产混合所有的企业（如中外合资企业和国家参股、控股的企业等）。

（3）按经营范围不同，建筑企业可分为综合性建筑企业和专业性建筑企业。

（4）按企业规模不同，建筑企业可分为大型建筑企业、中型建筑企业、小型建筑企业。

大、中、小型建筑企业的划分标准见表9-1。

表9-1　大、中、小型建筑企业划分标准

类别	指标（万元）	大型	中型	小型
土木工程建筑企业	建筑业总产值（a）	$a\geqslant 5000$	$1900\leqslant a<5500$	$a<1900$
	生产用固定资产原值（b）	$b\geqslant 1900$	$1100\leqslant b<1900$	$b<1100$
线路、管道和设备安装企业	建筑业总产值（a）	$a\geqslant 4000$	$1500\leqslant a<4000$	$a<1500$
	生产用固定资产原值（b）	$b\geqslant 1500$	$800\leqslant a<1500$	$b<800$

（5）按资质条件不同，建筑企业可分为不同级别的企业。如房屋建筑工程施工总承包企业可分为特级企业、一级企业、二级企业以及三级企业；专业承包企业资质分为一级企业、二级企业、三级企业；劳务分包企业资质分为一级企业、二级企业。另外，其他类型的建筑企业也都按相应的标准分成不同等级的企业。

4. 建筑企业在国民经济中的作用

建筑业是国民组济有机体的一个不可缺少的组成部分，建筑企业是这一有机体的细胞，其对国民经济的作用主要表现如下。

（1）完成国民经济中各类经济活动中的新建、扩建工程和技术改造工程的施工，为不断完善我国完整的国民经济体系，改善居民物质文化生活条件做贡献。

（2）为社会创造物质文明和财富，增加国民收入。

（3）为国家及各级地方政府税收提供税源，是促进地方经济增长的重要力量。

（4）由于建筑企业大多属于劳动密集型企业，能容纳大量劳动力，是重要的劳动就业场所。

（5）能消耗大量物资，对诸多相关产业如建筑材料生产、机器制造、交通运输的发展，具有积极的促进作用。

（6）开拓国际建筑市场，为国际工程项目提供劳务或独立承包而赚取外汇。

第二节　业　　主

一、业主的涵义

业主原意是各类产业的所有者，一般泛指拥有产业或企业所有权的人或组织。在我国古代就有有关业主的记载与表述，清代褚人获的《坚瓠十集·揽田》中有："崇明佃户揽田，先以鸡鸭送业主，此通例也；"《儒林外史》第十六回有这样的字句："我赌气不卖给他，他就下一个毒，串出上手业主拿原价来赎我的。"

在建筑经济活动中，业主（Owner Proprietor）指工程建设项目的投资人或投资人专门为工程建设项目设立的独立法人。对于建设工程项目来讲，业主可以是项目最初的发起人，也可以是发起人与其他投资人合资成立的项目法人公司；而在项目的保修阶段，业主还可能是业主委员会，它由获得了项目产权的买家或买家群体组成。

在我国，业主概念的引入是房地产市场发展的结果。2003 年建设部颁布的《物业管理条例》第 6 条中规定：业主为房屋的所有权人为业主，把业主界定为房屋所有权人；2005 年全国人民代表大会颁布的《物权法（草案）》第 6 章“业主的建筑物区分所有权”这一解释表明在立法者意图中的“业主”范围包括“建筑物区分所有权”内涵。这样，业主概念逐渐从经济学范畴演化为法律范畴，在物业管理活动中被广泛地使用。

二、业主的类型

要想搞清楚这个问题，首先需要对“业”有全面准确的理解。

(1) 广义上的“业”泛指所有的产业，基本等同于财产的含义，是一个与人身相对的概念，既包括实物，又包括知识和智力成果。

(2) 特指物，包括不动产和动产，是权利主体人身之外的、为人力所支配、并且有一定使用价值的物质资料，除此之外的其他事物如行为、智力成果等均不包含在内。

(3) 指不动产，即土地、自然资源以及建筑物等土地定着物、附着物。从我国目前对业主概念使有的生活习惯和法律运用的倾向上来看，“业”的内涵所指主要是第三种认识。

需要指出的是，在土地整体规划开发使用的条件下，“业”的范围会延伸到以土地整幅使用权共享为基础的建筑物区划之内的房屋相关物，如绿地、树木、空间、道路、标识等业主除了必须为预订建筑产品的生产提供资金外，还必须拥有建筑基地的所有权或使用权，并获得在此建筑基地上建造预订的建筑产品的许可。

在建筑经济活动中，业主的范围较广泛，涉及建筑经济活动的各个领域。

首先，政府作为业主是从建设资金来源的角度来界定。政府作为投资代表兴建的建筑产品大多是以社会效益为主的公共性建筑，或是对国有资源，如土地、矿藏、森林、江、河、湖、海等的开发和利用的建筑经济活动，比如国防工程、大型水利电力枢纽工程、矿山、公路、铁路、桥梁、港口码头、城市道路、供水排水系统以及文化、教育、卫生设施等。政府作为业主，从机构的层次来说，可以是中央政府或地方各级政府；从机构的内容来说，可以是国民经济中的各个部门或系统。

不同政治经济体制下的政府作为业主的比例有很大差异，即使政治经济制度接近的国家，政府作为业主的比例也有所不同。我国国有资源的范围较广，许多大中型企业多为国有制，因而政府作为业主代表的比例很高。经济体制改革后，国家采取了一系列改革措施，如政企分开、拨款改贷款、企业实行股份制等，政府作为业主的比例逐渐下降。

其次，在大多数情况下企业作为业主是指有独立经营权利和能力的社会经济实体，如工业企业、商业企业、银行、保险公司等作为业主。企业尤其是大型企业盈利能力强，需要并能够经常扩大再生产，其作为业主的频率较高。

企业作为业主其筹措资金的渠道很多，也较为灵活。其中，自有资金是企业投资的一个重要来源，但不是唯一来源。如果完全依靠自有资金进行扩大再生产，可能失去良好的投资机会。企业可以通过银行贷款、发行股票或企业债券、向其他企业或个人集资等方式筹措资金。当然，这些筹资方式实施的前提是企业拥有较强的经济实力，经营情况良好已有较高的社会信誉。

三、业主行为

在工程项目建设中，业主行为对项目的建设活动的顺利实施具有重要影响。为此，业主应对自己的需求有切实、清晰和完整的了解；对项目进行过充分论证和必要的可行性研究，遵照合国家法律及地方政府的政策、法规以及基本建设程序来实施对工程项目建设活动的监督管理。

在工程项目建设前期，业主应按照国家工程项目招投标的有关法律法规的要求，对项目采取公开招标方式进行工程的发包，按照法定的程序，做到公平、公正、公开招标；按合同及时足额给付建设方必需的建设资金；对工程项目施工建设进行有效监督。

另一方面，建设工程开工前，业主应按照国家有关规定向工程所在地县级以上人民政府建设行政主管部门申请领取施工许可证。申领时应具备以下条件：

（1）已经办理该建筑工程用地批准手续，如建设用地规划许可证、土地出让或转让合同等。

（2）在城市规划区的建筑工程，已经取得规划许可，如取得规划设计许可证等。

（3）需要拆迁的，其拆迁进度符合施工要求。

（4）有满足施工需要的施工图样及技术资料。

（5）有保证工程质量和安全的具体措施。

（6）建设资金已经落实。

（7）符合法律、行政法规规定的其他条件。

业主只有在发包工程或组织工程建设时才成为市场主体。因此，业主作为市场主体的身份往往具有不确定性。在我国，有些地方和部门曾提出过要对业主实行资质管理制度，以规范业主行为。但是从国际惯例和国内实践看，对业主行为进行约束和规范，需要通过法律和经济手段的配合来实现。

四、业主权利与义务

1. 业主权利

（1）对建筑产品专有部分的所有权。对于建筑物内专有部分的住宅、经营性房屋的占有、使用、收益、处分的权利。

（2）共有权。业主的共有权包括区分所有建筑物共有部分的共有权以及建筑区划内配套建设的公共场所、场地、设施的共有权；共有道路、车位的共有权；建筑物区划内配套建设的车位、车库的法定用役权。这种共有权包括使用权、收益分配权、危险和妨害的排除请求权。

（3）共同管理权。共同管理权是维护共有部位和共有物物理性能以及保证配套设施运行的权利。根据我国《物业管理条例》规定：业主在物业管理活动中，享有下列权利：

1）按照物业服务合同的约定，接受物业管理企业提供的服务。

2）提议召开业主大会会议，并就物业管理的有关事项提出建议。

3）提出制定和修改业主公约、业主大会议事规则的建议。

4）参加业主大会会议，行使投票权。

5）选举业主委员会委员，并享有被选举权。

6）监督业主委员会的工作。

7）监督物业管理企业履行物业服务合同。

8）对物业共用部位、共用设施设备和相关场地使用情况享有知情权和监督权。

9）监督物业共用部位、共用设施设备专项维修资金（以下简称专项维修资金）的管理和使用。

2. 业主的义务

（1）遵守业主公约、业主大会议事规则。

（2）遵守物业管理区域内物业共用部位和共用设施设备的使用、公共秩序和环境卫生的维护等方面的规章制度。

（3）执行业主大会的决定和业主大会授权业主委员会作出的决定。

（4）按照国家有关规定交纳专项维修资金。

（5）按时交纳物业服务费用。

（6）法律、法规规定的其他义务。

法律、法规规定业主应履行的其他义务：

1）不得损害他人专有部位。

2）不得损害共有部位的义务。

3）为相邻业主提供维修便利的义务。

4）对共有部位和共有物承担的义务。

5）不非法占有的义务。

6）不非法加害的义务。

7）分摊管理费用的义务。

3. 业主可以决定的事项

（1）制订和修改业主大会议事规则。

（2）制订和修改管理规约。

（3）选举业主委员会或者更换业主委员会成员。

（4）选聘和解聘物业服务企业。

（5）筹集和使用专项维修资金。

（6）改建、重建建筑物及其附属设施。

（7）有关共有和共同管理权利的其他重大事项。

第三节　工程咨询服务机构

一、工程咨询服务机构业务范围

1. 工程咨询的含义

工程咨询是运用工程技术、经济管理和法律等多学科的理论知识与方法，结合咨询者的实际经验，按照独立、科学、公正的原则，为各类客户提供的有关工程建设实施与管理方面的咨询服务。具体内容包括前期立项阶段咨询、勘察设计阶段咨询、施工阶段咨询、投产或交付使用后的评价等。

工程咨询的业务范围通常包括：

（1）为各级政府、有关行业、地区、城镇、工业区建设等提供规划和政策咨询或专题咨询。

(2) 为国内外各类工程项目建设提供全过程或分阶段的技术咨询。

(3) 为各类企业的技术改造和管理提供的咨询。

(4) 为国内外客户提供投资选择、市场调查、概预算审查和资产评估等咨询服务。

2. 工程咨询的特点

(1) 单件性。对于不同的咨询对象，工程咨询的服务都是一次性、单独的任务，即使服务对象类似，但很少重复。

(2) 业务弹性。工程咨询的内容可以是宏观的、整体的、全过程咨询，也可以是某个问题、某项内容、某项工作的咨询。

(3) 是高度智能化服务。工程咨询任务的完成需要从事这类工作的人员具有丰富的相关学科知识、技术与经验，能做到相关技术的灵活运用于综合创新。

(4) 业务牵涉面广。业务范围包括政治、经济、技术、社会、文化等领域，需要协调和处理多方面的关系，考虑社会环境的各种复杂因素。

(5) 结论的近似性。由于工程项目投资受相关条件的约束性较大，咨询结果是在充分分析、研究各方面约束条件和风险的前提下出产生的，其结论要考虑各种不确定性因素的影响，可以是肯定的，也可以是否定的。

(6) 成果带有预测性、前瞻性。咨询的成果除了咨询单位自我评价外，还要接受委托方或外部的验收评价，要经受时间的考验。

(7) 属于智力服务。工程咨询成果是人的智力活动的结晶，是人们运用知识、技术与技能，经过分析思考得出的结论，属于智力产品与智力服务。

二、工程咨询服务机构

工程咨询服务机构是指具有一定注册资金、工程技术、经济管理人员，取得建筑咨询证书和营业执照，能对工程建设提供估算测量、管理咨询、建设监理等智力型服务并获取相应费用的企业或其他机构与组织。

工程咨询服务机构通常可以提供勘察设计、工程造价（测量）、工程管理、招标代理、工程监理等多种业务。在国际上，向客户提供工程咨询和管理服务，弥补其对工程建设过程不熟悉的缺陷的企业一般称为咨询公司。在我国，工程咨询服务机构主要是具有一定资质的工程设计院、工程监理公司和工程造价（工程测量）事务所及招标代理、工程管理等。

工程咨询服务机构的业务范围如下：

(1) 规划咨询机构。规划咨询机构主要包括行业、专项和区域发展规划咨询。如城市规划咨询指与城市规划各阶段有关的各类咨询业务，包括城市总体规划阶段的城市性质、城市功能、城市规模、城市容量、城市发展形态等的咨询；城市控制性详细规划阶段对各类规划控制指标的确定及分析，包括建设用地性质、建筑高度、建筑密度、容积率、绿地率、区域交通规划研究、路网骨架构成及道路规划方案、设计方案及初步设计阶段咨询。

(2) 项目建议书编制（含项目投资机会研究、预可行性研究）。

(3) 项目可行性研究报告的编制，包括项目申请报告和资金申请报告。

(4) 评估咨询：含项目建议书、可行性研究报告、项目申请报告和资金申请报告评估，以及项目后评价、概预决算审查等。

(5) 工程设计。指导项目设计单位进行各阶段设计工作，依据国家现行的设计规范、地方的规划要求，对各阶段设计成果文件进行复核及审查，纠正偏差和错误，提出优化建议，出具咨询报告。

咨询单位虽然不是工程承发包的当事人，但其受业主聘用，作为项目技术、经济咨询单位，对项目的实施负有相当重要的责任。此外，咨询单位还因其独特的职业特点和在项目实施中所处的地位，要承担其自身的风险。据国际惯例，工程咨询服务机构只对其工程咨询所造成的直接后果负责，专业人士对民事责任的承担方式是购买专项责任保险。咨询单位与业主之间是契约关系，业主聘用工程师作为其技术、经济咨询人，为项目进行咨询、设计、监理、招标代理、管理和测量。在许多情况下，咨询的任务贯穿于项目建设的全部过程。

三、建设工程交易中心

1. 建设工程交易中心的性质

建设工程交易中心是服务性机构，不是政府管理部门，也不是政府授权的监督机构，本身并不具备监督管理职能。

但建设工程交易中心又不是一般意义上的服务机构，其设立需得到政府或政府授权主管部门的批准，并非任何单位和个人可随意成立的：它不以营利为目的，旨在为建立公开、公正、平等竞争的招投标制度服务，只可经批准收取一定的服务费，工程交易行为在场内进行。例如在铁道部工程交易中心内，由于铁路工程项目具有地域性的特点，为达到减少成本支出、提高资金有效利用的目的，除项目报建、资格预审、合同签订等过程必须在铁道部工程交易中心内部进行外，其他工程交易过程可以在场外发生，但必须接受铁道部有关机构的严格监督。

2. 建设工程交易中心的作用

按照我国有关规定，所有建设项目都要在建设工程交易中心内报建、发布招标信息、合同授予、申领施工许可证等。招投标活动都需在场内进行，并接受政府有关管理部门的监督。建设工程交易中心的设立对国有投资的监督制约机制的建立，规范建设工程承发包行为有重要作用。

3. 建设工程交易中心的基本功能

我国的建设工程交易中心的功能主要有以下几点：

(1) 信息服务功能。

包括收集、存储和发布各类工程信息、法律法规、造价信息、建材价格、承包商信息、咨询单位和专业咨询人后信息等。在设施上配备有大型电子墙、计算机网络工作站，为承发包交易提供广泛的信息服务。工程建设交易中心一般要定期公布工程造价指数和建筑材料价格、人工费、机械租赁费、工程咨询费以及各类工程指导价等，指导业主和承包商、咨询单位进行投资控制和投标报价。但在市场经济条件下，工程建设交易中心公布的价格指数仅是一种参考，投标最终报价还是需要依靠承包商根据本企业的经验或企业定额、企业机械设备和生产效率、管理能力和市场竞争的需要来决定。

(2) 场所服务功能。

对于政府部门、国有企事业单位的投资项目，一般情况下都必须进行公开招标，只有特殊情况下才允许采用邀请招标。所有建设项目进行的招投标必须在有形建筑市场内进行，必须由有关管理部门进行监督。按照这个要求，工程建设交易中心必须为工程承发包交易双方进行的建设工程招标、评标、定标、合同谈判等提供设施和场所服务。建设工程交易中心应具备信息发布大厅、洽谈室、开标室、会议室及相关设施以满足业主和承包商、分包商、设备材料供应商之间的交易需要。同时，为政府有关管理部门进驻集中办公，办理有关手续和依法监督招标投标活动提供场所服务。

(3) 集中办公功能。

由于众多建设项目要进入有形建筑市场进行报建、投标交易和办理有关批准手续，要求政府有关建设管理部门进驻工程交易中心集中办理有关审批手续和进行管理，建设行政主管部门的各职能部门进驻建设工程交易中心。其受理审批的内容一般包括工程报建、招标登记、承包商资质审查、合同登记、质量报监、施工许可证发放等。进驻建设工程交易中心的相关管理部门集中办公，发布各自的办事制度和程序，既能按照各自的职责依法对建设工程交易活动实施有力监督，也方便当事人办事，有利于提高办公效率。建设工程交易中心集中办公的基本流程包括：

1) 拟建工程得到计划管理部门立项（或计划）批准后，到中心办理报建备案手续。工程建设项目报建内容主要包括：工程名称、建设地点、投资规模、资金来源，当年投资额、工程规模、工程筹建情况、计划开工和竣工日期等。

2) 报建工程由招标监督部门依据有关法律、规定确认招标方式。

3) 招标人依据《招标投标法》和有关规定，履行建设项目包括项目的勘察、设计、施工监理以及与工程建设有关的重要设备、材料采购的招标投标程序。

4) 自中标之日起30日内，发包单位与中标单位签订合同。

5) 按规定进行质量、安全监督登记。

6) 统一交纳有关工程前期费用。

7) 领取建设工程施工许可证。

第四节 建设行政主管部门及行业管理机构

一、建设行政主管部门

在我国，建筑业的企事业单位按照行政管理隶属关系，主要要接受以下几个部门的管理。

1. 中华人民共和国住房和城乡建设部

(1) 基本组成。中华人民共和国住房和城乡建设部是我国中央政府负责建设行政管理部门，隶属于国务院。是2008年国务院“大部制”改革背景下新成立的中央部委。其基本组成包括办公厅、城乡规划司、住房改革与发展司、建筑市场监管司、城市建设司、房地产市场监管司、村镇建设司、工程质量安全监管司、建筑节能与科技司、住房公积金监管司、计划财务与外事司等部门。

(2) 主要管理职责。研究拟订城市建设、村镇建设规划，制定指导城市建设、村镇建设、建筑与房地产业、勘察设计咨询业、市政公用事业发展的方针、政策与行政法规，制定相关的发展战略、中长期规划并具体指导实施，对上述各业进行行业管理。

指导全国城市规划、村镇规划、城市勘察和市政工程测量工作；负责承担国务院下达的城市总体规划和省域城镇体系规划的审查报批；参与国家土地利用总体规划的审查；承担有关国家历史文化名城的审查报批和保护监督工作；对各类城市建设档案实施管理。

组织制定工程建设实施阶段的国家标准，经国家质量技术监督局批准、统一编号后发布；组织制定、发布全国统一的工程定额和部管行业标准、经济定额的国家标准；组织制定建设工程项目可行性研究经济评价方法、经济参数、建设标准、建设工期定额、建设用地指标和工程造价管理制度，并与国家发展计划委员会等部门联合发布；监督指导各类工程建设标准定额的实施。

规范国内建筑市场管理，指导监督建筑市场准入、工程招投标、工程监理以及工程质量和安全管理工作；制定勘察设计、施工、建设监理和有关建筑业的社会中介组织管理的法规和规章并监督指导；组织建设企业参与国际工程承包、建筑劳务合作。

指导全国城市和村镇建设活动；指导城市供水节水、燃气、热力、市政设施、公共客运、园林、市容和环卫管理工作；指导城市规划区的绿化工作；负责对国家重点风景名胜区及其规划的审查报批和保护监督工作；指导城市规划区内地下水的开发利用与保护；指导城市市容环境治理和城建监察。

指导全国住宅建设和城镇住房制度改革；负责城乡住宅和房地产业行业管理；指导城镇土地使用权有偿转让和开发利用工作；规范房地产市场管理。

制订各类房屋建筑及其附属设施和城市市政设施的建设工程的抗震设计规范；指导城市地下空间的开发和利用。制定部管各行业科技发展规划和技术经济政策；组织重大科技项目攻关和成果推广，指导重大技术引进和创新工作。

拟定高等院校建设类专业的教育标准、培养规格与培养目标；指导部管各行业职工培训和继续教育工作；管理建设行业的对外经济技术合作和外事工作；指导建筑企业开拓国外建筑市场。

2. 各省住房和城乡建设厅主要管理职能

承担规范全省住房和城乡建设管理秩序的责任；起草住房和城乡建设地方性法规、规章草案，制定规范性文件，研究提出住房和城乡建设重大问题的政策建议；编制全省住房和城乡建设发展规划；监督管理全省住房和城乡建设行政执法和稽查工作。

承担保障全省城镇低收入家庭住房的责任。拟订住房保障政策并指导实施，组织编制住房保障发展规划和年度计划并监督实施，拟订廉租住房规划及政策。与有关部门做好中央、省有关廉租住房资金安排，并指导和监督市、县组织实施。

承担推进全省住房制度改革的责任。拟订适合省情的住房政策，组织拟订全省住房建设规划并指导实施，指导住房建设和住房制度改革。

承担规范房地产市场秩序、监督管理房地产市场的责任。会同或配合有关部门组织拟订房地产业发展和市场监管政策并监督执行，提出房地产业的行业发展规划并监督实施，指导住宅产业化工作，指导城镇土地使用权有偿转让和开发利用工作，制定房地产开发、房屋权属管理、房屋租赁、房屋面积管理、房地产估价与经纪管理、物业管理、城市房屋征收拆迁等规章制度并监督执行。

负责住房公积金监督管理，确保公积金的有效使用和安全。会同有关部门拟订住房公积金政策及发展规划并组织实施，制定住房公积金缴存、使用、管理和监督制度，监督全省住房公积金和其他住房资金的管理、使用和安全，管理住房公积金信息系统。

参与全省城市化规划，负责城市化进程中有关城镇发展工作。承担管理和指导全省城乡规划的责任。会同有关部门编制全省城镇体系规划并负责监督实施，负责省政府交办的城镇总体规划、历史文化名城（名镇）和历史文化保护区保护规划的审查报批和监督实施，会同有关部门负责历史文化名城（名镇、名村）的审查报批和保护监督，负责国家和省重点建设项目的规划选址工作，指导城市综合交通规划，参与土地利用总体规划的审查。

承担指导市政公用事业和市容、环境卫生管理的责任。拟订全省城市建设和市政公用事业发展规划并指导实施，指导市政公用设施建设、安全和应急管理，指导城镇供水、节水、排水和生活污水处理工作，指导城镇燃气、热力、市容环卫和垃圾处理工作。负责全省人居环境奖的组织评选工作。

承担监督指导全省风景名胜区和城市园林绿化工作的责任。制定全省风景名胜区和城市园林绿化政策、发展规划、技术规范并指导实施，指导城市规划区内的生物多样性、湿地资源保护工作，指导风景名胜区及园林申报世界自然遗产、世界自然与文化双遗产工作，负责风景名胜区的规划建设管理。

承担规范和指导全省村镇建设的责任。拟订村庄和小城镇建设政策并指导实施，指导农村住房建设和危房改造，指导小城镇和村庄的人居生态环境改善工作，指导全省重点镇的建设。

承担建立科学规范的工程建设标准体系的责任。制定和发布工程建设全省统一定额、计价依据和工程造价管理规章制度，制定和发布工程建设地方标准并监督执行，监督指导各类工程建设标准定额的实施和工程造价计价，组织发布工程造价信息。

承担监督管理建筑市场、推进建筑业发展的责任。指导全省建筑经济活动，拟订建筑业、勘察设计的行业发展战略、中长期规划、改革方案、产业政策、规章制度并监督执行，制定规范建筑市场主体及中介服务机构行为的规章制度并监督实施，负责房屋建筑和市政基础设施工程项目招投标活动、施工许可、竣工验收和备案的监督管理。负责工程建设实施阶段的监督管理，指导工程项目建设、政府投资工程组织实施方式改革以及合同管理和工程风险管理，组织协调建筑企业参与国际工程承包、建筑劳务合作。

承担建筑工程质量安全监管的责任。制定建筑工程质量、安全生产的规章制度并监督执行，制定建筑业、工程勘察设计咨询业的技术政策并指导实施，组织或参与工程重大质量、安全事故的调查处理，参与国家和省审批立项的重大建设项目工程质量、安全、施工现场监管和竣工验收的管理工作。组织编制城乡建设抗震防灾规划并监督实施，负责各类房屋建筑及其附属设施和市政设施抗震设防的监督管理，组织实施建筑工程抗震设防专项审查。

承担推进科技进步、建筑节能、城镇减排管理的责任。制定建设科技发展规划并指导实施，会同有关部门拟订建筑节能的政策、规划并监督实施，组织实施重大建筑节能项目，负责城镇减排工作。

指导住房和城乡建设的职业教育与培训工作。负责本行业各类执业资格注册管理，指导住房和城乡建设档案管理工作，推进住房和城乡建设的对外交流与合作。

承办各省政府有关建设工程活动的其他事项。

二、建筑业管理协会

是由全国各地区从事施工、设计、装饰装修、建材生产、教育科研机构以及有关专业人士组成的全国性行业组织，属于非营利性社会团体。全国现有团体会员 100 余家，分布在全国各省、自治区、直辖市。

建筑业管理协会的主要职责：

反映会员单位的愿望和要求，贯彻国家有关工程建设方面的方针政策，协助政府主管部门的职能工作，开展工程建设、设计施工、装饰装修、新型材料及设备应用等方面的行业监督管理，推动行业的快速发展。

对行业的基本情况进行调查，深入了解会员单位在实际工作中的难点、热点问题，并及时向政府有关部门反映和建议，为政府部门加强行业宏观调控和决策提供参考。

开展工程建设咨询活动，帮助会员企业进行技术人才、管理人才的培养，举办技术研讨、成果交流、展览展示等多项活动，帮助会员企业参与国内外市场竞争。

反映企业利益诉求，维护企业合法权益。规范企业行为，督促企业加强自律，促进建筑业持续健康发展，为促进国民经济发展、社会文化建设服务。

复习思考题

1. 简述企业的含义及特征。
2. 企业都有哪些划分类别?
3. 建筑企业的含义与企业的含义有什么不同?
4. 通常建筑企业都有哪些称谓?
5. 建筑企业主要有什么特点?
6. 简述建筑企业在国民经济中的作用。
7. 在建筑经济活动中，业主的概念是怎样被界定的?
8. 建筑经济活动中，政府和企业做业主有什么不同?
9. 建设工程开工前，业主申领施工许可证时应具备什么条件?
10. 简述工程咨询的含义、特点。
11. 为什么建设工程交易中心不是一般意义上的服务机构? 它有哪些作用?
12. 建设工程交易中心的基本功能都是什么?
13. 概述住房和城乡建设部的主要管理职责。
14. 对比住房和城乡建设部和各省住建厅的工作职责的不同。

第十章 建筑产业组织基础

本章重点

1. 产业及建筑产业的含义、特性
2. 产业组织理论
3. 建筑产业聚集含义及体现形式

本章难点

1. 建筑产业组织优化
2. 建筑产业结构
3. 建筑产业波及

关键词

产业 建筑产业 产业组织 产业聚集 产业集群 产业结构

第一节 建筑产业组织概述

一、产业

产业是指由利益相互联系的、具有不同分工的、由各个相关行业所组成的业态总称。在国民经济中，产业主要指经济社会的物质生产部门。产业由具有某种同类属性的企业经济活动的集合组成，是介于宏观经济与微观经济之间的中观，是经济社会分工和社会生产力不断发展的结果。对于产业概念的理解应主要包括以下几个方面。

(1) 产业是社会分工的产物。

(2) 产业是社会生产力不断发展的必然结果。

(3) 产业是具有某种同类属性的企业经济活动的集合。

(4) 产业是介于宏观经济与微观经济之间的中观经济。

(5) 产业的含义具有多层性。

(6) 随着社会生产力水平不断提高，产业的内涵不断充实，外延不断扩展。

二、建筑产业

建筑产业是以建筑产品为生产对象，由具有不同分工的、与建筑生产经营活动相关行业的企业所组成的产业业态总称。建筑产业内的生产经营主要由建筑企业来完成，建筑企业是指依法自主经营、自负盈亏、独立核算，从事建筑商品生产和经营，具有法人资格的经济实体。具体来说，建筑企业是从事铁路、公路、隧道、桥梁、堤坝、电站、码头、机场、运动场、房屋等土木工程建筑活动，从事电力、石油化工、燃气、给水、排水、供热等管道系统和各类机械设备、装置的安装活动，从事对建筑物内、外装修和装饰的设计、施工和安装活动的企业。建筑企业又称建筑施工企业，其具体称谓多种多样，通常包括建筑公司、建筑安装公司、机械化施工公司、工程公司及其他专业性建设公司等；按工程专业特点不同又称为建设公司、工程公司、市政公司、房修公司、建筑安装公司、机械施工公司、基础公司、装饰公司等。

三、建筑产业——我国国民经济中的支柱产业

建筑产业是由建筑企业、相关事业单位、行政管理机构及行业管理部门构成一个完整的体系，它与国民经济其他部门有较强的产业关联。建筑产业一方面以自己的产品为社会和国民经济各部门服务，另一方面还在其生产过程中大量消耗其他产业部门的产品。

建筑产业的经济活动与国民经济中其他产业部门联系密切，尤其是与建材工业、冶金工业、木材及木材加工业、金属结构及制品生产工业、化学工业之间的关系更加密切。建筑业的发展依赖于这些工业部门的发展，要大量消耗其他国民经济部门的产品。同时，这些产业以及国民经济整体的发展也离不开建筑产业的支持。建筑产业成为这些产业部门的重要产品市场，带动了许多关联产业的发展。目前，建筑业已经成为我国国民经济的支柱产业之一。

支柱产业是指在一个历史时期，能够对一个国家或地区的经济和社会向前发展起到基础作用，带来巨大效益，产生深远影响的产业。

支柱产业的一般特征是：

（1）规模经济显著。

（2）知识技术密集。

（3）产业关联度强。

（4）生产销售增长率高。

（5）收入弹性系数大。

（6）具有成长性和发展潜力。

我国建筑业的产业特征主要表现为以下几点：

市场前景好。新型铁路、公路、机场、桥梁、码头和各种现代化设施的建设任务，使建筑业发展获取良好机遇。

技术发展速度较快。建筑业属于中等层次的技术水平，是连接高、低技术的纽带，同时对推动产业向高级化技术发展有重大作用。

产业联系较广。我国建筑产品成本中，70%是材料消耗，它可带动建材、冶金、化工、石油、森林、机械等50多个相关产业。

具有很好的劳动力吸纳能力。建筑业产业投资少而就业量大，促进农村剩余劳动力的转移。

进入国际市场的竞争力较强，又可以带动机电设备和原材料的出口，为实现经济增长提供巨大支持。

第二节　建筑产业组织理论

一、产业组织的含义

组织一般是由两个或两个以上的人组成，是为一定目标而进行协作活动的集体。

产业组织由生产具有密切替代产品或服务的企业组成，反映的是产业内企业间的市场关系和组织形态。从资源配置的角度来看，产业组织主要解决产业内部各经济实体即企业间的资源配置问题。

产业组织的含义主要包括两方面。

1. 产业内企业间的市场关系

产业内企业间的市场关系指同类企业间的垄断、竞争关系。它表现为产业内企业间垄断与竞争不同程度结合的四类市场结构，即完全竞争型、完全垄断型、垄断竞争型和寡占垄断型市场结构。它反映了产业内不同企业的市场支配力差异、市场地位差异和市场效果差异。

2. 产业内企业间的组织形态

产业内企业间的组织形态指同类企业相互联结的组织形态，如企业集团、分包制、企业系列等。这些不同的产业组织形态既根源于企业间技术关联的专业化协作程度，又取决于产业内企业间垄断与竞争的不同结合形态。

二、产业组织理论

产业组织理论（Industrial Organization）是研究产业内企业关系结构的状况、性质及其发展规律的应用经济理论。产业组织理论主要解决的是所谓的“马歇尔冲突”的难题，即产业内企业的规模经济效应与企业之间的竞争活力的冲突。产业组织理论主要包括三个基本范畴：市场结构、市场行为和市场成果。

产业组织理论的核心问题是在保护市场机制竞争活力的同时充分利用“规模经济”——某一产业的产业组织性质是否保持了该产业内的企业有足够的竞争压力以改善经营、提高技术、降低成本；是否充分利用规模经济使该产业的单位成本处于最低水平。

产业组织理论以分析企业经济关系，尤其是企业市场关系的基本特点和变化规律为研究对象，以实现产业内的最佳资源分配为研究目的，研究指导产业组织政策设计。

20 世纪 30 年代后，产业组织理论产生并发展起来，它以特定产业内部的市场结构、市场行为和市场绩效及其内在联系为主要研究对象，揭示了产业组织活动的内在规律性，为现实经济活动的参与者提供决策依据，为政策的制定者提供政策建议。产业组织理论自产生以来就一直对西方国家产业组织政策的制定产生着重要的影响。随着世界经济一体化进程和国际经济贸易往来活动的加强，国际间产业经济活动准则也在不断发生变化，这一理论也在不断发展与创新。

三、产业组织特性

产业组织的组成以一定结构条件为基础，这些条件就是集合体诸元素之间存在的共同性，具体表现在：

生产性。是指组织的创造财富的能力，是组织产业内部合理配置资源、提高劳动生产率的能力。

商品性。企业生产的产品和提供的劳务都不是自身消费，而是用来交换。这就决定了其社会性质，不存在无偿供给的消费品。

求利性。是通过生产产品和提供劳务获得尽可能多的经济收益，以实现职工劳动的价值，并实现产业的发展。社会主义产业的求利性与资本家的唯利是图有本质的区别，它是社会再生产实现的根本要求。

组织性。每个产业集合体的基本单元，都是有机组成的小集合，或者说是一个系统的子系统，因而才能形成某种产品的生产能力与一定规模，或者形成提供某种劳动服务的能力与一定规模。生产社会化的规模越大，社会化的程度越高，这种集合体的内部构成有机性就越强，组织越严密，联系和制约就越复杂。

早期的产业经济学者没有将产业和制造业严格区分开来，认为产业是生产同一或相似产品的企业集合。马歇尔首先提出了产业组织概念，认为产业和生物组织体一样，是一个伴随着组织体中各部分的机能分化和组织各部分之间紧密联系和联合的社会组织体。现代产业组织理论以此为基础，构架了整个产业组织的主要问题，强调产业组织中的企业结构和行为。

四、建筑产业组织优化

建筑产业组织优化是指整合建筑产业的各类资源，实现优化技术、资金以及劳动力等资源在不同企业之间的配置过程，这对提高建筑产业的资源配置效率具有重要意义。

建筑产业的增长速度很大程度上取决于其产业结构的调整和优化。产业结构效益和产业结构转化能力的高低优劣在一定程度上决定了产业经济的发展，决定了区域经济实力对比。

建筑产业经济增长所需要的产业组织与优化不仅仅是以部门划分的产业组织管理水平的提高过程，更需要国民经济各部门的产业结构协调和产业演进高级化过程。

建筑产业组织是建筑产业的企业之间市场关系的总和。在建筑产业内部的建筑企业之间的市场关系是一种经济利益关系，它与产权归属有密切关系。因此，建立和完善清晰的产权制度是从根本上优化产业组织的客观要求。

另外，制定、规划和执行好建筑产业发展政策也是实现建筑产业优化的有效途径。产业政策是政府为了实现某种经济和社会目标而制定的有特定产业投向的政策的总和。产业政策实质上是资源倾斜配置政策，它是政府由直接管理企业向宏观管理调控企业与国民经济运行的客观要求和必要纽带。

建筑产业政策主要包括产业组织、产业结构、产业技术政策等。优化产业组织以增强产业竞争力的，必须充分发挥产业政策的作用。借鉴国外的经验，制定好产业组织政策，利用它来对产业组织结构进行调整，实现企业规模合理化。

第三节 建筑产业聚集

一、产业聚集的含义

产业聚集（Industry Cluster）是指在产业的发展过程中，在一个特定区域内的相关企业或机构，由于相互之间的共性和互补性等特征而紧密联系在一起，形成在地理上相对集中的、相互联系的产业群落，产业资本要素在空间范围内不断汇聚的过程。

一方面，服务于特定产业的不同企业聚集于一个特定的空间，可以提供这一产业所需工作技能的劳动力市场，从而确保工人较低的失业概率，并降低劳动力出现短缺的可能性。

另一方面，产业聚集还能够产生溢出效应，使聚集于其中的企业的生产函数优于单个企业的生产函数，企业从技术、信息等的溢出中获益。

亚当·斯密在《国民财富的性质和原因的研究》一书中指出：产业聚集是由一群具有分工性质的企业为了完成某种产品的生产联合而组成的群体；阿尔弗雷德·马歇尔在其所著《经济学原理》中首次提出了产业聚集及内部聚集和空间外部经济（External Economies）的概念，分析了存在外部经济与规模经济（Scale Economies）条件下产业聚集产生的经济动因，他认为，导致产业聚集的原因主要是聚集能够促进专业化投入和服务的发展。

二、产业聚集的特点

（1）关联性。产业集聚是企业间的紧密联系与融合，这是实现聚集的核心问题。产业集聚不是简单的集中，而是产业生产服务链的链接与融合，这是首先要把握的核心要义。因此，企业是否有关联，是产业集聚区与传统工业园区、开发区的根本区别。

（2）集中性。通过产业集聚区建设，实现产业生产力的集中布局，促进资源的集约利用、污染物和废弃物的集中治理和综合利用，降低了企业经营成本，提高了企业竞争力。

（3）集约性。产业集聚区建设一定要体现发展方式的转变，对产业集群发展条件、基础设施配套情况综合考虑，真正体现节约、循环、复合、紧凑理念，实现集约化发展。

（4）功能集合。功能集合包含两层意思。一是体现“产城一体”。产业集聚区的产业功能要与城市功能融合起来，考虑与城镇发展的对接。二是推动企业生产生活服务的社会化。

三、建筑产业聚集

建筑产业聚集是在一个特定地理区域内，服务于建筑业的各类企业相对集中，建筑产业的各类资本要素在这一地理区域内不断汇聚的过程。

建筑产业集聚使各种建筑业内的各类生产要素在一定范围内大量集聚和有效集中，实现产业内生产力在空间布局上的优化。

建筑产业集群是建筑产业集聚的重要方式，它是由具有共性或互补性而相互联系的各类建筑施工企业、建材供应企业、建筑装饰装修企业等依托区域内相关的功能服务平台的支撑，在一定的地理空间集聚，形成建筑产业群落。

随着我国建筑业的持续快速发展，建筑产业集群作为建筑产业发展有效的组织形态，在集聚生产要素、优化资源配置、加快制度创新、营造产业生态环境等方面发挥着越来越重要的作用。

目前，国内各地建筑产业发展较快，区域经济的不平衡和本地市场效应对于建筑产业聚集起到关键性影响作用。加快建筑产业集聚，发展建筑产业集群是各地区域经济发展战略的重要组成部分，市场经济条件下工业化发展到一定阶段的必然选择。

四、建筑产业园与产业基地

1951 年，美国西海岸加州斯坦福大学建立世界上第一个科技工业园—斯坦福科学工业园开始，世界上已有各种名称和类型的产业园区 1000 多个。这些产业园已经成为各类产业发展的重要基地，对这些国家和地区乃至全世界的发展都不同程度的发挥了重要推动作用。

建筑产业园与产业基地作为建筑产业聚集的体现形式，较好地提高了城市工业区的区域竞争力，其发展较大程度上取决于区域内建筑产业集聚的速度和强度、数量和质量。作为产业集聚的“蓄水池”，由于建筑产业园区自身的集群优势形成渗透力较强的溢出效应。

建立完整的产业集群，可实现建筑业区域优势的生产和持续提高。以辽宁省沈阳市建筑产业园为例，该产业园自 2010 年建立以来发展很快，其中铁西区现代建筑产业园、浑南新区现代建筑产业园、沈北新区亚泰现代建筑产业园都取得了不错的成绩。2012 年，该建筑产业实现产值超过 515 亿元，包括沈阳远大企业集团、中南集团 NPC 工厂项目、烟台万华住宅产业化部品项目、长沙远大住工住宅产业化项目、徐工工程机械交易中心、中辰住宅钢结构工业园项目以及深圳雅致集成房屋项目。近年来国内建筑产业基地建设一览表见表 10 - 1。

表 10-1 近年来国内建筑产业基地建设一览表

建立时间	基地主要企业	建筑产业类型	产品类型
2002	北新集团建材股份有限公司	国家级住宅产业化基地	部品生产
2003	青岛海尔集团	整体厨房卫浴，商用及家用中央空调、社区和家庭智能化系统产品生产及装配式装修施工	部品生产企业
2004	温州正泰集团	住宅电气部品为核心的建筑产业化基地	部品生产
2006	合肥经济技术开发区	示范工程建设并节约资源、保护环境的住宅产业成套技术体系	综合试点城市型
2007	长沙远大住宅工业有限公司	以"住宅工业"行业类别核准成立的建筑产品制造，建筑工业化住宅技术研发集成、住宅部品制造销售和工业化住宅项目投资开发	开发企业联盟型（集团型）
2007	万科企业股份公司	国家住宅产业化基地	开发企业联盟型（集团型）
2007	南京栖霞建设股份有限公司	国家级住宅产业化基地	开发企业联盟型（集团型）
2009	宝业集团股份有限公司	以轻钢结构体系为主的工业化住宅建造体系、节能门窗、外墙围护结构体系等研发、制造、集成规模化生产，国家级住宅综合性检测评估实验中心	开发企业联盟型（集团型）
2009	黑龙江省建设集团有限公司	具有配筋砌块砌体承重结构体系、农村装配式节能住宅技术、节能门窗技术、符合保温墙体等生产与集成能力	开发企业联盟型（集团型）
2010	万华实业集团有限公司	以聚氨酯建筑节能建材和秸秆生态板材为主业	部品生产企业型
2010	天津住宅建设发展集团有限公司	以新型建材制造、房地产开发业、建筑工业化施工、物流供配的建筑产业化生产企业	开发企业联盟型（集团型）
2010	黑龙江宇辉建设集团	以住宅设计标准化、构件生产工厂化，现场施工装配化，结构、保温、装饰一体化的建筑产业化生产	开发企业联盟型（集团型）
2010	广州松下空调电器有限公司	国内空调行业唯一获批国家住宅产业化基地的外资空调企业	部品生产企业型
2010	深圳市嘉达高科产业发展有限公司	建筑节能新型功能材料研发、生产、施工及服务，国内唯一的国家复合改性合成树脂功能新材料产业化示范基地	部品生产企业型
2010	浙江杭萧钢构股份有限公司	国内首个钢结构国家住宅产业化基地	部品生产企业型
2010	北京金隅集团有限责任公司	包括水泥生产、新型建材制造、房地产开发大型综合性产业集团	部品生产企业型
2010	沈阳市人民政府	建筑工业化园区建设	综合试点城市型
2011	江苏新城地产股份有限公司	住宅产品标准化研究成果显著，于2009年建成"新城建筑技术研究中心"	部品生产企业型
2011	中南控股集团有限公司	以构件工厂化生产、现场装配为主与东南大学联合成立研发中心与同济大学联合成立院士工作站	开发企业联盟型（集团型）
2012	潍坊国建高创科技有限公司	唯一的以供热计量与供热节能为主的产业基地	
2012	上海城建（集团）公司	以预制装配式住宅为核心的"全产业链"建筑产业基地	综合试点城市型

第四节　建筑产业结构与产业波及

一、产业结构概述

1. 产业结构的含义

产业结构指各国民经济各产业的构成及各产业之间的联系和比例关系。由于各产业的构成及相互之间的联系、比例关系不尽相同，对经济增长的贡献大小也不同。国民经济中产业结构是在一般分工和特殊分工的基础上产生和发展起来的体现生产资料和生活资料两大部类之间的关系；从部门来看，主要是研究农业、轻工业、重工业、建筑业、商业服务业等部门之间的关系，以及各产业部门的内部关系。

决定和影响一个国家产业结构的因素一般有以下几类：

(1) 需求结构，包括中间需求与最终需求的比例、社会消费水平和结构、消费和投资的比例、投资水平与结构等。

(2) 资源供给结构，有劳动力和资本的拥有状况和它们之间的相对价格，一国自然资源的禀赋状况。

(3) 科学技术因素，包括科技水平和科技创新发展的能力、速度，以及创新方向等。

(4) 国际经济关系对产业结构的影响，有进出口贸易、引进外国资本及技术等因素。

2. 产业结构高度化

产业结构高度化也称产业结构高级化，是指一国经济发展重点或产业结构重心由第一产业向第二产业和第三产业逐次转移的过程，标志着一国经济发展水平的高低和发展阶段、方向。产业结构高度化往往具体反映在各产业部门之间产值、就业人员、国民收入比例变动的过程上。

产业结构高度化表现为一国经济发展不同时期最适当的产业结构，其主要衡量标准是：

(1) 收入弹性原则。即每增加一个单位收入与增加对某商品需求量之比。如果由于收入扩大而增加的需求能转化为收入弹性高的商品，出口增长率则可随之提高，对整体经济增长有良好的促进作用。

(2) 生产率上升率原则。为了使收入弹性高的商品能够出口，必须具备充分的国际竞争能力。一个国家或地区应选择把生产上升率高的产业或技术发展可能性大的产业作为重点发展的领域。

(3) 技术、安全原则。技术革新是经济发展的重要动力，对于那些能成为未来技术革新核心部门的产业，即使目前发展水平不高甚至处于相对劣势的市场地位，也不能轻易放弃对其发展的支持。

另外，为了保证一国经济的持续、稳定发展，要求有某种程度的国家安全保障或能够保障国家威望的产业的繁荣和发展。此外，为了产业部门之间的平衡发展，必须形成范围较广的、协调平衡发展产业群。

因此，符合上述标准的产业结构状态，才能称之为一定时期一国产业结构的最适状态，即表明该国阶段上产业结构高度化达到水准状况。

二、建筑产业结构

建筑产业结构主要是指在这一产业内部的构成及相关行业、部门之间的联系和比例关系。

在建筑产业发展过程中，由于分工越来越细，因而产生了越来越多的生产部门。这些不同的生产部门，受到各种因素的影响和制约，会在增长速度、就业人数、在经济总量中的比重、对建筑产业增长的推动作用等方面表现出很大的差异。因此，把包括建筑产业的内部企事业、相关行业、部门之间的相互关系与构成比例概括为建筑产业结构。

1. 相关企业事业单位

建筑产业内部企事业主要包括各类建设单位、发包人。包括政府部门、企事业单位、房地产开发公司和个人等；各类承包商，包括承担工程的勘察设计、施工任务的勘察院所、建筑企业等；各类中介机构，为建筑市场主体服务的各种房屋中介、咨询机构等。

(1) 建设单位。建设单位是在各类建筑市场中发包工程建设的咨询、设计、施工监理任务，并最终得到建筑产品的所有权的政府部门、企事业单位和个人。可以是学校、医院、企事业单位，也可以是个人和个人合伙。在我国的建筑业内部一般称之为建设单位或甲方；国际工程承包中通常称作业主。他们在发包工程和组织工程建设时进入建筑市场，成为建筑市场的主体。

建设工程项目发包人通常由投资方代表组成，从建设项目的筹划、资金筹集、勘察设计、施工直至项目竣工验收后投入生产经营。发包人必须承担建设项目的全部责任和风险，对建设过程中的各个环节进行统筹安排。

(2) 承包商。承包商是指有一定生产能力、机械设备、流动资金，具有承包工程项目的营业资格和资质，在建筑市场中能够按照发包人的要求，提供不同形式的建筑产品的建筑企业。主要包括勘察、设计单位，建筑安装企业，提供构配件的生产厂商，建筑机械租赁企业以及专门提供建筑劳务的企业等。承包人的生产经营活动是在建筑市场中进行的，是建筑市场主体中的主要成分。

(3) 中介机构。中介机构是指为建筑商品买卖提供专业的中介及相关咨询服务的企业及机构。在建筑经济活动中，这些机构受承包方、发包方或政府管理机构的委托，对工程建设进行估算测量、咨询代理、建设监理等服务，并取得服务费用的咨询服务机构和其他建设专业中介服务的组织机构。

在建筑产业的经济活动中，中介机构作为建筑市场中买卖双方企业之间联系的纽带，具有政府管理不可替代的作用。而发达的市场中介组织又是市场体系成熟和市场经济发达的重要表现，是建筑产业健康发展的重要条件。

(4) 公证机构。公证机构主要包括为工程建设服务的专业会计师事务所、审计师事务所、律师事务所、资产和资信评估机构、公证机构、合同纠纷的调解仲裁机构等。这些机构独立于承发包双方之外，其人员多数到良好的专业训练，有长期从事专业工作的经历，行为受到行业行为规范和法规的约束。另外，公证机构还为政府部门承担一些微观管理职能。通过这些技术服务，使企业了解其管理的权力和工作流程，帮助企业追究侵权者的责任，保障企业的合法权益。

2. 行业管理协会

这些行业管理组织包括建筑业协会及其下属的设备安装、机械施工、装饰装潢等专业分会以及建设监理协会等。这些组织在政府管理部门和企业之间发挥纽带作用，协助政府进行行业管理。

行业管理协会的管理职能包括：

(1) 调查行业发展中存在的问题、企业的对行业管理的需要、愿望和要求。

(2) 为政府制定建筑产业管理政策和法规提供参考、依据，保护行业内企业单位的合法权益。

(3) 贯彻传达国家产业管理政策和方针，引导企业行为。

(4) 制订行业管理规范，约束企业经营行为，协调行业内企业间的关系，调解处理企业的争议和纠纷，维护市场正常秩序。

(5) 收集发布行业动态及市场信息。

(6) 开展教育培训，促进行业内部从业人员素质的提高和先进管理方法、技术的推广应用。

三、建筑产业波及

产业波及是在国民经济产业体系中，某一产业部门发生变化时，这一变化会沿着不同的产业关联方式带动与其直接相关的产业部门的变化，并且这些相关产业部门的变化又会导致与其直接相关的其他产业部门的变化，伴随这个传递过程影响力逐渐减弱，这就是产业波及过程。产业波及对国民经济产业体系的影响程度就是产业波及效果，其分析的基本工具主要包括投入产出表、投入系数表、逆系数表等。

建筑业是我国国民经济中的支柱产业之一，在国家经济系统中占据着极为重要的地位，对扩大投资、拉动内需、促进经济持续快速发展起着举足轻重的作用。

在不考虑其他部门对建筑业固定资产的消耗时，建筑业的前向关联产业主要集中在第三产业，建筑业非固定资产形式的产品也主要供给第三产业；建筑业的后向关联产业则绝大部分属于第二产业，主要消耗第二产业的产品进行生产。

建筑业不仅以其建筑产品直接为社会和国民经济服务，同时还在其生产过程中大量消耗其他产业部门的产品。由于建筑业产成品中的物质消耗约占60%至70%，产业关联度较大，所以建筑业的发展不仅依赖于国民经济其他部门的发展，如建材、机械制造、冶金、化工、仪器仪表、轻纺等工业为建筑业提供原材料和设备。同时建筑业也因此成为其他产业部门的重要产品市场，能带动许多关联产业的发展。

作为支柱产业，建筑业可以消耗全国钢材产量的50%，木材产量的90%，水泥产量的90%。正是由于建筑业的发展可带动国民经济其他部门的发展，因而它被称为国民经济的支柱产业。建筑业的发展状况是国民经济发展的晴雨表，当国民经济处于高速发展时期，固定资产的需求大量增加，建筑业发展进入繁荣时期；当国民经济处于调整时期，固定资产投资减少影响了建筑业的工程总量。因此，当国民经济发展处于需求不足时期时，国家可通过公共事业投资的方法扩大内部需求，使建筑业首先发展，从而刺激其他产业部门的发展，起到调节国民经济各部门的作用。

建筑业是劳动密集型产业，劳动强度大，机械化程度较低，可容纳大量就业人口，对于解决我国城市就业压力和农村剩余劳动力转移起很大作用。另一方面，建筑材料、建筑机械设备和器具的生产也容纳大量的劳动力就业。国际上发达国家建筑业的就业人口约占全部就业人口的6%～8%。如美国每10个就业人口中就有1个与建筑业有直接或间接的关系。2010年，我国建筑业全社会从业人员达到4000万人以上，成为大量吸纳农村富余劳动力就业、拉动国民经济发展的重要产业。全国具有资质等级的总承包和专业承包建筑业企业完成建筑业总产值 95 206 亿元，全社会建筑业实现增加值 26 451 亿元；全国工程勘察设计企业营业收入 9547 亿元；全国工程监理企业营业收入 1196 亿元。

复习思考题

1. 什么是产业？如何理解这一概念？
2. 阐述建筑产业的含义，我国建筑产业的特性主要有哪些方面？
3. 为什么说建筑产业是我国国民经济中的支柱产业？
4. 如何理解产业组织？
5. 产业组织理论研究对象及解决的核心问题是什么？
6. 产业组织主要有哪些特性？
7. 简述产业聚集的含义及特点。
8. 什么是建筑产业聚集？为什么说建筑产业园是较好的建筑产业聚集形式？
9. 什么是产业结构高度化？其衡量标准都有哪些？
10. 什么是产业波及及产业波及效果？你如何理解建筑产业波及对经济发展的影响？

第十一章 建筑工业化

本章重点

1. 建筑工业化的含义、内容
2. 国内外建筑工业化的发展

本章难点

1. 建筑工业化的实施
2. 工业化建筑体系

关键词

建筑工业化 建筑设计标准化 构配件生产工厂化 建筑设计参数标准化
工业化建筑体系

第一节 建筑业工业化概述

一、建筑工业化的含义

建筑工业化就是采用大工业方式来从事建筑生产，是使建筑业从分散、落后、以手工操作为主的小生产方式向社会化大生产方式逐步过渡的发展过程。

在建筑工业化过程中，采用统一的结构形式、先进的工艺，按专业分工集中地进行工厂化大批量生产建筑产品配件，然后在施工现场进行机械化安装，最终完成建筑产品生产全过程。

1900年，美国人利用一套能生产较大的标准钢筋混凝土空心预制楼板的机器制造的标准构建组装房屋，这一生产方式的改变明显加快了建设速度，降低了建筑工人的劳动强度，并使施工企业的经济效益大幅度提高。这种采用先进、适用的技术和装备，在建筑标准化的基础上，发展建筑构配件、制品和设备的生产，并应用于施工就是建筑工业化。

建筑工业化建筑生产体系将房屋分成结构和装修两部分，结构部分用工业化施工方式组成较大的空间，再按照不同的使用要求，通过装饰装修灵活组织内部空间，以使建筑物呈现出不同的形象和功能，满足使用者各种不同的要求。建筑工业化从新型钢结构体系、预制装配式结构体系的设计入手，使大部分的建筑构配件实现工厂化生产，并通过施工现场装配作业完成产品的生产过程。

建筑工业化是生产力发展的产物，是建筑商品生产方式上的重要变革。随着科学技术的发展，建筑业的生产技术水平不断提高，建筑材料、施工生产工艺等方面技术更新较快。与国民经济其他物质生产部门一样，建筑业的施工生产中，作业人员越来越多地使用先进的施工设备以减轻笨重的体力劳动，提高劳动效率，制造出更多更好的建筑产品。

建筑工业化是对传统的建筑材料、工程设计、构配件生产、施工机具、经营管理等各个环节生产过程及生产方式的深刻变革，是建筑业生产力水平提升的标志，是建筑业实现全面技术改造与技术更新的根本方向。建立新型结构体系，减少了施工现场作业，带来了施工生产方式的诸多变化，如：多层建筑应由传统的砖混结构向预制框架结构发展；高层及小高层建筑应由框架向剪力墙或钢结构方向发展；施工上应从现场浇筑向预制构件、装配式方向发展等等。

二、建筑工业化的发展

建筑业工业化始于二战后的欧洲。起初，建筑业的工业化进程发展较慢，其工业化和社会化的程度低于其他工业部门。为了医治战争创伤和恢复经济，欧洲一些国家，如前苏联、波兰、法国、英国、德国等把其他部门工业化的成果用于建筑业，加快了国民经济的恢复和发展，加快了建筑部门工业化的发展。

建筑工业化发展的历史较长。在 20 世纪 50～70 年代，主要是以预制板建筑体系为主的建筑工业化，主要是发展专用体系的工业化。由于采用相同的结构形式，竣工的建设项目千篇一律，居住环境单调呆板，由于大板体系各种类型的构件不能互相通用，所以在生产规模小和工程分散的情况下，不能充分发挥工业化的优越性。20 世纪 70 年代起，一些发达国家开始探索通用体系工业化，是从一用体系向通用体系的发展，克服了建筑产品经营者各自为政的状态，使建筑产品形成一大的商品市场，供建筑产品消费者自由选择，使建筑产品的生产工艺能够发挥其理想的效果，提高了设备的利用率，解决了预制加工厂开工率不足的问题。

反映一个国家建筑业的发展水平的重要标志就是建筑工业化的程度。联合国国际事务部在 1974 年发布的《关于逐步实现建筑工业化的政府政策和措施指南》指出，建筑工业化是本世纪内不可逆转的潮流，它最终将到达地球最不发达的地区。但由于建筑生产工作量大，涉及面广而复杂，任何变化只能逐步地采用。拒绝工业化可能导致更不发达，但采用过分的高级技术可能造成巨大的损失。因此，政府可采取分步骤的措施，根据各国现有条件，逐步地发展建筑工业化。

由于建筑产品本身具有地点固定、类型多样、体积庞大特点，造成在建筑产品施工生产过程中，分散进行、手工操作大量存在，尤其是砌砖、抹灰、装修、防火、隔热等工程中，加之施工生产管理难度大，致使施工生产周期长、劳动效率低、工程质量不稳定。建筑产品在生产过程中这种流动性、单件性、生产周期长、受气候条件影响大等技术经济特点，使建筑业的发展远远落后于其他工业生产部门的发展。为此，需要使建筑业由分散、落后、以手工操作为主的小生产方式向社会化大生产方式过渡，即走建筑工业化的道路。建筑工业化是社会经济发展的客观需要。国民经济的发展需要建筑业的发展，对各种建筑产品的质量、功能、工期、造价等各方面要求也将趋于复杂，建筑业为了满足这种形势要求，必须提高自身生产力水平，而只有实现建筑工业化才能做到这一点。

三、高新技术在建筑施工中的应用

随着科技进步的不断加速，建筑施工技术对工程项目的生产过程和使用的影响越来越显著地体现出来。高新技术的采用对推动建筑业的发展起着越来越重要的作用。

1. 信息技术的应用

将新兴的信息技术应用在建筑施工中，是将建筑企业的生产过程、物料移动、事务处理、现金流动、客户交互等业务过程数字化，使管理者者作出有利于生产要素组合优化的决策，使企业资源合理配置。建筑施工信息化管理是信息技术在建筑施工中应用的一个重要方面，在整个的建筑施工过程中涉及建筑材料、设备、工程成本、工程质量等各个方面的信息。合理地分析和利用这些信息，将建筑施工中的各项信息及时的收集、传递、加工、储存起来，为建筑单位的施工管理工作提供可靠的依据，有助于建筑施工技术和管理水平的提高。

2. 新型建筑材料的应用

新型建筑材料不同于传统的砖瓦、灰砂石等，它包括的品种很多。按功能上的不同，有墙体材料、装饰材料、门窗材料、保温材料、防水材料、黏结和密封材料，以及与其配套的各种五金件、塑料件及各种辅助材料等；按材质的不同，包括天然材料，还有化学材料、金属材料、非金属材料等。建筑材料是工程建设的物质基础，它对工程项目质量、造价的影响很大。由于科技的快速发展，新技术不断涌现，新型的建筑施工材料很快地被应用于建筑施工中，这些新型的建筑材料具有重量轻、耐用度高、耗能低等特点，可以很好地节约建设材料成本，促进建筑行业的发展。

3. 生态技术在建筑施工中的应用

随着我国城市建设的高速发展，建筑能耗逐年大幅度上升，已成为能源消费的主体之一，目前我国建筑用能已达全社会能源消费量的32%。加上每年房屋建筑材料生产能耗约13%，建筑总能耗已达全国能源总量的45%。我国现有建筑面积400亿平方米，预计到2020年总建筑面积将达到700亿平方米。庞大的建筑能耗，已经成为我国国民经济的巨大负担。

生态节能技术体系在欧洲已有20年的历史，在我国处于发展阶段，在建筑生产中环保材料的应用是未来建筑技术的发展趋势。首先，建筑施工中的生态技术的应用首先取决于施工中人们的生态环保意识，防止建筑施工中的环境污染，处理好建设施工的建筑垃圾都是需要注意的问题。其次，在工程项目建设中，企业需要积极推行文明施工，保持与周围环境的友好关系，重视施工工作对周围环境的影响，这对于建设单位和周围社区都是非常重要的。

第二节 建筑工业化的内容

一、建筑设计标准化

1. 建筑设计标准化的概念

在许多行业，生产标准化是指对产品的质量、规格和检验方法等规定统一的标准。建筑设计标准化是对建筑产品、构件部件的性能、尺寸、规格、所用材料、工艺设备、技术文件等的技术要求加以规定，并按统一规定予以实施。

建筑设计标准化是构配件生产工厂化的前提。由于建筑产品生产的单件性特点，使得建筑产品大批量生产难于进行，从而就不可能具有真正意义上的工业化。而工业化生产最重要的特点就是使用相同的设计图纸、相同的材料、相同的生产工艺、大批量地生产同一类型的产品。因此，建筑产品要实现工业化生产，首要的环节就是建筑设计的标准化。

同时，建筑构配件的标准化也是建筑设计标准化比较容易实现并加以推广的一个方面。在设计标准化的基础上，还可以推动施工工艺的标准化、施工机具的标准化，为在工厂化批量生产建筑构配件创造条件。

建筑设计标准化的基础是采用统一的建筑模数制（Modular System of Construction）。所谓建筑模数制是为建筑物、建筑构件、建筑制品，以及有关设备的尺寸之间相互协调而选定标准尺度系列的制度。二建筑模数是选定的标准尺寸单位，作为建筑物、构配件、建筑制品等尺寸相互协调的基础，它是在建筑工程实践中产生，又伴随着建筑技术和建筑材料的进步和发展而变化。在工业与民用建筑建设中，依照模数协调规范进行设计，不仅可以保证质量，提高速度，还可以为基本建设的各个环节提供经济效益和社会效益。

通常情况下，工业化生产应以标准化为前提。由于工厂化生产用相同的产品设计图纸、相同的工艺，大批量生产同一种产品。因而标准化是建筑工业化的前提，只有实现建筑设计标准化，才能实现建筑工业化。

但是，建筑产品生产的单件性特点，是建筑产品工业化生产要面临的首要问题。工业化生产最重要的特点就是使用相同的设计图纸、相同的材料、相同的生产工艺、大批量地生产同一类型的产品。因此，建筑产品要实现工业化生产，首要的环节就是建筑设计的标准化。

实行建筑设计的标准化，使建筑产品生产从其构配件单件的生产方式开始，转化为大量生产的方式，促进建筑构配件的制作过程从施工现场转移到专门的工厂中进行。此外，实行标准化设计，还有利于推广和重复使用标准的施工组织设计，从而能更有效地提高施工的技术水平和管理水平。因此，推广建筑设计标准化，对于建筑业工业化变革有着十分重大的意义，是实现建筑工业化的重要环节。

国际上建筑工业化发展比较快的国家，都曾大力推广成套工业化建筑体系。通过对各种建筑体系进行专门的定型化设计，加之成套的生产技术和施工管理措施，利于建筑构配件工业化生产和建筑施工机械化，有效提高建筑业的生产效率以及经济效益和社会效益。通过建筑设计标准化、定型化、体系化，为建筑构配件生产的工厂化、施工的机械化创造了有利条件，使建筑生产逐渐从个体手工操作转变成生产的工业化和现代化。

2. 建筑设计标准化的内容

建筑设计标准化主要包括建筑构配件的标准化、建筑设计参数标准化。

（1）建筑构配件标准化。建筑构配件标准化是在建筑工程设计、施工中建立和实现有关的标准、规范、规则的实施和控制等的过程。建筑构配件标准化的目的是合理利用原材料，促进构配件的通用性和互换性，实现建筑工业化，以取得最佳经济效果。早期的建筑标准化主要反映在建筑尺寸的配合关系上。

建筑构配件的标准化是工业化生产对建筑标准化的主要要求。建筑构配件主要包括梁、板、柱、楼梯、阳台、天窗和墙体等。建筑配件主要是指门、窗、栏杆、内外装修，以及水、暖、电、卫生设备的配件等。

建筑产品类型多样的特点，使构配件不能大批量连续生产。要改变这种状况，需要实行建筑标准化，因而建筑标准化也是建筑工业化的主要内容。实行建筑标准化，要处理好标准化与多样化的关系。要通过模数系列的变化，通过材料、色彩、体型、平立面灵活组合的变化，通过构配件品种的变化，来达到在大工业生产基础上的多样性，做到标准化、定型化和多样性相结合。

我国古代为使木结构建筑各部分构件和建筑物总体尺寸协调一致，曾采用模数尺寸，古希腊的石结构建筑，也曾采用模数制。“二战”后，为解决战后重建问题，建筑标准化工作得到很大发展，国际标准化组织（ISO）也在各国有关部门的配合下制定了一系列建筑标准、条例和规范。我国在建国后陆续编制了许多种建筑标准设计图集、相关技术标准，如《建筑统一模数制》、《建筑制图标准》和《建筑安装工程质量评定标准》等。

建筑构配件标准化是工业化生产对建筑标准化的主要要求。其中，建筑结构配件主要包括梁、板、柱、楼梯、阳台、天窗和墙体等。建筑配件主要是指建筑物的门、窗、栏杆、内外装修配件以及水、暖、电、卫生设备的配件等。

（2）建筑设计参数标准化。建筑设计参数标准化。是对建筑产品的规格、尺寸具有统一的质量标准、工艺标准，尽量减少构配件的规格型号，逐步做到系统化和通用化，选用通用的构配件图集，编制一套供工程设计人员使用的构配件统一的产品目录，使设计人员的工作简单、方便。对于大量建造和多次重复使用的建筑物、建筑群、构筑物或它们的单元、节间等采用标准设计、通用设计或定型设计。为了建筑设计、构配件生产以及施工等方面的尺寸协调，提高建筑工业化的水平，降低造价并提高房屋设计和建造的质量和速度，建筑设计应采用国家规定的建筑统一模数制。建筑模数是选定的标准尺度单位，作为建筑物、建筑构配件、建筑制品以及有关尺寸相互协调的基础。

建筑设计参数标准化是指对建筑产品的规格、尺寸具有统一的质量标准、工艺标准，尽量减少构配件的规格型号，逐步做到系统化和通用化，选用通用的构配件图集，编制一套供工程设计人员使用的构配件统一的产品目录，使设计人员的工作简单、方便。对于大量建造和多次重复使用的建筑物、建筑群、构筑物或它们的单元、节间等采用标准设计、通用设计或定型设计。

为了建筑设计、构配件生产以及施工等方面的尺寸协调，提高建筑工业化的水平，降低造价并提高房屋设计和建造的质量和速度，建筑设计应采用国家规定的建筑统一模数制。建筑模数是选定的标准尺度单位，作为建筑物、建筑构配件、建筑制品以及有关尺寸相互协调的基础。

二、建筑施工机械、自动化

1. 建筑施工机械化

建筑施工机械化是指采用合适的机械，代替手工操作来进行施工生产。用机械代替手工进行施工生产，能够减轻劳动强度，提高劳动生产率，保证提高产品质量，扩大劳动领域，完成人力不能完成的任务。比如施工中最繁重的土石方工程，用人工挖土，平均每台班每人挖土 2～4 立方米，每人每年挖土 600 立方米；若用斗容量 0.5 立方米的小型挖土机，年产量可达 60 000 立方米，相当于手工劳动的 100 倍。施工机械化为改变建筑业手工劳动为主的小生产方式提供了物质技术基础，它是建筑工业化的核心。

施工机械化在建筑生产中的作用主要表现为三方面：

（1）取代传统建筑生产中笨重的体力劳动。

（2）对设备和装配式构件的现场安装或吊装。

（3）现浇机械化施工工艺。施工机械化为改变建筑生产以手工劳动为主的小生产方式提供了物质技术基础。

建筑施工机械化是建筑工业化的核心，构配件生产工厂化、装配化、设计标准化，都是为建筑施工生产机械化创造条件。

建筑施工机械化一般经历三个阶段：

（1）局部机械化即用机械完成，大部分生产过程用人力完成。

（2）综合机械化即在施工主要过程使用机械操作，完成建筑产品的生产。如在隧道掘进工作面全部生产过程，包括挖掘、运输、顶板支护、采空区处理及等全部采用机械化。

（3）自动化即施工机械设备、系统在没有人或较少人的直接参与下，按照施工作业人员的要求，经过自动检测、信息处理、分析判断、操纵控制，实现预期的目标的过程。自动化施工技术不仅可以把人从繁重的体力劳动、部分脑力劳动以及恶劣、危险的工作环境中解放出来，而且能扩展人的器官功能，极大地提高建筑施工的劳动生产效率。

2. 建筑施工机械化的经济效果

我国建筑业工业化起步较晚，建筑施工机械化基本从半机械化和改良工具起步，推广机械化从减轻笨重劳动，将作业人员从危险作业中脱离。充分利用我国劳动力资源较丰富的优势，通过改良工具，实现一些工序的半机械化来实现提高劳动生产率，降低生产成本和保证工程质量的目标。

施工自动化是施工机械设备、系统在没有人或较少人的参与下，按照施工人员的要求，由设备自动检测、处理、判断、操控，实现预期施工作业目标的过程。

按照目前我国生产技术水平，建筑业还属于劳动密集型，是国民经济中消耗社会劳动较多的物质生产部门之一。在这个部门中实现机械化，可以取得很好的经济效果。

第一，建筑施工机械化采用合适的机械，代替手工操作来进行施工生产，能够大大减轻施工人员的劳动强度，提高劳动生产率。另一方面，还能提高产品质量，扩大劳动领域，完成人工操作不能完成的任务。如施工中最繁重的土石方工程，用人工挖土，平均每台班每人挖土 2～4 立方米，每人每年挖土 600 立方米；若用斗容量 0.5 立方米的小型挖土机，年产量可达 60 000 立方米，相当于手工劳动的 100 倍。

第二，建筑施工机械化不仅能提高劳动生产率，而且还能迅速完成单靠人力不能完成或很难完成的任务。例如，工业厂房的大型设备和构件的吊装，高层建筑的结构安装，需要吊装或安装的设备和构件的重量常达数十吨、数百吨，不采用机械化施工，几乎是无法完成的。至于建筑业生产经营活动中的许多高空作业、地下作业、水下作业和其他危险条件下的施工作业，不采用机械化施工也是无法完成的。同时，机械作业还尽可能减少对作业人员大安全威胁，提高了施工生产的安全性。

第三，机械化施工有利于保证和提高工程施工质量。例如在混凝土的搅拌和浇筑过程中，利用施工机械操作要比手工操作更能准确、有效地控制混凝土的配合比，使混凝土搅拌更均匀，振捣更密实。这样保证了混凝土的强度，使之满足工程质量要求。而且，在保证混凝土预制强度的条件下，还可以节约水泥用量。还有在道桥工程施工中，用摊铺机来铺筑道路所达到的密实度、强度的均匀度、路面平整度等技术指标，都是手工铺筑道路所无法比拟的。

第四，建筑施工机械化有利于建筑产品多样化。在建筑施工机械化的发展过程中，产生许多现浇机械化施工工艺。这些施工工艺对建筑产品平面和立面形状及尺寸的标准化要求大为减少，有利于设计人员根据建筑产品的功能要求、地理位置、周围环境等，发挥其想象力和创造性，设计出形态各异、具有创造性的建筑产品。

3. 建筑施工机械化过程中需注意的问题

首先，实现建筑施工机械化要注意实效，不能为实现机械化而机械化。不能只在少数环节孤立地使用机型，否则会有大量的作业人员参与机械生产的辅助过程，会大大降低施工机械化的经济效果。

其次，发展施工机械化，要从国情出发。我国建筑业原来的技术基础又比较薄弱，实现机械化所必须的技术力量也不够，要求在短时期全面实现机械化，是不切合实际的，也是不经济、不合理的。

再次，机械化、半机械化、改良工具和手工操作相结合。区别具体地区、行业的情况，逐步使施工机械化在深度和广度两个方面发展。同时，积极研制手持改良工具采用轻便机械，大力发展适用建筑施工技术，为进一步提高施工机械化水平创造条件。

三、构配件生产工厂化

1. 构配件生产工厂化的概念

构配件生产工厂化就是在专门的工厂进行建筑构配件的预制生产，将建筑构配件由现场现制改为工厂预制，能减少现场作业，扩大作业空间，从而缩短建设周期，提高构配件制作效率和质量，利于文明施工。

建筑构配件生产工厂化是建筑工业化的重要内容，它将建筑施工从个体手工业生产方式转为大工业生产方式，采用工厂预制和现场装配相结合的施工生产方式。大量的建筑构配件生产工厂化将原来在现场完成的构配件加工制作活动相对集中地转移到工厂中进行，改善了作业人员的工作条件，可以实现快速、优质、低消耗的规模生产，为实现现场施工装配化创造条件。

建筑构配件生产工厂化过程包括：

(1) 采用装配式结构，预先生产出各种构配件运到工地进行装配；

(2) 混凝土构配件实行工厂预制、现场预制和工具式钢模板现浇相结合，发展构配件生产专业化、商品化，有计划有步骤地提高预制装配程度；

(3) 发展经济适用的新型材料，利用其他工业废料，节约能源与原材料消耗，降低生产成本。

2. 建筑构配件生产工厂化的发展历程

按照工厂化程度的不同，构配件生产工厂化过程主要可分为以下几个发展阶段：

(1) 局部采用预制构件阶段。在这个阶段只有少量小型构件，如楼板、门窗过梁、楼梯、平台等作为装配式构件而预制加工，而其他大量的建筑构配件的制作还主要分部分项工程现场——在施工现场完成。在这一阶段，预制构件价值占全部施工材料和制品价值的比例一般不超过20%～30%。

(2) 大部分采用预制装配构件施工阶段。在这一阶段，施工中所用的主要构件如梁、板、柱、桩、大墙板、屋面板等均在工厂预制完成，各种预制构配件的加工厂，也逐步从建筑企业中分离出来，成为独立的建筑构配件生产企业。这一阶段预制构件价值占全部材料和制品价值的比例，可达到60%～70%。

(3) 建筑施工中基本全部采用预制装配构件阶段。在这一阶段，建筑物基础以上的构件80%以上都在构配件生产工厂预制，构配件生产工厂甚至还可以生产某些建筑结构单元，乃至整个建筑产品。

3. 构配件生产工厂化的优势

(1) 有效缩短建设周期。由于建筑构配件在专业的工厂中加工制造成品，再到施工现场进行装配，节省了构配件现场制作所占的时间和空间，施工与构配件制造可平行作业，很多不同的工作可以很大限度地在同一时间进行，从而能显著地加快工程进度，缩短建设周期。随着建筑构配件预先组合程度的提高和装配化程度的提高，工程进度可进一步的加快。

(2) 提高施工效率和工程质量。把工地上绑钢筋等工序放到生产车间里，建筑构配件大小、质量都是一样的标准，就像一块块“积木”。施工工地变成了装配车间。这样简化了施工现场管理，减少了临时设施建设，节约施工用地，促进安全文明施工。它可简化施工现场的管理，但又必须加强工厂制品的订货、质量检验、运输、装卸、验收以及索赔等的管理。

(3) 提高现场施工的连续性。由于建筑工程施工，既有地下作业，又有高处作业，受寒冷气候变化和风雷雨雪天气的影响很大，采用工厂化施工，可将自然条件的影响减小到最低限度。而预制构件的现场装配受气候影响相对较小，从而可以减少由于气候原因所造成的劳动时间的损失，提高现场施工的连续性和均衡性。

(4) 提高施工生产效率和构配件质量。在工厂内制作构配件，可按专业分工，采用先进工艺和专用设备，进行大批量生产，可提高生产效率和构配件质量。工厂化生产的优越性还表现为可以最大限度地采用各种技术措施，如采用高强度钢丝、钢筋的冷处理、对焊、混凝土蒸汽养护等技术措施对保证构配件的质量都有很重要的作用。另外，工厂化生产构配件还可以改善材料的利用，减少材料的损失，提高制作设备的利用率。

(5) 简化施工现场设置。在采用工厂化施工的条件下，施工现场的原材料堆放场地和制作车间（如混凝土搅拌厂、钢筋加工厂等）可大大缩小，并减少原材料等的运输，相应的电力、供水、道路等临时设施也可简化。在电力安装工程施工中，工厂化施工的主要措施是将机组设备在原制造厂内或施工基地内组装并试车，提前消除缺陷；许多辅助设备经过工厂试运后运到现场实行设备不解体安装；各类管道在工厂内预组装并打好坡口，可大大减少现场的安装和焊接工程量。

4. 构配件生产工厂化面临的问题

建筑构配件生产工厂化有许多益处，但也存在许多问题。如建筑构配件生产企业建立需大量投资，构配件商品由生产企业运到施工现场需要一定能力与道路通行条件。所以，在实现建筑构配件生产工厂化的过程中，要因地制宜，实行工厂预制和现场预制相结合的方针，有计划地提高预制装配程度。

四、组织管理科学化

组织管理科学化就是要按社会化大生产要求，利用先进适用的管理方法对建筑施工生产进行组织管理。建筑施工生产过程涉及面广，影响因素多，必须通过加强管理，才能处理好各种关系，使得建筑产品生产顺利进行，所以建筑管理科学化是建筑工业化的重要内容之一。

与国民经济其他行业相比，我国建筑业的劳动生产率长期以来处于相对较低的水平，在许多工程项目的建设过程中，施工技术比较落后，作业人员劳动强度大。随着我国城市化进程不断加速，对各类建筑商品需求大增，迫切需要加速建筑工业化进程，促使建筑企业提高施工生产效率和施工质量，向社会提供更多满足人们需要的建筑产品。

建筑工业化代表建筑生产力的发展方向，它要求相应地变革生产关系，改革不适应社会化大生产的管理机制、管理组织和管理方法。国内外的实践证明，只有构配件生产工厂化、设计标准化和施工机械化，而没有相应的组织管理科学化，就达不到实行建筑工业化所预期的高速度、低消耗、取得良好经济效益的目的。因此，科学组织与管理是建筑工业化的重要内容和必不可少的条件。

组织管理科学化是指生产力的合理组织，即按照建筑产品的技术经济规律来组织建筑生产。从广义上来讲，组织管理还应该包括管理体制、计划体制、经济体制等这样一些属于生产关系和上层建筑方面的内容，这些内容对于实现建筑工业化有着非常重要的作用。

组织管理科学化就是要按社会化大生产要求，利用先进适用的管理方法对建筑施工生产进行组织管理。建筑施工生产过程涉及面广，影响因素多，必须通过加强管理，才能处理好各种关系，使得建筑产品生产顺利进行，所以组织管理科学化是建筑工业化的重要内容之一。

实现组织管理科学化必须采用科学的管理方法。仅靠经验或以技术为主导的管理方法不能有效合理地组织和管理建筑生产，也不能充分利用已有的物质技术条件。必须在充分认识建筑生产技术和经济规律的基础上，运用先进的管理方法来组织生产。建筑领域内管理方法科学化的进展速度虽然比较缓慢，但已经有了一批适应建筑生产特点的科学管理方法，如网络计划技术用于进度计划的编排、调整和控制；盈亏平衡分析法、偏差分析法用于成本的分析和控制；ABC 分类法、排列图法、全面质量管理方法用于质量控制等，都是十分有效的。今后，还需要不断地发展新的科学管理方法，以适应建筑工业化进一步发展的需要。

实现组织管理科学化，首先需要解决管理手段现代化的问题。由于科学的管理需要大量的数为基础，从定性分析转向定量分析。靠人工处理数据已远远不能满足速度和精度的要求，而必须借助于电子计算机。许多科学的管理方法也只有采用电子计算机之后，才能充分显示出它的作用。如网络计划技术，虽然可以用手工技术，但速度慢，且只能在节点较少的情况下应用，难以在大型复杂工程上应用，在施工过程中也难以进行计划调整。采用计算机管理系统可以随时根据管理人员的要求调整进度计划。如果说机械是人的体力的延伸，则计算机系统是人的脑力的延伸，它是实现组织管理科学化必不可少的手段。

第三节 建筑工业化的发展

建筑工业化是建筑业产业化及其技术进步的重要方向，它要求用大工业的现代化生产方式来建造工业和民用建筑，把不同类型的房屋作为工业产品，分别采用统一的结构形式和成套的标准构配件，采用先进的工艺，按专业分工集中在工厂进行大批量生产，在现场进行机械化的施工安装，完成建筑产品生产。

建筑工业化在西方发达国家已有半个世纪以上的发展历史，形成了各有特色和比较成熟的产业和技术。与西方发达国家相比，我国的建筑工业化起步相对较晚，进展程度也不均衡。当前，日益严峻的环境危机、节能减排压力、多样化的住房需求等问题。作为一个建筑工业化起步较晚的国家，学习、借鉴和发展国外的经验和方法是重要途径。

一、国外建筑工业化的发展

20 世纪初，欧洲兴起新建筑运动，大量采用标准构件，实行工厂预制建筑构配件，然后在施工现场机械装配，为建筑业的生产转向大工业生产方式奠定了基础。20 世纪 20～30 年代，建筑工业化的理论初步形成，并在一些工业发达国家相继试行。

“二战”后，西欧一些国家推行了建筑工业化，并取得了成效；其后迅速传播到东欧一些国家及苏联、美国、日本等国。

1. 法国的建筑工业化

法国是世界上最早推行建筑工业化的国家之一。从20世纪50年代到70年代，法国开始实施以全装配式大板和工具式模板现浇工艺为标志的建筑工业化，有人把它称为“第一代建筑工业化”。

20世纪70年代，为适应建筑市场的需求，法国建筑业开始向以发展通用构配件制品和设备为特征的“第二代建筑工业化”过渡。为建立建筑通用体系，法国于1977年成立构件建筑协会（ACC），作为推动第二代建筑工业化的调研和协调中心。1978年，该协会制订尺寸协调规则。同年法国住房部提出以推广“构造体系”，向通用建筑体系过渡的。

2. 日本的建筑工业化

日本的建筑工业化始于20世纪60年代初期。战后的日本经济处于恢复时期，住宅需求增加很快，建筑技术人员和熟练工人明显不足。为了使现场施工简化，提高产品质量和效率，日本政府开始推动日本住宅建筑工业化的发展。在学习和借鉴丹麦、瑞典、法国等欧洲国家发展建筑工业化经验的基础上，日本于1960年建立了公营住宅KJ制度，即在公营住宅建造中推广采用工业化生产的规格部件。

1966年日本建设省发表了“住宅建筑工业化的基本设想”，提出为了提高生产效率，必须推动住宅建筑工业化，使施工现场的作业转移到工厂中。此后，在日本的住宅部品制造得到了较快发展，日本的建筑业迅速走上了工业化之路。住宅新开工总建筑面积从1960年的2505万平方米提高到1965年的4967万平方米和1970年的10 107万平方米，每5年翻一番；人均劳动生产率每人每年完成住宅面积分别为44平方米、72平方米和121平方米，10年增加1.75倍。传统住宅由1960年占住宅总面积的65.84%逐步降低到1985年的0.040，预制装配住宅同期由0.249逐步提高到16.120，介于两者之间采用新材料和工业化部件的住宅同期由33.92%提高到83.84%。

20世纪70年代以后，日本建筑工业化走进成熟期，许多大企业联合组建集团进入建筑行业，在住宅建造技术方面，产生了盒子住宅、单元住宅等多种形式。同时日本海设立了工业化住宅性能认证制度，以保证工业化住宅的质量和功能。1973年日本建设省组建了“住宅部品开发中心”（1986年更名为住宅部品认定中心），并制定了优良住宅部品（BL部品）审定制度。这一时期，工业化方式生产的住宅占竣工住宅总数的10%左右。

20世纪80年代中期，为了提高工业化住宅体系的质量和功能，日本建设省正式批准优良住宅部品（BL部品）认定制度。这一时期工业化方式生产的住宅占竣工住宅总数的15%～20%，住宅的质量、功能有了提高。截至1990年，经“优良住宅部品”认定的生产厂家共663家，认定的部件共1418类。到90年代，采用工业化方式生产的住宅占竣工住宅总数的25%～28%。

建立产品认证制度是建筑工业化的保证。目前，日本政府的住宅部品认定中心已建立了58类住宅部品的认定标准，并开展了相应的认定工作。强力推行优良住宅部品认定制度，大大提高了日本建筑与住宅工业化水平，有效促进了住宅部品体系的建立以及建筑材料与制品的更新换代，使日本的建筑工业化水平处于世界先进水平。

3. 美国的建筑工业化

美国建筑业的工业化、商品化十分发达，混凝土商品化始于1925年，20世纪50年代开始成为新兴独立行业，年产量达 1.6 亿立方米，占全国混凝土总产量的 84%。建筑模板工厂化生产从 20 世纪 50 年代初开始发展，这些模板从设计到制作的每一个环节，用户都可以定购、选购或租赁，制造厂商提供技术指导和现场培训。1972 年，美国全国有混凝土制品厂商 3595 家，生产梁、柱、板、桩等预制构件 8 大类 53 种产品。各类砌块生产厂商提供品种多样的产品，包括不同规格和类型的砌块 2000 多种，在建筑施工中发挥承重、围护、饰面等多种用途。

美国的工业化住宅最早起源于 20 世纪初用于野营的汽车房屋，汽车房屋是美国工业化住宅的起点。20 世纪 50 年代至 70 年代，美国的一些企业在汽车房屋的基础上开始了以居住为主要目的的可移动房屋的开发，开启了工业化住宅时代。由于工业化住宅的建造成本仅为一般住宅的一半，工业化住宅在美国中低收入人群中很受欢迎。目前在美国，每 16 个人中就有 1 个人居住的是工业化住宅。另外，由于美国私人住宅一般在郊区，建筑以低层木结构为主，住户可以根据样本或自己设计，查阅产品目录，到市场自由购买所需一切建筑材料。各类建筑配件制品、设备和机具，自己动手组装或委托承包商办理。

二、我国建筑工业化的发展历程

从中国建筑工业化生产方式及技术发展的角度，来分析 20 世纪 50 年代以来的建筑工业化及技术发展过程，可分为三个时期。

1. 建筑工业化及技术的创建期

新中国成立的发展建设初期，城市建设百废待兴，居民住宅严重短缺，快速、经济的住宅建设与建筑工业化相结合成为城市建设的首先途径。20 世纪 50 年代苏联的建筑工业化经验被引进国内，开展了设计标准化的普及工作，开始了多类型住宅结构工业化体系与技术的研发与实践。在这一时期建筑工业化及技术以大量建设且解决居住问题为发展目的，重点创立建筑工业化的住宅结构体系和标准设计技术，以推动早期建筑工业化项目建设及实施技术研发的工作。这一时期的主要工作如下：

（1）引进先进的建筑工业化思想。住宅短缺是建国后急待解决的重大问题，急需找到加快解决住房短缺的建设方法。1953 年“一五”期间，随着社会主义工业化建设的开始，苏联“一种快速解决住房短缺方法”的建筑工业化思想被引进国内，推行“发展标准化生产、机械化施工和标准化设计”的建筑工业化思路。建筑工业化内容主要包括设计标准化、构件工厂化和施工装配化三个方面，核心是主体结构的装配化。在加快建设速度、降低工程造价和节约人员数量的前提下，大量、快速和廉价地提供城市住宅。

（2）制定住宅设计标准。在引进苏联建筑工业化方法的同时，在我国的住宅设计领域也出现了标准设计的概念。“一五”期间，普遍采用标准设计方法，较好地解决了技术人员不足的问题，使设计效率得到了极大提高。在东北地区，最先尝试引进苏联住宅标准化设计方法取得较好效果。20 世纪 50 年代中期开始，由国家城市建设部负责，按照标准化、工厂化构件和模数设计标准单元，编制了全国六个分区的标准设计全套各专业设计图。

（3）初创建造预制化与工业化住宅体系。随着住宅建设量的持续加大，中央政府更加重视发展施工简便的的低造价住宅。在这一时期，我国的民用建筑多为砖木或砖混住宅结构，施工主体构件大多采用施工简便的预制楼板。因此，大型砖砌块体系是先期的工业化住宅体系。

1957 年，在北京市洪茂沟住宅区开始应用这种大型砖砌块体系进行施工建设。之后随着大型砖砌块体系技术的日益成熟，建筑工业化生产得到了一定的发展。在各地的建设工程活动中，以重视住宅建设的经济性为契机，推动了初期多类型工业化住宅体系的研究与发展，很多地方出现了 PC 大板体系住宅。

（4）多类型住宅结构工业化体系与高层 PC 大模板体系。20 世纪 70 年代，在全国范围建筑工业化运动的“三化一改”即设计标准化、构配件生产工厂化、施工机械化和墙体改革方针指导性下，各地的大型砌块、楼板、墙板结构构件的施工技术普遍应用，出现了系列化工业化住宅体系。

此外，除了砖混住宅体系的大量应用，大型砌块住宅体系、大板（装配式）住宅体系、大模板住宅体系和框架轻板住宅体系等也得到了发展。1973 年，作为国内最早 PC 高层住宅的前三门大街高层住宅在北京建成，该建筑共计 26 栋高层住宅都采用了大模板现浇、内浇外板结构等工业化的施工模式，首次尝试了用高层 PC 技术的大批量建造方式。上述这些成果有力地推动了我国建筑工业化施工的发展。

（5）标准通用图的普及。20 世纪 70 年代，标准化设计方法标准图集的制定工作由各地方负责实施，各地方成立了专业部门来推进住宅标准设计的工作。这种标准化设计方法的标准图集，成为所有城市住宅建设和构件生产的技术依据。

（6）建筑工业化“建筑体系”概念与国外建筑工业化的研究。20 世纪 70 年代末，改革开放的大潮使城市建设量不断加大。以何种方式来解决大量的建设任务，成为建筑业急需解决的难题。为此，我们开始与借鉴西方国家的住宅建筑工业化的经验与成就，将国外建筑工业化“建筑体系”概念引进国内，一些学者和管理者开始系统研究法国、苏联、日本、西德和美国等国家的建筑工业化发展及特点，取得了《关于逐步实现建筑工业化的政府政策和措施指南》、《国外建筑工业化的历史经验综合研究报告》，以及《大模板施工技术译文集》等研究成果。

（7）砖混住宅结构体系与技术的开发。1978 年之前，砖混住宅一直是作为我国最为广泛采用的结构体系，建筑工业化基本在砖混住宅体系的发展中得以较好的体现。“一五”期间，建筑工程活动多是通过砖混住宅通用图，提高砖混住宅的标准化水平。20 世纪 60 年代，在各类建筑中的楼板、楼梯、过梁、阳台、风道等构件均已预制化，形成了砖混住宅结构的工业化体系。

2. 建筑工业化的探索期

20 世纪 80 年代，改革开放带来建筑业发展的春天。随着各类工程建设规模迅速扩大，当时的工程施工、建筑材料生产及其技术水平已远不能适应新的形势下的要求。探索与推行建筑工业化的生产方式，提高产业发展速度与水平，解决建筑工程施工效率地、质量不稳定问题已成为亟待解决的问题。

在这一时期，建筑工业化技术推广，以提高建设工程质量，多方面、系列化地进行建筑工业化生产的技术政策和技术理论体系的综合研究、部品技术的系统应用和整体性实践的项目尝试成为核心人物。这一时期的主要工作如下：

（1）建筑构配件标准化、多样化实践。建筑构配件标准化和多样化主要是在考虑结构构配件工业化生产的同时，研究住宅设计的标准化和多样化，以“基本间”相互组合的方法形成了系列化的设计。1983 年，有关部门在研究法国、日本、苏联等国家的住宅发展信息的基础上，《国外工业化住宅建筑标准化与多样化探讨》的研究课题通过鉴定，该成果研究了在标准化的前提下实现工业化住宅多样化的必要性和可能性，并总结归纳了几种实现途径，即改进标准设计方法、实现住宅内部空间的可变性和灵活性、实现平面类型的多样化、增加住宅建筑的类型、住宅体型和立面的多样化、采用多种结构体系和施工工艺、构配件设备与制品的系列化和多样化、住宅群体建筑不同处理与环境设计等。

（2）建筑工业化新技术体系的推广。1985年，基于依托技术进步实现城镇住宅建设战略，国家开展了城市住宅小区建设试点工作，原国家经委将城市住宅小区建设列为了“七五”期间50项重点技术开发项目之一，城市住宅小区建设试点工作强调了推广科技成果，运用成熟的新技术、新材料、新工艺和新设备。1997年，城市住宅小区建设试点总结出体系化的十大类100项“四新技术”作为推荐技术在全国推广。

（3）模数标准与标准设计的发展。1987年10月1日，由原中华人民共和国城乡建设环境保护部编制的“住宅模数协调标准”经国家计划委员会批准实施。1997年，有关部门在修编制“住宅模数协调标准”中，提出了模数网络和定位线等概念，对我国住宅设计、产品生产、施工安装等的标准化具有重要的影响。1988年颁布的“住宅厨房和相关设备基本参数”和1991年发布的“住宅卫生间相关设备基本参数”，为推动住宅设备设施水平的进步做出了贡献。

20世纪80年代，由原中华人民共和国城乡建设环境保护部编制的“全国通用城市砖混住宅体系图集”和“北方通用大板住宅建筑体系图集”等，扩大了住宅标准设计的通用程度，发展了系列化建筑构配件。

上述标准作为国家、地方或行业的通用设计文件，为促进建筑工业化的发展打下了良好基础。

（4）住宅建筑体系与小康住宅设计通用体系的研究。20世纪80年代，为综合提高工程建设的工业化水平，实现对传统手工业式的建筑技术的合理化改造，实现建设工程施工标准化、体系化和工业化。1982年中国建筑技术发展研究中心完成了“框架轻板住宅体系”；1984年，完成了“北方通用大板住宅体系”；1986年，完成了“城市多层砖混住宅体系化研究”；1989年，完成了“天津试验住宅小区大开间住宅系列设计研究”等科研人物，上述研究获得了一系列成果，并在工程建设中应用。

1988年开始，中日两国在我国建设领域内开展了第一个合作研究项目“中国城市小康住宅研究”。此项目针对我国住宅建设与居民需求，围绕小康居住目标预测、小康住宅通用体系和小康住宅产品开发等内容进行攻关研究，这项研究为建筑工业化发展提供了依据，对于提高城市住宅建设技术水平和生产效率影响深远。

（5）“适应型住宅通用填充体”工程的试验。1992年，国家“八五”重点研究项目“住宅建筑体系成套技术”中的子课题“适应型住宅通用填充（可拆装）体”项目，邀请了美国麻省理工学院建筑系前主任、荷兰开放住宅体系创始人N.J.哈布林肯教授担任题技术顾问。这项研究结合我国国情，研发了适用于我国住宅结构体系的“适应型住宅通用填充（可拆装）体”，并取得了下列研究成果：

1）适应型住宅通用填充（可拆装）体系和系列技术。

2）成立产学研结合攻关组织，联合数十家国内外企业共同研讨产品和技术的应用，进行了试验楼的建造。

3）出版可推广的“适应型住宅填充体通用设计图集”。

“适应型住宅通用填充（可拆装）体系和系列技术”研究，从满足居民日居住的舒适性、灵活性、多样性、适应性和可改性的需求出发，研发了建筑工业化的发展和产品施工、安装的工业化条件及技术。

（6）小康型城乡住宅科技产业工程技术体系推广。1995 年，由国家科委批准的国家重大科技产业工程项目“2000 年小康型城乡住宅科技产业工程”开始实施，该项目以实施和推进建筑工业化为目标。此后，建设部在 1996 年陆续颁布了“住宅产业现代化试点工作大纲”和“住宅产业现代化试点技术发展要点”等文件，推进建筑科技产业工程，是为了加大住宅产业的科技水平。

为了做好关键技术的研究开发，有关政府部门一是积极制定和出台一系列政策、措施，在住宅区规划设计、部件（品）生产和施工管理等环节中，推动建筑工业化新技术、新产品、新工艺和新体系的应用推广；二是建立建筑构配件（品）产业化，以发展标准化、系列化和配套化的住宅部件（品）为中心，组织专业化、社会化生产和商品化供应，发展建筑工业化商品市场。

3. 建筑工业化的转变期

20 世纪末，我国取消了城市居民住房的福利制度，这种住房制度和供给体制的根本性变化，以及住宅商品化的迅速发展对建筑工业化产生了巨大影响。

随着全社会资源环境意识的加强和建设工程活动中节能减排的需求日益加大，有力促进了工程建设从观念到技术各方面的巨变。建筑工业化及技术以住宅产业化为发展核心目标，发展重点转向由传统建造方式向工业化生产方式的探索，对保障居住性能的工业化住宅体系和集成技术进行了综合性研发，积极应用了一系列高水平的研发成果，推动了建筑工业化的研发项目建设。建筑工业化注重节能环保的集成技术应用，提高了资源综合利用效益，住宅建设可持续发展成为建筑工业化及技术的发展方向。这一时期的主要工作是：

（1）明确推进建筑工业化的纲领。为了加快住宅建设从粗放型向集约型转变，推进住宅产业化，1999 年，国务院颁发了《关于推进住宅产业现代化提高住宅质量的若干意见》的通知（即 72 号文），明确了推进建筑工业化的指导思想、主要目标、工作重点和实施要求。这一文件成为推进建筑工业化的纲领，强调了建筑工业化，实现住宅建设从粗放型向集约型的转变，有效地提高住宅性能和行业综合效益，满足人民不断改善居住质量的需求是相当长时期内住宅建设领域的使命。另外，72 号文件还强调加强基础技术和关键技术研究，建立住宅技术保障体系，开发和推广新材料新技术，完善住宅建筑和部品体系。

（2）国家康居示范工程的成套技术和部品技术体系的推行。从 1999 年开始，国家建设部推动实施国家康居住宅示范工程项目。该项目以推行康居住宅示范工程成套技术为目的，鼓励房地产开发商、建筑企业在示范工程中采用先进适用的成套技术和新产品、新材料，以此引导住宅建筑技术的发展，促进我国住宅的全面更新换代。

为保证国家康居住宅示范工程的实施效果，自 2001 年开始，国家建设部建立住宅产业化促进中心，在全国范围内对符合国家产业政策和技术发展方向的住宅部品进行征选，对申报的住宅部品进行技术审查，并将通过审定的部品编辑成册予以公布。

在认证管理方面，2002 年，国家建设部发布《国家康居住宅示范工程选用部品与产品暂行认定办法》，开展国家康居住宅示范工程选用部品与产品的性能认定工作。国家康居住宅示范工程将部品按照支撑与围护部品（件）内装部品（件）、设备部品（件）、小区配套部品（件）等四个体系进行分类，对康居住宅示范工程及其他各类住宅建设起到了很好的参考作用。

(3) 建立国家住宅产业化基地。2006年，国家建设部颁布《国家住宅产业化基地实施大纲》，计划在全国范围内建立一批建筑工业化产业基地，培育和发展一批符合住宅产业现代化要求的产业关联度大、带动能力强的龙头企业，发挥示范、引导和辐射作用。国家住宅产业化基地的建设为发展符合节能、节地、节水、节材等资源节约和环保要求的住宅产业化成套技术与建筑体系，满足广大城乡居民对提高住宅的质量、性能和品质的需求提供了物质基础。

建筑工业化产业基地的建设目标：

1) 研发、推广符合居住功能要求的标准化、系列化、配套化和通用化的新型工业化住宅建筑体系、部品体系与成套技术，提高自主创新能力。

2) 突破核心技术和关键技术，提升产业整体技术水平。

3) 鼓励一批骨干房地产开发企业与部品生产、科研单位组成联盟，形成产学研相结合的技术创新体系，带动所在地区的住宅产业发展。

4) 探索住宅产业化工作的推进机制，引导产业化基地的先进技术、成果在住宅建设项目中推广应用，形成研发、生产、推广、应用相互促进的市场推进机制。

国家住宅产业化基地实施的关键技术领域：

①新型工业化住宅建筑结构体系。

②符合国家墙改政策要求的新型墙体材料和成套技术。

③满足国家节能要求的住宅部品和成套技术。

④符合新能源利用的住宅部品和成套技术。

⑤有利于水资源利用的节水部品和成套技术。

⑥有利于城市减污和环境保护的成套技术。

⑦符合工厂化、标准化、通用化的住宅装修部品和成套技术等。

第四节 工业化建筑体系

一、工业化建筑体系的含义

在建筑设计标准化的基础上进一步发展就成为建筑设计体系化。所谓体系化，就是根据各地区的自然条件、材料来源、材料供应方式以及设计标准，设计出定型的设计图纸，同时再配以合理的施工工艺和方法，把整个施工过程统一定型，组织成不同类型的工业化建筑体系。工业化建筑体系其首要条件就是结构选型。不同的建筑体系各有其技术经济特点和适用范围。我们应用系统分析与决策原理，对这些建筑体系进行技术经济分析和综合评价，这对工业化的选择和发展具有一定的现实意义。

工业化建筑体系针对某一类建筑物建造的全过程，采用统一的建筑参数、结构形式和配套的标准构配件并采用配套的工艺设备、施工机械和施工工艺以及科学的组织管理方法所形成的具有鲜明特色的一类建筑产品。工业化建筑体系是设计标准化、定型化的进一步发展，是设计定型化和施工过程定型化相结合的产物也是建筑工业化各个方面综合作用的结果。工业化建筑体系的成型，一般要经过开发、研制、试用、推广四个阶段，并且要不断地完善和更新。

二、工业化建筑体系的分类

总的来讲，工业化建筑体系可分为专用体系和通用体系两大类。其中，专用体系为封闭式系统，通用体系为开放式系统，因而更具普遍性。

专用体系是指只能适用于某一种或几种定型化建筑使用的专用构配件和生产方式所建立的成套建筑体系，它有一定的设计专用性和技术的先进性，但缺少与其他体系配合的通用性和互换性。其构件、连接件和密闭件只有属于一个体系的成套建筑部件才能采用。这种体系限制了建筑师的创作自由，建筑单调、乏味，二十世纪五、六十年代建筑工业化多采用之。多年以来前苏联一直采用这种系统，他们将建筑工业化具体解释为采用工业生产的、高度工厂预制的大尺寸结构、构件和盒子进行机械化流水作业的装配和安装来建造房屋。由于这种生产方法在建设初期投资较大，如果建设规模较小及缺乏后续的建造任务，会导致建筑成本提高和资源浪费。

通用体系是指预制构配件、配套制品和连接技术标准化、通用化，是使各类建筑所需的构配件和节点构造可互换通用的商品化建筑体系。通用体系是以建筑构件标准化原理为基础，各生产厂家生产的建筑构件和制品可以互换。这种体系给了建筑师充分的创作自由，并在构件和制品的材质与色彩方面也有足够的品种选择因而广受欢迎。迄今为止，该体系已为欧美一些国家和日本成功实践，并在世界各国推广，是未来建筑工业化的发展趋势。

需要注意的是，通用体系发展的关键是需要处理好连接件问题。安全、科学的连接件需要不同阶段建筑构件的更换与变化，使建筑像生命系统一样，具有新陈代谢的功能，只有这样才能保证建筑产品满足社会发展和人们生活品质不断提高的需要。

工业化建筑体系按照建筑产品类型还有许多具体的分类，它可以按照不同的标准进行分类，如按照建筑结构形式、施工工艺、选用材料等分类。

1. 按照建筑结构类型分类

建筑结构一般是指其建筑的承重结构和围护结构两个部分。建筑物在建设之前，根据其建筑的层数、造价、施工等来决定其结构类型。各种结构的建筑物其耐久性、抗震性、安全性和空间使用性能各不相同。常见的建筑物结构类型主要有砖木结构、砖混结构、钢筋混凝土结构和钢结构四大类。

（1）砖木结构。砖木结构是用砖墙、砖柱、木屋架作为主要承重结构的建筑，这种结构建造简单，材料容易准备，费用较低。

（2）砖混结构。砖混结构是砖墙或砖柱、钢筋混凝土楼板和屋顶承重构件作为主要承重结构的建筑，是许多城乡住宅建设中普遍采用的结构类型。

（3）钢筋混凝土结构。钢筋混凝土结构是主要承重构件如梁、板、柱等全部采用钢筋混凝土结构作为承重结构的建筑，这种建筑结构类型通常用于大型公共建筑、工业建筑和高层住宅建造。一般情况下，这些钢筋混凝土建筑里又有框架结构、框架—剪力墙结构、框—筒结构等，25～30层的高层住宅通常采用框架—剪力墙结构。

（4）钢结构。钢结构是主要承重构件全部采用钢材作为主承重结构的建筑，它自重轻，能建超高摩天大楼，同时又能制成大跨度、高净高的空间，所以比较适合大型公共建筑的建造。

2. 按照生产施工工艺分类

按照混凝土工程划分，预制装配（全装配）、工具式模板机械化现浇（全现浇）或现浇与预制相结合。

（1）预制装配式建筑。预制装配式建筑是指用预制的构件在工地装配而成的建筑。这种建筑施工的优点是建造速度快，建设周期短，受自然气候条件制约小，可以节约劳动力资源并可提高建筑质量。

但这种建筑的施工也存在生产基地一次性投资大，当生产量不稳定时，工厂的生产能力得不到充分发挥等缺点。

（2）全现浇和现浇与预制相结合的建筑。全现浇和现浇与预制相结合的建筑是指主要承重构件采用全部现浇和部分现浇、部分预制装配的建筑。主要有滑模建筑、升板建筑。

这种建筑的优点为结构整体性好，适应性强，运输费用省，可组织大面积流水施工，经济效果好，生产的一次性投资少；其缺点是现场湿作业多，施工工期较长。

3. 按照建筑产品组成方式分类

按照建筑产品组成方式，建筑物可以分为砌块建筑、大板建筑、盒子建筑、骨架板材建筑、滑模建筑、升板建筑。

（1）砌块建筑。砌块建筑是用预制的块状材料砌成墙体的装配式建筑，适于建造3～5层建筑，如提高砌块强度或配置钢筋，还可适当增加层数。砌块建筑适应性强，生产工艺简单，施工简便，造价较低，还可利用地方材料和工业废料。

（2）大板建筑。大板建筑是由预制的大型内外墙板、楼板和屋面板等板材装配而成，又称板材建筑。它是工业化体系建筑中全装配式建筑的主要类型。大板建筑可以减轻结构重量，提高劳动生产率，扩大建筑的使用面积和防震能力。大板建筑的内墙板多为钢筋混凝土的实心板或空心板；外墙板多为带有保温层的钢筋混凝土复合板，也可用轻骨料混凝土、泡沫混凝土或大孔混凝土等制成带有外饰面的墙板。建筑内的设备常采用集中的室内管道配件或盒式卫生间等，以提高装配化的程度。大板建筑的关键问题是节点设计。在结构上应保证构件连接的整体性（板材之间的连接方法主要有焊接、螺栓连接和后浇混凝土整体连接）。

（3）盒子建筑。盒子建筑是从板材建筑的基础上发展起来的一种装配式建筑。这种建筑工厂化的程度很高，现场安装快。一般不但在工厂完成盒子的结构部分，而且内部装修和设备也都安装好，甚至可连家具、地毯等一概安装齐全。盒子吊装完成、接好管线后即可使用。

（4）骨架板材建筑。骨架板材建筑是由预制的骨架和板材组成。其承重结构一般有两种形式：一种是由柱、梁组成承重框架，再搁置楼板和非承重的内外墙板的框架结构体系；另一种是柱子和楼板组成承重的板柱结构体系，内外墙板是非承重的。承重骨架一般多为重型的钢筋混凝土结构，也有采用钢和木作成骨架和板材组合，常用于轻型装配式建筑中。骨架板材建筑结构合理，可以减轻建筑物的自重，内部分隔灵活，适用于多层和高层的建筑。

（5）滑模建筑。滑模建筑是现浇混凝土结构工程施工中机械化程度高、施工速度快、施工场地占用少、结构整体性与抗震性好、安全作业有保障、环境与经济综合效益显著的一种施工技术。这项技术不仅包括各类滑模，如普通的模板或专用模板等工具式模板等，还包括动力滑升设备和配套施工工艺等综合技术。这类技术在施工中主要采用以液压千斤顶为滑升动力，在成组千斤顶的同步作用下，带动1米多高的工具式模板或滑框沿着刚成型的混凝土表面或模板表面滑动，混凝土由模板的上口分层向套槽内浇灌的方式。当模板内最下层的混凝土达到一定强度后，模板套槽依靠提升机具的作用，沿着已浇灌的混凝土表面滑动或是滑框沿着模板外表面滑动，向上再滑动约30厘米左右，这样如此连续循环作业，直到达到设计高度，完成整个施工。

滑模施工技术作为一种现代化的钢筋混凝土工程结构及高效率的快速机械施工方式，已在土木建筑工程各行各业中广泛应用。其特点是取消了固定模板，变固定死模板为滑移式活动钢模，从而不需要准备大量的固定模板架设技术，仅采用拉线、激光、声纳、超声波等作为结构高程、位置和方向的参照系，连续施工完成条带状结构或构件。

(6) 升板建筑。在底层混凝土地面上重复浇筑各层楼板和屋面板，竖立预制钢筋混凝土柱子，以柱为导杆，用放在柱子上的油压千斤顶把楼板和屋面板提升到设计高度，并加以固定。升板建筑的外墙可用砖墙、砌块墙、预制外墙板、轻质组合墙板或幕墙等，也可以在提升楼板时提升滑动模板、浇筑外墙。

在升板建筑施工时，由于大量操作在地面进行，减少了高空作业和垂直运输，节约模板和脚手架，可减少施工现场作业面积。另外，升板建筑多采用无梁楼板或双向密肋楼板，楼板同柱子连接节点常采用后浇柱帽或采用承重销、剪力块等无柱帽节点。再有，就是升板建筑一般柱距较大，楼板承载力也较强，多用作商场、仓库、工场和多层车库等。

三、工业化建筑体系的建立

工业化建筑体系的建立首先要从建设工程项目的设计开始，从选择建筑结构形式入手，尽可能选择新型建筑结构体系，包括钢结构体系、预制装配式结构体系，使建设领域的大部分的建筑构件如成品、半成品，都实现工厂化生产。工业化建筑体系建立的具体途径主要包括：

1. 建立新型建筑结构体系，减少施工现场作业

对于不同的建筑产品，可根据其结构特点，建立新型建筑结构体系，实现装配式生产。如多层建筑由传统的砖混结构向预制框架结构发展；高层及小高层建筑应由框架向剪力墙或钢结构方向发展。

在施工方式上，尽可能减少施工现场作业，建筑构件、成品、半成品以工厂化生产制作为主，使之从现场浇筑向预制构件、装配式方向发展。

2. 做好施工新技术的研发

实现建筑工业化，在相关施工新技术的研发方面主要包括以下几点：

(1) 模板、支撑及脚手架施工技术创新，减少施工现场的湿作业。

(2) 清水混凝土施工、新型模板支撑和悬挑脚手架技术创新。

(3) 新型围护结构体系创新，发展和应用新型墙体材料。

3. 推广建设钢结构建筑

在我国，各类钢结构建筑日益普及，相应的钢结构建筑设计标准、施工质量验收规范陆续出台，推广钢结构建筑的客观条件日臻成熟。另一方面，钢结构以其施工速度快、抗震性能好、结构安全度高等特点，在工程建设中应用的优势日显突出。如钢结构使用面积比钢筋混凝土结构增加面积4%以上，利于缩短工期，降低施工成本和提高产品质量。第三，在工程建设中采用钢结构技术有利于建筑工业化生产，促进冶金、建材、装饰等行业的发展，促进防火、防腐、保温、墙材和整体厨卫产品与技术的提高。而且钢结构可以回收，再利用、

节能、环保，符合经济可持续发展的要求。

4. 发展预制装配式结构的建筑商品生产

目前，在绝大多数的建筑商品生产过程中，大量的混凝土结构都是现场浇筑的，这不仅污染环境、制造噪声，还增加了施工作业人员的劳动强度，且难以保证工程质量。预制装配式结构体系采用预制钢筋混凝土柱，预制预应力混凝土梁、板，通过钢筋混凝土后浇部分将梁、板、柱及节点连成整体的框架结构体系。减少建筑构件的截面面积并减轻了建筑结构的自重，便于工厂化作业、施工速度快等优点，是替代砖混结构的一种新型多层装配式结构体系。目前这类结构体系已在国内的许多地方的建筑工程施工中应用，经济社会效益良好。

5. 在适宜的地方推广复合木结构建筑产品

复合木结构不仅适用于大跨度的建筑，还可适用于大村镇建筑和二至三层的别墅中。这在我国开展的城镇化建设过程中是较适宜的一种方式。与混凝土结构不同，复合木结构作为新型结构形式之一，具有人性化和环保的优点。利用速生木材的深加工，如木材的处理、复合、成型等技术，制成建筑用的柱、梁、板等构件，可以实现工业化生产，并且这种建筑还具有防虫、防火、易组合的能力。

在建筑产品生产中大量使用复合木结构，可减少对钢材、水泥、石子等建材的需求，减少对耕地的和矿石需求，同时也为广大种植速生林的农民提供了一个广大的市场。因此，复合木结构建筑的发展前景将随着建筑工业化技术的成熟日益显现出来。

复习思考题

1. 简述建筑工业化的含义、内容。
2. 什么是建筑设计标准化？主要包括哪些内容？
3. 简述构配件生产工厂化的优势。
4. 简述建筑施工机械化的意义及其实施过程中需注意的问题。
5. 试述我国建筑工业化的发展历程。
6. 国家住宅产业化基地实施的关键技术领域都有哪些？
7. 简述建筑工业化产业基地的建设目标。
8. 工业化建筑体系的含义，其专用体系和通用体系的内涵是什么？
9. 工业化建筑体系都有那些分类？
10. 如何建立工业化建筑体系？
11. 世界上最早实施建筑工业化的国家是哪个？日本是如何实施建筑工业化的？
12. 对比日美建筑工业化的不同。

【资料一】

远大住工的发展历程

一、企业简介

“远大住工”（远大住宅工业有限公司），是国内第一家以“住宅工业”行业类别核准成立的新型住宅制造工业企业。在国家城乡住房与建设部授牌的“国家住宅产业化基地”中，该企业是国内唯一一家综合性的“住宅整体解决方案”制造商。

“远大住工”公司总部在湖南长沙，企业在湖南、沈阳、安徽、江苏等省市有10家研发制造中心，年产能近1000万建筑平方米。

二、企业发展历程

1996年10月，中国远大企业集团与日本铃木企业集团共同投资3000万美金，成立远大铃木住房设备有限公司，开始了国内企业探索建筑工业化生产道路；

1997年7月，日本首相海部俊树到长沙，启动生产线按钮，远大铃木住房设备有限公司宣布正式投产。1998年6月，远大企业集团公司独立追加5000万美金投资，开始进行远大集成建筑研发；

1999年5月，远大企业集团引进日本钢结构体系，建成我国第一代钢结构工业化集成住宅实验楼；

2002年7月，远大企业集团引进德国树脂混凝土模块装配体系，形成第二代工业化集成建筑体系；

2005年3月，远大企业集团投资3亿元，第三代集成建筑体系进入市场化实施阶段，其产品工业化率达到60%；

2006年4月，长沙远大住宅工业有限公司成立，成为中国第一家以“住宅工业”类别核准成立的新型制造企业；

2007年11月，国家住建部为“远大住工”授牌——国家住宅产业化基地，在这一时期，第四代集成建筑体系进入市场化实施阶段，产品工业化率达到65%；

2008年6月，“远大住工”产品的工业化率达到85%以上，同时，具备自有知识产权和国际先进水平的第五代集成建筑体系开始建立；

2009—2011年，第五代集成建筑大规模市场化推广，在湖南长沙的“花漾年华”、辽宁沈阳的“丽水新城公租房”、湖南张家界的“蓝色港湾”等工程项目相继实施建筑工业化生产，企业的建筑工业化工程总建造量超三百万平方米；

2012年8月，远大住工Discovery系列产品推出，开创中国建筑工业化及房地产开发的新模式。

三、取得的成果

远大住工历经17年发展，在充分吸纳美国、日本、德国、新加坡等国家先进理念与技术的基础上，研发出适应中国国情、符合现行设计规范要求且领先国际的预制装配整体式钢筋混凝土结构技术体系，解决了新技术与高成本的矛盾，并在实践中建立健全了自主建筑工业化研发体系、制造体系、施工体系、材料体系与产品体系，技术专利达50余项，PC（预制混凝土构件）生产制造和BIM设计建造技术领先世界，生产设备、工装模具、生产理念、生产工艺和产品质量均已达到国际领先水准，年产能达1000万平方米，建筑工业化率达85%以上。与传统建筑方式相比，具有质量可控、成本可控、进度可控等多项优势，施工周期仅为传统方式的1/3，同时用工量也大大减少，施工现场无粉尘、噪音、污水等污染，可以做到节水80%、节能70%、节材20%、节地20%，真正实现了“五节一环保”，而且解决了保温、防水抗渗、隔音抗震等建筑通病。

从1999年推出钢结构体系创新发展到2012年以第五代集成技术推出的discovery住宅产品，“远大住工”已应用工业化集成技术成功制造出超过500万平方米的绿色建筑，成功开发建设高层住宅、多层住宅、公寓酒店、度假酒店、别墅、办公楼等各类型绿色建筑项目数十个，与包括多地政府和设计单位、建筑商、开发商等在内的各界机构携手合作，凭借公司的现代制造技术的建筑品质、精确高效的建筑施工、大规模工业化的成本竞争优势和节能环保优势，得到了从国家到所在省市各级政府、建筑企业、开发商、设计院等社会各界的广泛认可和一致好评。其中湖南宁乡、张家界“蓝色港湾”项目获“国家康居示范工程”称号。未来公司将进一步优化建筑产品的设计、生产和施工，全面实现建筑全流程的标准化、可控化，推动中国建筑产业的工业化、现代化、标准化。

2013 年，企业计划在北京、天津、上海、杭州、常州、成都 5 至 7 个大中城市新建制造基地，新增产能 1000 万平方米。同时企业还积极拓展海外市场，在南美第一个制造基地已在筹建中。

远大住工通过一系列科研发与试验等建筑工业化研发，已经掌握了建筑工业化体系、制造体系、工法体系、材料体系和产品体系等关键技术，拥有了包括整体厨卫、成套门窗、内装修、复合保温墙体等核心部品，并形成了标准化设计、工厂化生产、配套化建设的建筑工业化生产模式。远大住工结合企业部品生产的特点及优势，通过多年住宅关键技术的研发，具有较强的技术研发和优化集成能力。

【资料来源】远大住工网站

【资料二】

万科企业集团的工业化建造模式

一、发展过程

万科集团是第一家以“建筑工业化建造模式”为特征的、国家住宅产业化基地的房地产开发企业，万科集团作为我国房地产领军企业，在住宅产业化领域力求积极探索一条符合中国国情且能增强企业竞争力的发展道路。大量的技术攻关、人力物力的投入和不懈的探求，为全面提升我国建筑工业化水平做出贡献。

1999 年 12 月，“万科集团建筑研究中心”成立，此后，“万科客户体验中心”、“万科住宅产业化企业联盟”等建筑工业化研发机构也相应成立。

2005 年以后，万科企业集团的建筑工业化生产模式进入试验时间。随后该企业在广东东莞建立了建筑工业化研究基地，万科开始实施绿色住宅的建筑模式。

在建立开始阶段，东莞建筑工业化研究基地的是建设部挂牌的，至 2011 年，万科企业集团在全国的预制式的建筑工业化生产基地遍布 13 个城市，共 56 个项目，实施建筑面积 406.41 万平方米。

从国际住宅建设科技发展趋势来看，高耐久性住宅研发和 SI 住宅及生产技术开发，是 21 世纪住宅建设和研发设计的两大发展方向。SI 住宅及建设生产技术体系既是当今建筑工业化发展的主流，也成为集合住宅的工业化生产技术的典范。近年来，住宅的寿命问题逐渐成为国家节能减排研究中所关注的热点话题，SI 住宅及建设生产技术的开发也成为我国工业化住宅的工程应用所研发的焦点性课题。2008 年，北京合金公寓项目是国家“十一五”课题的首个普适型“中小套型高集成度住宅”试点项目，是运用具有我国自主研发和集成创新能力的“百年住居LC（Lifecycle Housing System）体系”的住宅通用体系的，采用建筑工业化生产的集成技术建造的全装修成品住宅。项目省地节能环保，延长了住宅的使用寿命；项目居住适应与技术体系，保证了住宅的居住性能；项目工业化的集成生产与建造方式，提升了住宅的综合效益。万科企业住宅工业化建造模式实施过程见表11-1。

表11-1　　万科企业住宅工业化建造模式实施过程

年份	项目	内容
1999	建研究中心成立	开始研究住宅工业化生产问题
2003	启动标准化项目	提出“像造汽车那样造房子”及“住宅工业化建造模式”的住宅产业化模式
2004	成立工厂化中心	公司成立深圳建筑研究中心试验基地，实验工厂包括PC构件车间、木工车间和装饰部品车间等
2005	建筑技术检测中心	节能实验室、隔声实验室、设备实验室和环境实验室等
2005	在深圳建筑研究中心试验	万科基地的建筑技术试验场，建造了数个系列工业化生产的试验楼
2006	启动建设的“万科住宅产业化研究基地	开始国内高水准的住宅产业化成套技术及产品综合研发
2007	工业化与节能环保技术研究启动	万科工业化住宅设计建造标准、万科住宅产品性能标准
2007	首个生产住宅的项目	上海万科新里程：推出以PC技术建造的21号22号两栋住宅楼

二、工业化建造模式的推广价值

生产标准化建造是未来建筑业生产方式变革方向。

万科大力推广的工业化生产方式，还是其他新的建筑技术，都是在追求住宅生产的标准化。甚至在他们看来，标准化将是未来住宅建筑的主要发展方向。

房地产市场的飞快发展背景下，大多数客户是为了自住而购房，而并不是为了投资。如何为客户提供一个高性价比的住宅才是关键。”在这种大背景下，开发企业的产品要更关注实用性。

而建筑产品生产的标准化在提升效率、降低成本的同时，也更贴近于主流住宅产品的生产需求。在标准化生产中，甚至可以在预制混凝土构件生产时，通过注入硅胶来改变模具形状，从而生产出形态各异的预制构件。这种技术生产出的构件在外立面上所能达到的视觉效果，是人工所不能及的。

除了在集团内部推动住宅标准化生产，万科企业集团也努力推动这种创新性生产方式。现在万科正与住建部、国家建筑研究中心等部门合作，把通过实践得到的包括装配式住宅和定型模板体系在内的这些“工业化”技术、规范进行推广。

带来最直接的影响，就是带动一个新建筑产业群的诞生。目前与万科工业化生产进行合作的企业仅在“珠三角”地区一地构件厂就有10家之多。

另外，万科企业集团建造模式的转型给建筑行业带来的重要变化就是建筑工人产业化，说得通俗一点说就是建筑业的“农民工”转变成了“产业工人”。

以工业化装配式的生产模式建造起来的工地上，很少有大量建筑工人顶着烈日在进行水泥倒浆。而所有的住宅部件，例如墙身等都是在构配件生产企业中生产。以往在工地中进行作业的工人，都转变成了构件工厂的产业工人。从“农民工”到“建筑产业工人”的转换，带来的不仅仅是名称的变化，更为关键的是他们生活方式的转变，企业管理模式的转变，进而带动和促进社会结构的转变。

工业化住宅建造方式改变，除了给企业摆脱对劳动力的依赖外，带来的就是生产管理制度上的完善。如果这种工业化、标准化生产在房地产行业能够大规模地推行，形成规模效应，那么无论在经济发展上还是在社会转型上都有极大的好处。

传统的建筑业聚集了大量的农民工，其流动性也比较大，企业对于他们的管理比较松散，由此而引发的社会问题也比较多。将农民工变成产业工人，他们就可以相对固定地安家在某一个城市，进行固定的产业生产。对于他们而言也能享受到社保、养老等方面的政策。对于企业、社会以及农民工本人都是有利的，因而工业化建造模式也就存在巨大的推广价值。

【资料来源】万科建造模式转型情况调查 中国行业研究网（http：//www.chinairn.com）2012—6—26.

第十二章 建筑业技术创新

本章重点

1. 建筑业技术创新
2. 国内外建筑工业化的发展

本章难点

1. 建筑工业化的实施
2. 工业化建筑体系

关 键 词

技术创新　建筑业技术创新战略　集成建设系统

改革开放三十余年，我国建筑业发展速度和规模引人瞩目。但是由于长期以来我国建筑业的生产经营基本上还属于高能耗的生产方式，经济效益与世界上的发达国家相比还有很大差距。为此，建筑业要通过建筑技术的创新与发展，走可持续发展的道路，才能满足国民经济发展和人民生活水平提高的需要。

第一节　建筑业技术创新的含义

一、技术创新的含义

所谓技术创新（technological innovation）一般是指改进现有或创造新的产品、生产过程或服务方式的技术活动。具体讲，技术创新是一个从产生新产品或新工艺的设想到市场应用的完整过程，它包括有关产品新设想的产生、研究、开发、商业化生产到扩散这样一系列活动。从本质上说，技术创新是一个科技、经济一体化过程，是技术进步与应用创新共同作用催生的结果。

熊彼特在其《经济发展理论》一书中对技术创新做这样的描述："技术创新是指把一种从来没有过的关于生产要素的新组合引入生产体系"；而厄特巴克在其《产业创新与技术扩散》中指出："与发明和技术样品相区别，创新是技术上的实际采用或首次应用"。

概括上述观点对技术创新过程的理解，技术创新可以认为是包括了新设想的产生、研究、开发、商业化生产到扩散这样一系列活动。

二、技术创新对经济发展的贡献和意义

1. 技术创新是经济增长的源泉

随着经济的发展，技术的进步对经济的增长也从外生变量转化为内生变量。新经济增长理论认为，必须把技术进步"内生化"，因为经济增长是经济体系内部力量变化的结果。一

般情况下，企业经济增长的方式有两种：一是数量型增长，即依靠资本、劳动力等要素的投入而使总量增加；二是质量型增长，即依靠技术进步提高要素的生产效率来使总量增加，这两种增长方式的区别在于技术作用不同。在质量型增长方式中，在相同要素投入的情况下，依靠技术进步可以获得产出数量持续不断地增长。

2. 技术创新有利于产业结构的调整和升级

创新不仅带来率先使用新技术的企业生产效率提高，而且能使模仿者生产效率提高。在建筑业生产经营活动中，计算机软件在工程制图、工程量计价中的应用使工程设计、工程造价的工作方式和效率大大提高；在施工生产中，预制混凝土装配整体式接受施工等项技术的运用，不仅促使生产作业效率提高，还减少了环境污染，加快了整个产业结构的升级。

3. 技术创新有利于企业的生存与发展

在完全竞争的市场中，企业只有获利才能生存。长期以来，我国许多建筑企业冗员较多，劳动生产率不高；一些企业管理者经营观念淡薄，管理行为不规范。这些都导致我国许多建筑企业管理水平较低，企业的竞争能力不高。而技术创新使企业提高技术开发能力，在市场竞争中获得优势，获得较高利润的最重要的途径。

三、建筑业的技术创新

1. 建筑业技术创新的含义

建筑业的技术创新是指用最新技术来改进产业现有技术，创造新的产品、生产工艺及加工方式，并将之应用于建筑市场的技术活动或技术过程。

2006 年 7 月，原国家建设部为贯彻落实《国家中长期科学和技术发展规划纲要(2006—2020)》，加快建筑业技术进步的步伐，提高产业技术创新能力，发布了《关于进一步加强建筑业技术创新工作的意见》(建质［2006］174 号)。

2010 年 11 月，为促进建筑业结构升级，推广与应用建筑业可持续发展的共性技术和关键技术，国家住建部将《建筑业 10 项新技术（2005)》进行修订后，颁布了《建筑业 10 项新技术（2010)》，以建筑业 10 项新技术为主要内容的新技术推广，通过建筑业新技术应用示范工程的示范作用，促进建筑业技术创新。

2. 建筑业的技术创新的必要性

加强建筑业技术创新，提高建筑科学技术对产业发展的贡献度，对于提升建筑企业核心竞争力和经济效益具有重要意义。另外，建筑业技术创新还可以以科学的生产方式进行施工生产，减少建筑垃圾对环境的污染，保证工程建设质量和施工安全，提高在国内和国际市场的竞争力。

与国外先进国家的技术创新水平相比，我国建筑业的发展存在明显差距。

(1) 企业高层管理者对技术创新的价值认识不足。建筑企业是技术创新的主体，企业技术创新的资金、技术人员以及企业内部的技术创新激励等方面的投入与企业高层管理者对技术创新的重视程度有直接关系。目前还存在许多建筑企业的管理者只看重企业当前的利益，重视产值规模、数量，忽视建造技术创新，没有意识到技术创新给企业发展带来的价值和意义。

(2) 缺乏技术创新的资金和技术骨干。由于经济体制改革后企业的自主经营，自负盈亏，技术创新资金的来源主要是建筑业企业自筹，提供合作与融资方式获得技术研发资金比例很小，许多企业技术创新资金投入与产值、利润的比例相差甚远。据调查，58%的被调查企业的研发投入占产值比例小于0.5%，33%的企业介于0.5%～2%，只有9%的企业能达到2%以上。

在技术人员配置方面，虽然大多数建筑企业配备了相关的工程技术人员，但这些技术人员中的大多数是在施工现场服务的技术人员，只有小部分是专门从事企业技术创新工作的，能够从事技术创新的技术骨干力量更是甚少。

从技术人员所占比例来看，技术条件状况相对较好的大中型建筑企业，从事技术开发工作的技术人员也还不到职工总数的2%，而发达国家在此方面要高于我们5至6倍。另外，我国的许多建筑企业的技术研发的资金来源渠道单一，投资量少，这些都造成了我国建筑业整体技术开发投入不足。

(3) 勘察、设计、施工的技术创新相互分隔。由于传统的体制以及专业领域不同等原因，勘察、设计单位与建筑企业分离，技术创新的产业化过程中与企业的对接还存在体制的理顺。另一方面，建筑业企业之间也未形成良好的技术创新合作机制，难以形成技术创新规模优势。建筑企业的技术支持资源主要依靠企业自身的技术力量和信息交流，而接受企业外部技术成果转化吸收，与其他企业的合作和委托开发所占比例很小，创新技术在企业间流动不畅。

(4) 缺乏有效的技术创新激励机制。市场竞争需要是建筑企业技术创新的主要动力。但实际的建筑市场竞争中，技术创新的地位和价值远没得到应有的重视。在项目招投标中，经济标价格和不规范操作起主导作用，技术标水平排在第三位。不规范操作对市场竞争带来的副作用，一定程度上降低了企业从事技术创新工作的热情。很多建筑企业在谋求企业发展的过程中不重视技术创新，认为是否采取技术创新手段与企业的目前利益关系不够大。

可见，推动建筑企业技术创新，有效的激励机制以及市场与政策导向是十分重要的。只有以市场为导向的政策支持，坚持科技创新的企业在市场竞争中才能获得持续的竞争优势。企业只有不断提升技术水平，将技术创新与企业的整体发展战略紧密结合起来，才能取得满意的经营效果。

第二节　建筑产品及其生产经营的技术经济特点

由于建筑产品具有地点固定性、体积庞大性和类型多样性的特点，使得建筑业的生产经营具有与其他产业不同的技术经济特点。

1. 建筑产品生产的流动性

建筑产品的生产流动性、表现为以下几点：

(1) 作业人员和施工机械设备围绕着建筑产品的不同部位流动作业。

(2) 不同工种的作业人员和施工设备在同一施工现场的不同项目、同一地区的不同工程项目，甚至不同地区之间流动。

工业产品一般都是固定在工厂、车间内进行生产的，而建筑产品生产需要在不同的区域流动。工业产品通常是在工厂进行加工制造，加工后把成品运至使用地点，生产者和生产设备是固定的，而产品则是流动的。建筑产品产品的位置是固定不变的，而加工设备和作业人员、工程技术人员和管理人员是流动的。

建筑产品的固定性和严格的施工程序，决定了建筑产品生产的流动性，使建筑业的作业人员和生产设备、工具经常随项目流动转移。建筑产品生产的这种流动性，给施工企业的生产管理和生活安排带来了很大的影响。

2. 建筑产品设计和施工的单件性

由建筑产品生产的地点固定性和类型多样性决定，其生产要针对具体的建筑工程，进行单独设计并单独施工。由于建设地点的地质条件、气候条件和资源条件的不同，使得对建筑材料的选用、地基基础的处理和施工方法等都各具特色。

3. 建筑产品生产周期长且有不可间断

建筑产品生产的全过程包括：确定工程项目、选择地点、勘察设计、征地拆迁、购置设备和材料、项目施工、设备安装、试车直到竣工投产使用，这是一个不可间断的、完整的、周期性的生产过程。单从建筑施工来看，就需要经过场地平整、基础工程、主体工程、装饰工程，最后竣工验收。

建筑产品固定在一个地点，使得工作面有限，再加上必需的生产顺序的约束，工作面上能容纳的劳动力有个最大限度，这必然造成建筑产品生产的速度较慢；建筑产品的体积庞大性，决定建筑产品要消耗大量的材料，从而使得建筑产品的工作量较大。正是由于建筑产品的工作量较大而生产速度较慢，从而使得建筑产品的生产周期较长，使得建筑产品的生产在较长时期内占用大量的人力、物力和财力。建筑产品体积庞大的特点决定了它的生产过程必须消耗大量的人力、物力和财力，在合理的施工组织指导下一个分项工程、一个分项工程地去完成，最终形成单项工程或建设项目、有的建设项目生产时间少则几个月，多则几年、十几年。

4. 建筑产品生产多为露天作业，生产环境复杂多变

由于建筑产品的体积庞大，决定其生产的露天作业的。一般工业产品的生产都是在室内进行的，而建筑产品由于体积庞大，通常为露天作业。这就使得建筑产品的生产受到季节更替和气候变化的影响，因而建筑产品的生产必须根据情况采用相应的防寒、防热、防风、防洪、防水以及应对高空作业等措施。

5. 建筑产品生产过程涉及单位多，综合性强

建筑产品是一个整体性的产品，其生产制造全过程一般经过开发决策、勘察设计、施工、竣工验收等阶段。因此，建筑企业在生产过程中要和业主、勘察设计单位、材料设备供应商、分包商以及政府有关部门等协作配合。另外，由于生产环节多，协作单位多，建筑企业要在完成建筑产品的过程中要将各方面的力量综合组织起来，围绕缩短工期、降低造价、提高工程质量和投资效益来进行管理。因此，建筑生产过程的综合性强，科学的组织与管理显得特别重要。

6. 绿色建筑和装配式生产成为未来建筑业技术创新趋势

在结构设计和结构体系方面，与绿色建筑形态相适应的可持续性结构设计理论是建筑结构设计新的研究方向；在建筑材料生产方面，以保温节能、减轻建筑物自重，构件模块化、循环再生材料利用，生态性新型建筑部件使用等都是建筑材料生产技术创新的重点；在施工工艺方面，构件工厂化制造工艺、装配化施工工艺、快速施工工艺、清洁施工工艺、超大型构件吊装工艺、保温节能构造施工工艺，可使材料再生利用施工工艺、生态性新型结构部品施工技术等都是施工技术创新的发展趋势。

第三节 建筑业技术创新战略模式

建筑业技术创新战略是指其进行技术创新经济活动的长远规划，它主要解决技术创新原则的指导性，是对整个产业技术创新活动涉及全局性、长远性和方向性问题的谋划。在实践中，技术创新的预期贡献与实际贡献是否一致，即能否实现既定的技术创新战略，主要取决于确立的技术创新的战略模式的选择。

通常，建筑业技术创新战略模式主要包括自主创新模式、模仿创新模式和合作创新模式。

一、自主创新战略模式

自主创新战略模式是指主要依靠自身的技术力量进行研究开发，并在此基础上，实现科技成果的商品化，最终获得市场的承认的一种战略创新模式。

自主创新战略模式的优点如下：

(1) 自主创新有利于企业构筑起较强的技术壁垒。即一旦某建筑企业掌握了某项核心技术，该企业就可以借助专利的保护，通过控制关键性核心技术的转让，在一定程度上控制某产品甚至一个行业技术发展的进程，在市场竞争中处于十分有利的地位。

(2) 优先积累生产技术和管理经验。

在生产制造方面，由于自主创新企业启动早，生产组织领先于跟进者，能够优先积累生产技术和管理方面的经验，较早建立起与新产品生产相适应的企业核心能力。

(3) 确立行业标准，称为行业先进技术领跑者。

自主创新还可能由于其在技术方面的率先性，其产品的标准和技术规范很可能先入为主，演变为本行业或相关行业统一认定的标准，迫使后来者纳入到该标准和技术规范中来，成为自主创新企业的跟随者。

此外，在形成技术创新集群和获得垄断利润方面，自主创新企业也较其他企业有更大的可能性。但是，基于自主创新存在高投入高风险的特点，要求采用自主创新战略企业应具备足够的资金与技术实力。

二、模仿创新战略模式

模仿创新战略模式是指企业通过学习模仿率先创新者的创新思路和创新行为，吸收率先者的成功经验和失败的教训，引进购买或破译率先研发者的核心技术秘密，并在此基础上加以改进和完善，在工艺设计、质量控制、成本控制市场营销等阶段投入主要力量，生产出在性能、质量、价格等方面富有竞争力的产品用以竞争，从而获得经济利益的一种战略模式。

模仿创新战略模式要求建筑企业能够密切跟踪建筑行业技术领先趋势，当行业的核心技术出现突破性发展时，企业能迅速捕捉这一信息，在避开专利保护壁垒的同时，完成企业关键技术的升级。和自主创新战略模式相比，模仿创新战略模式的优势是投资较少，开发成本较低，风险较小。此外，由于模仿创新的具有高度的方向性、集中性和针对性，因此可以做到在产品的质景、性能等方面更适合用户的需求。虽然模仿创新战略具备上述企业和产品两个层次的竞争优势，但同时也具有一些缺陷和劣势，如存在一定的被动性和可能遇到的壁垒制约。

三、合作创新战略模式

合作创新战略模式是指企业间或企业与科研机构、高等院校之间的联合创新行为。它以优势互补和资源共享为前提，有明确的合作目标、合作期限和合作规则。合作各方在技术创新的全过程或某些环节共同投入、共同参与、共享成果、共担风险。合作创新的优点在于：首先，合作创新有助于缩短创新时间，增强企业的竞争地位。在存在竞争性创新的情况下，创新时间的长短对创新的成败起着决定性的作用。合作创新可以缩短收集信息的时间，提高信息质量，增加信息占有量，降低信息费用。其次，合作创新战略模式可以使创新资源组合趋于优化，集中各方面研究者的智慧，能够最大限度地降低创新过程中的资源浪费。再次，合作创新能使更多的企业参与分摊创新成本和创新风险。

创新战略模式选择方面，建筑企业的技术创新应针对自身的特点，以提高经济效益和技术进步为基本原则。建筑企业要有计划进行长期技术研究与开发，逐步增强自身的技术竞争力及经济实力。

由于我国建筑业技术发展整体水平还不高，因此对于多数建筑企业而言，应采用模仿创新战略模式和合作创新战略模式相结合的创新战略模式，并以此为基础逐步增强自主创新开发能力。对于技术研究实力不太强的中、小型建筑业企业，应选择模仿创新战略；而对于技术研发能力较强，资金比较雄厚的大型建筑企业而言，则应联合高校和科研院所共同研究，采用合作创新战略模式更为合适。

第四节　建筑业技术创新的组织

一、建立以企业为主体、市场为导向的技术创新组织体系

技术创新的主体首先是应用技术的企业，以建筑施工企业和勘察设计企业为主体的建筑技术推广应用系统为新型建筑技术的应用提供了平台。同时，建筑类相关高等院校的多学科综合研究优势，勘察设计企业和科研单位为建筑技术创新提供的研究开发的支持系统。相关教育、培训、咨询机构为的中介服务系统，政府主管部门和行业协会的组织协调系统，均服务于建筑业技术创新。因此，在组织上，可以市场为纽带，以法律规范、政策引导、经济杠杆为主要调控手段，建立起建筑企业、高校、科研机构、咨询、中介服务等协调配合的建筑技术创新组织体系。

二、健全知识产权保护与创新技术转移机制

按照市场经济规律的要求，完善以建筑工程领域的专利、专有技术权属保护及有偿转让机制，促进建筑技术资源的合理优化配置。强化行业管理，引导建筑企业通过技术创新发展自己的专有技术和工法。保护勘察设计、施工企业现有的专有技术、计算机软件、设计方案、勘察设计成果等知识产权。推进建筑新技术市场化推广，培育技术咨询和中介服务市场，促进建筑业技术创新成果产业化。

三、建筑部品工业化的实施

加大建筑部品部件产业化生产比重，推广应用高性能、低能耗、可再生循环利用的建筑材料，提高建筑产品品质，延长建筑物使用寿命。发展整体装配式结构技术，可提高建筑构配件的标准化、系列化、定型化程度，提高建筑施工技术装备水平，提升施工现场装配和机械化生产能力，提高建筑业的劳动生产率。

建筑部品工业化的实施还可以实现绿色施工，减少施工作业对环境的不良影响。同时，它还可以创建环保型工地，在施工过程中减少煤电油气等资源的使用，降低建筑施工的能耗。

四、加强新技术、新工艺、新材料、新设备的研发和推广

建筑施工新技术、新工艺、新材料、新设备的推广应用需要通过政策引导、舆论宣传、资金扶持等措施，使建筑企业有动力面向市场需求，积极实施建筑业技术原始创新、集成创新。通过对引进消化创新技术的研究，推广应用能够促进我国建筑业结构升级和可持续发展的共性技术、关键技术、配套技术。建筑产业管理部门要推动创新技术的全面推广、普及和在建筑企业中的应用，建立并完善协同运转机制。同时，还要重视既有建筑改建技术的研发和应用，为建筑业共性技术、关键技术研发和应用提供支持。

五、修订与完善相关技术标准

促进技术创新的发展，创新成果向产业化方向的转化需要进一步完善技术标准管理体制。建筑产业管理部门要发挥企业、科研机构等的作用，加大资金投入，加强标准编制前期研究，广泛吸纳成熟适用的科技新成果，及时进行工程建设标准的编制、修订和完善，以先进的技术标准推动创新成果的应用。

对建筑工程施工中拟采用的新技术、新材料，关系建设工程质量和安全，又没有国家技术标准的，建设主管部门应按照有关规定及时组织专家进行技术可行性论证或工程试点。建设主管部门要及时发布推广，及时限制和淘汰不适用技术，强制淘汰落后的技术、工艺、材料和设备。鼓励企业重视技术创新经验积累与总结，积极制定企业标准。

第五节　国外建筑业技术创新发展现状

一、建筑工业化技术的发展

国外从20世纪50年代末开始了构件的工业化生产，发展开放体系，进入了依靠提高生产效率，加快建设进程的工业化的第一阶段。随后，工业化的发展由追求数量向追求质量的方向过渡，进入了重点提高住宅性能和质量的第二阶段，也称为第二代建筑工业化，在满足多样化要求的同时，要求建筑企业向高度的机械化、自动化方向发展，以进一步提高劳动生产率，加快建设速度，降低建设成本，改善施工质量。当前，发达国家已从工业化专用体系走向大规模通用体系，以标准化、系列化、通用化建筑构配件、建筑部品为中心，组织专业化、社会化生产和商品化供应的住宅产业现代化模式，已经进入了重点转向节能、降低物耗、降低对环境的压力以及资源循环利用的可持续发展阶段，这一阶段中现场施工合理化问题普遍受到重视，现场施工的技术服务体系得到建立和完善。

日本建筑工业化的SI住宅体系如下：

当前日本住宅进入了一个成熟时期，住宅体系的开发成果以及住宅部品产业的成熟，使日本完成了由量向质地变化。同时伴随着日本人口的减少，日本逐渐进入了住宅储备时代。尽可能减少住宅翻修带来的社会资源浪费，活用现有住宅资源成为日本住宅业的共识。而作为这个时代的住宅的主要特点就是从建筑设计初期阶段，尽可能保证住宅的使用生命周期，在此前提下较方便地实现相关住宅设备、内装产品的检修和更新工作。这就是我们常提起的SI住宅的基本概念。

随着《日本住宅性能评价制度》颁布和普及，SI住宅理念得到了社会各界更多的理解和支持，SI住宅干式内装正成为当今日本住宅内装的主流体系。现今日本的超高层住宅几乎达到了100%采用SI体系设计建造，保证住宅在70年到100年的使用寿命当中能够较简单的进行内装改修、更换，从而达到延长住宅建筑使用寿命的目的。从2009年4月份起日本制定了《优良住宅评价制度》，从住宅结构上提高使用寿命，比如200年。

如果说SI住宅体系是软性地，通过提高住宅设备性能，合理分布管线路途以及提高维修更换的可能性，确保了住宅的使用寿命的话，那么《优良住宅评价制度》就可以称为真正意义上的，在SI系统地基础上，对建筑物本身的结构使用年限提出了更高的要求，通过提高建筑结构本身的性能，提高建筑的使用寿命。将SI住宅提高到了一个新的高度，对未来日本住宅的变化具有深远影响。

二、智能化建筑施工技术的推广

智能建筑是八十年代中期在美国出现的，1984年在美国康涅狄格州哈特福德市建成世界第一幢智能大厦—城市广场，它是对一栋旧金融建筑实施改建的大楼，楼内主要增添了计算机、数字程控交换机等先进的办公设备以及高速通信线路等基础设施，大楼内的用户不必购置设备便可进行语音通信、文字处理、电子邮件传递、资料检索和科学计算等服务。并且大楼的消防、供暖、供配电、照明、给排水等系统均由计算机控制，实现了管理的综合化和自动化，使客户真正感到舒适、方便和安全。美国自90年代以来新建和改建的办公大楼约有70%为智能化建筑，著名的IBM、DEC公司总部大厦等已是智能建筑。目前，美国有全球最大的智能化住宅群，其占地3359公顷，由约8000栋小别墅组成，每栋别墅设置有16个信息点，仅综合布线造价就达2200万美元。日本新建的大型建筑，大概60%都是属于智能型建筑。

三、新型技术在建筑经济活动中的运用

随着科技进步的不断加速，建筑新技术对工程项目的生产过程和使用的影响越来越显著地体现出来。各类新型技术的采用对推动建筑业的发展起着越来越重要的作用。

1. 信息技术的应用

将新兴的信息技术应用在建筑施工中，是将建筑企业的生产过程、物料移动、事务处理、现金流动、客户交互等业务过程数字化，使管理者者作出有利于生产要素组合优化的决策，使企业资源合理配置。建筑施工信息化管理是信息技术在建筑施工中应用的一个重要方面，在整个的建筑施工过程中涉及建筑材料、设备、工程成本、工程质量等各个方面的信息。合理地分析和利用这些信息，将建筑施工中的各项信息及时的收集、传递、加工、储存起来，为建筑单位的施工管理工作提供可靠的依据，有助于建筑技术和管理水平的提高。

2. 新型建筑材料的应用

新型建筑材料不同于传统的砖瓦、灰砂石等，它包括的品种很多。按功能上的不同，有墙体材料、装饰材料、门窗材料、保温材料、防水材料、粘结和密封材料，以及与其配套的各种五金件、塑料件及各种辅助材料等；按材质的不同，包括天然材料，还有化学材料、金属材料、非金属材料等。建筑材料是工程建设的物质基础，它对工程项目质量、造价的影响很大。由于现代科技的快速发展，新技术不断涌现，新型的建筑施工材料很快地被应用于建筑施工中，这些新型的建筑材料具有重量轻、耐用度高、耗能低等特点，可以很好地节约建设材料成本，促进建筑行业的发展。

3. 生态技术在建筑施工中的应用

随着我国城市建设的高速发展，建筑能耗逐年大幅度上升，已成为能源消费的主体之一，目前我国建筑用能已达全社会能源消费量的32%。加上每年房屋建筑材料生产能耗约13%，建筑总能耗已达全国能源总量的45%。我国现有建筑面积400亿平方米，预计到2020年总建筑面积将达到700亿平方米。庞大的建筑能耗，已经成为我国国民经济的巨大负担。

生态节能技术体系在欧洲已有近30年的历史，其中在建筑生产中环保材料的应用成为未来建筑技术的发展趋势。建筑施工中的生态技术的应用首先取决于施工中人们的生态环保意识，防止建筑施工中的环境污染，处理好建设施工的建筑垃圾都是需要注意的问题。其次，在工程项目建设中，企业实施文明施工，保持与周围环境的和谐关系。

生态复合墙结构体系是生态节能技术在建筑建造中的新应用，主要包括两大类。

第一类主要由预制密肋生态复合墙板与隐形框架及楼板装配现浇而成。其中密肋生态复合墙板是以截面及配筋较小的混凝土肋格为骨架，内嵌以粉煤灰、炉渣等工业废料为主要原料的生态材料砌块预制而成。它利用密布的肋梁、肋柱与内嵌轻质砌块形成具有共同工作性能的复合墙板，墙板又与隐形框架整浇为一体，形成加强密肋复合墙体。

第二类主要由现砌加强肋生态复合墙体结构组成，它是在传统砌体结构内合理地砌入一定数量的小截面钢筋混凝土加强肋梁。加强肋梁与边框柱、暗梁整浇在一起，约束着内部砌块，形成具有共同工作的复合砌体剪力墙结构。

生态复合墙结构体系具有以下特点：

(1) 生态复合墙结构体系抗震性能好。生态复合墙体结构中，由于众多块体在约束条件下开裂与非弹性变形，可吸收及耗散大量地震能量，防止主体结构在地震中发生严重破坏。结构的抗震性能高于混合结构，介于框架与剪力墙之间。

(2) 生态复合墙结构体系降低工程造价且便于建筑工业化。生态复合墙在在结构中不仅可以作为围护结构，也可作为受力构件承受水平与竖向荷载，从而有效减小框架截面尺寸及配筋面积，降低造价。又由于结构中墙板的设计标准化，便于工厂化预制，大大降低了现场劳动强度，加快了施工进度。

(3) 生态复合墙板中的填充砌块大量利用炉渣、粉煤灰等工业废料，变废为宝，节能、环保，社会与经济效益显著。

(4) 生态复合墙结构具有优良的保温与隔声性能，其中保温性能可以达到国家关于节能建筑的规定与标准。

4. 百年住居LC体系的应用

住宅是寿命不同的材料和部品的集合体，住宅维护维修和资源与建筑寿命等课题尤为突出，建筑物生命周期的延长就是对资源的最大节约。2006年，国家住宅工程中心“十一五”《绿色建筑全生命周期设计关键技术研究》课题组，针对当前我国住宅建设方式上的寿命短、耗能大、质量通病严重和二次装修浪费等问题，以及居住使用方式上存在的居住性能和生活适应性差等制约我国住宅可持续发展建设的亟待解决的关键课题，以绿色建筑全生命周期的理念为基础、提出了我国工业化住宅的“百年住居LC（Life Cycle Housing System）体系”，且研发了围绕保证住宅性能和品质的规划设计、施工建造、维护使用、再生改建等技术为核心的新型工业化集合住宅体系与应用集成技术，项目应用了具有我国自主研发和集成创新能力的住宅体系与建造技术，已建成我国普适型工业化住宅体系与集成技术的示范基地。

从国际住宅建设科技发展趋势来看，高耐久性住宅研发和SI住宅及生产技术开发，是21世纪住宅建设和研发设计的两大发展方向。SI住宅及建设生产技术体系既是当今建筑工业化发展的主流，也成为集合住宅的工业化生产技术的典范。近年来，住宅的寿命问题逐渐成为国家节能减排研究中所关注的热点话题，SI住宅及建设生产技术的开发也成为我国工业化住宅的工程应用所研发的焦点性课题。2008年，北京合金公寓项目是国家“十一五”课题的首个普适型“中小套型高集成度住宅”试点项目，是运用具有我国自主研发和集成创新能力的“百年住居LC（Life Cycle Housing System）体系”的住宅通用体系的，采用建筑工业化生产的集成技术建造的全装修成品住宅。项目省地节能环保，延长了住宅的使用寿命；项目居住适应与技术体系，保证了住宅的居住性能；项目工业化的集成生产与建造方式，提升了住宅的综合效益。

北京合金公寓项目是我国首个将当代国际领先水准的SI住宅体系及集成技术全面开发应用的住宅示范项目。项目在推动住宅的设计、生产、维护和改造的新型建筑工业化关键技术系统研发、建设具有优良住宅性能的普适性中小套型住宅建设实践方面具有开创性的意义。北京合金公寓项目传播了国际先进住宅科技理念与成果，推动了我国住宅建设的可持续发展。

5. 全装修成品住宅施工技术

1999年，《关于推进住宅产业现代化提高住宅质量的若干意见》指出“加强对住宅装修的管理，积极推广装修一次到位或菜单式装修模式，避免二次装修造成的破坏结构、浪费和扰民等现象”。2002年，建设部发布了《商品住宅装修一次到位实施细则》和《商品住宅装修一次到位材料、部品技术要点》。2008年，住房和城乡建设部发出《关于进一步加强住宅装饰装修管理的通知》中指出“近年来在住宅装饰装修过程中，一些用户违反国家法律法规，擅自改变房屋使用功能、损坏房屋结构等情况时有发生，给人民生命和财产安全带来很大隐患”，应进一步提倡推广全装修成品住宅。2008年，由住房和城乡建设部组织编写的《全装修住宅逐套验收导则》正式出版。

由于全国占主导地位的“毛坯房”建设带来的资源浪费和环境污染惊人，随着全装修成品住宅建设数量逐步趋大，一些开发企业也把建设全装修成品住宅作为发展方向，全装修成品住宅正在成为市场的主要供应方式之一。科宝博洛尼和大连嘉丽等公司积极响应政府倡导“住宅装修一次到位、逐步取消毛坯房”的方针，着力以“装修与建筑和部品、设计和施工相结合的一体化”的方法、研发整体性的家居解决方案。目前，在房地产项目中，全装修成品住宅集成装修的尝试取得了一定进展。住宅装修工业化生产是建筑工业化的重要组成部分，通过住宅装修工业化生产来建设全装修成品住宅，将在减少手工作业的同时提高工业化生产程度，从本质上提升住宅性能和品质。全装修成品住宅是走向住宅产业化的必经之路，将成为衡量我国建筑工业化技术发展水平的标志。

6. 住宅集成技术的推行

(1) 海尔集团的“家居集成”系统。海尔家居集成本身具有齐全的住宅部品，并执行一套严密的通用标准，集成化程度很高，完全可以保证所有部品都能够方便地对接，达到各种部品的最佳组合，开发商在降低建设成本的同时，提高了住宅开发的附加值。消费者则以较低的成本享受完善的服务，又免了二次装修的麻烦和风险，省时、省力、省心、省钱。由此而引起一场新的家居系统革命，在此之前已经有较为成熟的家居产品投入市场，如整体厨卫、智能家居系统等，但目前产品都较为单一，技术标准不完全统一，没有形成系统，因而没有被市场大范围推广。这是一场从根本上全面地对家居系统进行变革和创新的尝试，也必将对房地产市场和住宅建筑设计产生影响。

新的系统标准建立使得住宅产品就如同计算机产品一般，可以随意切换和组合，如计算机主板上的插槽，不同的品牌的内存条或者 CPU 等产品若是按照同一标准生产就能任意更换。这样极大地方便了人们对住宅产品的选择，根据自己的喜好和品牌的质量随便挑选更换。这就要求我们在作住宅建筑设计的时候，就应该按照系统的要求，根据用户的个性化要求进行多样性的设计。

(2) 上海现代房地产公司致力于的 MB 体系住宅。MB 建筑体系分为以轻钢龙骨作为支撑体的 MB-1 低层（指 3 层及 3 层以下）轻型钢结构和以钢包混凝土梁柱框架为支撑体的 MB-2（指 3 层以上，包括多层高层，超高层）轻型房屋钢结构体系。“轻型房屋”顾名思义，就是千方百计减轻建筑物的自身重量。“钢结构体系”则是采用工业化大生产，标准构件，模式化设计，现场组装从而达到高速施工，减少劳动力，提高建筑质量标准的一种新工艺、新技术的建筑方法。轻型房屋钢结构体系的创新特点是：“自重轻”、“工期短”、“质量好”、“造价低”。他们应用 MB 体系建造了实验性住宅，包括一栋 8 层的住宅楼和若干栋独立式别墅，取得不错的效果，在此基础上不断完善了相应的技术体系、材料、工艺等。

(3) 远大集团的集成住宅。我国首座工厂化集成建筑在长沙建成，这是一栋前所未有的住宅楼。在全部零部件都是工厂化生产的钢结构房屋里，看不到任何管线路和风口，而房子却正在制冷或取暖，提供冷、热水；当主人远在千万里之外，可通过家里的电话自动打开空调和音响，或关闭窗户和电灯……这种我国首创的全新概念的集成建筑，通过了湖南省建委组织的国内外专家的技术鉴定。据介绍，集成建筑的诞生掀开中国建筑史上新的一页，预示着专业化大工厂生产住宅的时代已经来临。建造集成建筑的远大铃木住房设备公司开始于 1996 年。于 1999 年 6 月动工兴建的高品质、新概念的集成建筑样板工程，仅用 3 个月一号住宅楼就竣工了。该楼所有部件全部工厂化生产，施工采用全新的现场装配、干法作业，既无安装操作噪音，又无过多建筑垃圾，施工周期大为缩短。由于建筑物全部使用钢结构，能抗强风强震，主体寿命可达 100 年以上。特别是将空调、五表等远传系统和电器设备优化集成，实现了建筑智能化管理。

(4) 北新建材集团的薄板钢骨住宅体系。北新建材集团最近在中国国际新型建材展上推出一种由工厂化生产、现场组装的薄板钢骨住宅体系，一幢 200 平方米独立住宅的主体结构只需 5 天便可成型，1 个月交付使用。如门窗、厨卫等装修工程，以及各种管线设备全部采用标准化、系列化设计、配套化供应，住户可以按照自己的喜好和设计，直接从企业提供的菜单上选择各种多样化的产品，从而满足个性化的需求。工业化、标准化、集成化的生产给住宅市场带来了一场新的革命，也给消费者带来了更多的实惠和喜悦。

7. 集成建设系统

作为工业化发展的典型，制造业基于新的产业组织模式——集成制造系统（Contemporary Integrated Manu-Facturing Systems，CIMS），取得了惊人的成就，集成化已经成为制造业实现现代化的基本路径选择。借鉴制造业的集成化、产业链模式，构建建筑业的“集成建设系统”（Contemporary Integrated Construction Systems，CICS），也将成为建筑工业化产业组织体系变革的一种路径选择，其中包括系统集成化、组织集成化与信息集成化。

（1）系统集成——建设产业系统的集成化。所谓系统集成，即以建筑物的生产组织流程系统为基础，全面协调建设项目的产业组织过程，使之摆脱目前的散乱模式，实现研发、设计、施工有机结合的模式。

从目前的建筑业产业组织流程来看，建筑设计、施工组织与产品研发的过程是相互分离的。如前文所述，正是由于这种无组织的、不连续的过程，使得建筑产业上下游之间的信息传递被人为的阻隔，形成建筑产业组织流程的不连续性，阻碍了建筑工业化的顺利发展。

改变现有的设计、施工与产品研发相分离的模式，通过产业系统的集成过程，实现以施工方（承包商）为核心的、向前延伸——施工工艺设计（而不是建筑设计）、向后延伸——预制构件研发（而不是生产）的产业集成体系。

工艺设计、施工组织的一体化，并不是完全的设计施工一体化，不是剥夺设计者应有的职能与权力。作为施工承建方，不承担建筑物的方案设计与宏观设计工作，而是根据设计者所完成的建筑设计方案，根据施工方的技术专项、技术标准、产品系统而进行的具体的施工工艺协调设计。这意味着基于该设计过程，可以在不改变建筑物基本功能与造型的前提下，改变其施工工艺构成方式——在微观上最大限度地以标准化的构配件、模块重新构建宏观的建筑物。系统集成可以最大程度的提高施工方对于建筑设计过程的介入度，有利于以施工单位的工艺标准来构建建筑物，消除设计与施工过程中的信息阻隔，有效地保证了预制构配件、模块与建筑物之间的构成联系。

产品研发与施工一体化是预制构配件、模块的研发过程由施工单位来承担，研发单位与施工单位的一体化。施工单位需要投入研发过程，对于建筑物宏观构成进行有机的分类、分解，使之趋于标准化、模块化，并形成完整的技术检验标准与生产流程标准。基于这些标准，施工单位一方面可以实现设计施工一体化，另一方面可以实现预制构件的外包化生产，将建筑物微观的零部件生产从宏观建筑中分离出来、独立出来，从而实现构配件的预制化、生产过程的并行化，建设过程的敏捷化。

（2）组织集成——建设管理系统的集成化。仅仅实现研发、设计、施工流程的集成化是远远不够的，产业组织的集成化也是集成建设系统的关键环节。大而全的纵向一体化或横向一体化的企业组织模式，是不能够适应建筑市场变化的。施工单位需要以产业链集成为核心的组织集成化———相关生产企业基于共同的产业链流程而形成的生产组织模式，不是固化的企业或企业集团，而是边界模糊、组成动态、依靠生产流程的必然性而构成的松散型的，而同时又是集成化的生产组织形态。该组织体系最大的特点就是以特定的施工单位为核心，众多的构配件生产供应商参与构成的生产联合体。

在这一联合体中，以总承包商构成特定的核心单位，同时进行研发与施工工艺设计，负责构建预制构配件的技术标准并承揽建设项目，其他参与者通过市场遴选的方式与总承包商之间构成分包与供应关系，并承担着专业化的施工过程或符合标准的构配件的生产与供应。该联合体并非实体企业，而是以生产组织流程与任务需求为基础，以契约关系、技术协定、利益分享模式为纽带的产业链集成。

（3）信息集成，建设信息系统的协调与集成化。信息化与信息集成是集成建设系统实现系统集成与组织集成的基本前提与有效保证。从管理模式来看，集成建设系统并非实体企业，而是很多企业所构成的松散联合体，生产与施工组织过程中的地域限制、空间隔阂、标准差异、沟通障碍等问题，会致使信息指令的传递速度比实体企业缓慢，偏差也会大大增加。因此，全面、快捷的沟通与交流，减少信息沟通中的障碍、偏差与损失至关重要。

信息集成就是通过信息平台与信息门户的构建，使得集成系统与产业链中的相关分包商、供应商与核心企业能够实现信息共享、及时沟通与办公自动化；实现基于信息系统的辅助建设过程——CAC（Computer Aided Construction）。

信息化不仅仅意味着信息的流转过程，更意味着建筑物与预制构件的信息化——BIM（Building Information Model，建筑信息模型）。通过的信息处理技术，将实体建筑物信息化，并进而借助于相关技术实现建筑物施工过程的虚拟化（Virtual Construction，虚拟建设），对建筑物的“可施工性”进行度量与评估——构建预期建筑物与现实的标准化的零部件、构配件、建筑模块之间的相关关系，实现模拟拼装与施工流程模拟，从而有效的指导现实的施工过程。

同时在施工组织中，通过信息集成与编码控制系统，实现从实体建筑的拆解、标准化构配件的成组化、委托加工，到零部件的验收、工作包拆分到构配件在具体建筑上的还原过程中，对于相关零部件、构配件的全过程跟踪与监测的全过程信息化管理。

复习思考题

1. 什么是技术创新？对经济发展的贡献和意义都有哪些？
2. 与先进国家的技术创新相比我国建筑业的发展存在哪些差距？
3. 如何搞好建筑业技术创新的组织？
4. 试述新型技术在建筑经济活动中的运用。
5. 建筑业技术创新战略模式主要有哪些？
6. 集成建设系统都包括哪些内容？

参考文献

[1] 李慧民. 建筑工程经济与项目管理［M］. 北京：冶金工业出版社，2002.
[2] 金敏求. 建筑经济学［M］. 2版. 北京：中国建筑工业出版社，2003.
[3] 黄如宝. 建筑经济学［M］. 3版. 上海：同济大学出版社，2004.
[4] 续晓春，陈新华. 建筑经济管理与工业化施工［M］. 北京：中国计划出版社，2001.
[5] 左建. 建筑工程经济学［M］. 北京：中国水利水电出版社，2003.
[6] 任小菲，樊瑜. 全国一级注册建造师执业资格考试复习指导. 建设工程经济［M］. 北京：中国计划出版社，2004.
[7] 金敏求. 建筑经济原理与改革实践［M］. 北京：中国建筑工业出版社，1999.
[8] 卢有杰. 建筑经济学［M］. 2版. 北京：中国水利水电出版社，2005.
[9] 童悦仲，娄乃琳，刘美霞. 中外住宅产业对比［M］. 北京：中国建筑工业出版社，2005.
[10] 沈振闻工作室. 全国建筑经济专业技术资格考试模拟试题解［M］. 北京：中国建材工业出版社，2005.
[11] 苏东水. 产业经济学［M］. 北京：高等教育出版社，2001.
[12] 刘志彪. 现代产业经济学［M］. 北京：高等教育出版社，2003.
[13] 邱风. 产业经济学案例［M］. 杭州：浙江大学出版社，2005.
[14] 乔治·J·施蒂格勒. 当代经济学译库：产业组织［M］. 上海：上海人民出版社，2006.
[15] 郭复初，王庆成. 财务管理学［M］. 北京：高等教育出版社，2005.
[16] 冯为民，付晓灵. 工程经济学［M］. 北京：北京大学出版社，2006.
[17] 刘云月，马纯杰. 建筑经济［M］. 北京：中国建筑工业出版社，2010.
[18] 全国一级建造师职业资格考试用书编写委员会. 建设工程经济［M］. 北京：中国建筑工业出版社，2007.
[19] 国家发展改革委，建设部. 建设项目评价方法与参数［M］. 3版. 北京：中国计划出版社，2006.
[20] 石振武，张斌. 工程经济学［M］. 北京：科学出版社，2009.
[21] 李明孝. 工程经济学［M］. 北京：化学工业出版社，2011.
[22] 廖添土，等. 我国建筑业的产业关联与波及效应分析［J］. 长春大学学报，2012，9.
[23] 齐宝库，黄昌铁. 工程估价［M］. 大连：大连理工大学出版社，2009.
[24] 柯洪，工程造价计价与控制［M］. 北京：中国计划出版社，2009.
[25] 谭大璐，工程造价［M］. 北京：中国建筑工业出版社，2005.
[26] 杜训，国际工程估价［M］. 北京：中国建筑工业出版社，1996.
[27] 刑莉燕，王坚，梁振辉. 工程估价［M］. 北京：中国计划出版社，2004.
[28] 马楠，张国兴，韩英爱. 工程造价管理［M］. 北京：机械工业出版社，2009.